Ralf Dahrendorf

Der Wiederbeginn der Geschichte

Vom Fall der Mauer zum Krieg im Irak

Reden und Aufsätze

Verlag C.H.Beck

Satz: a.visus.Michael Hempel, München
Druck und Einband: Kösel, Kempten
Gedruckt auf säurefreiem, alterungsbeständigem Papier
(hergestellt aus chlorfrei gebleichtem Zellstoff)
Printed in Germany
ISBN 3 406 51879 6

www.beck.de

Den Gefährten

auf dem Weg zur Freiheit

in den Jahren des grossen Umbruchs von 1989

Inhalt

Zuvor 11

1990

1 Müssen Revolutionen scheitern? *15*

1989: Refolution und Revolution 16 · Der demokratische Traum 19 · Der Kollaps des Zentrums und das Tal der Tränen 24 · Wegkarte zur Freiheit 26

2 Die offene Gesellschaft und ihre Ängste *30*

Offene und geschlossene Gesellschaften 31 · Die Auflösung der Nomenklatura-Herrschaft 34 · Das Dilemma der Anomie 38 · Können offene Gesellschaften Sinn stiften? 40

3 Mündige Bürger auf der Suche nach Halt *42*

Verlegenheiten der Selbstbestimmung 43 · Von der Fähigkeit, anständig mit Konflikten zu leben 47 · Kopfgeburten und Tiefenstrukturen 51

1992

4 Moral, Institutionen und Bürgergesellschaft *55*

Rom, Athen, Bürgerschaft 56 · Homo Sociologicus und die Gesinnungsethik 58 · Recht und Ordnung: Institutionen 62 · Die dritte Säule der Freiheit 65 · Von Untertanen zu Bürgern 67

5 Die gute Gesellschaft *70*

Der Preis der guten Vorsätze 71 · Graham Wallas und Vaclav Havel 74 · Die Sehnsucht nach Entropie und das Singapur-Syndrom 77 · London, oder die Gute Stadt 81 · Kommunitarier und Liberale 84

1994

6 Über die Verflechtungen von Ökonomie und Politik *88*

Rettung durch Wirtschaft? 89 · Die Lehren der postkommunistischen Transformation 94 · Das autoritäre Risiko des asiatischen Weges 97 · Vom Primat der Politik 101

1995

7 Die Quadratur des Kreises: Wirtschaftlicher Wohlstand, sozialer Zusammenhalt und politische Freiheit 103

Zur Verteidigung der Ersten Welt 105 · Die Globalisierung, ihre Zwänge und Chancen 110 · Bürgergesellschaft unter Druck 116 · Versuchungen des Autoritarismus 121 · Einige bescheidene Vorschläge 126

1996

8 Über Deutschland: eine persönliche Perspektive 132

Eine deutsch-britische Perspektive 133 · Deutschland und Europa 136 · Gesellschaft und Demokratie in Deutschland 139 · Die deutsche Einheit und die Aufgaben der Zukunft 143

9 Von Europa nach EUropa 145

Europäische Anfänge 146 · Die deutsche Frage 150 · Europas grosser Irrtum 152 · Europa als politische Aufgabe 158

1998

10 Revolution und Reform, oder Etwas ist mehr als Alles 162

1989, oder das Ende der Revolutionen 163 · 1968, oder der Irrweg der Gesamtplanung 166 · 1848, oder die Kraft der Bürgergesellschaft 170

11 Drei Probleme der offenen Gesellschaft 174

Zur Definition der offenen Gesellschaft 175 · Das Gellner-Problem 179 · Das Kolakowski-Problem 182 · Das Dahrendorf-Problem 185

12 Vernunft, Freiheit und Partei: ein liberales Dilemma 188

Erasmus-Menschen 189 · Das Rätsel der fehlenden Partei 192 · Liberaler Internationalismus 194

1999

13 New Labour und die alte Freiheit: Zur Kritik des Dritten Weges 197

Eine neue sozialdemokratische Blüte? 198 · Globalisierung, Wachstum und Solidarität 199 · Nicht drei, sondern 101 Wege 201 · Die vergessene Freiheit 203

14 Umbrüche und normale Zeiten:
Braucht Politik Intellektuelle? *205*

Realpolitiker und Visionäre 206 · Max Webers Verwirrungen 210 · Grenzsituationen und Normalisierung 211 · Deutsche Intellektuelle zwischen Verstaatlichung und Unabhängigkeit 215

Jahrhundertwende

15 Der Blick zurück:
Das (kurze) sozialdemokratische Jahrhundert *220*

Verwerfungen der Modernisierung 221 · Liberale und Sozialdemokraten 224 · Die Erste Welt und der Kalte Krieg 226 · Von der Unruhe zur trügerischen Ruhe: die 1960er und 1970er Jahre 228 · 1989 und die neue Freiheit 232

16 Der Blick voran: Chancen und Risiken der Globalisierung *235*

Eine Definition der Globalisierung 236 · Die neuen Konflikte 238 · Sozialer Ausschluss; Konflikt ohne Kampf 241 · Neue Chancen für Millionen 244 · Spuren einer Weltbürgergesellschaft: die Werte der Aufklärung 247

2000

17 Die globale Klasse und die neue Ungleichheit *251*

Die Produktivkraft der Information 251 · Der neue Ton, und wer ihn angibt 253 · Gewinner und Verlierer: politische Prioritäten 256 · Arbeit und soziale Kontrolle 260 · Hauptlinien des Konflikts 262

18 Demokratie und Rechtsstaat *265*

«Eine Periode aussergewöhnlicher Umstände» 266 · Die Notwendigkeit von Regeln 268 · Liberale Ordnung und Recht 271

2001

19 Die Zukunft der repräsentativen Demokratie *275*

Geschwächte Parlamente 276 · Neue Trends: Der «Volkswille» und die übernationalen Räume 278 · Zur Rettung der parlamentarischen Demokratie: Fünf Thesen 280

20 Von der Aktualität gemeinsamer Werte *282*

Die Suche nach Halt 284 · Das Beispiel Zuwanderung 286 · Freiheit und Heimat 289 · Doch eine Leitkultur? 291

2002

21 Die alte und die neue Bürgergesellschaft *294*

Die Wiederentdeckung der Bürgergesellschaft 295 · Adam Ferguson und die zivilisierte Gesellschaft 297 · Staatsmacht und Bürgerfreiheiten 300 · Der Liberale und die hybriden Lösungen 302

22 Alltags-Europa, Sonntags-Europa: Wer schliesst die Kluft? *304*

Europäische Realitäten 305 · Walter Hallstein 308 · Valéry Giscard d'Estaing 309 · Jacques Delors 312

2003

23 Über Populismus: Acht Anmerkungen *314*

Populisten links, Populisten rechts 315 · Plädoyer für Komplexität 318

24 Europa und der Westen: Alte und neue Identitäten *321*

Deutsche Wege zum Westen 324 · Die angewandte Aufklärung 328 · Mitteleuropa, Mars und Venus 329 · Harte Macht, weiche Macht 332 · Die liberale Ordnung 335

Anmerkungen *337*

Personenregister *345*

Zuvor

Die Revolution von 1989 markiert einen tiefen Einschnitt in der Geschichte der Moderne. Es gab nicht viele von gleicher Bedeutung, und schon gar nicht von gleicher Strahlkraft der Hoffnung – den Neubeginn von 1945 vielleicht, die zögerlichen Revolutionsversuche im 19. Jahrhundert und die erfolgreichen am Ende des 18. Jahrhunderts. 1989 sah das Ende des sowjetischen Imperiums und der von ihm getragenen Nomenklatura-Herrschaft. Auf einmal eröffnete sich die Perspektive einer zu Neuem bereiten Welt, der offenen Gesellschaft. Nach innen wie nach aussen wurden die folgenden Jahre stark geprägt durch einen Prozess, für den sich das Schlagwort «Globalisierung» eingebürgert hat. Wirtschaftliche und soziale Verhältnisse mussten im gleissenden Licht einer Dynamik bestehen, die die eher statischen Erwartungen der Jahrzehnte vor 1989 grundsätzlich in Frage stellte, dabei ebenso grosse Hoffnungen wie Ängste weckte, Neureiche und Neuarme schuf. International wurden zunehmend neue Konturen von Macht und Ohnmacht erkennbar. Der Hegemonie der Vereinigten Staaten von Amerika suchten sich prekäre Allianzen wie die Europäische Union an die Seite und militant antiwestliche Kräfte vor allem in der islamischen Welt entgegen zu stellen. Die Welt ist in Bewegung geraten.

Dies zumindest ist die Perspektive des vorliegenden Bandes, in dem Reden und Aufsätze aus den anderthalb Jahrzehnten nach der Revolution von 1989 versammelt sind. Schon ihre Anlässe führen dazu, dass die Beiträge den Schritten des Wandels in diesen dramatischen Jahren gleichsam nachspüren: von der Orwell-Vorlesung zur Melancholie der Revolution über den dem Entwicklungsprogramm der Vereinten Nationen vorgelegten Essay zur «Quadratur des Kreises» von Wohlstand, Solidarität und Freiheit zu den enzyklopädischen (jedenfalls in Enzyklopädien veröffentlichten) Bilanzen der Jahrhundertwende und dann zu den beiden neuen Fragen des frühen 21. Jahrhunderts, denen der Aktualität gesellschaftlicher Werte und denen der neuen Weltkonflikte um die Institutionen einer angewandten Aufklärung.

Die allmähliche Verschiebung der Thematik von Ereignissen und ihrer Analyse nach 1989 hat zumindest im Nachhinein eine gewisse innere Logik. Am Anfang standen Fragen des Überganges von kommunistischen zu offenen Gesellschaften, dessen, was als Transformation fast schon zum Gegenstand einer eigenen sozialökonomischen Disziplin geworden ist. In dem Masse indes, in dem die früher kommunistischen Länder eine zugleich ersehnte und befürchtete Normalisierung erfuhren, wurden ihre Probleme deckungsgleich mit denen der übrigen Welt. Ihr Kern lag in dem, was ich die Quadratur des Kreises genannt habe: wie lässt sich wachsender wirtschaftlicher Wohlstand mit verbindlichem sozialem Zusammenhalt in freien Gesellschaften vereinen? Wie insbesondere kann dies bewerkstelligt werden angesichts der frischen, aber auch rauhen Winde globaler Märkte, ja der Globalisierung überhaupt?

Zunehmend wurden in diesem Prozess unerwartete Nebenfolgen der Globalisierung deutlich. Die «Seifenblase» der überzogenen Erwartungen des Jahres 2000 platzte mit allerlei Konsequenzen. Auf einmal fragten sich viele, ob sie nicht falschen Göttern gehuldigt hatten. Der Ökonomismus erschien als eine Version des Fundamentalismus, die uralte Fragen der richtigen Werte erneut wachrief. Zudem drängte die Entdeckung sich auf, dass es auch eine destruktive Globalisierung gibt, die vor allem im internationalen Terrorismus ihren Ausdruck findet. Der 11. September 2001 setzte Prozesse in Gang, die im Inneren von Staaten die liberale Ordnung von Demokratie und Rechtsstaat, und im internationalen Gefüge den Frieden gefährden. Fragen der *governance*, der angemessenen Form des Regierens traten hervor und mit ihnen solche der internationalen Ordnung. Sind wir auf dem Weg der Weltbürgergesellschaft oder doch eher auf dem zu einem amerikanischen Imperium?

Das alles ist der Stoff, aus dem Geschichte gemacht ist. Es war daher eine höchst merkwürdige Perspektive, die einen amerikanischen Autor zu dem Schluss führte, 1989 markiere das «Ende der Geschichte». Die These enthielt gleich zwei Irrtümer. Der erste, grundsätzlichere lag darin, dass sie Hegel in der anmassenden Annahme folgte, die Geschichte schreite «dialektisch» zu einem notwendigen Ziel fort, das zwar nicht (wie bei Hegel) mit dem preussischen Staat der nachnapoleonischen Zeit, wohl aber mit dem Obsiegen des westlichen Projekts 1989 erreicht worden sei. Im vorliegenden Band spricht ein an Popper, nicht an Hegel geschulter Autor, für den die Geschichte nur den Sinn hat, den wir ihr geben. Das heisst vor allem, dass Geschichte stets offen ist für neue Versuche, die gelingen, aber auch scheitern können.

Der andere Irrtum der These vom «Ende der Geschichte» liegt in ihrer Perspektive. Sie sieht 1989 gleichsam von hinten, als Ergebnis vieler Jahrzehnte des Kalten Krieges, ja als dessen erfolgreichen Abschluss. Nun, da grundsätzlich alle der Demokratie westlicher Prägung verpflichtet sind (so die These), da es jedenfalls kein alternatives Projekt mehr gibt, sind die grossen historischen Bewegungen vorbei. Es gibt aber auch eine ganz andere Perspektive, für die der Kalte Krieg eine lange Phase der Stagnation war. Hoffnungsvolle Entwicklungen konnten nicht stattfinden, weil die bipolare Welt ganz damit beschäftigt war, auf den jeweiligen Feind zu starren. Die beiden angeblichen Weltreiche – das der Sowjetunion erwies sich am Ende eher als ein Potemkinsches Dorf – erstarrten in einem Wettbewerb der Stärke, nicht des Fortschritts. Erst als der Kalte Krieg mitsamt den kommunistischen Regimes dahinging, öffneten sich alle Türen für Neues. Auch die Globalisierung brauchte die Öffnung der alten Grenzen, um ihre Dynamik zu entfalten. In diesem Sinn markiert 1989 keineswegs das Ende der Geschichte, sondern im Gegenteil ihren Wiederbeginn. Erst jetzt ist Neues möglich und dann auch wirklich. Was immer die nächsten Etappen der Entwicklung bringen mögen, es sind Etappen einer für Neues geöffneten Welt.

Reden und Aufsätze sind nie ein systematischer Traktat. Ihnen ist nicht nur eine gewisse Informalität eigen; sie passen auch nicht immer ganz bruchlos zusammen, und es gibt in ihnen gelegentlich Wiederholungen. Nach Kräften habe ich solche Schwächen in diesem Band zu vermeiden gesucht. Er enthält denn auch keineswegs alle Arbeiten, die ich in den anderthalb Jahrzehnten nach 1989 verfasst habe, sondern nur solche, die zum Thema des Wiederbeginns der Geschichte etwas beitragen. Die meisten sind in der einen oder anderen Form schon einmal erschienen, viele zuerst auf Englisch. Ihre Anlässe bleiben erkennbar. Die knappen einleitenden Texte zu den einzelnen Beiträgen sollen indes den roten Faden andeuten, den eine Sammlung nicht ohne weiteres hat, an dem mir aber in diesem Fall gelegen ist.

Ohne die Ermutigung des Verlegers Wolfgang Beck und dann die freundschaftlich-kompetente Hilfe seines Cheflektors Detlef Felken wäre der Band nicht zustande gekommen. Einmal mehr verdanke ich Edith Emmenegger mehr als nur technische Unterstützung.

Das grosse Aufatmen des Jahres 1989 war für mich eine sehr persönliche Erfahrung, eine Erfahrung der Freiheit. Ich verdanke sie den Menschen, die ich in jener Zeit kennenlernte und die zu Freunden, jedenfalls aber zu Gefährten auf dem Weg zur Freiheit wurden. Ihnen ist daher dieser Band gewidmet. Viele Namen wären zu nennen, und nur beispielhaft erwähne ich Bronislaw Geremek und Adam Michnik in Warschau, Jiri Dienstbier in Prag und Josef Jarab in Olomouc, Ellemer Hankiss und György Bence in Budapest, Andrei Plesu in Bukarest, Zheliu Zhelev in Sofia. Krzysztof Michalski, der Erfinder des Wiener Instituts für die

Wissenschaften vom Menschen, hat uns und viele andere zusammengebracht und ermutigt. Vor allem aber verdanke ich die persönliche Erfahrung der Zeitenwende von 1989 Timothy Garton Ash, dem bedeutenden teilnehmenden Beobachter jener Ereignisse, der als Fellow am St. Antony's College in Oxford (dessen Warden ich zehn Jahre lang war) so viele Begegnungen zustandebrachte und zum Freund geworden ist.

London, im Januar 2004 *R. D.*

1990

I Müssen Revolutionen scheitern?

*Am Anfang des Jahres 1989 konnte man noch meinen, dass der offenbare Prozess der Veränderung im kommunistischen Europa einen allmählichen Verlauf nehmen würde. Präsident Gorbatschows Doppelstrategie der Öffnung (*glasnost*) und der Reform (*perestroika*) schien vielversprechend, vor allem weil sie mit der erkennbaren Abneigung des Reformers gegen Gewalt gepaart war. Auch der Runde Tisch in Polen versprach graduelle eher als radikale und dramatische Veränderungen. Im Laufe des Jahres indes veränderte sich das Bild. Aus Reform wurde zuerst (um Timothy Garton Ash zu zitieren) Refolution, dann Revolution. Bald sprachen Beobachter nicht mehr von* transition, *von Transformation, sondern von Umbruch, von einer Zeitenwende.*

Ich hatte das Glück, diese Zeit am St. Antony's College in Oxford zu erleben. Dort hatte das Studium des kommunistischen Europa eine grosse Tradition, und nun waren mehrere Fellows selbst in den Prozessen des Wandels engagiert. Sie brachten nicht nur ihre eindringlichen Berichte, sondern auch viele der Akteure nach Oxford. In Budapest und Bukarest und Prag und Warschau fanden andere spannende und oft ereignisreiche Treffen statt. Intime Freundschaften zwischen den Reformern im Osten und ihren aktiven Förderern im Westen brachten einen lebensverändernden Austausch von Ideen. Iuvat vivere *dachte ich so manches Mal mit Ulrich von Hutten: es war eine Lust, diese Zeit des Umbruchs zur Freiheit wachen Sinnes zu erleben.*

Indes waren Hoffnung und Freude nicht die einzigen Emotionen der Zeit. Früh schon gab es auch Fragen und Zweifel. Im März 1990 hatte ich in Warschau ein langes Gespräch mit dem Noch-Präsidenten (und Nicht-Freund) General Jaruzelski. Die Fragen, die er mir stellte, führten mich dazu, den langen Brief unter dem (Edmund Burke nachempfundenen) Titel Betrachtungen über die Revolution in Europa *zu schreiben. Das vor allem in den nachkommunistischen Ländern vielgelesene Buch hat unter anderem durch seine Vorahnung des ökonomischen Tals der Tränen manche beeinflusst.*

Dann führte das alte Interesse an sozialen Konflikten und insbesondere an Revolutionen mich dazu, die so bewegenden Ereignisse in einen historisch-theoretischen Zusammenhang zu stellen. Die George-Orwell-Vorlesung am Londoner Birkbeck College im Oktober 1990 bot dazu einen Anlass. Sie wird im folgenden unverändert (und zum ersten Mal auf deutsch) abgedruckt.

Manche der Risiken, von denen in diesem Text die Rede ist, haben sich als übertrieben herausgestellt. In den meisten betroffenen Ländern blieb der Umbruch am Ende doch irgendwo zwischen Reform und Revolution stehen. Zudem erwies sich der Einfluss des europäischen Umfeldes als zunehmend prägend, vor allem nachdem einmal der Beschluss zur Erweiterung der Europäischen Union gefasst war. Die «Kopenhagener Kriterien» der EU von 1993 hielten die Gefährdungen der neuen Demokratie in den Beitrittsländern in Schach, ja stoppten möglicherweise den Fortgang der Revolution. Latent zumindest blieb und bleibt indes die Thematik dieses Textes relevant.

Die unter dem Aspekt der Revolution erörterte Thematik stand durch das ganze den Ereignissen von 1989 folgende Jahrzehnt auf der Tagesordnung. Sie ist ein durchgängiges Motiv dieses Bandes. In manchen der folgenden Abschnitte wird der interessierte Leser eine Fortsetzung der hier eingeführten Analyse finden.

1989: Refolution und Revolution

Es ist November 1990. Vor einem Jahr fegten die Sturmwinde der Revolution durch die Länder Ost- und Südosteuropas und bliesen die nur zu vertraute Szenerie der Nomenklatura-Herrschaft davon. Silberstreifen offener Himmel schienen durch die tiefhängenden Wolken von Breschnews Welt, in der dumpfe Unterwerfung und graues Alltagselend das Leben bestimmt hatten. Doch steht heute, ein Jahr später, nicht alles zum besten. Die Entdeckung, dass viele der ehemaligen Partei-Bürokraten noch an ihrem alten Platz sind und es sogar geschafft haben, ihr Mäntelchen flugs nach dem Wind zu drehen, um sich unersetzlich zu machen, ist noch der geringste Anlass zur Sorge. Die Führer der Revolution, die vor kurzem noch einig waren in ihren Zielen, sind miteinander zerfallen; Solidarität ist zu Streiterei geworden, das Forum zu einer Arena. Bürger, die gerade erst das Wahlrecht wiedergewonnen haben, finden dessen Ausübung nutzlos und gehen nicht einmal in hinlänglicher Zahl an die Wahlurnen um eine bescheidene Mindestbeteiligung zu erreichen. Die wirtschaftlichen Verhältnisse verschlechtern sich bis zu dem Punkt, an dem das alte Regime manchen schon wie die gute alte Zeit erscheint. Statt der triumphalen Geburt einer neuen Bürgergesellschaft führen uralte Stammeszugehörigkeiten ihre selbsternannten Sprecher in Versuchung, bedrohlich auf Homogenität zu bestehen. Allgemeine Bürgerrechte, in denen Unterschiede und Heterogenität ihren Platz finden, sind das Opfer. Fast überall liegt der Geruch der Gewalt in der Luft.

Das ist gewiss nicht die ganze Wahrheit. In den vom Kommunismus befreiten Ländern hindert niemand die Menschen, ihre Meinungen zu äussern. Auch geniessen sie die Freizügigkeit zu reisen. Es gibt erste Zeichen eines wirtschaftlichen Aufschwungs. Zeitschriften und Stiftungen, weltliche und kirchliche Organisationen, Kleinunternehmen und politische Parteien, eine kommunale Selbstverwaltung und andere Elemente der Bürgergesellschaft beginnen sich zu regen. Überdies gibt es grosse Unterschiede zwischen den Ländern Ostmittel- und Südosteuropas, von den Teilen der alten Sowjetunion ganz zu schweigen. In der Tat liegt ein grosser Gewinn der Auflösung des Sowjetblocks in der Tatsache, dass solche Unterschiede sichtbar und legitim geworden sind. Es ist daher viel zu früh, um mit hinlänglicher Gewissheit zu entscheiden, ob die Revolution von 1989 erfolgreich war oder nicht. Doch muss die Frage erlaubt sein, ob der Tag danach nicht in Europas neuen Demokratien ebenso deprimierend werden kann, wie er es in Frankreich in den 1790er Jahren und seitdem überall, wo eine Revolution ihren vollen Gang nahm, gewesen ist. Denn wohin wir auch blicken, in Frankreich und in Russland, in jüngerer Zeit in Kuba und in Nicaragua, in diversen anderen lateinamerikanischen Ländern, in China, sind zwei Konsequenzen der Revolution ohne Fehl eingetreten: die Anfänge der politischen Demokratie sind alsbald durch neue Diktaturen weggefegt worden, und die wirtschaftlichen Verhältnisse haben sich verschlechtert und sind jahrzehntelang schlecht geblieben. Revolutionen, so scheint es, schaffen ebenso viele Probleme wie sie lösen. Warum? Gibt es Gründe im revolutionären Prozess selbst, die dieses Ergebnis unvermeidlich, zumindest aber höchst wahrscheinlich machen?

Die Frage stellt sich, ob es richtig ist, die osteuropäischen Ereignisse von 1989 Revolutionen zu nennen. Gewiss hat Timothy Garton Ash für Polen und vielleicht für Ungarn gute Gründe, den Mischbegriff der *Refolution* für Reform-Revolutionen einzuführen: die Veränderungen gingen tief, aber sie hatten die Form drastischer Reformen von oben, nicht der Umwälzung durch erfolgreichen Druck von unten. In Polen sind die Schwächen des Gradualismus heute eines der Hauptthemen, die Tadeusz Mazowiecki und seinen Gegner in den Präsidentschaftswahlen, Lech Walesa, trennen. In Ungarn wurde die Refolution am Ende fast doch noch zur Revolution, wenngleich dies sehr viel eindeutiger die angemessene Beschreibung der Ereignisse in Ostdeutschland, der Tschechoslowakei und Rumänien ist. In all diesen Fällen wurde zumindest die oberste Ebene der Mächtigen rasch und gründlich beseitigt, und ihre Beseitigung war von der totalen Entlegitimierung des alten Regimes begleitet. Um ein klassisches Merkmal von Revolutionen zu berufen: was gestern Hochverrat war, wurde über Nacht zum offiziellen Credo, und umgekehrt. Die Rolle des Rechts zeigt, was geschah, und Ostdeutschland liefert ein dramatisches Beispiel. Die Juristen der alten DDR sind nicht nur fast alle vom kommunistischen Regime belastet, ihre Kenntnisse, was immer sie wert waren, sind nun auch nutzlos. Dasselbe gilt für Fachleute der Wirtschaft, für viele Lehrer und Verwaltungsbeamte. Wer den Prozess Tag für Tag verfolgt hat, übersieht vielleicht, wie drastisch diese Veränderungen in jeder der neuen Demokratien waren. Als politische Regimes haben die heutige Tschechoslowakei und Ungarn, in hohem Masse auch Polen, und in unterschiedlichem Grade andere Länder, wenig gemeinsam mit ihren Vorgängern von vor zwei, drei Jahren. Sie sind in ihrer heutigen Form das Resultat von Entwicklungen, die man auch streng genommen nur als Revolutionen beschreiben kann.

Da ist es allerdings nötig hinzuzufügen, dass Gewalt kein notwendiger Bestandteil von Revolutionen ist, jedenfalls nicht in ihrem Frühstadium. Besonders verhasste Vertreter des alten Regimes, wie Rumäniens *conducator* Ceaucescu – oder der Zar, oder auch der Direktor der Bastille – werden umgebracht, aber im allgemeinen ist das erste Stadium von Revolutionen eines der grossen Demonstrationen, der triumphalen Zerstörung der Symbole des alten Regimes, der Besetzung öffentlicher Gebäude durch das Volk, der sichtbaren Vertreibung der alten Führer aus allen Ämtern und Würden, aber nicht eines des Mordens, des Terrors oder Bürgerkriegs. Manche der alten Herrschenden können sogar mit neuem Gewand im Amt bleiben, als Bürgerkönig, ja als Präsident der Republik. Gewalt beginnt später, zuerst im Zuge des Zusammenbruchs von Recht und Ordnung, wenn die Anomie einsetzt, dann als die bewusste Waffe derer, die sich zu etablieren suchen, wenn das Chaos am grössten ist, also als Terror von oben mit der Guillotine und anderen Mitteln.

Es ist fraglich, ob jede Revolution durch alle Stadien gehen muss, die Crane Brinton als Teil ihrer «Anatomie» beschrieben hat: «die Herrschaft der Gemässigten», «der Aufstieg der Extremisten», «das Regime des Terrors und der Tugend», und am Ende «Thermidor». Im Interesse unserer europäischen Nachbarn muss man hoffen, dass die Antwort nein lauten kann, und dass es alternative Wege voran gibt. Aber ich werde gleich noch zu zeigen versuchen, dass gewisse Züge des revolutionären Prozesses es sehr schwierig machen, sein Abgleiten in Extremismus und Terror zu vermeiden.

Bislang habe ich Revolutionen fast rein formal definiert, als rasche Zirkulation von Eliten zugleich mit der radikalen Transformation von Regimes. Im Hinblick der Frage, die ich hier gestellt habe, erlaubt das eine wichtige Schlussfolgerung. Insoweit das Ziel der Revolution die Beseitigung des alten Regimes ist, scheitern vollständige Revolutionen nicht. Sie gelingen fast kraft Definition. Auch ist die einschränkende Rede von «vollständigen» Revolutionen nicht als Fluchttür gemeint. Manchmal werden Revolutionen durch brutale Machtmittel – in der Regel durch Eingriffe von aussen – aufgehalten, bevor das alte Regime unwiederbringlich dahin ist. Ungarn 1956 und die Tschechoslowakei 1968 lassen sich möglicherweise so beschreiben. Das alte Regime überlebt, wenngleich es nach dem Eingriff von aussen nie wieder ganz das alte sein wird. Die Revolution von 1989 war indes vollständig. Das alte Nomenklatura-Regime ist nicht nur verschwunden, sondern für immer beseitigt worden. Niemand wird in der Lage sein, es zurückzuholen oder wiederzubeleben. Was immer nun geschieht – und das schliesst Rumänien ein – wird anders sein als das, was vorher war. Wenn alte Regimes unter dem Aufprall des revolutionären Drucks zerbröckeln, sind sie Geschichte, nicht mehr. Man mag hinzufügen, auch nicht weniger. Die Geschichte ist immer auch Nemesis. Der Geist des alten Regimes hängt noch in der Luft, jahrelang, jahrzehntelang. Finden sich nicht in Frankreich auch nach 200 Jahren noch gelegentliche Spuren des *ancien régime*? Aber als Regime ist es am Ende. In dieser Hinsicht ist die Revolution von 1989 gelungen wie wenige andere vor ihr.

Der demokratische Traum

Doch ist der formale Aspekt von Revolutionen nur ein Teil der Geschichte und für die Beteiligten der am wenigsten wichtige Teil. Sie wollen nämlich nicht nur ein verhasstes Regime beseitigen, sondern eine neue Welt aufbauen. Was für eine neue Welt? Es gibt viele Autoren, denen man sich auf der Suche nach einer Antwort zuwenden kann. In den letzten 200 Jahren hat es nicht an Enthusiasten der Revolution gefehlt. George Orwell, den ich hier als Zeugen anrufen will, war allerdings kein Enthusiast, sondern einer der, in Lionel Trillings Worten, «die

Wahrheit sagte, und das in beispielhafter Weise tat, gelassen, einfach, und nicht ohne den Leser angemessen zu warnen, dass es sich nur um eines Mannes Wahrheit handelt». Ich las noch einmal *Mein Katalonien. Bericht über den spanischen Bürgerkrieg.* Bald nach seiner Ankunft in Spanien notierte Orwell: «Niemand sagte ‹Herr› oder ‹Don› oder auch nur ‹Sie›; alle nannten einander ‹Genosse› und ‹Du› und sagten ‹Salud› statt ‹Guten Tag›.» Indes, während das ein Teil der Revolution war, hatte der Prozess nicht viel weiter geführt. Schlimmer, «in Wirklichkeit waren es die Kommunisten vor allen anderen, die die Revolution in Spanien verhinderten». Nur die Anarchisten bestanden auf grundlegender Gleichheit, lokaler Macht, auf Arbeiterräten und Gemeineigentum. «Die Kommunisten betonten immerfort Zentralismus und Effizienz, die Anarchisten Freiheit und Gleichheit.» Die Kommunisten verlangten Konzentration zuerst auf den Krieg und erst später die Revolution, und sie spielten damit in die Hände der Faschisten; die Anarchisten wollten Demokratie jetzt, aber sie setzten sich damit nicht durch.

Demokratie. Kein anderes Wort verkörpert besser die Träume der Revolutionäre in Europa und der Welt in den letzten 200 Jahren. «Wir, das Volk» sind zugleich Träger und Thema der Revolutionen. Timothy Garton Ash – wie Orwell engagiert ohne sentimental zu sein, und vor allem darauf aus, die Wahrheit zu sagen – berichtet, dass «die Führer der Revolutionen oder Refolutionen [von 1989] eine glasklare Idee der Verfassungsordnung hatten, die sie bauen wollten». Diese hatte eine auffällige Ähnlichkeit mit der der amerikanischen Revolution. Garton Ash bringt den Begriff der Bürgergesellschaft ins Spiel als das Traumbild der Revolutionäre. «Es sollte Formen der Assoziation geben, nationale, regionale, lokale, berufsbezogene, die alle freiwillig, authentisch, demokratisch sind.» Und als Motto seines Buches *We the people* verwendet Garton Ash die Worte aus Präsident Vaclav Havels Neujahrsbotschaft von 1990: «Volk, deine Regierung ist zu dir zurückgekehrt!»

Gut gesagt, aber können Regierungen jemals dieses Versprechen halten? Demokratie hat zwei sehr unterschiedliche Bedeutungsnuancen. Die eine ist konstitutionell und bezeichnet eine Verfassungsordnung, die es möglich macht, Regierungen ohne Revolution abzulösen, durch Wahlen, Parlamente und die dazu gehörigen Regeln. Die andere Bedeutung von Demokratie ist weit fundamentaler. Sowohl Orwell als auch Garton Ash verweisen auf sie in angenehm praktischer Art, wenn sie von Arbeiterräten und Berufsverbänden sprechen. Doch schleichen sich auch in ihre Berichte andere, emotionalere Vorstellungen. Demokratie soll authentisch sein; die Regierung soll zum Volk zurückkehren; Gleichheit muss wirklich werden. Da stellt sich der Rousseausche Traum einer *volonté générale* ein, der die französischen Revolutionäre von 1789 inspirierte, ein allgemeiner Wille, der auf mysteriöse Weise alle dazu bringt, ohne Gewalt oder Zwang einer Meinung zu sein. Marx hat diesen Gedanken entwickelt in seinen seltenen und oft leicht unwirschen Andeutungen der Welt nach der letzten Revolution, die eine Welt der Genossenschaft, nicht der Herrschaft, und also eine der Gleichheit, nicht der Klassen sein würde. Die Idee lebt bis heute weiter, etwa in Jürgen Habermas' Sehnsucht nach einer Gesellschaft des «herrschaftsfreien Diskurses», des Konsenses durch freiwillige und permanente Kommunikation unter Gleichen.

Der Gedanke ist reizvoll, ja erregend. Er ist eine Vision der Hoffnung, die den Blick über die Routine der Normalität emporhebt. Schliesslich ist das Alltagsleben in Gesellschaft nicht nur langweilig, sondern auch ärgerlich. Es ist das nie endende Rollenspiel von Menschen, die sich im grossen und ganzen im Einklang mit Erwartungen verhalten, die sie weder erfunden haben noch verändern können. Überdies hat das Theater, in dem dieses Rollenspiel stattfindet, offenbar irgendwo Regisseure und Direktoren, was daran deutlich wird, dass man Regeln nicht brechen kann, ohne einen Preis zu bezahlen. Gesellschaft wird durch Normen und Sanktionen zusammengehalten, damit durch diejenigen, die sie erzwingen und verhängen. Manchmal, wenngleich ziemlich selten, wird die Routine durchbrochen. Nicht nur katholische Länder kennen eine Karnevalszeit, in der von Menschen in Masken und Kostümen das Unterste zuoberst gekehrt und die offizielle Gesellschaft suspendiert wird, wenngleich das Vergnügen in aller Regel mit einer langen und freudlosen Fastenzeit endet. Streiks sind ein Ärgernis für Arbeitgeber und heutzutage auch für Kunden, aber für die Beteiligten sind sie oft eine willkommene Unterbrechung der Monotonie des Arbeitslebens. Verbrechen ist mehr als ein Ärgernis, doch verkauft es Millionen Exemplare von Zeitungen mit blutrünstigen Berichten an gesetzestreue Leser, die die mittelbare Erregung, normale Erwartungen übertreten zu sehen, zu geniessen scheinen.

Die dramatischste Form der Suspendierung des Alltagslebens ist wahrscheinlich der Krieg. In Kriegen werden sogar Tabus ausdrücklich, ja offiziell gebrochen. Menschen werden zum Töten ermuntert. Kindern wird anbefohlen, ihre Eltern zu verlassen. Ehegatten werden auf Grund staatlicher Massnahmen getrennt. Viele normale Tätigkeiten werden eingestellt. Der Krieg ist für die politische Rechte, was Revolutionen für die Linke sind: die Suspendierung der normalen Gesellschaft. In beiden

Fällen verschmelzen privates Leben und öffentliches Geschehen in eins; die Geschichte wird zur persönlichen Biographie und umgekehrt. Beide legen das rohe Fleisch des Lebens unter all der Haut und dem Fett der bürgerlichen Gesellschaft bar. Aber während der Krieg im Prinzip ein durchaus kontrollierter Prozess ist, sind Revolutionen im Prinzip ein offener Prozess. Das hat damit zu tun, dass Kriege die vorhandenen Machtverhältnisse bewähren oder dies zumindest tun sollen, während Revolutionen sie beseitigen. In der Praxis sind die beiden oft nicht weit voneinander entfernt, wie George Orwell in Katalonien entdeckte. Es ist nicht überraschend, dass die Kommunisten mit ihrem Interesse an «Zentralismus und Effizienz» sich mehr für den Krieg als für die Revolution interessierten. Die beiden rufen dennoch sehr verschiedene menschliche Empfindungen und Werte auf den Plan. Im Krieg geht es oft um Vorherrschaft und immer um Selbstbehauptung, während es in Revolutionen um Hoffnung geht.

Das ist die Hoffnung auf eine völlig andere Welt. Ihre Züge werden in vielen Abstufungen der Subtilität und des Engagements beschrieben. Diese reichen von der Anarchie im strengen Sinn des Wortes zu einem ebenso strengen Begriff der Genossenschaft. Wie immer sie beschrieben werden, der gemeinsame Nenner revolutionärer Hoffnungen ist eine Gesellschaft (wenn das noch das richtige Wort ist), in der alle gleich sind und niemand Macht über andere ausübt, eine genossenschaftliche Gesellschaft, ein grosses menschliches Kollegium. «An die Stelle der alten bürgerlichen Gesellschaft mit ihren Klassen und Klassenkämpfen tritt eine Assoziation, in der die freie Entwicklung eines jeden die Bedingung der freien Entwicklung aller ist.»

So Marx und Engels in einer bekannten Formulierung, die das Ziel des Proletariats in seinem «Kampf für die Demokratie» definiert. Aber Demokratie in diesem Sinn kann nicht sein. Vielleicht gab es hier und da «Stämme ohne Herrscher» (wenn man auch Fragen stellen muss angesichts der unbestätigten Berichte von Ethnologen), und es gibt oligarchische Assoziationen wie die Colleges der Universität Oxford, in denen herrschaftsfreier Diskurs die Abende am *high table* erfüllt – aber wirkliche menschliche Gesellschaften beruhen auf Normen, und Normen verlangen Sanktionen, die ihrerseits Sanktionsinstanzen und damit Herrschaftsstrukturen brauchen. Vielleicht ist es falsch, den Traum der Anarchie ganz und gar zu verwerfen – das Unerhörte mag am Ende doch noch wirklich werden –, aber soweit wir wissen, hat der Genossenschaftsvertrag noch stets den Herrschaftsvertrag eingeschlossen. Wo Menschen Regeln schaffen, nach denen sie leben, sind einige gleicher als andere.

Der revolutionäre Traum einer Regierung, die zum Volk zurückkehrt, muss daher scheitern. Im Jahr 1990 kann jedermann sein Scheitern erleben. Die zartbesaiteten Revolutionäre des Neuen Forum und verwandter Gruppen in Ostdeutschland können noch immer nicht verstehen, wie es sein konnte, dass sie bei den ersten freien Wahlen vom 18. März nicht mehr als drei Prozent der Stimmen bekamen; aber vielleicht waren die Wähler klüger als die Kirchenleute, die die erinnernswerten Montagsdemonstrationen des letzten Herbstes inspirierten. Wie Solidarnosc in Polen endet auch das Bürgerforum in der Tschechoslowakei in Tränen. Die Rückkehr der Regierung zum Volk bedeutet tatsächlich das Fehlen jeder Regierung; «das Volk» ist nicht in der Lage, Veränderungen einzuleiten, wenn man von den destruktiven Momenten der Revolution einmal absieht. Könnte es sein, dass die «Macht des Volkes» immer nur negativ ist, eine Macht zum Abschaffen des Alten, nicht zum Schaffen des Neuen? Jedenfalls ist die fundamentale Demokratie ein Irrtum, und ein kostspieliger Irrtum obendrein.

Sie ist übrigens ein Irrtum, den Lenin nie beging. «Wir sind keine Utopier,» schrieb er in *Staat und Revolution*. «Wir ‹träumen› nicht davon, plötzlich ohne Verwaltung oder Unterordnung auskommen zu können... Wir werden die sozialistische Revolution mit Menschen wie sie sind durchsetzen, mit Menschen, die nicht leben können ohne Unterordnung, ohne Kontrolle, ohne ‹Aufseher und Buchhalter›.» Und so nahm die Diktatur des Proletariats ihren Gang, mehr und mehr Diktatur bei weniger und weniger Beteiligung des Proletariats oder auch irgendeiner anderen grösseren sozialen Gruppierung. In aller Regel endet der Traum der reinen Genossenschaft in der reinen Herrschaft. Die Frage ist, wie man Macht zähmt, nicht wie man sie beseitigt.

Das ist die Frage des anderen, des konstitutionellen Begriffs der Demokratie, und sie wirft das schwierigste Problem in unserem Zusammenhang auf. Um die bisherige Argumentation noch einmal zu rekapitulieren: Revolutionen, einschliesslich der Revolution von 1989, gelingen, insoweit sie das alte Regime endgültig beseitigen. Revolutionen scheitern indes, insoweit sie die völlig andere Welt einer fundamentalen Demokratie nicht schaffen. In diesem Sinn enttäuschen sie unausweichlich die extravaganten Hoffnungen, die sie geweckt haben. Aber wie steht es mit den Institutionen der offenen Gesellschaft, die Konflikte regulieren und Wandel ohne Gewalt erlauben?

Der Kollaps des Zentrums und das Tal der Tränen

Bislang habe ich von Revolutionen gesprochen, als seien sie isolierte Ereignisse, wie Naturkatastrophen, die aus blauem Himmel hereinbrechen und eine Szenerie der Zerstörung und Enttäuschung hinterlassen. Viele derer, die ihre Hoffnungen auf eine ganz andere Welt an Revolutionen knüpfen, ziehen es vor, voluntaristische und nicht apokalyptische Bilder zu verwenden; sie sind dennoch vom gleichen irrigen Glauben getragen. Sie glauben, dass Revolutionen gemacht, organisiert, bewusst veranstaltet werden können, dass es also nur einiger entschlossener Revolutionäre bedarf, um den ersehnten Wandel herbeizuführen. Sie hätten ihren Marx – wie auch andere jüngere Autoren – genauer lesen sollen.

Revolutionäre Situationen sind ein seltener und schwerwiegender Zustand der menschlichen Dinge. Sie treten ein, wenn eine herrschende Klasse über einen längeren Zeitraum hin nicht nur andere Gruppen, sondern auch ein vorhandenes Potential des Wandels niedergehalten hat. Das Entscheidende an der Nomenklatura à la Breschnew war einerseits ein festgezurrtes Privilegiensystem, das durch eine perfide Mischung von schierer Gewalt und subtilen Kontrollen des Apparats der Staatssicherheit aufrechterhalten wurde. Aber die andere Seite des Bildes war der sichtbare Fortschritt der nicht-kommunistischen Nachbarn des Sowjetreiches. Mit anderen Worten, die Nomenklatura hielt nicht nur alle anderen Gruppen nieder, sondern auch Möglichkeiten der Entfaltung, die jedermann zumindest im Fernsehen wahrnehmen konnte. Es wäre nicht ganz unangemessen, marxianisch zu argumentieren, dass ein Klassenkonflikt genährt wurde durch die Unfähigkeit der vorherrschenden Umstände («Produktionsverhältnisse»), einem Potential für Verbesserung («Produktivkräfte») Rechnung zu tragen. Die täuschenden Zahlen der offiziellen Statistik funktionierten nicht mehr; in der Tat begann das ganze System der ideologischen Irreführung zu zerfallen. Für alle, die nicht vom bestehenden System profitierten, gab es nur zwei Möglichkeiten: das Land zu verlassen oder das System zu beseitigen. Ostdeutsche taten beides; andere mit weniger Alternativen mussten sich auf den Versuch der politischen Veränderung beschränken.

Revolutionäre Situationen sind noch nicht Revolutionen. Sie sind das Pulverfass, aber jemand muss es zünden. Genauer gesagt, ein Element der Hoffnung muss in die revolutionäre Situation geworfen werden, um sie zur Explosion zu bringen. Dieses besteht zumeist aus Anzeichen für die Schwäche der herrschenden Klasse – eine Reform, die

Menschen ermutigt, auf weitere Reformen zu drängen, ein Symptom der Unsicherheit, das die bröckelnde Fassade der Macht enthüllt. Ceaucescus Gesicht, als er während seiner Rede zu einer Menge plötzlich bemerkte, dass seine Anhänger in Wahrheit seine Feinde sind, liefert ein besonders drastisches Beispiel; ein anderes zeigt die Verwirrung rings um die Entscheidung, die Berliner Mauer zu öffnen. Die tiefere Quelle des Funkens der Hoffnung in den Ereignissen von 1989 war ohne Zweifel Präsident Gorbatschow und seine offenkundige Entscheidung, nicht zu intervenieren, wenn das Volk der vormaligen Satellitenstaaten seine Dinge selbst in die Hand nimmt.

So begann die grosse Wende von 1989, mitsamt der Euphorie des Ausserordentlichen, die noch so lebhaft in unserer Erinnerung nachwirkt. Wochenlang gingen Menschen auf grosse Demonstrationen und nicht zur Arbeit. (Von Ostdeutschen wird gesagt, dass sie beides taten.) Plötzlich gaben die scheinbar unbeweglichen Strukturen der Nomenklatura-Herrschaft nach. Reformkommunisten übernahmen das Zepter von Traditionalisten, nur um ihrerseits manchmal schon innerhalb von Tagen entmachtet zu werden. Das Monopol der Kommunistischen Partei zerfiel zuerst an der Spitze und dann, wenn auch viel langsamer, auf allen Ebenen. Wahlen wurden geplant, Wahlkämpfe begonnen. In Bulgarien kam die gewählte neue Regierung so rasch ins Amt, dass die Kräfte des Wandels kaum Zeit hatten, sich zu organisieren. Mit der Ausnahme Rumäniens sah alles durchaus hoffnungsvoll aus in der Zeit zwischen der Amtseinführung von Vaclav Havel im Dezember 1989 und Ostern 1990.

Während dieses Prozesses und seither traten indes mehrere Komplikationen auf. Ich habe sie im einzelnen in meinen *Betrachtungen über die Revolution in Europa* geschildert, so dass hier eine knappe Zusammenfassung reichen muss. Da ist einmal der Kollaps des Zentrums. Nach der Vertreibung der Partei aus ihrer Monopolstellung war der Apparat des Staates brüchig wenn nicht hohl geworden. Was das bedeutet, wird am extremsten sichtbar in der Sowjetunion, wo der Präsident immer neue Verordnungen erlassen kann, ohne dass das in Wirklichkeit irgendeinen Effekt hätte. Da eine funktionierende Verwaltung fehlt, bleiben die Verordnungen Papier, Wegwerfpapier. Im Fall Ostdeutschlands hat die Übernahme durch Westdeutschland das Ausmass verborgen, in dem die gewählte Regierung ihre Autorität verlor, wenn sie diese denn je gewonnen hatte. Ungarn und die Tschechoslowakei, ganz zu schweigen von Jugoslawien, Rumänien, Bulgarien, hatten eine solche Tarnkappe nicht. In all diesen Ländern ist die Frage nicht so sehr, ob die Regierung das Richtige tut oder nicht, sondern ob sie in der Lage ist, überhaupt etwas wirksam zu tun. Die Refolution in Polen hat das Land bislang vor einem solchen Schicksal bewahrt, aber Präsident Walesa mag wohl versucht sein, Massnahmen zu ergreifen, die auch die verbleibenden Reste des alten Staatsapparats beseitigen.

Zum Kollaps des Zentrums kommt jener Prozess hinzu, den ich das ökonomische Tal der Tränen genannt habe. Dieses Wegstück ist noch im günstigsten Fall schwer zu bewältigen, wie das polnische und sogar das ostdeutsche Beispiel zeigt. Es wird unerträglich, wenn es, wie in der Sowjetunion, vom nahezu völligen Fehlen zentraler Autoritäten begleitet wird. Es führt zu tiefer Enttäuschung in Ungarn, der Tschechoslowakei und anderen Ländern zwischen den Extremen. Da kann es nicht überraschen, wenn viele zu dem Schluss kommen, dass Demokratie hohe Preise, hohe Arbeitslosigkeit, niedrige Einkommen für die meisten und spekulative Gewinne für die wenigen bedeutet. Warum zur Wahl gehen, wenn ihr Ergebnis so aussieht? In der Tat, warum sich überhaupt auf Demokratie einlassen?

Zu alledem erleben wir das Wiedererstarken der Stämme, also halbvergessener Bindungen und Gefühle. Der Kommunismus war unter anderem eine homogenisierende – manche würden sagen, eine modernisierende – Kraft. Nun da er verschwunden ist, melden sich ältere nationale und religiöse Ligaturen zurück. Da Menschen wenig haben, was sie hält, und noch weniger zum Leben, verfallen sie Propheten, die ihre Köpfe und Herzen mit dem Hass auf andere im Namen einer falsch verstandenen Selbstbestimmung füllen.

Wegkarte zur Freiheit

Es ist durchaus möglich, eine Wegkarte vom Kommunismus zur Freiheit, von der Nomenklatura-Herrschaft zu den Institutionen der Demokratie zu zeichnen. Auch ist eine solche Karte keineswegs nur die einer Phantasiewelt, die niemand je gesehen hat. Die amerikanische Revolution mag diesen Namen nicht ganz verdienen, aber sie ist ein grosses Beispiel für die bewusste Schaffung der Verfassung der Freiheit. Die *Federalist Papers* enthalten manches, das für die Länder Ostmitteleuropas durchaus relevant ist. In jüngerer Zeit ist die Erfolgsgeschichte Westdeutschlands nach dem Krieg zu bedenken; sie ist relevant wegen ihres Hauptmerkmals, dem gleichzeitigen Erfordernis von politischer und wirtschaftlicher Reform. Der Vergleich mag in anderer Hinsicht weniger angemessen sein, aber er zeigt doch, dass es möglich ist, auf den Trümmern der Tyrannei eine offene Gesellschaft zu bauen.

Das Problem ist eines der Nerven, des Glücks und eines klaren Richtungssinns. Politische Institutionen sind schnell geschaffen, aber es dauert sehr viel länger, sie in den Köpfen und Herzen der Menschen zu verankern. Was Samuel Huntington den «Test des doppelten Machtwechsels» genannt hat, muss wahrscheinlich bestanden sein, bevor sie sicher sind; es muss also zwei Regierungswechsel mit demokratischen Mitteln gegeben haben. Die Herrschaft des Rechts stellt ihre eigenen schwierigen Fragen, vor allem in Ländern, die ein korruptes System der Parteiherrschaft geerbt haben; doch lassen die notwendigen Bedingungen des Rechtsstaats sich beschreiben. Wirtschaftsreform zur Schaffung einer auf den Markt gegründeten Ordnung braucht länger. Sie ist, wie im Jahr 1990 nur allzu deutlich wird, technisch kompliziert. Schon die Privatisierung schafft eine Reihe von anfangs fast unüberwindlichen Problemen. Auch abgesehen von den Techniken der Transformation führt die Wirtschaftsreform offenbar unausweichlich durch das Tal der Tränen, von dem die Rede war. Preise steigen, Löhne fallen, die Arbeitslosigkeit schnellt hoch, bevor ein Reformprogramm wirklich greift. Vier Jahre sind eine kurze Zeit für eine heruntergewirtschaftete Ökonomie, um das Schlimmste hinter sich zu bringen und den langsamen Weg nach oben anzutreten. Doch lässt sich das bewerkstelligen. Politische und wirtschaftliche Reform müssen indes verankert werden in vibrierenden Bürgergesellschaften, und James Madison hat in seinen Beiträgen zum *Federalist* deutlich gemacht, wie schwer es ist, diese zu schaffen. Wenn das vereinigte Deutschland sich auf eine verlässliche und kräftige demokratische Tradition stützen kann, die über politische Institutionen und wirtschaftlichen Erfolg weit hinausreicht, dann wird das die bedeutendste Leistung der westdeutschen Entwicklungen seit dem Krieg sein. Einmal mehr zeigt das Beispiel, dass der Übergang vom Plan zum Markt, von der Diktatur zur Demokratie sich bewerkstelligen lässt.

Wird er indes stattfinden? Der Kollaps des Zentrums, die Tiefe des wirtschaftlichen Tals der Tränen und die Rückkehr halbvergessener Stammeskräfte, die gegen eine Gesellschaft akzeptierter Vielfalt und geregelten Konflikts wirken, geben Anlass zu ernsten Zweifeln. Nichts davon fand sich in der Gründungszeit der Vereinigten Staaten von Amerika, es sei denn man will das Thema des *Federalist* selbst, also die Schaffung eines wirksamen Zentrums, als äquivalentes Problem ansehen. In Nachkriegsdeutschland waren die wirtschaftlichen Verhältnisse anfangs so schlecht, dass den meisten das Tal der Tränen erträglich oder zumindest unausweichlich schien. Die Französische Revolution indes – und sie ist möglicherweise näher an meinem Thema – bietet weniger Grund zur

Hoffnung. Merkwürdigerweise sandten die Ereignisse von 1789 eine Botschaft der Demokratie vor allem in Länder, die keine Revolution erlebt hatten, während in Frankreich selbst die frühen Pflanzen der Demokratie in der «Herrschaft des Terrors und der Tugend» zertreten wurden und es Jahrzehnte dauerte, bevor ihre überlebenden Samen erneut zu wachsen und Früchte zu tragen begannen. Sogar ökonomisch zeigen die verfügbaren Informationen über Wirtschaftstätigkeit und vor allem Handel, dass Frankreich drei Jahrzehnte brauchte, um auch nur zum vorrevolutionären Zustand zurückzukehren.

Bevor ich diese Argumentation zu ihrem nun offenbar unausweichlichen Schluss bringe, ist eine Mahnung zur Vorsicht dringend nötig. Sozialtheorien können keine historischen Notwendigkeiten begründen oder auch nur widerspiegeln. Die Geschichte der Revolution hat eine gewisse innere Logik. Das gilt vor allem dort, wo ein altes Regime beseitigt wurde, das in politischer wie auch in wirtschaftlicher und in nahezu jeder anderen Hinsicht ein Monopol besass. Die nachrevolutionäre Situation ist eine der Beinahe-Anomie, in der Enttäuschung sich fast nicht vermeiden lässt. Solche Enttäuschung schafft kein sehr günstiges Klima für die Etablierung dauerhafter demokratischer Institutionen. Die Wahrscheinlichkeit ist sogar gross, dass sie radikale Minderheiten oder Einzelne dazu ermutigt, Macht im Namen von Zielen und mit Methoden zu suchen, die alles andere als demokratisch sind. Aber nichts davon muss geschehen.

Zum einen können unsere Theorien falsch sein. Hier muss ich eine neue Version von Karl Poppers Insistenz auf der Falsifizierung als Instrument der Wahrheitsfindung ins Spiel bringen, insofern ich in diesem Jahr 1990 nichts so sehr hoffe wie dass unsere bisherigen Theorien der Revolution sich als falsch erweisen, und dass daher die Länder Ostmitteleuropas einen gangbaren und gewaltlosen Weg zur offenen Gesellschaft finden. Zum anderen leiden allgemeine Theorien ihrer Natur nach daran, dass sie die besonderen und oft einmaligen Umstände gegebener Gesellschaften nicht hinlänglich berücksichtigen. In Ermangelung eines besseren Wortes nennen wir solche Umstände oft kulturell. Ungarn ist ein Land in dem – ähnlich in manchem wie in Italien – das makroökonomische Szenarium wahrscheinlich immer schlecht oder mindestens problematisch aussehen wird, aber im wirklichen Leben wirkliche Menschen irgendwie einen Weg finden, zurechtzukommen, und mehr. Polens Stolz ob seiner nationalen Bestimmung hat dem Land durch so manche Krise geholfen, und wir könnten dort durchaus noch institutionelle Entwicklungen erleben, die zwar nicht den Lehrbuchvorstellungen der Demokratie entsprechen, aber doch eine freie Gesellschaft begründen. Die Phantasie der Wirklichkeit ist immer grösser als die der Theorie, manchmal zum Schlechteren, aber oft zum Besseren. Es gibt also Hoffnung.

Auch das Umfeld ist zu bedenken, das im ganzen dem Fortschritt der Verfassung der Freiheit günstig ist. Ostdeutschland profitierte von der einmaligen Chance der Integration in ein demokratisches vereintes Deutschland. Ein demokratisches vereintes Europa ist einstweilen weniger real und relevant, und zudem sehr viel weniger grosszügig. Immerhin, das von der Nachkriegsordnung von 1945 begünstigte Europa, zu dem wir gehören, existiert und hat eine unverkennbare magnetische Wirkung, auch wenn es seine offenbare Verantwortung nicht sonderlich eindrucksvoll wahrnimmt.

Aber wenn das alles gesagt ist, bleibt doch die Hauptschlussfolgerung bestehen. Die Revolution von 1989 ist wie andere Revolutionen vor ihr erfolgreich gewesen in der Beseitigung eines alten Regimes, das nicht wiederkehren wird. Die Revolution von 1989 musste wie andere Revolutionen vor ihr notwendigerweise diejenigen enttäuschen, die sie mit extravaganten Hoffnungen auf eine neue Welt des herrschaftsfreien Diskurses, der Gleichheit und der Fundamentaldemokratie verknüpften. Liberal Gesonnene werden übrigens in diesen beiden Konsequenzen einen Anlass zur Freude, jedenfalls keinen zu besonderer Sorge sehen. Aber wie andere Revolutionen vor ihr hat auch die Revolution von 1989 den Weg zur Freiheit mit grossen Risiken beladen. Sie hat neue Möglichkeiten eröffnet, aber auch Kräften Raum gegeben, die erfolgreicher politischer Erneuerung, effektiver wirtschaftlicher Reform und der sicheren Etablierung von Bürgergesellschaften entgegenwirken. Es mag sein, dass Länder diese Hindernisse überwinden, aber die Tatsache bleibt bestehen, dass Revolutionen nicht sehr hilfreich sind, wenn es um die Verfassung der Freiheit geht.

Das mag keine sehr nützliche Bemerkung sein, da Revolutionen dann geschehen, wenn die Verhältnisse sich bis zum Punkt der revolutionären Situation verschlechtert haben. Doch erinnert uns diese Überlegung an die Notwendigkeit von strategischen Veränderungen zur rechten Zeit, und daher von Institutionen, die es möglich machen, ohne Umbrüche, geschweige denn Gewalt den Gang der Dinge zu verändern und sogar Regierungen abzulösen. Revolutionen müssen scheitern. Es ist daher das erste Erfordernis der Verfassung der Freiheit, dafür Sorge zu tragen, dass die Bedingungen ihres Eintritts nicht entstehen.

2 Die offene Gesellschaft und ihre Ängste

Karl Popper schrieb sein einflussreiches Werk Die offene Gesellschaft und ihre Feinde *während des Zweiten Weltkriegs im Exil in Neuseeland. Es war, in seinen eigenen Worten, sein Beitrag zur Anstrengung des Krieges. Das Buch fand unmittelbar nach seiner Veröffentlichung 1945 Beachtung und erlebte im Englischen mehrere Auflagen. Seinen eigentlichen Siegeszug trat Poppers Buch jedoch erst später an. Die deutsche Ausgabe zum Beispiel erschien erst zehn Jahre nach der englischen, 1955. Da wurde sie bereits als Kommentar zum Kalten Krieg gelesen, und im Hinblick auf die kommunistische Welt hatte es dann seinen grössten Einfluss. Im Zuge der Revolution von 1989 wurde die* Offene Gesellschaft *nicht nur als Buch überall in der postkommunistischen Welt zur Standardlektüre, sondern auch als Begriff zum Massstab für die Zukunft. Die «Open Society Foundations» des philanthropischen Multimillionärs George Soros waren nur die grössten von vielen privaten und öffentlichen Initiativen im Namen der offenen Gesellschaft.*

Dabei ist der Begriff eher attraktiv als genau. Auch in Poppers Kritik von Plato und Marx wird eher deutlich, was die offene Gesellschaft nicht ist. Sie ist kein Philosophen-Königtum und auch keine kommunistische Endgesellschaft; sie ist also keine Veranstaltung, bei der einer oder eine Gruppe immer Recht hat. Wie aber sieht im übrigen die offene Gesellschaft aus? Popper hat sich da sehr zurückgehalten und es auf diese Weise vielen Nachfolgenden erlaubt, ihre Vorlieben in den schönen Begriff zu stecken. George Soros, der auch philosophische Ambitionen hegt, hat dazu selbst beigetragen bis hin zu dem Verdacht, die offene Gesellschaft sei doch ein «schwaches Ideal», weil sie zwar Wahlmöglichkeiten eröffne, aber keinerlei Hinweis darauf gebe, was denn zu wählen sei.

Dies ist einer der Punkte, an dem der folgende Beitrag anknüpft. Es handelt sich um ein Referat auf dem Deutschen Soziologentag von 1990, der unter dem Generalthema stand: Die Modernisierung moderner Gesellschaften. *Anspielungen auf frühere Soziologentage und insbesondere den von 1968 ergaben sich aus dem Anlass. 1990 musste dieses Thema jedoch für mich zu den Ereignissen des Tages führen, also zur Revolution von 1989 und ihren Folgen. Es tat not, die Ziele dieses Prozesses so klar wie möglich herauszuarbeiten. Dabei ist die offene Gesellschaft zwar eine Leitidee, aber auch eine, die der Ergänzung durch andere Ideen bedarf. Die Strukturen der offenen Gesellschaft müssen – so die These – mit dem Leben der Bürgergesellschaft erfüllt werden.*

Wie das formale Thema der Prozesse des revolutionären Wandels ist auch die materiale Problematik der Gesellschaft, die erstrebenswert sein könnte, ein durchgängiges Motiv dieses Bandes. In mehreren Beiträgen wird daher die Argumentation des folgenden Beitrages ergänzt und weitergeführt.

Offene und geschlossene Gesellschaften

Im Vorfeld des Frankfurter Soziologentages von 1968 gab es im Vorstand der Deutschen Gesellschaft für Soziologie lebhafte Erörterungen über seine Themenstellung. «Spätkapitalismus oder Industriegesellschaft?» – das klingt heute, da beide bachab gegangen sind und ganz andere Themen die Diskussion beherrschen, fast rührend. Damals trennte es die, die an den unausweichlichen, zumindest aber wünschenswerten Untergang des westlichen Sozialsystems glaubten, von denen, die bereit waren, sich auf Reformen der industriellen Gesellschaften einzulassen. Die Konfrontation schien uns, den Beteiligten, wichtig. Sie setzte sich in methodische Positionsbezüge fort (wie das seit dem «Positivismusstreit» beinahe Mode geworden war), führte zu durchaus unterschiedlichen Auffassungen vom Verhältnis zwischen Theorie und Praxis, und sie reflektierte die Hoffnungen, die jedem Gesellschaftsbild, einschliesslich dem der offenen Gesellschaft, vorschweben. Insoweit die Frankfurter Schule mehr war als eine Jugendsekte, die entweder vereinnahmte oder aussonderte, aber nur ungern mit sich reden liess, lag ihre Wirkung darin, das Bild einer ganz anderen Welt unterschwellig zu suggerieren, ohne die Genüsse der wirklichen Welt ernsthaft in Frage zu stellen. Der Spätkapitalismus war doch immer auch eine kostbare Epoche der subtilen Jagden, der erlesenen Dekadenz, während in der Industriegesellschaft härtere, unbequemere Vorlieben – Klasseninteressen zum Beispiel –ihr Wesen trieben. «Klassen?» Ich werde die von Max Horkheimer und Theodor W. Adorno gemeinsam gegenüber dem erwünschten Habilitationsthema des jungen Assistenten vertretene Position nicht vergessen: «Muss denn das sein?» Es war 1954; Adenauer war gerade erfolgreich wiedergewählt worden. So verliess ich das «Institut» und habilitierte mich an der damals noch französisch getönten Universität des Saarlandes über «Soziale Klassen und Klassenkonflikt in der industriellen Gesellschaft».

Das alles ist nun lange vorbei. Die 68er sind sozusagen gross und auch ein bisschen alt geworden. Die Alternative «Spätkapitalismus oder Industriegesellschaft?» stellt sich nicht mehr. Jedenfalls ist die andere

Alternative von offenen und geschlossenen Gesellschaften aktueller, gerade wenn man erneut über das Thema von 1968 – «Herrschaft, Klassenverhältnis und Schichtung» – nachdenkt. Die spätkapitalistischen Industriegesellschaften haben sich als erstaunlich reform- oder doch veränderungsfähig erwiesen. Man hätte es wissen können: Keynes und Beveridge, also der Erfinder einer modernen Wirtschaftspolitik der Geldmengenkontrolle und Nachfragesteuerung und der des Wohlfahrtsstaates ohne Bismarckschen Paternalismus als Instrument der Bürgerrechte aller, hatten ihr Werk schon getan. Ihre nachhaltige Wirkung entfaltete sich indes erst im letzten Vierteljahrhundert. Dass die OECD-Gesellschaften so viele Namen tragen, nachindustriell und risikobeladen, prinzipienlos und vielleicht sogar klassenlos, zeigt nur die Verlegenheit, alte, aber unverändert wichtige Kategorien wie Herrschaft und Klassen auf sie anzuwenden.

Dagegen passen diese Theorien durchaus für die geschlossenen Gesellschaften der Zeit; sie passten vor allem für die nun zerbrechenden Länder des Nomenklatura-Sozialismus. Diese waren und sind noch Industriegesellschaften. In ihnen gab es zumindest bis zur Revolution von 1989 herrschende und unterdrückte Klassen. Sie waren unfähig zur allmählichen Reform. Vor allem in der Breschnew-Ära versteinerten sie zunehmend. Klassische soziologische Theorie hätte uns sagen können, dass das ein böses, vielmehr ein revolutionäres Ende nehmen würde. Geschlossene Gesellschaften dauern nicht. Sie üben dennoch einen fatalen Reiz für Menschen aus, die die Freiheit nicht ertragen können. Davon und damit von den grossen gesellschaftlichen Alternativen unserer Zeit, soll hier die Rede sein.

Die Unterscheidung zwischen offenen und geschlossenen Gesellschaften ist noch wichtiger, als Karl Popper meinte. Sie bedarf auch der genaueren begrifflichen Klärung. Dabei können vertraute Vorstellungen helfen. Der Unterschied zwischen monopolistischen und pluralistischen Strukturen hat seinen guten Sinn, ebenso wie der zwischen Plan und Markt. Auch Poppers Insistenz, dass offene Gesellschaften politische Institutionen kennen, die es erlauben, Regierungen ohne Blutvergiessen loszuwerden, hat wichtige Implikationen. In offenen Gesellschaften findet die Koordination des Handelns der vielen weder von einer Stelle oder Instanz noch nach einem detaillierten Fahrplan statt. Selbst die auf Grund des staatlichen Gewaltmonopols gesetzten Regeln bestimmen nur Grenzen des Verhaltens, aber lassen in ihnen weite Spielräume offen. In der Praxis ist es nicht immer leicht, formale und inhaltliche Regelungen zu unterscheiden; Spielregeln haben eine fatale Neigung, eine Seite gegenüber der anderen zu bevorzugen; doch kann hier die Bestimmung der Zielrichtung zureichen. In offenen Gesellschaften ist alles erlaubt, was nicht ausdrücklich verboten ist. Es wird zudem möglichst wenig verboten, und was erlaubt ist, steht im Belieben der Einzelnen. Rollenerwartungen haben eher permissiven als präskriptiven Charakter. Rollen selbst sind durchwegs erwerbbar und nicht zugeschrieben. Offene Gesellschaften fördern den naturwüchsigen Wandel.

Solche Aussagen stecken voller Fallgruben. Hat nicht auch die in diesem Sinne offenste Gesellschaft noch wichtige Elemente der Geschlossenheit, und umgekehrt? Wie steht es zum Beispiel mit dem staatlichen Gewaltmonopol? Hier sind trennscharfe Begriffe nützlich. «Option» ist ein solcher Begriff. Offene Gesellschaften vergrössern, geschlossene Gesellschaften verringern Optionen. Unter diesen ist eine, die einen hilfreichen Index abgeben könnte, das ist die Mobilität. Offene Gesellschaften verlangen, geschlossene Gesellschaften verbieten Mobilität. Dabei verwende ich den Begriff in seinem weitesten Sinn: für geographische Wanderungen und für sozialen Auf- und Abstieg, aber auch für das Verhalten von Wechselwählern und für die Mobilität der ökonomischen Produktionsfaktoren. Die «vier Freiheiten» des «Projektes 1992» der Europäischen Gemeinschaft (Freiheit im Austausch von Gütern, Dienstleistungen, im Kapitalverkehr und auf dem Arbeitsmarkt) fördern Mobilität. Überhaupt neigen wir in der Umgangssprache dazu, Freiheit mit Mobilität gleichzusetzen, und die Umgangssprache hat oft gute Gründe.

Damit stellen sich bekannte und nicht so bekannte Fragen der politischen Theorie. An welchem Punkt wird Offenheit zur Anarchie, ja Anomie? (Dass in jedem Verfechter der offenen Gesellschaft ein mehr oder minder heimlicher Anarch, wenn schon kein Anarchist, steckt, überrascht den Kenner nicht.) Wieviel Geschlossenheit ist also Bedingung der Möglichkeit von Gesellschaft, damit auch von Fortschritt und von realer Freiheit? Um Hayeks Frage zu formulieren, die hier durchaus am Platze ist: wie lässt sich die «*Verfassung* der Freiheit» bestimmen? Aber auch umgekehrt, und mit Adam Smith, für den schon drei Geschäftsleute, die sich freundschaftlich treffen, die Sorge um die unsichtbare Hand wachriefen: gibt es möglicherweise eine allen Gesellschaften innewohnende Tendenz, wenn nicht zum Monopol, so doch zum Kartell? Wieviel besser als der Nomenklatura-Sozialismus ist der bürokratische Korporatismus? Wieviel Herrschaft also in welchen Konstellationen verlangt, wieviel erlaubt die freie Gesellschaft?

Ich deute derlei mit äusserster, fast schon unerlaubter Verkürzung an, um die Behauptung zu stützen, dass die Begriffe der offenen und der geschlossenen Gesellschaft weder Phrasen noch hypostasierte Prinzipien der politischen Philosophie sein müssen. Sie können nützliche Richtungshinweise geben für die Analyse sozialer Wandlungen in ihrem soziopolitischen und sozioökonomischen Kern, um den es hier geht.

Die Auflösung der Nomenklatura-Herrschaft

Die Revolution von 1989 hat uns dazu reichlich Material geliefert. Die Gesellschaften des realen Sozialismus waren weitgehend geschlossene Gesellschaften. Geschlossen heisst übrigens nicht unbedingt totalitär. Begrifflich (wenn auch nicht für die betroffenen Menschen) ist Totalitarismus die einfachere Herrschaftsform. Rumänien liefert das Beispiel. Der stark auf die Person des Führers zugeschnittene Charakter totalitärer Herrschaft bedeutet, dass man zunächst nur die Spitze zu beseitigen braucht, wenn man Wandel will. Allerdings stellt man dann fest, dass die Grundkonstellation und die Versuchung der monopolistischen Herrschaft geblieben sind. Es fehlt die Gesellschaft, die Bürgergesellschaft (*civil society*); es fehlen alle Instanzen und Organisationen, die die Einzelnen vor dem Zugriff der Herrschenden schützen. Ein Zirkel der Gewalt kommt in Gang, den aufzuhalten nicht leicht ist. Die rumänische Erfahrung gibt Anlass zu neuen Fragen, etwa zum 20. Juli 1944: Was wäre geschehen, wenn? Millionen wären noch am Leben. Das war – und ist auch in Rumänien – Rechtfertigung genug. Aber eine offene Gesellschaft war wohl auch 1944 nicht sogleich zu erwarten.

Nomenklatura-Herrschaft hat andere Merkmale. Hier gibt es zumindest der Form nach staatliche, ökonomische und sogar gesellschaftliche Strukturen. Man kann Minister, Unternehmer und Leiter von sogenannten «gesellschaftlichen Organisationen» identifizieren. Aber das Wort «Struktur» ist in diesem Zusammenhang irreführend. Als solche sind die Träger der vertrauten Positionen blosses Baumaterial. Die Struktur wird erst durch die monopolistische Partei geschaffen. Nimmt man die Partei – oder auch nur ihr Monopol – weg, dann fällt das Gebäude in sich zusammen. Es ist, als ob sich wie auf ein Signal der Zement auflöst, der die Ziegel des Sozialgebäudes zusammengehalten hat. Nichts geht mehr. Es bleibt ein Trümmerhaufen, der nur hier und da noch Spuren des Hauses verrät, zu dem seine Elemente einmal gehörten. Das Ergebnis kann beängstigend sein. Die frühere DDR gehört zu den extremen Fällen. Am 18. März 1990, als dort eine Volkskammer gewählt und eine Regierung gebildet wurde, war das Monopol der SED schon gebrochen. Es gab daher keine Herrschaftsstrukturen mehr, deren Träger durch

Wahlen neu bestimmt werden konnten. Volkskammer und Regierung spielten nur Herrschaft, wenn auch oft mit verbissenem und sogar verständlichem Ernst. Gesetze wurden beschlossen, die keinerlei Wirkung hatten. Koalitionskrisen wurden inszeniert, Minister ernannt und entlassen, aber das ganze blieb blosses Theater, Staatstheater mit sämtlichen Requisiten und asbesthaltigen Kulissen. Die Verbindung zwischen dem vorgeblichen Entscheidungszentrum und dem tatsächlichen Aktionsfeld fehlte. Sie fehlt auch jetzt noch. Nur mühsam werden neue Verwaltungsstrukturen aufgebaut. Einrichtungen wie die Treuhandanstalt sind wichtiger als alle Ministerien. Indes wird auch in dieser Hinsicht die Übernahme durch die Bundesrepublik in überschaubarer Frist neue – offene – Strukturen schaffen.

Polen hat versucht, einen anderen Weg zu gehen. Dort gab es keine Revolution, sondern das, was Timothy Garton Ash eine *Refolution* genannt hat, also Reformen mit revolutionärer Wirkung, aber eben von oben. Der Runde Tisch hat viele Mitglieder der alten Nomenklatura an ihrem Platz gelassen. Die Regierung Mazowiecki-Balcerowicz-Kuron hat gleichsam die Rolle des Politbüros übernommen und vielfach kommunistische Funktionäre als ausführende Instanzen belassen. Das war ein höchst effektiver Weg voran, hat aber über die Kosten vor allem der Wirtschaftsreform hinaus offene Flanken der Kritik geschaffen. Lech Walesa, dem wir so viel an neuer Freiheit verdanken, zündelt jetzt diese Unzufriedenheit, weil er es schwer erträgt, am Danziger Rand der Dinge zu bleiben. Er versteht wohl nicht, was er tut; aber wenn er am 25. November zum Präsidenten Polens gewählt werden sollte, muss man befürchten, dass Polen seinen Nachbarn in der Auflösung von Strukturen folgt.

Das beängstigendste Beispiel dafür liefert gegenwärtig die Sowjetunion. Präsident Gorbatschow verdient seinen Ort in der Geschichte für den Mut und die Konsequenz, mit der er Türen geöffnet hat: *glasnost*, die Unabhängigkeit der früheren Satelliten, am Ende die Beseitigung des Monopols der KPdSU. Für manche Beobachter sah es so aus, als hätte er sich selbst in diesem Prozess immer mehr Macht verschafft, bis er am Ende als Präsident mit seinem Präsidialrat durch Notverordnungen regiert. In Wahrheit ist diese Macht jedoch hohl. Gorbatschows Erlasse bleiben Papier. Niemand führt aus, was der Präsident anordnet oder was das Parlament beschliesst. Es mehren sich die Zeichen der Anomie, also des Zerfalls. Moskauer Stadtbezirke – nicht einmal mehr Bürgermeister Popovs zentrale Stadtverwaltung – schliessen Lieferabkommen mit nahen Dörfern und kontrollieren die genaue Wohnadresse der Käufer der raren Waren. Längst haben die Esten den Sinn von Verhandlungen im Kreml bezweifelt und statt dessen Abmachungen teils mit Finnland und Schweden, teils auch mit Leningrad getroffen. In vielen Gemeinden der grossen Russischen Republik liegt zwar noch die bleierne Hand der Nomenklatura auf dem Volk, aber sie ist nicht mehr mit einem Nervenzentrum verbunden; sie liegt nur noch so da. Ausserdem liegen Tausende von nuklearen Raketen und anderen Waffen da, die keiner mehr berechenbar kontrolliert. Das, wie gesagt, ist Material zum Thema meiner Bemerkungen.

Es ist kein Zufall, dass an einem Schlüsselpunkt der geschilderten Prozesse Phänomene der Mobilität standen. Die DDR-Urlauber in Ungarn und der damaligen ČSSR haften in der Erinnerung. Überall wurden Optionen gefordert. Das tragischste Symptom des Wandels liegt in der Person gewordenen reinen Mobilität, der Mobilität an und für sich sozusagen, nämlich den Millionen von Flüchtlingen, die jetzt durch die einstige Sowjetunion, durch ganz Europa und durch die Welt irren. Sie sind möglicherweise die Sozialfigur der Zeit. Wer noch verwurzelte Strukturen hat, schliesst sich gegenüber den Flüchtlingen ab. Der Tag der Deutschen Einheit war auch der Tag der Einführung des Visumzwangs für Polen. Dabei kommt eine gefährliche neue Gesetzlichkeit in Gang. Wer sich nach aussen abschliesst, zahlt immer einen inneren Preis. Das ist zumindest ein handfester Preis an Polizeikontrollen, Meldeämtern und anderen Formularbehörden; doch folgt eine Mentalität der Geschlossenheit meist auf dem Fuss. Der Verdacht wird hier nicht leichten Sinnes geäussert. Die Not der Flüchtlinge und die Angst der Einheimischen sind ja gleichermassen verständlich. Darin liegt eines der beinahe unauflösbaren Dilemmas unserer Zeit.

Es wäre verlockend, und in systematischeren Zusammenhängen auch nötig, derlei aktuelle Beobachtungen mit dem klassischen Thema von Herrschaft, Klassenverhältnis und Schichtung zu verbinden. Dabei würde man manche der Linien, die in den Diskussionen des Soziologentages von 1968 noch Andeutungen blieben, in stärkeren Farben fortführen. Man müsste dann von der doppelten Diffusion der Herrschaft in den offenen Gesellschaften der OECD-Welt reden, von ihrer Verteilung auf mehrere Zentren und von ihrer Arbeitsteilung in bürokratischen Strukturen. Man müsste den Faden der «Disparitäten der Lebensbereiche» aufnehmen, die an die Stelle der alten Klassenstrukturen getreten sind. Man müsste fragen, wie denn die neue *underclass* der Dauerarmen und Langzeitarbeitslosen in das Bild passt. Die politischen Folgen des Prozesses der Diffusion von Herrschaft wären zu untersuchen, also die Tatsache, dass die alten Parteien zu blossen Hüllen für allerlei neue Inhalte geworden sind. Wenn sie den Mut der italienischen Kommunisten hätten, würden sie sich allesamt zumindest vorübergehend *la cosa* nennen, «die Sache», nicht mehr und nicht weniger. Es wären Fragen zu stellen über mögliche neue Quellen der Macht. Die grosse Produktivkraft der transnationalen Unternehmen wäre zu untersuchen, der die Produktionsverhältnisse der nachindustriellen Gesellschaften (oder wie immer man sie nennen will) arg hinterherhinken. Man müsste prüfen, ob es denn so etwas gibt wie einen internationalen Klassenkampf, oder ob die Dritte Welt eher eine riesige *underclass* ist, lebendige Anklage der Werte, die die Mächtigen kundtun, aber ohne wirkliche Kraft, wenn es um die Hegemonie der Mehrheitsklasse geht. Kurz, es wäre nötig, den modernen sozialen Konflikt in seinen Wandlungen und Kontinuitäten erneut ins Auge zu fassen.

Doch will ich das hier nicht einmal versuchen. Vielmehr möchte ich die aktuellen Erwägungen zur Revolution von 1989 noch ein wenig ergänzen und vertiefen in der Annahme, dass an ihnen wichtige Grundfragen der Gesellschaft deutlich werden. Denn dies zumindest leisten ja Revolutionen: dass sie uns an die Präambel und die ersten Artikel des Gesellschaftsvertrages erinnern und zwingen, diese zu bekräftigen oder auch neu zu fassen.

Was bewegt die neuen Demokratien im östlichen Mitteleuropa? Worin liegt die ausgesprochene oder unausgesprochene Zielrichtung der Wandlungen, die unter unseren Augen vorgehen? Nicht, so behaupte ich, in einem anderen «System». Der Prozess der Auflösung, den ich hier geschildert habe, dient nicht dem Zweck, ein neues Monopol an die Stelle des alten zu setzen, nicht einmal Hayeks Monopol der «natürlichen» Quellen der gesellschaftlichen Moral. Es geht vielmehr um die offene Gesellschaft. Es geht also darum, an die Stelle der monopolistischen Strukturen des alten Regimes eine Welt der Optionen und der Mobilität zu setzen. Das ist ein grosser Schritt voran. Die ersten Schritte zur offenen Gesellschaft sind oft von euphorischen Empfindungen begleitet; der Prozess kennt immer neue Erlebnisse des Erfolgs. Doch beantwortet er keineswegs alle Fragen. Er beschreibt auch nicht das Ende der Geschichte. Ich habe schon mehrfach auf die Ängste hingewiesen, die den Weg in die offene Gesellschaft begleiten. Vielleicht hat die offene Gesellschaft selbst Mängel und Schwächen, die sozusagen von der Struktur her Francis Fukuyamas Trugbild vom Ende der Geschichte widerlegen.

Das Dilemma der Anomie

Unter den Fragen, die in einer systematischeren Analyse untersucht werden müssten, ist eine unerwähnt geblieben, die die «Disparitäten der Lebensbereiche» besonders sinnfällig macht, nämlich die der Bedrohung unserer Lebensumwelt. Die Risikogesellschaft ist ein unabweisbares Thema. Der Zusammenhang zwischen der Qualität unserer Lebensumwelt, der Rolle der Energie für Wirtschaft und Gesellschaft, den Lebensgewohnheiten und Lebenserwartungen der Mehrheit und dem friedlichen Zusammenleben der Nationen wird an der Kuwait-Krise sichtbar, weist aber weit über diese hinaus. Das Prinzip Verantwortung ist ja eine gute Sache; nur fragt sich mancher, ob wir nicht bei der Bewältigung des einen Risikos ein anderes grösseres eingehen. So wie die Diktatur des Proletariats ein zu hoher Preis war für den Traum des Sozialismus, so könnte es sein, dass die wohlwollende Hegemonie derer, die meinen, alle Risiken zu kennen und zu wissen, wie man ihnen beikommt, am Ende eine geschlossene Gesellschaft schafft, in der es sich nicht lohnt zu leben. Das Dilemma ist jedenfalls vorhanden und mahnt zur Vorsicht.

Indes liegt ein anderes Dilemma näher an meinem Thema. Es klang schon mehrfach an. Das ist das Dilemma der Anomie. Auch von ihm spreche ich nur mit Zögern. Lebenschancen sind gewiss vor allem Optionen. Diese sind selbst mehrdimensional. Sie haben zumindest eine Angebotsseite und eine Nachfrageseite. Zu Lebenschancen gehört eine breite Palette an Auswahlmöglichkeiten nicht nur des Konsums, sondern aller Optionen der Mobilität. Vielfalt der Medien, eine Mehrzahl von Parteien sind Bestandteil des Optionsangebots. Zu den Optionen gehören aber auch Anrechte, Zugangschancen. Sie schliessen jenen generellen Bürgerstatus ein, der mit *citizenship* im Englischen treffend bezeichnet wird. In beider Hinsicht sind Optionen überall unvollständig, und man mag hoffen, dass dem Angebotsjahrzehnt der 80er Jahre in den 90er Jahren ein neues Anrechtsjahrzehnt folgt. Indes sind Lebenschancen selbst dann noch unvollständig, wenn ihre Optionen gleiche Startchancen mit breiten Auswahlmöglichkeiten verbinden. Dass alle vieles tun können, ist nicht genug. Es fehlt das, was den Optionen Sinn gibt; es fehlen Tiefenstrukturen, Ligaturen. Das ist ein schwieriger, auch problematischer Begriff, mit dem sich Soziologen seit den Anfängen der Disziplin ohne bleibenden Erfolg abgemüht haben. (Nach gängigem Verständnis hat ja die Soziologie selbst ihren Ursprung an den Bruchstellen alter Tiefenstrukturen und vor allem an jener grossen Wende *from status to contract*, deren Überreste uns noch immer begleiten.) Erkennbar ist immerhin, dass offene Gesellschaften mit ihrer Mobilität dazu neigen, Ligaturen aufzulösen, während geschlossene Gesellschaften diese zum Dogma, damit zum Herrschaftsinstrument erheben. Es gibt sozusagen ein Übermass an Bindungen ebenso wie einen schwer erträglichen Mangel, und das Dilemma hat viel zu tun mit dem Thema der Freiheit.

Das Thema führt zunächst zurück zur postkommunistischen Welt. Im östlichen und südöstlichen Mitteleuropa hat der Fall der Nomenklatura nicht nur ein administratives Vakuum hinterlassen. Mit der Nomenklatura ist auch eine Ideologie gefallen. Sie war schon lange hohl, eine blosse Vorspiegelung und kein ehrlicher Glaube; dennoch hinterlässt sie eine Leere. In der Tschechoslowakei habe ich den Satz gehört: «Früher war nichts erlaubt und alles wichtig; jetzt ist alles erlaubt und nichts mehr wichtig.» Man kann die Problematik, um die es hier geht, kaum eindringlicher formulieren. Spuren alter Ligaturen werden in diesem Vakuum erneut erkennbar. Mancher tritt kräftig in deren Formen. Solschenizyn hat den Archipel Gulag in Worten zu schildern verstanden, die mich und viele andere zusammen mit den Bildern von Auschwitz für immer begleiten werden. Jetzt aber ruft er eine russische Volksseele wach, die der polnische Intellektuelle Adam Michnik zu Recht als das hässliche der «beiden Gesichter Europas» attackiert hat. Sie ist nur eine Version der Belebung eines Nationalismus, der Nation nicht als staatliche Ordnung des Rechts versteht, sondern als unduldsamen Begriff der Zugehörigkeit und der Ausschliessung. Ukrainer und Usbeken, Slowenen und Slowaken wollen vor allem homogene Nationen, Gesellschaften ohne ethnische und religiöse und kulturelle Unterschiede, Heimstätten der Seele, nicht des mündigen einzelnen.

Angesichts solcher Wünsche ist auch Rücksicht am Platze. Nationale Unabhängigkeit war und ist für manche eine notwendige Bedingung der Freiheit. Für Ungarn gab es keine Chance der offenen Gesellschaft im sowjetischen Imperium, und dasselbe mag wohl für Esten, Letten und Litauer gelten. Aber die notwendige Bedingung reicht nicht zu. Der Nationalstaat ist nur der Rahmen für die offene Gesellschaft, nicht deren Form und Farbe selbst. «Aus ganz Gleichen entsteht kein Staat», sagte Aristoteles mit Recht. Auch Bürgerrechte haben ihren Sinn im Leben mit Unterschieden. Sie verkörpern die garantierten Grundrechte aller, einschliesslich der Chance, die eigene Kultur zu pflegen. Aber eben: sie schaffen als solche keine Ligaturen. So kann es geschehen, dass sie in Konkurrenz stehen zu den bewegenderen Kräften der

Zugehörigkeit, den Tiefenstrukturen von Bindungen, die nur zu oft in der Geschichte dazu hergehalten haben, die Rechte anderer – und das sind Rechte immer – zu beschneiden. Hier liegt der tiefere Grund für die Auseinandersetzungen zwischen den beiden Flügeln von Solidarnosc in Polen oder von Christdemokraten und Freidemokraten in Ungarn. Vor allem in den zerfallenden Staaten Jugoslawiens und der Sowjetunion liegt in solchen Differenzen die Quelle der grossen Konflikte der Zukunft.

Können offene Gesellschaften Sinn stiften?

Jenseits der Suche nach nationalen Ligaturen angesichts der Fragen, die die offene Gesellschaft nicht beantwortet und auch nicht beantworten kann, breiten noch andere Kräfte sich aus. Sie sind vor allem religiöser Natur. Das Wort, Re*lig*ion, enthält ja dieselbe lateinische Quelle wie *Lig*aturen: es geht um Bindungen, die tiefer reichen als durch Vertrag gestiftete Sozialbeziehungen. Fundamentalismus ist ein verallgemeinernder, aber nicht irreführender Begriff für das, was hier gemeint ist. Die säkularisierten Gesellschaften des «Westens» (zu denen auch der bisherige Osten, wenn auch nicht der Orient gehört) haben Religion entweder geächtet oder zur Privatsache erklärt. Aber der Kaiser, der sich solchermassen von Gott trennen lässt, existiert nur in wenigen Teilen der Welt, am Ende vielleicht überhaupt nur in den Vereinigten Staaten von Amerika. In islamischen Kulturen gibt es weder weltliche Herrscher ohne Gott noch einen Gott ohne weltliche Bedeutung. Darin ist der Islam nicht allein. Die Menschenwelt ist im ganzen eher eine katholische als eine protestantische Veranstaltung.

Der Einbruch fordernder Ligaturen in die Chancen der offenen Gesellschaft bedeutet in der Regel Gewalt. Das kann der Terror gegenüber Minderheiten und Dissidenten sein. Es kann auch zum Heiligen Krieg gegenüber den Ungläubigen jenseits der Grenzen ausarten. Dabei zieht die offene Gesellschaft nicht selten den kürzeren. (Die Rede von der Schaffung einer neuen Ordnung der Demokratie und der Freiheit am Persischen Golf klingt wenig überzeugend.) Es ist jedenfalls nicht sicher, dass die sinnarmen Lebenschancen der freien Welt gegenüber dem chancenarmen Lebenssinn der unfreien Welt den Sieg davontragen.

So extrem stellen sich praktische Fragen indes in der Regel nicht; so sollten auch theoretische Fragen daher nicht formuliert werden. Das Thema, an dem diese Reflektionen über die Ängste, die die offene Gesellschaft begleiten und bedrohen, enden, ist vertraut: können offene

Gesellschaften Sinn stiften? Welche Ligaturen werden durch offene Gesellschaften erlaubt, gefördert, verlangt? Was hat die Gesellschaft der Chancen und Optionen dem Herzen der Menschen zu bieten? Wofür können sich aufgeklärte und freie Menschen noch begeistern? Und wenn das wenig sein sollte: Wer oder was schützt sie vor der Begeisterung der anderen, vor ukrainischen Nationalisten, vor islamischen Fundamentalisten, vor Solschenizyn, vor Rembrandtdeutschen in mancherlei Verkleidung?

Ich werde hier die Antwort schuldig bleiben. War es Max Weber, der gesagt hat, er sei in religiösen Dingen unmusikalisch? Mir fällt es in der Regel nicht schwer, mit den härteren Strukturen der offenen Gesellschaft zu leben (so wie mich die Industriegesellschaft mit ihren Klassenkämpfen nicht in die Versuchung der Utopie geführt hat). Aber ich sehe wohl, dass die persönliche Erfahrung sich nicht verallgemeinern lässt. Ich verstehe auch die Fragen, die Jürgen Habermas beharrlich und plausibel stellt, die Fragen nach der «vernünftigen Identität» moderner Gesellschaften nämlich. In gewisser Weise ist das Stiften von Ligaturen sein Thema. Er sucht den Gesellschaftsvertrag, der mehr ist als ein rechtsfähiges Stück Papier.

In diesem Zusammenhang hat der Verfassungspatriotismus seinen Ort. Fragt man, woher die alten offenen Gesellschaften Englands und Nordamerikas ihre Ligaturen nehmen, dann stösst man auf selten erörterte Phänomene. In England hat lange ein Bewusstsein der demokratischen Auserwähltheit vorgeherrscht; seine Spuren sind noch heute vorhanden. Burke hat dies gut formuliert, als er vom «Urvertrag der ewigen Gesellschaft» sprach. Das ist eben so, und es bedarf keiner grossen Diskussion. Noch der Verfassungsgrundsatz der «Souveränität der Königin im Parlament» bekräftigt das Bewusstsein der ungebrochenen Geschichte. In den Vereinigten Staaten hat schon Tocqueville auf die grosse Bedeutung der Kirchen hingewiesen. Sie gehen mit der Verfassung ein merkwürdiges Bündnis ein, das es erlaubt, bei allerlei Gelegenheiten mit verklärtem Blick auf die Flagge «Gott segne Amerika!» zu sagen. Vielleicht bröckeln solche Traditionen heute in den beiden alten Demokratien, aber diese haben es doch verstanden, demokratische Institutionen und Ligaturen halbwegs in Einklang zu bringen.

Ob ein deutscher Verfassungspatriotismus etwas Ähnliches leisten kann, muss sich jetzt herausstellen. Viel wird davon abhängen, woran Menschen die deutsche Einheit festmachen, an prekärer wirtschaftlicher Macht, an wolkigen nationalen oder auch europäischen Hoffnungen, oder eben an der Kraft eines Grundgesetzes, das mittlerweile eine ansehnliche Geschichte des Erfolges hat. Die Frage ist noch offen. Sie wird auch nicht durch Wahlen und Regierungserklärungen beantwortet. Ligaturen können gestiftet werden, müssen aber auch dann Wurzeln schlagen und wachsen.

Die kommende Aufgabe ist es jedenfalls, die Strukturen der offenen Gesellschaft mit dem Leben der bürgerlichen Gesellschaft zu erfüllen.

3 Mündige Bürger auf der Suche nach Halt

Die ersten Ziele der Revolution von 1989, Demokratie unter der Herrschaft des Rechts und Marktwirtschaft, sind in gewissem Sinn kalte Projekte. Sie sind vernünftige Antworten auf die Fragen des Zusammenlebens und des Wohlstandes, aber sie engagieren das Herz der Menschen nicht. Gewiss, im Zweiten Weltkrieg und in manchen Konflikten seitdem haben Hunderttausende für die Werte der Demokratie ihr Leben gegeben; aber es war doch wohl nicht das institutionelle Arrangement demokratischer Verfassungen, das sie bewegte, sondern die ganze Lebensweise, die sich mit diesen Ideen verband. Menschen wollten ihr England oder Amerika nicht einem menschenverachtenden, noch dazu deutschen Tyrannen ausliefern. Da ging vieles in die Motive ein, king and country, *das Parlament gewiss, aber auch die gesegnete Insel mit allem, was für Shakespeare dazugehörte, als er sie berief – oder dann die amerikanische Verfassung mitsamt der Flagge und der Hand auf dem Herzen, also die schon von Tocqueville beschriebene Zivilreligion. Von beiden wird in diesem Beitrag zu sprechen sein.*

Institutionen kann man allenfalls verpflanzen. (Auch sie unterliegen dabei allerlei Mutationen.) Die tieferen Bindungen, in denen sie verankert sind, bleiben indes noch im Fall der erfolgreichen Transplantation auf der Strecke. Für den institutionell gesonnenen Sozialwissenschaftler, den an Popper und Kant orientierten zumal, ist das eine schmerzhafte Entdeckung. Ihm fehlen die Instrumente der Analyse, um die Welt der Köpfe der Menschen mit der ihrer Herzen zu verknüpfen. Die Sorge der Sozialwissenschaftler lässt sich allenfalls verschmerzen. Schwieriger ist es mit der Erfahrung der Bürger der neuen Demokratien. Wenn sie eine demokratische Verfassung, die Herrschaft des Rechts und die Marktwirtschaft haben, fehlt doch noch etwas, und zwar etwas möglicherweise Entscheidendes. Auch als mündige Bürger brauchen sie Halt, und diesen Halt liefert ihnen die Verfassung der Freiheit alleine nicht. Selbst die ersten Spuren des Wohlstandes zeigen in dieser Hinsicht wenig Wirkung.

Mich hat diese Entdeckung nach 1989 immer wieder beschäftigt. Sie hat mich unter anderem dazu geführt, die kalten, also institutionellen Sozialwissenschaften um andere Formen des Realitätsverständnisses zu ergänzen. Die Geschichte war da ein offenkundiger Kandidat. Für den folgenden Text ist der Anlass daher wichtig. Es handelt sich um meine Dankrede – an dem von mir geleiteten St. Antony's College in Oxford – für den Toynbee-Preis, den mir eine internationale Jury 1990 verlieh. Arnold Toynbee, der philosophierende Historiker, öffnete mir einen zunächst noch zaghaften Zugang zu den Fragen des Halts und des Sinns, die von den Institutionen der Demokratie nicht beantwortet werden.

Zögerlich bin ich geblieben, wenn es um wolkigere Analysen geht, als ich sie gewohnt bin. Der aufmerksame Leser wird indes auch bei diesem Thema im vorliegenden Band eine kontinuierliche Entwicklung finden, bis hin zu dem Beitrag über die Aktualität von Werten aus dem Jahr 2002.

Verlegenheiten der Selbstbestimmung

Wenn ein Sozialwissenschaftler, ja schlimmer, einer dessen Profession die Soziologie war, einen Preis im Namen eines grossen Historikers erhält, sind skeptische Fragen am Platze. Hat der Sozialwissenschaftler sein Metier verraten? Hat er (in Windelbands umständlichen, aber nützlichen Begriffen) das «Nomothetische» für das «Idiographische», das Allgemeine für das Besondere, die Theorie für Tatsachen aufgegeben? Eine milde Form solcher Veränderungen hat mich gewiss befallen. Das hat auch etwas mit St. Antony's College zu tun, dem ich als Warden vorstehe. Die eigentümliche Stärke von St. Antony's liegt in der Art und Weise, in der seine Mitglieder historische Tiefe und theoretische Einsichten auf zeitgenössische Ereignisse anwenden. Ich mag Theorie. In der Tat bin ich durchaus nicht immun gegen den extravaganten Luxus der nicht-euklidischen Welten der menschlichen Phantasie. Aber je älter ich werde – und man muss schon sagen, dass Theorie vornehmlich in der Jugend gedeiht, so dass ich hier vielleicht nur den Wandel beschreibe, der mit dem Älterwerden kommt –, desto stärker fühle ich mich zu dem hingezogen, was ich gerne Sozialanalyse nenne. Prozesse und Konstellationen nicht nur zum Leben zu bringen, sondern zu Bedeutung, also ihren Sinn zu ergründen, ist eine äusserste Herausforderung, die die Empathie des Historikers ebenso verlangt wie den ordnenden Geist des Theoretikers. Die Geschichte hat keinen Sinn, sagte Karl Popper, aber wir können ihr Sinn geben, und wir können das auf zweierlei Weise tun: durch Sozialanalyse und durch moralisches Handeln.

Manche meiner wahrhaft preiswürdigen Vorgänger als Träger des Toynbee-Preises waren Meister in der schwierigen Kunst, Sozialanalyse und moralisches Handeln zu verbinden. Unter ihnen möchte ich Raymond Aron besonders hervorheben; er war mein Mentor und Freund. Mehr denn je bewundere ich seine Fähigkeit, einen Kurs der Vernunft – der gutgelaunten Vernunft zudem – durch die Versuchungen eines Jahrhunderts hindurchzusteuern, das selbst den Heiligen Antonius von Ägypten auf harte Proben gestellt hätte. Es verlangte Mut, Mut des Denkens und des Handelns, den einsamen Pfad der Freiheit mit einem unbestechlich klaren Kopf zu beschreiten, während fast alle Freunde in den Bann der einen oder anderen Ideologie der Zeit gerieten. In Oxford haben wir das Glück, einen der wenigen unter uns zu haben, für die das ihr Leben lang galt, Isaiah Berlin. Die Namen dieser grossen Männer bezeugen mehr als irgendetwas, das ich zu sagen habe, die Absicht der folgenden Bemerkungen über moderne Bürger auf der Suche nach Halt.

Meine Bemerkungen zu diesem Thema sind durch die Ereignisse dieses Jahres angeregt. Es gibt Zeiten, in denen die Geschichte selbst soziale Grundstrukturen blosszulegen scheint. Das ist eine kryptische Aussage. Was ich meine, ist, dass manche Ereignisse Fragen von so fundamentaler Bedeutung aufwerfen, dass sie die normalen Fähigkeiten des Geschichte-Erzählens überschreiten. Kriege und Revolutionen heben alle normalen Annahmen auf. Kriege enthüllen das rohe Fleisch menschlicher Beziehungen in mehr als einem Verständnis. Ich gehöre zu denen, die wenig Sinn darin sehen, diesen Anblick zu eröffnen. Revolutionen stellen fundamentale Fragen des Gesellschaftsvertrages. Was ist der Zement, der menschliche Gesellschaften zusammenhält? Wie fangen wir es an, Verfassungen ins Werk zu setzen, Verfassungen der Freiheit zumal? Mein Thema hier sind nicht die kriegerischen Verwicklungen im Nahen Osten ein Jahr nach dem Fall der Berliner Mauer und Vaclav Havels überraschender Umzug vom Dissidententheater Laterna Magica in den Prager Hradschin. Mein Thema ist jedoch ein Aspekt der Revolution von 1989, über die ich mit Leidenschaft und Begeisterung geschrieben habe. Ja, es war eine herrliche Zeit zu leben! Heute indes geht es mir um einen eher beunruhigenden Aspekt des Prozesses, der für Historiker und Sozialwissenschaftler gleichermassen eine Herausforderung darstellt.

Meine Argumentation beginnt mit einer Verlegenheit, die ich in diesem Jahr des Wandels empfunden habe. Eines der Themen, die in Ostmitteleuropa, der Sowjetunion und andernorts aufgeworfen wurden, ist das der Selbstbestimmung der Völker. Der Gedanke führt zurück ins 19. Jahrhundert, aber zumindest seit Präsident Wilsons Vierzehn Punkten hat er eine grosse und oft beunruhigende Rolle in internationalen Beziehungen gespielt. Das Prinzip ist zumindest auf den ersten Blick einfach. Es besagt, dass Menschen das Recht haben sollen, ihre eigenen Angelegenheiten zu bestimmen und sie nicht von anderen bestimmen zu lassen: von einem Habsburger Kaiser, einem Kolonialgouverneur, als Vertreter eines fernen Souveräns, oder vom Generalsekretär der Kommunistischen Partei der Sowjetunion. Das klingt in Ordnung und ist es auch in gewisser Weise. Indes gibt es Zweideutigkeiten. Menschen oder Völker? Als während der Leipziger Montagsdemonstrationen im letzten November der Ruf «Wir sind das Volk» sich in den «Wir sind ein Volk» verwandelte, war das nicht nur ein Übergang von der Demokratie zum Nationalismus. Vielmehr wurde auch das Wort «Volk» in zwei sehr unterschiedlichen Weisen verwendet, zuerst für eine Gesellschaft von Bürgern, dann aber für eine einigermassen mystische Gemeinschaft, *demos* und *thymos* vielleicht, jedenfalls Gesellschaft und Gemeinschaft. Das Volk im ersten Sinn hat eindeutige Rechte, Bürgerrechte, Staatsbürgerrechte. Aber wie steht es mit dem Volk im zweiten Sinn? Ist dessen Selbstbestimmung ein blosser Gedanke, ein politisches Ziel, ist es ein Prinzip, oder ist es ein Recht?

Das praktische Problem bei allen sogenannten kollektiven Rechten liegt darin, dass jemand sie im Namen von anderen in Anspruch nehmen muss. Wenn aber etwas im Namen von anderen in Anspruch genommen wird, muss die Wahrscheinlichkeit gross sein, dass manche der anderen sich durch den Führer oder die Gruppierung, die den Anspruch erheben, nicht vertreten fühlen. Es gibt – glücklicherweise für die Freiheit, wenn auch nicht immer für die Betroffenen – Dissidenten und Minderheiten. Was geschieht mit ihnen, wenn ein früher abhängiges Volk Selbstbestimmung beansprucht? Was geschieht mit Russen in Estland? «Soziologische Forschung zeigt», hörte ich eine estnische Parlamentsabgeordnete auf einer Konferenz über Nationalitäten sagen, «dass es zwei Generationen dauert, bevor Minderheiten von der Mehrheitskultur absorbiert werden.» Das mag so sein, aber sie fügte hinzu: «Offenkundig können wir Minderheiten in Estland keine vollen Rechte geben, bevor dieser Prozess abgeschlossen ist.» Estland ist ein eher harmloser Fall verglichen mit Lettland oder der Ukraine, ganz zu schweigen von Zentralasien. Jetzt da die Sowjetunion, und schon vor ihr Jugoslawien, sich unter unseren Augen auflöst, muss man fragen: wo beginnt und wo endet die Selbstbestimmung? Die Moldawier wollen ein Teil Rumäniens sein? In dem Falle werden die Gagausen ihre eigene Republik beanspruchen. In der Russischen Republik allein gibt es mehr als zwanzig autonome Regionen, und in manchen dazu Regionen in Regionen. Haben sie alle das Recht auf Selbstbestimmung?

Zweifellos werden manche unabhängige Staaten werden, darunter die baltischen Republiken. Während indes die wachsende Zahl von Ländern, also potentiellen Mitgliedern der Vereinten Nationen, manchen lästig scheint und zu Anbauten am East River zwingen mag, ist das nicht das Hauptproblem. Grösseren Anlass zur Sorge bietet der Blick zurück in die Geschichte mancher dieser neuen und nicht-ganz-so-neuen Länder. Viele unter den nicht direkt Beteiligten haben die innenpolitische Dimension der Unabhängigkeit zwischen den Kriegen, zum Beispiel im Baltikum, verdrängt. Was für Gründe gibt es zu glauben, dass diese Länder ihre antidemokratische Vergangenheit abgelegt haben und nicht zu neuen Formen des Faschismus zurückkehren werden? Nicht alle Führer der Unabhängigkeitsbewegungen von 1990 verdienen in dieser Hinsicht uneingeschränktes Vertrauen.

Das bringt uns zu einem noch tieferen Problem. Viele derer, die sich auf die Selbstbestimmung berufen, erstreben politische Gemeinwesen, die homogen sind. Litauer müssen Katholiken sein, Esten andererseits dürfen das nicht sein. Moldawier müssen Rumänen sein. Der ungarische Premierminister sagt, dass er der Premierminister von 14 Millionen Ungarn ist; da der ungarische Staat aber nur 11 Millionen Einwohner hat, muss das heissen, dass seine Kollegen in Bukarest und Prag (oder vielleicht Bratislava) nicht die Premierminister der ethnischen Ungarn in ihrer Mitte sind. Kulturelle Homogenität ist oft der harte Kern der Forderung nach Selbstbestimmung. Nun ist an sich nichts Falsches an kultureller Homogenität – oder vielleicht doch? Ist es vielleicht Japans grösstes Problem auf dem Weg zur Demokratie, dass die Annahme der Homogenität (die der frühere Premierminister Nakasone mit brutaler Deutlichkeit formuliert hat, als er sagte, dass Japan kein Problem der Menschenrechte hat, weil es ein ethnisch homogenes Land ist) in die Grundlagen des Staates eingebaut ist, mit unmittelbaren Konsequenzen für japanische Koreaner und indirekten Konsequenzen für alle? Liegt vielleicht eine der Schwächen des oft zitierten Beispiels der skandinavischen Länder in der Annahme einer Homogenität, die es Schweden sehr schwer gemacht hat, mit relativ kleinen Gruppen von Zuwanderern fertigzuwerden? «Aus ganz Gleichen entsteht kein Staat», sagte Aristoteles. Könnte es sein, dass aus kulturell Gleichen kein liberaler Staat entsteht?

Von der Fähigkeit, anständig mit Konflikten zu leben

Das ist eine grosse und schwierige Frage. Es ist nicht meine Absicht, gefällige Ratschläge zur Wünschbarkeit von Heterogenität anzubieten. Die Vorzüge des Lebens in einer multikulturellen Gesellschaft sind erfreulicher für diejenigen, die sich in ihr Landhaus oder auch nur ihr eigenes Penthouse in der Stadt zurückziehen können, als für Menschen in gedrängten Siedlungen oder Wohnblöcken des sozialen Wohnungsbaus. Die Tatsache, dass die meisten Menschen die multikulturelle Welt nicht mögen, ist unübersehbar. Menschen sind gerne unter ihresgleichen. Da können sie entspannt sein. Sie fühlen sich zu Hause. Und Menschen sollten sich natürlich zu Hause fühlen, wenn sie zu Hause sind.

Doch ist die Welt nicht aus gemütlichen Zuhauses gemacht, in denen Menschen entspannt sein können unter ihresgleichen. Der Fremde ist eine der frühesten und wichtigsten Gestalten der Menschengeschichte. Seine Odyssee mag die Quelle von Leiden und Tragik sein, aber sie zwingt Menschen auch, über sich nachzudenken statt nur dahinzuleben. Hier wird also nicht das Lob der Gemütlichkeit gesungen. Es mag ja sein, dass Menschen die durch Fremde unbelastete Gesellschaft von ihresgleichen vorziehen; aber es könnte zum Beispiel auch sein, dass sie die Entropie mögen. Der Stamm ist zugleich die Vergangenheit, die wir glücklicherweise verlassen haben, und unser ewiger Traum. Immanuel Kant hat das in seiner «Idee zu einer allgemeinen Geschichte» eindringlich und mit Worten gesagt, die man nicht oft genug wiederholen kann. Er spricht von der «ungeselligen Geselligkeit» der Menschen. Sie suchen die Harmonie der Gemeinschaft. Wenn sie diese aber hätten, «würden in einem arkadischen Schäferleben bei vollkommener Eintracht, Genügsamkeit und Wechselliebe alle Talente auf ewig in ihren Keimen verborgen bleiben: die Menschen, gutartig wie die Schafe, die sie weiden, würden ihrem Dasein kaum einen grösseren Wert verschaffen als dieses ihr Hausvieh hat». Heterogenität bedeutet Antagonismus und Konflikt; sie bedeutet, dass Wege und Mittel, also Verfassungen gefunden werden müssen, um Konflikte zu regeln; zugleich aber bedeutet sie, dass Männer und Frauen zu sich selbst als Menschen kommen. Vielfalt, Heterogenität, Unterschiede sind der Stoff, aus dem der Fortschritt der Menschheit gemacht ist.

Vielleicht rechtfertigt der gegebene Anlass eine persönliche Anmerkung. Ich habe Kants These in manchen meiner Schriften zitiert, von den *Pfaden aus Utopia* bis zum *Modernen Sozialen Konflikt*. Zusammen mit dem letzten Kapitel von Karl Poppers *Offener Gesellschaft* bezeichnen sie den

Kern meines Ansatzes zur sozialen und politischen Analyse. Die Konflikttheorie, die ich als junger Soziologe vertreten habe, gehört in denselben Zusammenhang. Konflikt ist der grosse Stachel zum Wandel, und in einer Welt, in der Wandel unsere einzige Hoffnung ist, müssen wir versuchen, Konflikt durch Regeln, also durch die Verfassung der Freiheit zu bändigen. Popper hatte ganz Recht, wenn er den Feinden der offenen Gesellschaft so viel Aufmerksamkeit widmete. Sie sind von zweierlei Art. Einmal sind da jene Modernen, die ihr Dogma durchzusetzen versuchen. Ansprüche auf totale Macht, auf Monopolmacht, müssen wir mit jeder Fiber unserer Existenz bekämpfen, wenn wir human und frei bleiben wollen. Aber es gibt auch den ewigen Traum von der Stammesexistenz (in Poppers Begriffen) oder von Arkadien (in denen von Kant). Totale Macht muss am Ende scheitern, wenn auch die Kosten fast unerträglich werden können; in gewisser Weise ging es in dem ganzen jetzt zu Ende gehenden Jahrhundert um diesen Preis, um Auschwitz und Gulag, um die ungezählten Toten der Kriege. Der ewige Traum aber bleibt auch eine ewige Herausforderung. Er fordert unsere Fähigkeit, mit Konflikten zu leben, und mehr, anständig mit Konflikten zu leben.

Dies ist nicht nur eine moralische Vorschrift, sondern lässt sich in Begriffe der Sozialanalyse fassen. Es gibt vielleicht keinen grösseren Fortschritt im Sinne von Kant und Popper als die Verwirklichung der Idee der Bürgerschaft als Inbegriff der bürgerlichen Grundrechte. Ich verwende den Begriff so wie mein Lehrer T. H. Marshall ihn in seinen Vorlesungen über *Citizenship and Social Class* 1950 verwendet hat. Bürgerschaft definiert den Boden, auf dem die Mitglieder der menschlichen Gesellschaft stehen. Im Idealfall gilt das für alle Menschen, ohne Einschränkung. Immanuel Kants «Weltbürgergesellschaft» ist am Ende die einzige überzeugende praktische Antwort auf die grundsätzliche Gleichheit des Ranges und der Rechte aller Menschen. Solange es die Weltbürgergesellschaft nicht gibt, schaffen wir Ersatzlösungen, Bürgergesellschaften innerhalb von Grenzen, daher unvollkommene Bürgergesellschaften mit allerlei Abgrenzungen, Ausschlüssen, Privilegien und Benachteiligungen.

Nationalstaaten, in denen die Bürgerrechte aller Mitglieder wirksam garantiert werden, sind immerhin das Beste, was wir bisher zustande gebracht haben. Wenn das Glück uns hold ist, oder vielmehr wenn wir in unserem Bemühen Erfolg haben, können wir vielleicht in manchen Teilen der Welt, wie in Europa, multinationale Bürgerrechte etablieren, obgleich wir das bislang noch nicht geschafft haben. Die Europäische Gemeinschaft im besonderen (zum Unterschied von ihren Vorgängern und vor allem dem Europarat) tut sich leichter mit dem Schutz von

Besitzständen als mit der Durchsetzung von Bürgerrechten. In jedem Fall geht es bei Bürgerschaft darum, Menschen, die sich unterscheiden nach Alter und Geschlecht, nach ihrem Glauben und ihrer Hautfarbe, in ihren sozialen Interessen und politischen Vorlieben, dieselben grundlegenden Anrechte zu geben. Solche Anrechte schliessen die allgemeinen Menschenrechte der Unverletzlichkeit der Person und der Meinungsfreiheit ein; zu ihnen gehören aber auch die Bürgerrechte der Teilnahme am politischen Gemeinwesen, am Arbeitsmarkt, am Leben der Gesellschaft; auch das Recht, den eigenen kulturellen Vorlieben zu frönen, ist ein Teil von ihnen. Bürgerschaft definiert in praktischer, fast juristischer Form, was alle Menschen gemeinsam haben, damit sie dann frei sind, um sich in ihrer ganzen Unterschiedlichkeit zu entfalten. Der Boden, auf dem Menschen in einer Gesellschaft der Bürger stehen, ist allen gemeinsam, aber das Gebäude, in dem sie leben, hat viele Stockwerke und Wohnungen und in diesen mancherlei Ecken und Winkel.

Dies ist, wie ich meine, eine ermutigende Idee, die eine ganze Agenda der Freiheit beschreibt. Dennoch werden viele das Leben mit Konflikt, zu dem ich mich gerade bekannt habe, eine durchaus herbe Ethik nennen. Tatsächlich scheint auch die Idee der Bürgerschaft irgendwie nicht die Herzen der Menschen zu erreichen. Zuweilen ist der Versuch gemacht worden, dem Begriff einen grösseren emotionalen Gehalt zu geben. Eine vom Sprecher des Unterhauses eingesetzte britische Kommission hat den modischen Gedanken einer «aktiven Bürgerschaft» aufgenommen, also des Bürgers als einem, der zum Gemeinwesen beiträgt und nicht nur dessen Früchte geniesst. Offenbar berühren Appelle an Pflichten und Leistungen das Herz mehr als die Insistenz auf Rechten. «Frage nicht, was Amerika für dich tun kann, frage, was du tun kannst für Amerika …» So attraktiv indes diese Wendung auch klingen mag, ist sie doch irreführend. Der eigentliche Sinn der Bürgerschaft liegt darin, dass sie ein Leben mit Unterschieden erlaubt. Zweifellos haben Bürger nicht nur Anrechte, sondern auch Verpflichtungen. Indes dürfen die beiden nicht gegeneinander aufgerechnet und zu Bedingungen füreinander gemacht werden, sonst landen wir am Ende bei Perversionen wie «keine parlamentarische Vertretung ohne Besteuerung» statt des richtigen «keine Besteuerung ohne parlamentarische Vertretung». Darüber hinaus gilt, dass Bürgerschaft, wenn sie zur Mobilisierung aller zu angeblich gemeinsamen Zwecken missbraucht wird, ihrem ursprünglichen Sinn und Zweck widerspricht.

In den neuen Demokratien Ostmitteleuropas versteht man dies wohl. Die Verfechter der Bürgergesellschaft sind in aller Regel nicht die

Protagonisten einer Rückkehr zur Stammesexistenz. Dennoch gibt es viele, die diese erträumen. Während die euphorische Phase der Revolution von 1989 auch eine Zeit war, in der ein «Bürgerforum» gedeihen konnte, wird der Platz der Protagonisten der Bürgerschaft heute von anderen Kräften besetzt. Der Gründer der grossen Bürgerbewegung Solidarnosc erweist sich als ein Politiker, der anti-intellektuelle Ressentiments wenn nicht Schlimmeres aufwühlt. Der Autor der vernichtendsten Anklage des Stalinismus wird zum Verfechter urtümlicher russischer Stammeswerte. Sogenannte Liberale in Slowenien fordern ausdrücklich die Emanzipation der «nationalen Person» und nicht der wirklichen Person, des Individuums. Die rasch sinkende Wahlbeteiligung legt den Schluss nahe, dass die Spielregeln der offenen Gesellschaft ihren anfänglichen Reiz bald eingebüsst haben. Überdies verbindet sich die Nation im emphatischen Sinn des Stammes, nicht in dem der demokratischen Verfassung, häufig mit jener anderen tiefen Emotion, der Religion. Der offenbare Erfolg derer, die die Trennung von Kaiser und Gott nicht wollen, beschränkt sich keineswegs auf die islamische Welt. Bürger, so scheint es, oder solche, die es sein wollen, schrecken zurück vor ihren Chancen und lassen sich statt dessen von vermeintlich urwüchsigen Ideen einfangen.

Dabei geht es um menschliche Empfindungen, die man nicht einfach beiseite wischen kann. Wenn die bleierne Hand des Nomenklatura-Sozialismus sich hebt, erinnern sich Menschen daran, wohin sie gehören, oder zumindest, wohin sie früher einmal gehörten. Jedenfalls sind die offenen Landschaften der Freiheit nicht genug. Sie sind unkartiertes Gelände. Um diesem Konturen zu geben und dadurch der Richtung, in die man gehen will, Sinn zu verleihen, sind Koordinaten nötig, Linien der Abgrenzung und der Orientierung. Bürgerschaft, die offene Gesellschaft, die Verfassung der Freiheit geben diese als solche nicht. Sie sind allesamt Wahlmöglichkeiten, wunderbare Chancen gewiss, aber eben doch nur Chancen. Individuen brauchen einen inneren Kompass, der sie leitet, und damit dieser Kompass funktioniert, muss es ausserhalb von ihnen Magnetfelder geben, die es uns erlauben zu unterscheiden zwischen Nord und Süd, richtig und falsch, zwischen wünschenswerten und nicht wünschenswerten Wegen des Handelns, und sogar die Schattierungen von grau dazwischen zu erkennen.

Kopfgeburten und Tiefenstrukturen

Chancen sind unvollständig, solange sie blosse Optionen bleiben. Nur wenn bestimmte Tiefenstrukturen – ich habe sie Ligaturen genannt – hinzukommen, werden sie Chancen mit Sinn und Bedeutung, Lebenschancen. Für Liberale ist die Welt der Ligaturen vermintes Gelände. Die meisten Tiefenstrukturen haben eine absolute Qualität: sie lassen Schattierungen von grau nur widerwillig zu. Menschen gehören entweder dazu oder sie tun es nicht, und wenn sie es nicht tun, haben sie keinen Anspruch auf Rechte. Die Nation in ihrem emphatischen Sinn – zum Unterschied vom Nationalstaat als Gefäss für die Herrschaft des Rechts – hat immer wieder Anlass gegeben zu Grenzstreitigkeiten, zu inneren Spaltungen und zu Kriegen. Religion als politische Kraft war nicht nur eine Quelle von Halt gebenden Sinnstrukturen, sondern auch eine grosse zerstörerische Kraft der Geschichte. Beide sind heute wieder unter uns. Eine neue Welle des Nationalismus beschränkt sich nicht auf Ostmitteleuropa, und religiöser Fundamentalismus beschränkt sich nicht auf die Welt des Islam. Wenn vertraute Strukturen sich auflösen, wird die Suche nach Sinn und nach Halt hektischer, und Menschen sind nur allzu bereit, dem Reiz uralter Zugehörigkeiten nachzugeben.

Dies ist ein weites und tückisches Feld, und keines, so muss ich bekennen, auf dem ich mich leicht bewege. War es Max Weber, der gesagt hat, dass er in religiösen Dingen eher unmusikalisch ist? Aber vielleicht hilft es, für einen Augenblick zur Frage der Selbstbestimmung zurückzukehren. Warum ist Bürgerschaft, warum ist selbst die offene Gesellschaft nicht genug für die, die den Fängen imperialer und ideologischer Hegemonie entronnen sind? Warum suchen sie das Arkadien des Stammes, der homogenen Nation? Weil die neuen Optionen ohne Tiefenstrukturen der Zugehörigkeit wenig Verbindlichkeit geben und wenig Sinn zu vermitteln scheinen. Hier stellt sich dann die kritische Frage: ist die offene Gesellschaft mündiger Bürger ein unmögliches Projekt? Muss sie sich notwendigerweise stossen an dem Bedürfnis nach Ligaturen, die fast per definitionem Elemente der Abgrenzung und Abschliessung einbringen? Oder können offene Gesellschaften eine sinnvolle Identität stiften?

Als Jeane Kirkpatrick 1979 ihren Aufsatz über «Diktaturen und Doppelmoral» schrieb, verwendete sie eine seltsame Argumentation. Demokratie, so sagte sie, sei keineswegs ein universeller Trend oder selbst ein allgemeines Bedürfnis, sondern im Grunde eine Form der sozialen und politischen Organisation vor allem für die angelsächsische Welt: für

Grossbritannien, die Vereinigten Staaten und die Commonwealth-Länder der gemässigten Klimazone. Es sei sinnlos zu versuchen, andere davon zu überzeugen, auf diesem Weg zu folgen, ein soziologischer Irrtum (den sie vor allem Präsident Carters Sicherheitsberater Zbigniew Brzezinski und seinen Theorien der Modernisierung zur Last legte). Die einzig relevante Frage für den Rest der Welt sei: sind Länder und Leute für uns oder sind sie gegen uns? Die Argumentation war hinlänglich schockierend, um der Autorin ein Amt in der ersten Regierung Reagan einzubringen. Aber während sie schockierend ist, ist sie doch nicht völlig absurd; auch ist Jeane Kirkpatrick durchaus nicht die Einzige, die ihr anhängt.

Warum haben die Demokratie, die offene Gesellschaft, die Bürgergesellschaft in Britannien und Nordamerika funktioniert und tun dies vielleicht noch heute? Was sind die Tiefenstrukturen, die den Optionen und Chancen von Menschen Halt und Bedeutung zu geben scheinen? In den Vereinigten Staaten denkt man an die Zivilreligion, vielleicht auch an die Rolle der Religion in der Bürgergesellschaft, die Tocqueville so eindringlich dargestellt hat. Der soziale Konformismus des religiösen Nonkonformismus ist, oder war zumindest, eine der Bindungen, die das Land zusammenhielten. In den älteren Kleinstädten von Neuengland finden sich ein halbes Dutzend oder mehr Kirchen aufgereiht in derselben Strasse; sie vertreten unterschiedliche Konfessionen, aber sind gleichermassen offen für Besucher, zeigen denselben Verantwortungssinn für das Gemeinwesen und wahrscheinlich durchaus ähnliche Formen der Liturgie. Wenn Politiker, Lehrer, Redner aller Art sagen «Gott segne Amerika» – und das tun sie häufig – mag ihr Publikum an mancherlei Götter denken, aber sie sind alle verknüpft in ein und demselben Amerika. Die Flagge und die Verfassung bilden eine heilige Allianz mit einer bemerkenswert säkularen Religion, die es fertigbringt zu einigen statt zu trennen, auch ohne ökumenisch zu sein.

Die britische Erfahrung ist komplizierter. Edmund Burkes «Urvertrag der ewigen Gesellschaft» liess mich darüber nachdenken, und auch der verächtliche Ton, in dem er von der Französischen Revolution sprach, als wollte er sagen: was bilden die sich denn ein, wenn sie glauben, sie könnten eine demokratische Gesellschaft begründen? Die Kirkpatrick-Tendenz des Denkens ist nach wie vor durchaus lebendig, wie die Untertöne der Debatte über Grossbritannien und Europa zeigen. Hier auf unserer Insel sind die Dinge anders... Das impliziert nicht eigentlich eine nationalistische Einstellung: für lange Zeit gab es eine bemerkenswert generöse Haltung denen gegenüber, die kamen, um ihr

Los mit den Ansässigen zu teilen; aber die stillschweigende Annahme bleibt doch, dass «wir das auserwählte Volk sind». In der Tat ist Kontinuität das Kernstück der Ligaturen, die der Bürgerschaft und der offenen Gesellschaft in Grossbritannien zugrunde liegen. Ein Verfassungsprinzip wie die «Souveränität der Königin im Parlament» bringt das gut zum Ausdruck: es gibt noch den Souverän, aber er oder sie hat grossmütig zugelassen, dass ihre Vorrechte von einem gewählten Parlament ausgeübt werden. Britanniens brillantester Beitrag zur sozialen und politischen Geschichte könnte durchaus in der Verbindung alter Institutionen mit neuen Erfordernissen liegen.

Wenn man solche Aussagen heute macht, ist allerdings die Versuchung, ja leider das Erfordernis gross, vom Präsens ins Tempus der Vergangenheit zu fliehen. Das mindeste, was zu sagen ist, dass dies alles sich verändert. Grossbritannien hat unter Frau Thatcher eine der traditionsfeindlichsten Regierungen seiner Geschichte, die sich alle Mühe gibt, Traditionen vollends zu zerstören, die schon zu bröckeln begonnen hatten. In den Vereinigten Staaten finden wir in zunehmendem Masse Heterogenität ohne Gemeinschaft. Alle Amerikaner sind Bindestrich-Amerikaner geworden; sie müssen jetzt Italo-Amerikaner, Chinesisch-Amerikaner, Afrikanisch-Amerikaner sein. Infolgedessen finden sich Britannien und Amerika in zunehmendem Masse mit demselben Problem konfrontiert, das die neuen Demokratien und andere in der Welt verhext: wie können wir eine offene Gesellschaft mündiger Bürger schaffen, die die Herzen der Menschen ebenso wie ihre Köpfe ergreift, ohne doch durch Emotion zu zerstören, was durch Vernunft geschaffen worden ist? Welche Ligaturen geben Halt und Bedeutung angesichts der Optionen der Freiheit?

Ein Land, in dem das Thema intensiv diskutiert wird und von aktueller Bedeutung ist, ist Deutschland. (Man sollte Deutschland überhaupt die Nachdenklichkeit und die Intensität der öffentlichen Debatten seiner Geschichte und Identität zugute halten, auch wenn Aussenstehende so etwas wie den Historikerstreit und seine Folgedebatten manchmal rätselhaft finden.) Manche in Deutschland sind einem völlig abwegigen Stammesdenken im Hinblick auf die beiden Staaten von gestern, die BRD und die DDR, verfallen. Günter Grass hat versucht, diese Nostalgie mit einem vagen und zugleich höchst emotionalen Europäertum zu verbinden, das andere vor allem ausserhalb Deutschlands zu Recht verdächtig finden. Europäische Träume sind kein Ersatz für wirkliche Ligaturen. Jürgen Habermas hat in diesem Zusammenhang den ursprünglich konservativen Begriff des «Verfassungspatriotismus» aufgenommen.

Er hat dabei eine Art Rousseauscher *volonté générale* im Sinn, die durch permanenten Diskurs herbeigeführt wird und die Grundgesetze trägt. Das mag zu viel verlangt sein, doch ist der Einfluss von Habermas' Beitrag bei jungen Leuten nicht gering zu schätzen. Vielleicht könnte man den Begriff des Verfassungspatriotismus auf seine ursprüngliche Bedeutung zurückführen, die es zu tun hat mit dem Stolz auf den Geist der Gesetze und die in seinem Namen geschaffenen Institutionen. Man kann und soll Regierungen nicht lieben, aber vielleicht ist es möglich, eine besondere Zuneigung zu empfinden für eine bestimmte Art der Gewaltenteilung bei gleichzeitiger Begründung und Kontrolle von Herrschaft.

Und doch bleibt auch der Verfassungspatriotismus eine Kopfgeburt, eine Sache des Geistes nicht des Herzens. Er befriedigt das Bedürfnis vieler nicht, im Einklang mit den Tiefenstrukturen der Gesellschaft zu leben und diese an künftige Generationen weiterzugeben. Wer mir bis hierher gefolgt ist, dem wird nicht entgangen sein, dass ich am Ende meiner Überlegungen doch keine Antwort gegeben habe auf eine der grossen Fragen unserer Zeit. Zwei Jahrhunderte lang schien es auszureichen, die Energien der Freiheit der Schaffung eines breiteren Fächers von Optionen für mehr und mehr Menschen zu widmen, und Tiefenstrukturen der privaten Sphäre zu überlassen oder ihr Vorhandensein einfach vorauszusetzen. Vielleicht reicht das noch immer aus. Sollte dies aber nicht der Fall sein, dann haben wir ein Problem. Was immer Bürgerschaft und die offene Gesellschaft sind, sie sind keine neue Religion. Auch in dieser Hinsicht war Burke im Recht und die Französische Revolution im Unrecht. Es bleibt wichtig zu wissen, was wir nicht wollen, und das ist jede Art von Abschliessung, Monopol und Dogma. Wir müssen festhalten an den Werten der Bürgerschaft und der offenen Gesellschaft. Aber es lässt sich nicht leugnen, dass die Fragen des Halts und des Sinns in Ost und West gleichermassen unbeantwortet bleiben. Die Suche nach einer Antwort könnte durchaus das Thema bedrohlicher Kämpfe in der nächsten Phase der Geschichte sein.

1992

4 Moral, Institutionen und Bürgergesellschaft

Die neue Welt der Zeit nach 1989 stellte auch in den alten westlichen Gesellschaften Grundfragen der liberalen Ordnung. Nun, da die Geschichte wieder begonnen hatte, reichte die blosse Gegenüberstellung von Demokratien und Diktaturen nicht mehr. Alle mussten tiefer schürfen, um ihre politische Ordnung zu verankern. Dabei traten zwei Themen ins Zentrum der Aufmerksamkeit, das der moralischen Begründung von Institutionen und das der sozialen Begründung der politischen Ordnung. Welche Werte haben hinlänglich zwingende Kraft, um zur allgemeinen Leitschnur zu werden? Welche gesellschaftlichen Mächte schaffen die Voraussetzungen, unter denen Verfassungen mehr sind als Papier?

Bei der Beantwortung solcher Fragen kommen eine Reihe von Ideen ins Spiel, die mich seit langem beschäftigt haben. Die Gefahr der Anomie ist eine davon und mit ihr das Erfordernis, Institutionen zu bauen, um sozialen Zerfall aufzuhalten. Civil society, *von mir immer mit Bürgergesellschaft übersetzt, ist eine andere zentrale Idee, also das schöpferische Chaos von freien Assoziationen, das uns hält. Dazu gehört ein emphatischer Begriff von* citizenship, *einem anderen schwer übersetzbaren Wort, das mit «Staatsbürgerschaft» einen falschen Drall bekommt und daher besser einfach als Bürgerschaft beschrieben wird.*

Die Verleihung des Senator Giovanni Agnelli International Prize war für mich ein Anlass, solchen Fragen nachzugehen. Dabei blieben mir meine beiden Vorgänger als Preisträger – beide gute Freunde – durchaus im Sinn: Isaiah Berlin, der grosse politische Philosoph, und Amartya Sen, der ungewöhnliche Ökonom. Auch sonst entschloss ich mich bei diesem Anlass zu einer sehr persönlichen Argumentation. An Hand der drei wichtigen Daten 1945, 1968 und 1989, und meiner eigenen Veröffentlichungen zum Thema der Bürgerschaft versuchte ich, eine Geschichte zu erzählen. Zu dieser gehörte auch die Korrektur meiner frühen Schrift unter dem Titel Homo Sociologicus, *der es noch am Verständnis des Sinns von Institutionen fehlte.*

Die dem folgenden Text zugrundeliegende Rede hielt ich auf Italienisch im Saal der Turiner Oper vor einem grossen geladenen Publikum. Im

Nachhinein scheint es mir, als sei die ziemlich dichte Argumentation des Textes bei dieser Gelegenheit eine Zumutung für mein Publikum gewesen. Das könnte sie indes für den Leser eher wichtiger machen; denn es handelt sich, wenn das nicht zu hochgestochen gesagt ist, in gewisser Weise um ein intellektuelles Glaubensbekenntnis.

Rom, Athen, Bürgerschaft

Der Agnelli-Preis wird verliehen für Beiträge zur Förderung der «*ethischen* Dimension in entwickelten Gesellschaften». Dennoch habe ich im Titel dieses Textes das Wort *moralisch* bewusst gewählt. Irgendwie ziehe ich die Rede von der «Moral» der von der «Ethik» vor. Der Grund dafür mag idiosynkratisch sein und etwas zu tun haben mit den schottischen Moralphilosophen des 18. Jahrhunderts, Adam Smith, Adam Ferguson, mit Immanuel Kants Wunsch, die «desolate Zufälligkeit» durch das «moralische Ganze der Gesellschaft» zu ersetzen, und mit Emile Durkheims Bestehen auf dem «moralischen Charakter» der Arbeitsteilung als Quelle der Solidarität. Indes, sind *mores* nicht nur die lateinische Version des griechischen *ethos*? Warum sich über die Wörter den Kopf zerbrechen?

Horaz war es, der uns – oder vielmehr dem Kaiser Augustus in einer seiner poetischen *Episteln* – berichtete, dass das besiegte Griechenland prompt daran ging, den Sieger, Rom, zu erobern, indem es in kunstvoller Weise in seine Kultur eindrang. Solche kulturellen Eroberungen lassen ihre Täter indes nicht unverändert; es entsteht eine neue Mischung. Wir übrigen Europäer haben, so glaube ich, unsere Zivilisation von Rom, nicht von Athen geerbt. Virgil, nicht Homer ist der Vater des Abendlandes. Selbst die verträumte Dichterin aus Lesbos (*phainetai moi kenos isos theoisin*...) scheint fern im Vergleich zum jubilierenden, wenn auch launischen Catull (*ille me par esse deo videtur*...). Während Aristoteles für die Geschichte der Wissenschaften wie des politischen Denkens grosses Gewicht hat, finden wir etwas Neues, Wichtiges und Dauerhaftes in der öffentlichen Philosophie eines Cicero, und sechs Jahrhunderte später bei den Juristen des Kaisers Justinian. Der Titel von einem ihrer Beiträge zur Rechtslehre bringt Roms Gabe an den Westen auf den Punkt: *Institutiones*, Institutionen.

Ich sage das als ein gebürtiger Deutscher, den der Lauf seines Lebens schon zu einem frühen Zeitpunkt in das moderne Rom, Britannien, geführt hat, und der immer wieder auf die «gesegnete Insel» zurückkehrte, bis ich mich am Ende um jenen Status bewarb, der zu Recht *citizenship*, «Bürgerschaft» genannt wird. Eine Professorin in Cambridge, Eliza Marian Butler, schrieb in den 1930er Jahren eine brillante Studie mit dem Titel *Die griechische Tyrannei über Deutschland*. Das Buch handelt von den deutschen Autoren der Klassik und zeigt, dass auch sie «zutiefst romantisch» waren, da ihre «ruckwärtsblickenden, verträumten Augen auf ein Griechenland starrten, das es weder zu Lande noch im Meer je gegeben hat». Die Autorin fügt dem ihren eigenen «beunruhigenden» Gedanken hinzu, der es mit der Fähigkeit zu tun hat, dass «noch die Kraft, die den edelsten Ideen innewohnt, im wirklichen Leben katastrophale Wirkungen haben kann». Schuld daran war gewiss «ein Griechenland, das es nie gegeben hat». Überdies kennt Britannien seine eigenen romantischen und nebulösen Betörungen, seinen keltischen Rand, seine sächsischen, ja deutschen Ingredienzen. Doch ist es vor allem das Land von John Locke und David Hume, von Adam Smith und Jeremy Bentham, von John Stuart Mill und John Maynard Keynes, also von eminent praktischen Theoretikern, denen es nicht darum ging, die ganze Welt umzuformen, geschweige denn arkadische Phantasien zu rekonstruieren, sondern kritische Elemente der wirklichen Lebensumstände von Menschen hier und jetzt zu verbessern.

Von den beiden britischen Gelehrten, die vor mir den Agnelli-Preis empfangen haben, ist der eine, Isaiah Berlin, in Lettland, der andere, Amartya Sen, in Bengalen geboren; ich komme aus Hamburg. Sir Karl Popper, der das beste an der römischen Tradition Britanniens vertritt, ist Wiener. Dieses Jahrhundert, und vor allem der Zweite Dreissigjährige Krieg, der begann, als Sir Edward Grey im August 1914 «die Lichter in ganz Europa ausgehen» sah, hat uns alle durcheinandergewürfelt, aber er hat auch unser Denken konzentriert. Der britische Aussenminister fügte seinerzeit hinzu: «und wir werden sie zu unseren Lebzeiten nicht wieder aufleuchten sehen». Für sich und seine Generation hatte er damit offenkundig Recht, aber wir, die glücklichen Überlebenden, haben das Flackern der wiederaufleuchtenden Lichter in ganz Europa gesehen; wir haben die Revolution von 1989 erlebt. Jetzt, im Jahr 1992, sind die Hoffnungen einer neuen Freiheit untermischt mit Zweifeln und Ängsten. Die Herrschaft des Rechts und der Marktwirtschaft trifft auf mächtige Hindernisse in den neuen Demokratien Ostmittel- und Südosteuropas, und es wird noch lange dauern, bevor sie fest in Bürgergesellschaften verankert ist. Aber das Licht ist zu erkennen, und für diejenigen von uns, die vor allem die Freiheit lieben, ist nichts wichtiger, als es vor feindlichen Winden zu schützen und es zu nähren, so dass es ganz Europa und die Welt jenseits seiner Grenzen aufklären kann.

Darum geht es also in meinen Reflexionen aus diesem Anlass: Moral, Institutionen und Bürgergesellschaft. Moral sagt uns, wohin wir gehen und was wir vermeiden sollen; sie inspiriert nicht nur Anstand und Humanität im Alltagsleben, sondern auch den Wunsch, einmal geschaffene Lebenschancen auf alle Menschen auszubreiten, und das Handeln, das diesem Wunsch entspringt. Institutionen sind das Instrument der Verbesserung; im günstigen Fall geben sie den Hoffnungen der offenen Gesellschaft Wirklichkeit, wie die Institutionen der Demokratie es tun, die uns in die Lage versetzen, die uns Regierenden zu wählen, aber wichtiger noch, sie aus dem Amt zu entfernen, wenn sie unserer Meinung nach Irrwege beschreiten. Die Bürgergesellschaft bringt die Freiheit zum Leben; ihr schöpferisches Chaos von Assoziationen versetzt Menschen in die Lage, ihr Leben zu leben, ohne beim Staat oder anderen Mächten betteln zu gehen. Der Begriff, der all diese Hoffnungen vielleicht am besten resümiert, ist einer, mit dem ich mich gerne identifiziere: Bürgerschaft.

Es hätte einen guten Sinn, über diese Begriffe abstrakt und unter Bezug auf historische Beispiele zu reflektieren. Der Anlass mag es jedoch rechtfertigen, dass ich hier in einer persönlicheren Weise vorgehe und von meiner eigenen Entdeckung der Werte der Bürgerschaft spreche. Angesichts der Zeit und der Umstände meines Lebens führt das ohnehin zu drei Daten von allgemeiner Bedeutung: 1945, 1968, 1989.

Homo Sociologicus und die Gesinnungsethik

Eine meiner frühen Publikationen war ein kleiner Essay, den ich 1957 geschrieben und unter dem Titel *Homo Sociologicus* veröffentlicht habe. Der Essay verfolgte einen doppelten Zweck. Auf der einen Seite sollte er in den soziologischen Diskurs in Deutschland und später auch in Europa den wichtigen Begriff der sozialen Rolle einführen. Rollen sind, in Emile Durkheims Sinn, elementare soziale Tatsachen. Wir unterhalten soziale Beziehungen nicht als nackte Individuen, sondern in der Kleidung, mit der unsere Stellung in der Gesellschaft uns versieht. Irgendwie wissen wir, wie wir uns als Väter oder Mütter, Lehrer, Mitglieder eines Clubs oder einer Partei zu verhalten haben. Erwartungen begleiten unsere Positionen, und diese haben eine fast von den Personen abtrennbare, gesonderte Realität; sie lassen sich in Worte fassen, lehren und lernen, beachten und missachten. Wenn wir sie missachten, gibt es Sanktionen, die uns an unsere Pflichten erinnern. *Homo Sociologicus* ist der Mensch als Träger von Rollen. Diese vertraute These hätte indes meinen

Essay weder sonderlich interessant gemacht noch ihm dauerhafte Wirkung verschafft. Doch fügte ich damals eine weitere Argumentation hinzu, die mit der These begann, dass die Tatsache der Gesellschaft «ärgerlich» ist. *Homo Sociologicus* ist ein entfremdetes Wesen. Das wirkliche, ja das moralische Individuum kann und muss verstanden werden jenseits aller sozialen Rollen. Ich verwendete Kants Sprache für die These, dass Individuen einen «empirischen» und einen «intelligiblen» Charakter haben – und meinte, dass der «intelligible» oder moralische Charakter ermutigt werden muss, um die Zumutungen des «soziologischen Schattens» der Menschen zu bekämpfen.

Diese Argumentation war zum Teil ein Dialog mit Max Weber. Webers beherrschendes Thema ist der verzweifelte und am Ende vergebliche Versuch, mit unerträglichen Dichotomien zu leben. Ich kann das mitempfinden, denn ich teile seine Abneigung gegen die grossen Harmonisierer, ob sie den Wegen von Rousseau folgen oder denen von Hegel; jedoch habe ich seit langem versucht, theoretische Dichotomien durch praktische Ansätze zu überwinden. Weber war gleichermassen versessen auf wertfreie Sozialwissenschaft wie auf politische Reform; aber er bestand darauf, dass die beiden nicht verwechselt oder vermischt werden dürfen. «Wissenschaft als Beruf» und «Politik als Beruf» sind zwei durchaus verschiedene menschliche Tätigkeiten; der Politiker hat es nicht mit der Anwendung von Wissenschaft zu tun, und der Wissenschaftler muss sich davor hüten, seine politischen Überzeugungen in seine Forschungen einzubringen. So weit, so gut. «Der Soziologe ist als solcher kein Politiker», schrieb ich im *Homo Sociologicus*, «und soll es auch nicht sein.» Aber das ist nicht das Ende der Geschichte, denn schlimmer noch ist der Soziologe, der glaubt, dass er «die kritische Distanz zu seinem Tun und zur Gesellschaft aufzugeben habe, um Wissenschaftler zu sein». Und so brachte ich meinen Essay zu dem hochtönenden Schluss, den Soziologen aufzufordern, «vom Hemmschuh zum Motor der Entwicklung einer Gesellschaft freier Menschen [zu werden], in der die ärgerliche Tatsache der Gesellschaft und die allzu passive Phantasie unausgefüllter Räume in der aktiven Wirklichkeit frei erfüllter Zeit aufgehoben werden».

Es ist leicht zu erkennen, warum viele, vor allem unter den jungen und aktionshungrigen Studenten jener Zeit, diesen Ansatz mochten. Andererseits konnten manche, vor allem unter den älteren und erfahrungsgesättigten Gelehrten, sich mit ihm nicht anfreunden. Sie beschrieben meinen Ansatz als eine weitere Version des deutschen Romantizismus, die griechische Tyrannei über einen jungen Deutschen, der von moralischen Individuen jenseits der Gesellschaft, nicht in ihr, träumte. Helmuth Plessner schrieb: «Die Sphäre der Freiheit, mit der der Privatheit, und zwar in einem aussersozialen Sinne, gleichgesetzt, wohlgemerkt, um sie unangreifbar zu machen, verliert jeden Kontakt zur Realität, jede Möglichkeit gesellschaftlicher Verwirklichung.» Das war zwar nicht ganz meine These, wenngleich ich zumindest implizierte, dass die Gesellschaft nie in sich moralisch ist, dass es daher einen unausweichlichen Konflikt zwischen dem Moralischen und dem Sozialen gibt. Dieser Konflikt lässt sich in der Theorie nicht lösen, aber er muss in der Praxis gelöst werden. Daher dürfen diejenigen, die dem Studium der Gesellschaft obliegen, nie ihre kritische Funktion als Intellektuelle vernachlässigen.

Max Weber führte noch eine weitere, verwandte und doch andere Unterscheidung ein, die zwischen «Gesinnungsethik» und «Verantwortungsethik». Die eine verficht absolute Werte; sie ist die Moral von Heiligen. Die andere erkennt die Komplexität von Zweck-Mittel-Beziehungen; sie ist die Ethik von Politikern. Einmal mehr müssen wir fragen: ist das alles? Werden die zwei sich nie begegnen? Weber starb im sechsten Jahr des zweiten Dreissigjährigen Krieges, der 1914 begann und 1945 endete, so dass ihm das Schlimmste erspart blieb, Stalin, Hitler. Wenn Gesellschaft eine absolute oder, mit dem Wort Mussolinis und später Hitlers, eine «totale» Qualität annimmt, verliert die Verantwortungsethik ihre Relevanz. In der Tat wird sie dann zum Alibi für jene feige Haltung, die das Jahrhundert so ausgiebig gekennzeichnet hat, das Mitläufertum. «Um Schlimmeres zu verhindern», blieben Menschen, die es besser hätten wissen können, dabei und unterstützten Regimes, für die sie doch nie mehr als nützliche Idioten waren. Als eine deutsche Zeitung mich aufforderte, den berühmten Fragebogen von Proust auszufüllen, der die Frage enthält «Welche historischen Gestalten verachten Sie am meisten?» antwortete ich ohne Zögern: «die Feiglinge, die den Weg zum Totalitarismus erleichterten, von Papen in Nazideutschland, Grotewohl in Ostdeutschland nach dem Krieg». Sie oder ihre Nachfolger stellen auch heute in den nachkommunistischen Ländern die schwierigsten Fragen der öffentlichen Moral.

Das Bestehen auf dem absoluten Charakter gewisser Grundwerte war, so glaube ich, das Motiv meiner Argumentation im *Homo Sociologicus*. Nie der Macht vertrauen, denn sie kann schrecklich missbraucht werden! Es gibt jedenfalls Umstände – wir haben sie in diesem Jahrhundert an allzu vielen Orten erlebt –, in denen die «Gesinnungsethik» die einzige angemessene Moral ist. Auch braucht man kein Heiliger zu sein, um sie zu vertreten. Gewiss, aktiver Widerstand gegen die Versuchungen des Totalitarismus ist mehr, als man von anderen verlangen kann; das Leben aufs Spiel zu setzen ist ein Opfer, das man nur sich selbst abfordern darf. Aber wir haben nicht das Recht, jemals mit dem Bösen Kompromisse zu schliessen. Die Regimes in China oder Kuba oder Burma sind ganz und gar inakzeptabel. Manche mögen es nicht vermeiden können, mit ihnen umzugehen, aber sie sollten nicht versuchen, die pragmatischen Erfordernisse, die sie motivieren, zu verstecken hinter der Beschwörung einer «Verantwortungsethik». Regierungen, die morden und foltern, die Menschen ohne Verfahren einsperren und die Redefreiheit unterdrücken, verletzen unsere Grundwerte in einer Weise, die nur eine Reaktion zulässt, nämlich bedingungslose Ablehnung und Widerstand.

Die Frage ist, wo man die Grenze ziehen soll; denn die meisten Dinge in dieser Welt sind weder schwarz noch weiss. Wie steht es zum Beispiel mit der heutigen Türkei? Noch schwieriger ist es, die Grenze zu ziehen, wenn man durch eine Phase von Veränderungen geht, die langsam und Schritt für Schritt geschehen. Ich werde für immer stolz auf meinen Vater Gustav Dahrendorf sein, der genau wusste, wann im Nachkriegs-Ostdeutschland der Zeitpunkt gekommen war, nein zu sagen. Er war damals stellvertretender Vorsitzender der ostdeutschen Sozialdemokraten, und es ging am 11. Februar 1946 um die Frage, ob auf dem in Berlin tagenden Gewerkschaftskongress verkündet werden sollte, dass die Sozialdemokraten bereit waren, Gespräche mit den Kommunisten über eine mögliche Verschmelzung der Parteien zu beginnen. Bereit, Gespräche zu beginnen, nicht mehr. Viele benutzten die scheinbar harmlose Absicht, um achselzuckend zuzustimmen. Aber mein Vater wusste: *hic Rhodus, hic salta!* Seine Erinnerung an die Zuchthaushaft bei den Nazis war noch frisch; aber er entschied sich und riskierte einmal mehr die Karriere und mehr. Er hatte Recht. Vielleicht müssen wir uns darauf verlassen, dass wenigstens einige die Einsicht und den Mut haben zu erkennen, wann der Moment gekommen ist, in dem wir die gemütliche Welt der «Verantwortungsethik» aufgeben und Position beziehen müssen.

Homo Sociologicus wurde indes nicht 1946 in Ostberlin, sondern 1957 teils in Saarbrücken und teils in Palo Alto in Kalifornien geschrieben. An diesen Orten stellte sich die Frage totalitärer Versuchungen hinter der nächsten Ecke nicht. Die «ärgerliche Tatsache der Gesellschaft» wurde daher von vielen Lesern verstanden als Beschreibung der durchaus zivilisierten Bürgergesellschaften der Zeit, wenn nicht von Gesellschaft überhaupt. Auch war das keine völlige Fehlinterpretation des Textes. Mein Versuch, mich gegen Plessners Kritik durch den Hinweis auf David Riesmans «innengelenkten Menschen» und die angelsächsische

Tradition des «Minimalstaates» zu verteidigen, war im Nachhinein gesehen eher schwach. Tatsächlich fühlten sich viele Jüngere zur direkten Aktion ermutigt durch den Appell an das moralische Recht, der Gesellschaft und ihren Zumutungen ganz und gar zu widerstehen. Mein Ansatz nährte eine Grundstimmung, die zumindest einige der Protagonisten der turbulenten Ereignisse von 1968 bestimmte.

Recht und Ordnung: Institutionen

1968 hat eine durchaus unterschiedliche Bedeutung in verschiedenen Ländern. Es hatte eine ganz eigene Qualität in den Vereinigten Staaten von Amerika, wo Vietnamkrieg und Bürgerrechtsbewegung gleichzeitig die politische Tagesordnung bestimmten. Auf dem europäischen Kontinent indes war ein verbindender (oft roter) Faden für die Demonstrationen, die umfassenderen Veränderungen des öffentlichen Bewusstseins und spezifische Akte des Terrorismus – sämtlich im Rückblick identifiziert mit dem Jahr 1968, obgleich viele erst später stattfanden – der Absicht nach anarchistisch und der Wirkung nach anomisch; es war ein Protest gegen die Gesellschaft und ihre Zwänge in jeder Art und Form. «Unter den Talaren der Muff von tausend Jahren» riefen die Studenten und leiteten daraus die Forderung ab, nicht (wie es folgerichtig gewesen wäre) die Talare zu reinigen, sondern sie gänzlich zu beseitigen und mit ihnen die gesamte Struktur der akademischen Selbstverwaltung. «Demokratisierung» bedeutete nicht die Reform von Verfahren im Hinblick auf grössere Verantwortlichkeit, sondern die Beseitigung aller Autoritäten im Namen des «herrschaftsfreien Diskurses», also der permanenten Diskussion von allem durch alle. Dies ist der Ort, an dem Jürgen Habermas Gefahr lief, missverstanden zu werden, bis er sich deutlich abgrenzte von denen, die er «linke Faschisten» nannte. Dies ist auch der Ort, an dem Helmuth Plessner Recht hatte und ich im Irrtum war.

Doch soll diese Argumentation nicht zu einer Abbitte für die Sünden meiner Jugend ausarten. Allerdings gibt es eine Lehre der Erfahrungen von 1968, die für mein Thema wichtig ist. (Ich habe diese Lehre in den Hamlyn Lectures von 1985 über *Law and Order* ausdrücklich gezogen.) Sie besagt, in einer knappen Aussage, dass Anomie der Freiheit nicht gut bekommt. Das Wort Anomie ist in die moderne Sozialwissenschaft von Emile Durkheim eingeführt worden, um einen Zustand zu beschreiben, der den Selbstmord von Menschen wahrscheinlicher macht. Das ist ein Zustand der Desorientierung und Ordnungslosigkeit. Im Wortsinn bedeutet Anomie das Fehlen von *nomoi*, von Gesetzen. Bei dem Versuch, einen liberalen Zugang zu den schwierigen Fragen von Recht und Ordnung zu finden, erörterte ich vor allem die «rechtsfreien Räume» moderner Gesellschaften, wo die herrschenden Normen nicht angewendet oder zumindest nicht erzwungen werden. Zum Teil sind das geographische Räume; Wohnblocks, Bahnhofsplätze, ganze Strassen in grossen Städten. Andere sind metaphorische Räume; das Jugendalter zum Beispiel schafft Ausnahmen von sozialen Normen für die, die sie am häufigsten brechen. Solche «rechtsfreien Räume» weiten sich wahrscheinlich aus, und sie bezeichnen eine Welt, in der die Freiheit zunehmend entartet zu dem existenzialistischen Alptraum, in dem alles möglich ist und es auf nichts mehr ankommt. Die Koordinaten von Sinn und Wert sind zerbröckelt.

In seinem *Second Treatise of Government* entwickelt John Locke mit der ihm eigenen Reserviertheit seine Thesen zu dem, was er «die Misslichkeiten des Naturzustandes» nennt. (Locke liess sich von diesen weniger zu Emotionen hinreissen als Hobbes; auch schrieb er in hoffnungsvolleren Zeiten als der Autor des *Leviathan* vierzig Jahre zuvor.) Der Naturzustand, sagt Locke, ist anarchisch und hat daher wenige Vorzüge. Selbst die enge persönliche Beziehung der Ehe oder auch die von Herrn und Dienern schafft keine hinlängliche Basis für ein zivilisiertes Leben. Daher ist ein Gesellschaftsvertrag nötig. «Alle, die in einem Gemeinwesen vereint sind und sich auf gemeinsames Recht und eine Rechtsprechung berufen können, mit Autoritäten, die bei Konflikten Entscheidungen treffen und Übertretungen ahnden, leben in einer Bürgergesellschaft miteinander.» Es gibt spezifischere Bedeutungen des Begriffs der Bürgergesellschaft; Locke hat im Grunde wenig mehr im Sinn als «Gesellschaft» so wie Margaret Thatcher das Wort verwendete, als sie ihre berühmte Aussage machte: «Es gibt so etwas wie Gesellschaft nicht; es gibt nur Individuen – und Familien.» Aber Lockes These ist klar. Wenn es so etwas wie Gesellschaft nicht gibt, dann fallen wir zurück auf die «Misslichkeiten des Naturzustandes». Gesellschaft schützt uns vor diesen und gibt uns einen Kompass für unseren Weg; das leistet sie durch Institutionen.

Institutionen sind, wie Locke sagt, in erster Linie Normen, die mit ihnen verknüpften Sanktionen und die Organisationsformen, in denen beide erscheinen: sie sorgen dafür, dass wir uns «auf gemeinsames Recht und eine Rechtsprechung berufen können». In einem weiteren Sinne schliesst dies auch die Sitten und Gebräuche des Lebens mit anderen ein, und in einem tieferen Sinn müssen Regeln einen Sinn haben. Wir brauchen nicht nur Gesetze, sondern den «Geist der Gesetze». Institutionen stützen die Freiheit erst dann, wenn sie nicht nur «legal», sondern auch «legitim» sind. Mit Recht fügt Locke hinzu, dass Institutionen in diesem Sinn immer der «Autoritäten» bedürfen. Der Gesellschaftsvertrag ist gewiss ein «Genossenschaftsvertrag», aber er ist auch ein «Herrschaftsvertrag». Dem ist sogleich hinzuzufügen, dass es hier nicht um beliebige Normen oder Autoritäten geht, wenngleich auch gute Gesellschaften in vielerlei Gestalt auftreten. Es geht um Regeln, für die Gründe gegeben werden können, und Autoritäten, die zur Verantwortung gezogen werden, also vernünftige Gesetze und demokratische Regierungen, die wenn nötig beseitigt und durch andere ersetzt werden können. Weitere Ergänzungen des Begriffs der Institutionen sind wünschenswert. Zum Beispiel muss man sich fragen, wie viele Institutionen wir brauchen. Es gibt auch ein Problem der Überinstitutionalisierung, also eines der «Hypernomie», und nicht nur eines der Anomie.

Aber Anomie ist die grössere Sorge. Sie ist – wenn diese Bemerkung dem Fremden erlaubt ist – Italiens Sorge. Das Land, in dem, allerdings vor langer Zeit, Institutionen erfunden wurden, leidet heute an deren Schwäche. Sie müssen erneut gefestigt, ja gebaut werden. Das Fehlen wirksamer Normen und Autoritäten wird am Ende zur Bedrohung der Freiheit. Freiheit ist weder ein ursprünglicher Zustand des Menschen, zu dem wir zurückkehren sollten, noch ein postmodernes Vakuum, in dem alles möglich ist. Freiheit ist eine zivilisierte und zivilisierende Kraft. Sie gedeiht daher nur, wenn es uns gelingt, Institutionen zu schaffen und zu erhalten, die ihr Stabilität und Dauer verleihen. Institutionen liefern den Rahmen für das Angebot, aus dem wir eine Auswahl treffen, einschliesslich des wirtschaftlichen Wohlstandes. Institutionen garantieren unsere Anrechte, somit soziale Gerechtigkeit. Wenn wir mehr Lebenschancen für mehr Menschen wollen, dann müssen wir durch Institutionen wirken und dürfen nie aufhören, diese zu verfeinern und zu verbessern. Unter gewissen Umständen, wenn nämlich das Risiko der Anomie wächst, ist die wichtigste einzelne Aufgabe des Liberalen die, Institutionen zu bauen.

Es ist leicht, von dieser Aufgabe zu sprechen, aber schwer, sie zu erfüllen. Das gilt selbst unter den relativ günstigen Voraussetzungen Italiens im Hinblick auf die Schwäche des Regierungssystems, oder unter denen der Vereinigten Staaten angesichts der Zeichen sozialer Auflösung. Wie viel schwieriger ist es, Institutionen zu bauen, wenn das ganze Gebäude der sozialen Ordnung zerfällt! Das ist der Fall in den früher kommunistischen Ländern nach der Revolution von 1989. Einige haben sich langsamer verändert, so langsam vielleicht, dass die alte Nomenklatura in der Lage war, sich anzupassen, so dass weitere dramatische Wandlungen wahrscheinlich werden; andere haben sich so rasch bewegt, dass das resultierende Vakuum eher Abenteurer und Spekulanten als Institutionen-Bauer anzog. Überall steht der Gesellschaftsvertrag selbst auf dem Spiel und damit das Fundament der Freiheit. Auf den ersten Blick geht es dabei um zwei Grundlagen, die politischen und die ökonomischen. Demokratie und Marktwirtschaft sind die bevorzugten Formeln. In meinen *Betrachtungen über die Revolution in Europa* habe ich zu zeigen versucht, wie schwierig es ist, selbst diese zu schaffen, und wie die unvereinbaren Zeithorizonte von politischer und wirtschaftlicher Reform die offene Gesellschaft bedrohen. Heute sehen wir überall das Tal der Tränen, das zu durchschreiten ist.

Die dritte Säule der Freiheit

Aber selbst wenn sie zustande kommen, sind Demokratie und Marktwirtschaft nicht genug. Die Freiheit bedarf einer dritten Säule, um sicher zu sein; ihr Name ist Bürgergesellschaft. Der tiefere Sinn der offenen Gesellschaft ist, dass unser Leben sich in Assoziationen entfalten kann, die sich dem Zugriff des Staates entziehen. Selbst die öffentliche Sphäre ist nicht primär politisch, ganz zu schweigen von der Sphäre der Wirtschaftstätigkeit. Der fundamentale Unterschied zwischen monopolistischen Strukturen wie denen des Nomenklatura-Sozialismus und liberalen Strukturen liegt darin, dass eine Mehrzahl von autonomen Assoziationen verfügbar ist, die nicht alle auf einen gemeinsamen Zweck hin ausgerichtet sind. Die Bürgergesellschaft ist im besten Sinn ein schöpferisches Chaos. Sie schützt uns vor den «Misslichkeiten des Naturzustandes», aber auch vor denen, die sich aus den monopolistischen Ansprüchen selbsternannter Minderheiten und sogar Mehrheiten ergeben. Um James Madison zu zitieren, einen der Autoren der *Federalist Papers*, die die amerikanische Verfassung vorbereiteten: die Bürgergesellschaft «ist in so viele Teile, Interessen und Klassen von Bürgern aufgesplittert, dass die Rechte von Individuen oder von Minderheiten kaum in Gefahr geraten können durch die Besitzstandsmacht von Mehrheiten».

Für alle, die erst vor kurzem ihre Freiheit wiederentdeckt haben, ist die Bürgergesellschaft eine grosse Hoffnung, aber sie in ihrer Eigenart ganz zu verstehen, fällt vielen zunächst schwer. Revolutionäre Zeiten sind hoch politisierte Zeiten. Sie reissen Menschen aus ihrem normalen Leben; manchmal katapultieren sie ungewöhnliche Gestalten an die Spitze. Doch dauert dieser Zustand nicht. Plötzlich verliert der Autor

Gabor Kis eine Wahl in seiner Partei; Bronislaw Geremek findet keine Mehrheit im Parlament. Es ist wunderbar, Vaclav Havel im Prager Schloss zu sehen; besser als irgendein anderer hat er Worte gefunden, um die neue Erfahrung der Freiheit zu beschreiben, und ich werde ihn gleich noch als Kronzeugen zitieren. Dennoch ist die Bürgergesellschaft erst vollendet, wenn Havel wieder Stücke schreiben und seine Regierung von aussen kritisieren kann, statt mühsam Gesetze durch sein Parlament zu steuern, das naturgemäss von ephemeren Gestalten beherrscht wird.

Es gibt eine noch ernstere Dimension der Bürgergesellschaft, die mich in letzter Zeit vor allem beschäftigt hat. Während wir die Schmerzen des Überganges in der nachkommunistischen Welt beobachten und vielleicht hier und da etwas mitzuhelfen versuchen, um sie zu lindern, kann uns der offenbare Reiz allumfassender Ideen für diejenigen, die gerade dem Monopol einer Staatsideologie entkommen sind, nicht entgehen. Menschen sind geneigt, sich auf Formen des Fundamentalismus einzulassen – sei dieser religiös oder national oder vielmehr stammesbezogen –, und damit Emotionen wachzurufen, die zur Zerstörung liberaler Institutionen führen können und das auch tun. Plötzlich ist Lettland wichtiger als die Freiheit, und wer nicht dazugehört, muss dafür leiden: Minderheiten, Nachbarn. Die bösartige Unterdrückung von Minderheiten und Bürgerkriege breiten sich in vielen Teilen Osteuropas aus. Die Geschichte, weit davon, ihr Ende erreicht zu haben, kehrt in ihrer hässlichsten Gestalt zurück. Warum?

Zweifellos gibt es eine Mehrzahl höchst unterschiedlicher Gründe. Einer davon scheint mit jedoch besonders wichtig: er hat es mit Zugehörigkeit zu tun. Demokratie und Marktwirtschaft sind vorzügliche Mechanismen, um die Festsetzung von Irrtümern zu vermeiden. Sie machen Veränderungen ohne unnötige Reibungsverluste möglich. Sie sind überaus vernünftige Weisen, unsere Angelegenheiten zu ordnen. Aber sie bieten Menschen keine Heimat. Wichtige menschliche Bedürfnisse bleiben von den Institutionen der offenen Gesellschaft unbefriedigt. Daher gehen Menschen anderswo auf die Suche; und wenn die Schwierigkeiten wachsen – Wahlen enttäuschen, konvertible Währungen und Privatisierung bringen keinen sofortigen Wohlstand –, dann wollen viele schnelle und umfassende Befriedigung. Die Stunde der falschen Götter hat geschlagen, und zugleich die ihrer weltlichen Sprecher, der neuen Diktatoren.

Wenn man die gewaltsame Ausbreitung der neuen – und oft alten – Formen der Zugehörigkeit beobachtet, beginnt man zu verstehen, wie glücklich diejenigen waren, deren Bindungen die liberalen politischen und wirtschaftlichen Institutionen nicht störten. Das galt für Amerikas

«Zivilreligion», die Flagge neben dem Schreibtisch des Bankdirektors, die häufige Anrufung Gottes in weltlichen Dingen; Tocqueville hat das als erster beschrieben. Es galt auch für die Schweizer Art der Bürgerschaft in einem Kanton, ja einer kleinen Stadt an Stelle des diffuseren Nationalstaates. Die Kirchen, zumal wenn sie etabliert sind wie die Church of England, oder quasi-etabliert wie die katholische Kirche in Irland oder Polen oder selbst Italien haben im grossen und ganzen einen *modus vivendi* gefunden, der Demokratie und Marktwirtschaft sich selbst überlässt. Das Ergebnis sind zwar prekäre, aber in ihrer Wirkung liberale Verbindungen von Optionen und Ligaturen, die der Macht und dem Glauben ihren je eigenen Raum geben. Aber das Gegenteil ist geschehen in Algerien, und es droht andernorts zu geschehen einschliesslich unserer eigenen Gesellschaft, wenn man etwa an das unlängst gegründete «Moslem-Parlament» in Britannien denkt; aggressive Glaubenskräfte treten an die Stelle der Koexistenz von Gott und Caesar.

Wenn es gegen solche Bedrohungen der Freiheit überhaupt Abhilfe gibt, muss diese im Bereich der Bürgergesellschaft gesucht werden. Das menschliche Bedürfnis nach Zugehörigkeit lässt sich durch eine Mehrzahl von Assoziationen befriedigen, die als solche keine politischen Ansprüche stellen. Darunter muss es allerdings starke Assoziationen geben, die Bindungen zumindest von der Art der *contrade* in Siena oder auch mancher politischer Parteien in der Vergangenheit, inklusive kleiner Städte oder auch erweiterter Familienverbände bieten. Gewiss können solche starken Bindungen zum Teil ersetzt und jedenfalls ergänzt werden durch eine Vielzahl von schwächeren Zugehörigkeiten, in Arbeitervereinen, karitativen Verbänden, Bürgerinitiativen um spezifische Themen. Hier ist auch die Unternehmenskultur relevant; Firmen, die den Stolz ihrer Mitarbeiter pflegen, leisten ihren eigenen Beitrag zur Bürgergesellschaft. Aber wenn man solche Beispiele aufzählt, wird immer zugleich der prekäre Charakter dieser Säule der Freiheit deutlich. Sie ist nicht nur schwer zu errichten, sondern auch stets in Gefahr zu zerbrechen und zu zerbröckeln; sie hängt am Ende ebenso sehr vom Bürgersinn der Einzelnen ab wie von Institutionen.

Von Untertanen zu Bürgern

Indes braucht die Freiheit in jedem Fall Menschen, die bereit sind, für sie zu kämpfen. Vaclav Havel hat diese Bereitschaft bewiesen, und er hat das Ziel in Worte gefasst, die die hier entwickelte Argumentation besser resümieren als ich es könnte. In einer Ansprache vor einer überwiegend tschechischen Gemeinde in den Vereinigten Staaten, die unter dem vielsagenden Titel «Über Heimat» veröffentlicht wurde, sagte er:

> «Ich bin für ein politisches System, das auf dem Bürger beruht, das alle seine bürgerlichen und menschlichen Grundrechte in ihrer universalen Geltung anerkennt und sie in gleicher Weise anwendet: das heisst, kein Mitglied einer einzelnen Rasse, einer einzelnen Nation, eines einzelnen Geschlechts oder einer einzelnen Religion darf mit Grundrechten ausgestattet sein, die sich von denen irgendeines anderen unterscheiden. Mit anderen Worten, ich bin für das, was Bürgergesellschaft genannt wird.»

Und weiter:

> «Eine Bürgergesellschaft, die auf der Universalität der Menschenrechte beruht, befähigt uns am ehesten, uns als alles zu verwirklichen, das wir sind – nicht nur Mitglieder unserer Nation, sondern Mitglieder unserer Familie, unserer Gemeinde, unserer Religion, unserer Kirche, unseres Berufsverbandes, unserer politischen Partei, unseres Landes, unserer supranationalen Gemeinschaften – und das alles zu sein, weil die Gesellschaft uns vornehmlich als Mitglieder der menschlichen Rasse behandelt, das heisst als Menschen, als besondere menschliche Wesen, deren Individualität ihren primären, natürlichsten und zugleich universellsten Ausdruck in unserem Status als Bürger findet, in der Bürgerschaft im weitesten und tiefsten Sinn des Wortes.»

Die Idee der Bürgerschaft «im weitesten und tiefsten Sinn des Wortes» beschreibt das Ziel der kleinen Reise durch die moralische Bildung eines europäischen Intellektuellen, die ich hier unternommen habe. Der Weg «von Untertanen zu Bürgern» (um Giovanna Zincones Buch zu zitieren) ist der Weg zur Freiheit. Er hat es zu tun mit Moral, denn Bürger müssen zivil und zivilisiert sein. Ausdrücke wie Zivilcourage und Bürgerstolz werden zu Recht damit assoziiert. Der Bürger ist ein stolzes Wesen, bereit, für die Grundwerte der offenen Gesellschaft einzutreten, bereit für sie zu kämpfen, wenn es sein muss.

Bürgerschaft ist auch eine Institution. Das ist wichtig. Sie ist nicht nur eine Geisteshaltung, oder selbst ein Thema der politischen Bildung, der «Staatsbürgerkunde», die in Schulen gelehrt wird. Amartya Sen hat einen wichtigen Beitrag geleistet, als er sein Nachdenken über Ungleichheit so stark auf «Anrechte» konzentrierte. Bürgerschaft ist vor allem eine Menge von Anrechten, die allen Mitgliedern einer Gesellschaft gemeinsam sind. Wenn es zudem Pflichten der Bürgerschaft gibt, sind diese doch in keinem Sinn Vorbedingungen für die Rechte der Bürgerschaft. Bürgerschaftliche Rechte sind unbedingte Anrechte, die über die Kräfte des Marktes hinausgehen und diese insoweit begrenzen.

Ich stelle mir Bürgerschaft als eine Menge von Chancen vor – Lebenschancen wenn man will –, die eine freie Gesellschaft definieren. Der Gedanke ist wichtig. Der erste Träger des Agnelli-Preises, Isaiah Berlin, schrieb einen berühmten Essay über «Zwei Begriffe der Freiheit». Er unterschied zwischen dem, was er «negative» und «positive Freiheit» nannte, und bevorzugte deutlich die «negative Freiheit» von ungerechtfertigten Zwängen, während er den Verdacht kundtat, dass «positive Freiheit» die Herrschenden dazu verleiten kann, vorzuschreiben, was Menschen sein oder tun sollen. Der zweite Träger des Preises, Amartya Sen, akzeptierte diese These nicht, obwohl er die Unterscheidung beibehielt und in brillanter Weise beide zu verteidigen suchte: «Die negativen Freiheiten der Kritik durch Zeitungen oder Oppositionsparteien, die Freiheiten zu veröffentlichen und sich zu organisieren, können eine grosse Kraft zur Sicherung der positiven Freiheiten von gefährdeten Bevölkerungen sein.» In dem Buch der Gespräche mit Isaiah Berlin (von Ramin Jahanbaloo) akzeptiert der Autor der Unterscheidung selbst, dass positive und negative Freiheit beide «echte Fragen aufwerfen; beide sind unausweichlich». Ich weiss und akzeptiere, was er meint, nämlich dass das Fehlen von Zwang nicht zureicht; Menschen müssen in der Lage sein, von den ihnen gebotenen Möglichkeiten Gebrauch zu machen. Aber hier zeigen sich möglicherweise die Grenzen der Nützlichkeit von Berlins Unterscheidung. Entscheidend ist nicht, dass Freiheit entweder negativ oder positiv ist, sondern dass sie eine Chance ist – ein Stand der Dinge, in dem Menschen in der Lage sind, ihren eigenen Weg zu wählen, und zwar sowohl in dem Sinn, dass niemand sie daran hindert als auch in dem, dass sie fähig sind, diesen Weg zu beschreiten. Niemand sollte gezwungen werden, eine bestimmte Wahl zu treffen, oder auch nur dahin geleitet werden; Freiheit schliesst auch die Optionen ein, nicht zu wählen oder die falsche Wahl zu treffen. Diejenigen aber, für die das Wählen ein zynisches Versprechen ohne jede Wirklichkeit bleibt, sind nicht frei. Negative Freiheit kann zur Freiheit der wenigen werden, sich grenzenlos zu bereichern; Freiheit als Chance ist nicht nur allgemein, sondern vor allem wirklich.

Bürgerschaft ist der Inbegriff der Freiheit in diesem Sinn. Die Bürgergesellschaft ist das Medium, in dem sie gedeiht. In der Bürgergesellschaft findet der Bürger seine Heimat. Liberale laufen manchmal Gefahr, sich allzu sehr mit Mitteln und nicht Zwecken zu befassen, mit demokratischen Institutionen und Märkten und nicht mit menschlichem Wohlbefinden. Bis zu einem gewissen Grade ist das auch in Ordnung; in einer freien Gesellschaft kann niemand Menschen anbefehlen, wie sie ihr Leben leben sollen, sie dürfen sogar unglücklich sein. Aber Bürgerschaft und Bürgergesellschaft gehen einen Schritt weiter als politische Wahlen und wirtschaftliche Märkte. Sie sind Ziele, die es anzustreben gilt, nicht Methoden, um Gefahren zu vermeiden. In diesem Sinne sind sie moralische Zielsetzungen. Daher empfehle ich sie der allgemeinen Aufmerksamkeit und Sorge.

5 Die gute Gesellschaft

Wenn in Deutschland von der guten Gesellschaft die Rede ist, meinen die meisten so etwas wie die feine, die vornehme, mindestens aber die anständige Gesellschaft. «Er befindet sich in guter Gesellschaft.» In England spräche man in diesem Fall von good company, *also von guten Kumpanen. Die Gute Gesellschaft hingegen ist ein* topos *des angelsächsischen politischen Denkens, nämlich die moralisch gute Ordnung der sozialen Dinge. Im Deutschen müsste man eher von der richtigen Gesellschaft sprechen. Ich habe dennoch hier den Titel in seiner angelsächsischen Konnotation beibehalten, denn «gut» im moralischen Sinn bedeutet zwar in bestimmter Hinsicht auch «richtig», ist aber ein weniger formaler Begriff. Das Gute ist ein Inbegriff von Werten, und eben das ist mit der guten Gesellschaft gemeint.*

Noch aus einem zweiten Grund schien mir der Begriff der guten Gesellschaft am Platze zu sein. Die meisten Autoren, die sich zu dem Thema geäussert haben, wollten erkunden, wie denn wohl die gute Gesellschaft aussieht. Für das, was sie bei ihren Erkundungsreisen gefunden haben, werden im folgenden Text manche Beispiele gegeben. Mir ist indes stets auch die andere Frage gegenwärtig, ob es denn überhaupt eine gute Idee ist, die gute Gesellschaft zu suchen. Sollten Gesellschaften moralisch gut sein? Steckt nicht im Begriff der guten Gesellschaft ein verfehlter, möglicherweise utopischer, jedenfalls aber illiberaler Anspruch? Reicht nicht die offene Gesellschaft als Inbegriff des Richtigen, das wir in der sozialen Ordnung suchen?

Anlass und Zeitpunkt des hier zum ersten Mal auf Deutsch abgedruckten Vortrages erklären mein Interesse am Thema, aber auch die gegen den

Strich des Zeitgeistes verlaufende Argumentation. Der Vortrag wurde aus Anlass eines Treffens der überlebenden Teilnehmer des «1949 Seminar» von Studenten der Nachkriegszeit an der London School of Economics gehalten. Sie hatten nicht nur ein besonderes Interesse an der guten Gesellschaft, sondern fanden sich damit auch in einer langen Tradition der Hochschule. Quer zu dieser Tradition allerdings stand mein Lehrer Karl Popper, für den das Richtige nie das endgültig Gute, sondern immer nur die Bereitschaft war, mit Versuch und Irrtum zu leben.

Der Zeitpunkt, 1992, führt zurück zur Revolution von 1989. Ihre Träger wollten nicht nur Reisefreiheit und wachsenden Wohlstand, sondern eine qualitativ andere, bessere, eben gute Gesellschaft. Vaclav Havel hat ihre Träume am einfachsten und auch am eindringlichsten formuliert. Doch waren es Träume, die nicht nur notwendigerweise an der Realität zerplatzten, sondern dies glücklicherweise taten. Der Hinweis auf die «zehnte Muse» Utopia und den Sieg der echten Muse Klio am Anfang des folgenden Beitrages fasst das Grundthema dieses Bandes, den Wiederbeginn der Geschichte, in ein eindringliches Bild.

Der Preis der guten Vorsätze

Utopia hauchte ihr Leben in den letzten Wochen des unvergesslichen Jahres 1989 aus. Es war ihr schon seit einiger Zeit schlecht gegangen, und jetzt versuchten nur wenige, sie bei Kräften zu halten. Im Gegenteil verbreitete sich der erleichterte Seufzer des «Endlich-sind-wir-sie-los» von Bibliotheken mit Büchern wie *Die offene Gesellschaft und ihre Feinde* oder *Der Gott, der keiner war* zu den Runden Tischen und dann den Strassen von Warschau und Budapest, Leipzig und Prag. So ging sie überraschenderweise von uns mit einem Knall und nicht einem langen Wimmern. Sie? Man kann sich Utopia durchaus als die zehnte Muse vorstellen, die Muse der Träume, allerdings der Träume, die sich rasch in Alpträume verwandeln. «Die wirkliche Frage ist,» schrieb Joachim Fest über die Ereignisse dieser Jahre, «ob alle Träume einer Neuen Ordnung, seien sie auf Vergangenheit gerichtet oder auf ein ‹Ziel der Geschichte›, unvermeidlich im Terror enden müssen, was immer ihr Ursprungsmotiv war.» Fest gab auch gleich die Antwort: «Was von den utopischen Bemühungen übrig bleibt, ist wenig mehr als ein endloser Zug des Schreckens, der sich unseren Köpfen als traumatische Erfahrung eingeprägt hat.» Die «Ernte des Leidens», Gulag, Auschwitz. Totale Visionen der sozialen Ordnung produzieren totalitäre Realitäten. Niemand weiss, ob das noch einmal geschehen kann. Fürs erste indes ist Utopia verschwunden, und die andere Muse, Klio, weit entfernt von dem Gedanken an ihr eigenes Ende, ist mit voller Kraft wiedergekehrt. Manche meinen in der Tat, dass wir seit dem Kollaps der alten Annahmen eher zu viel Geschichte erleben.

Das Rumoren dieser Ereignisse hat einen anderen Abschied, der nun allerdings mit einem leisen Wimmern geschah, fast übertönt: den Hingang jener «demokratischen Planung», die die «grosse Gesellschaft» verwandeln sollte in eine, die in irgendeinem Sinn auch gut ist. Das sind an der London School of Economics vertraute Gedanken. Die School war nie die Heimat utopischer Träume; für sie waren daher die beiden grossen totalitären Alpträume des Jahrhunderts keine Bedrohung. Doch war die LSE sehr wohl die Heimat eines anderen charakteristischen und nun dahingegangenen Ansatzes zur Ordnung der sozialen Dinge, der sie von den Webbs bis Beveridge und weiter bis zu Karl Mannheim und Richard Titmuss und anderen geprägt hat. Man könnte zu dessen Kennzeichnung das berühmte Motto der Fabier – «Erziehen! Organisieren! Agitieren!» – variieren und sagen: Studieren! Erziehen! Planen! Es gibt soziale Probleme. Die erste Aufgabe ist es, diese gründlich zu studieren. Die Tatsachen, die solche Studien zutage fördern, sprechen für sich. Sie müssen natürlich verbreitet werden. Die Allgemeinheit muss präpariert werden für nötige Veränderungen, und was noch wichtiger ist, Experten müssen ausgebildet werden als Agenten der Veränderung. Solche Veränderung liegt in der Verantwortung von Regierungen. Die Lösung von sozialen Problemen verlangt die konzentrierte Anstrengung von Männern und Frauen, die das nötige Wissen und den guten Willen haben, eine Maschinerie der Verbesserung zu schaffen, zu der die Umverteilung von Einkommen, öffentliche Dienstleistungen, Planungsämter und Systeme der Umsetzung gehören.

Das war eine edle Hoffnung, die zudem zu wichtigen und nachhaltigen Veränderungen geführt hat. Insoweit diese Hoffnung indes ein Gesamtbild menschlicher Lebenszwecke und sozialer Ordnung implizierte, ist sie in den 1970er und 1980er Jahren, wenn nicht schon früher, auf Grund gelaufen. Kaum jemand glaubt heute noch, dass Menschen in der Lage sind oder auch nur versuchen sollten, ihre Dinge in ihrer Gesamtheit durch bewusstes Handeln zu ordnen. Bald kam zum Vorschein, was der «Preis der guten Vorsätze» in finanzieller wie in sozialer Hinsicht genannt worden ist. Die neue Abhängigkeit eines Wohlfahrtsstaates, der Menschen sicher von der Wiege bis zur Bahre geleiten soll, wurde deutlich. Man entdeckte die Wirkung der bleiernen Hand der Bürokratie für menschliche Kreativität. Und dann sind da die tieferen Einwände, die H.G. Wells als einer der ersten in seiner herrlichen Satire von 1911, *The New Machiavelli*, in Worte gefasst hat: «‹Ordnung, Bildung, Disziplin›, sagte Sir Graham. ‹Vorzügliche Dinge! Aber ich erinnere mich dunkel – in meinen Jugendtagen sprachen wir von etwas, das Freiheit hiess!›»

Wells dachte natürlich an die Webbs, die er in seinem Buch die Baileys nannte: «Mit einer Art fieberhafter Energie versuchten sie, ihre vorgeblich fachkundigen Beamten zu entwickeln um die menschlichen Dinge zu planen, zu regulieren und zu dirigieren ... In ihrer sozialen Organisation geriet das eigentliche menschliche Leben ganz und gar in Vergessenheit.» 45 Jahre später, also 1956, nahm der Sozialdemokrat Anthony Crosland das Thema der «Freiheit und Fröhlichkeit im persönlichen Leben» auf: «Wir brauchen nicht nur höhere Exporte und Renten, sondern mehr Strassencafés, nachts hell erleuchtete und muntere Plätze, spätere Schliessungszeiten für Gasthäuser, mehr lokale Theatergruppen ... Der Feind all dieser Dinge kommt oft in unerwarteter Gestalt; es sind nicht nur finstere satanische Dinge und Menschen, die den Weg zum neuen Jerusalem versperren, sondern auch, wenn nicht vor allem, hygienische, respektable, tugendhafte Dinge und Personen, denen leider aller Charme und aller Frohsinn abgeht.»

Die Argumente sind also nicht neu. Sie sind in der Tat das Hauptthema des vorzüglichen Buches, von dem dieses Stück den Titel geborgt hat, Walter Lippmanns *The Good Society*, 1938 zuerst und dann wieder 1943 veröffentlicht. Lippmanns zentrales Argument ist, dass der Liberalismus im 19. Jahrhundert auf dem richtigen Weg war, dann aber stecken blieb und zu einer öden Verteidigung des Status quo wurde. Der Kollektivismus füllte das Ideenvakuum, das dabei entstand. Aber der Kollektivismus irrte sowohl in seiner absoluten als auch in seiner graduellen Fassung. Die erstere führte zu Faschismus und Kommunismus; Lippmanns Anklage des totalitären Potentials utopischer Träume ist um keinen Deut weniger vernichtend als Poppers ein paar Jahre später. Der letztere indes, der «graduelle Kollektivismus» durch Planung, hat seine eigene «tragische Ironie»: «Weil die geplante Gesellschaft eine ist, in der die Menschen ihren Herren gehorchen müssen, gibt es keinen Plan, um die Planer zu finden.» Es mag sein, dass die Herren «wohlwollende Despoten» sind. «Vielleicht sind sie indes auch nicht wohlwollend.» Das Opfer heisst Freiheit.

Was ist also die gute Gesellschaft? Lippmann entwickelt eine starke Argumentation, und er tut es in leidenschaftlicher Sprache. Ich habe keine Schwierigkeiten mit dieser Argumentation und eine gewisse Bewunderung für ihre antizyklische Stossrichtung in einer Zeit totalitärer

Versuchungen. Doch kann weder die Stärke noch die Leidenschaft ablenken von den Lücken, die bleiben. Walter Lippmanns zentrale These lautet, dass der Liberalismus befreit werden muss von den Irrtümern des *laissez-faire*-Denkens. Im Liberalismus geht es um Regeln, um die Herrschaft des Rechts im vollen und besten Sinn. Diese ist nicht nur nötig, um Menschen vor der Willkür der Macht zu schützen, sondern auch vor Besitzstandsdenken, vor Kartellen, und vor Verfälschungen des Marktes durch private Macht. In einem Schlüsselabschnitt des Kapitels über «die Agenda des Liberalismus» gibt Lippmann einen Überblick über «das Feld der Reform». Hier spricht er von der Bedeutung kleiner Unternehmen, der Notwendigkeit, die Lebensumwelt zu bewahren, von der Sozialversicherung und anderen Dingen dieser Art. Der Kerngedanke bei alledem ist die Verwandlung der Grossen Gesellschaft im Sinn von Graham Wallas, also der interdependenten Weltgesellschaft auf der Grundlage der modernen Arbeitsteilung, in eine – ja, in *die* Gute Gesellschaft.

Lippmann verwendet Grossbuchstaben für dieses Projekt und zögert doch, uns allzu viel über seinen Inhalt mitzuteilen. «Die Gute Gesellschaft hat keinen Architektur-Plan. Es gibt keine Grundentwürfe. Es gibt kein Modell, nach dem das menschliche Leben geformt werden sollte. In der Tat verriete die Erwartung eines solchen Plans für ein Modell eine Denkweise, gegen die das liberale Temperament sich beharrlich auflehnt.» Das klingt gut, vor allem für den Schüler von Popper, der ich nicht ohne Stolz bin. Daher stimme ich Lippmann jedenfalls zu, dass «der grösste Architekt, der als Visionär beginnt, aber bald zum Fanatiker wird und als Despot endet», ein gefährliches Wesen ist. Aber können wir es dabei wirklich belassen? Ist das alles, was wir über die gute Gesellschaft sagen wollen? Ich werde noch zu zeigen versuchen, dass Lippmann selbst es tatsächlich nicht dabei belassen hat; aber zuerst will ich den einfacheren Weg beschreiten und zwei Autoren zitieren, die weniger zögerlich sind bei der Beschreibung ihrer guten Gesellschaft, ohne sich doch für «grösste Architekten», geschweige denn Despoten zu halten.

Graham Wallas und Vaclav Havel

Der erste dieser Autoren ist Graham Wallas, der Mann der nicht Gründungsdirektor der LSE werden wollte und dadurch die Idee beinahe im Keim erstickte, der dann aber an der School lehrte und 1914 sein Buch *The Great Society* veröffentlichte. Wallas preist Aristoteles: «Tugend wird zu Recht als das Mittlere definiert und ist doch, insofern sie höchste Qualität anstrebt, ein Extrem». Dann entwickelt er den Gedanken:

> Wenn ich mir ein konkretes Bild des Sozialsystems zu machen versuche, das ich für England und Amerika wünsche, dann schwebt mir die Erinnerung an jene norwegischen Städte und Dörfer vor, wo jedermann, dic Ladenbesitzer und die Handwerker, der Lehrer, der Junge, der die Ponys des Postkarrens führte, und die studierende Tochter des Gastwirts, die die Kartoffeln brachte, Selbstachtung zeigte und ebenso befähigt war zum Glück wie zum Vergnügen und der freudigen Erregung, weil sie alle dem Mittleren in der Entfaltung all ihrer Fähigkeiten nahe kamen. Ich kann mir vorstellen, dass solche Menschen lernen, ihre Wasserfälle für elektrischen Strom zu nutzen, und ebenso die Mineralien in ihren Bergen, ohne sich dabei aufzuspalten in entmenschte Arbeitgeber oder Amtsträger und ebenso entmenschte ‹Arbeitskräfte›. Aber ich erinnere mich auch daran, dass die eigentliche Würze des norwegischen Lebens auf der Tatsache beruht, dass Dichter und Künstler und Staatsmänner in Norwegen mit einer Hingabe gearbeitet haben, die von keiner Formel der Mässigung geleitet wurde.

Ein dreiviertel Jahrhundert später liess ein anderer eher zögerlicher Führer liberaler Prägung, Vaclav Havel, seiner fruchtbaren Phantasie freien Lauf beim Nachdenken über «die Art von Tschechoslowakei, die ich gerne sähe und für die ich streben würde mit meiner ganzen begrenzten Kraft». Es lohnte sich, das ganze Kapitel von Havels *Sommermeditationen* zu zitieren, aber schon ein kurzer Auszug gibt einen Vorgeschmack von Havels guter Gesellschaft:

> Das Leben in den Städten und Dörfern wird das totalitäre Erbe des Grauen, Einförmigen, Anonymen und Hässlichen überwunden haben. Es wird eine echt menschliche Dimension haben. Jede Hauptstrasse wird mindestens zwei Bäckereien, zwei Süsswarenläden, zwei Gasthäuser und viele andere kleine Geschäfte haben, die alle in Privatbesitz und unabhängig sind. So werden die Strassen und Nachbarschaften ihre einzigartige Gestalt und Atmosphäre wiedergewinnen. Kleine Gemeinschaften werden sich auf natürliche Weise neu bilden, Gemeinschaften, die auf der Strasse, der Wohnsiedlung oder der Nachbarschaft beruhen. Menschen werden wieder beginnen, das Phänomen der Heimat zu erfahren ... Vorfabrizierte Wohnhochhäuser und andere Arten gigantischer öffentlicher Wohnungsbauvorhaben werden nicht

mehr unternommen ... Kurz, die Dörfer und Städte werden wieder beginnen, ihre je eigene Erscheinung und Kultur, ihren Stil, ihre Sauberkeit und Schönheit zu zeigen. Wir können nicht erwarten, eine Schweiz oder ein Holland zu werden; wir werden die bleiben, die wir sind; aber unser äusserer Anblick wird den Vergleich mit diesen Ländern nicht zu scheuen brauchen.

So verschieden sie sind, haben diese Visionen doch wichtige Züge gemeinsam. Einer davon ist der Hang zur Idylle, der noch näher zu erkunden sein wird. Ein zweiter ist der Vergleich mit anderen Ländern, und zwar solchen einer bestimmten Grösse und Qualität – Norwegen, die Schweiz, Holland. In jüngerer Zeit, vor dem Kollaps seines Modells, diente Schweden für viele als Inbegriff der guten Gesellschaft, doch galt dies nicht für die Vereinigten Staaten oder selbst Grossbritannien oder Frankreich, obwohl diese Länder seit langem auf Einwanderer einen besonderen Reiz ausgeübt haben. Sowohl Graham Wallas als auch Vaclav Havel haben ihren Frieden mit der Modernität gemacht, doch erweist sich dieser als ein brüchiger Frieden, denn die Sehnsucht nach dem «Jungen, der die Ponys des Postkarrens führt» und Hauptstrassen mit «zwei Bäckereien, zwei Süsswarenläden, zwei Gasthäusern» ist stark. Vielleicht war Walter Lippmann gut beraten in seiner Vorsicht, uns nicht zu viel von seinen Träumen zu erzählen, aber wenn wir diese Bilder, die kritische Geister von der guten Gesellschaft haben, etwas näher unter die Lupe nehmen, wird seine eigene Vision denen von Wallas und Havel zunehmend ähnlicher.

Wir haben also nun Utopia und den totalitären Alptraum, dem sie Vorschub leistete, hinter uns gelassen. Das gilt auch für das grosse Täuschungsmanöver des angeblich wohlwollenden gradualistischen Kollektivismus. Wir blicken jetzt auf Perspektiven der guten Gesellschaft ohne das Risiko totalitärer Herrschaft oder auch nur den Versuch umfassender Gesamtplanung. Selbst dann noch beschwören indes die erwähnten Visionen eine seltsam statische Welt. Man kann sich im Grunde nicht vorstellen, warum Havels Traum-Tschechoslowakei sich je verändern sollte, wenn sie erst erreicht ist (was laut Havel «in 10, 15 oder 20 Jahren» vom Jahr 1991 gerechnet geschehen soll, wenngleich die Aufspaltung der wirklichen Tschechoslowakei in zwei Staaten nur ein einziges Jahr brauchte). Und während die Norweger von Graham Wallas «ihre Wasserfälle für elektrischen Strom nutzen» (das Öl auf dem Boden der Nordsee konnte man wohl nicht vorhersehen), wird daraus keine ausgeprägte soziale Schichtung, geschweige denn ein Klassenkampf folgen. Die gute

Gesellschaft wird als ein stabiler Zustand, nicht als ein Prozess gesehen; sie ist ein definierter und definitiver Stand der Dinge, der sich erzielen lässt, damit nicht die Fortsetzung der Wirrnisse und Ungewissheiten der Verhältnisse hier und jetzt.

Die Sehnsucht nach Entropie und das Singapur-Syndrom

Walter Lippmanns «Agenda des Liberalismus» enthält eine vielsagende Passage, in der von der Mobilität die Rede ist. Eindeutig befürwortet Lippmann die Mobilität des Kapitals. Während er im übrigen akzeptiert, dass nicht alle Menschen für immer am selben Ort bleiben können, «müssen die Gezeiten der Bevölkerung sich langsam bewegen, wenn die alten Gemeinschaften nicht durch Auswanderung ihr Leben verlieren und neue Gemeinschaften nicht überfordert werden sollen durch unassimilierbare Zuwanderung. Es sollte daher das Ziel der Politik sein, diesen menschlichen Übelstand zu lindern durch die Verwendung von sozialen Kontrollen, die lebloses Kapital, nicht aber lebendige Menschen ermutigen, ein hohes Mass an Mobilität zu entfalten.» Das ist gewiss nicht die amerikanische Lebensweise, sondern klingt eher wie eine ausgesprochen antiamerikanische Verteidigung der sozialen Homogenität. Das Thema ist von erheblicher Aktualität, bei dem man sich vor billigen populistischen Argumenten schützen muss. Es gibt ein Mass an Migration, das notwendig und sogar wünschenswert ist, aber der Punkt kann durchaus erreicht werden, an dem Gemeinwesen entweder ihre Identität verlieren oder nicht mehr in der Lage sind, Neuankömmlinge zu assimilieren. Dennoch ist Mobilität ohne Zweifel ein Schlüsselelement von Freiheit und Lebenschancen, und eine statische Gesellschaft wird bald in sozialer wie in wirtschaftlicher Hinsicht erstarren.

Merkwürdigerweise ist Entropie nicht nur ein tödliches Risiko, sondern auch ein Objekt menschlicher Sehnsüchte. Sogar Ökonomen haben, wenn sie ihrer Phantasie freien Lauf liessen, Visionen eines «stationären Zustandes» entworfen. Von John Stuart Mill bis zu den «Grenzen des Wachstums»-Theoretikern der 1970er Jahre hat die Idee sie betört. Sogar John Maynard Keynes liess sich, in seinem berühmten Aperçu über «Wirtschaftliche Möglichkeiten für unsere Enkel», dazu verleiten, von einer Zeit zu träumen, in der das Problem der Ökonomie gelöst ist. Menschen brauchen nicht mehr viel zu arbeiten; es geht ihnen allen ziemlich gut; die Liebe zum Geld wird als das erkannt, was sie ist, «eine ziemlich ekelhafte Krankheit». Was tun Menschen dann? Für einen kurzen Augenblick geht Keynes mit der Idee eines grossen kollektiven «Nervenzusammenbruchs» um; aber dann macht sein Realismus einer anderen Vision Platz: «Wir werden wieder Ziele höher als Mittel bewerten und das Gute dem Nützlichen vorziehen. Wir werden diejenigen ehren, die uns lehren, wie die Stunde und der Tag tugendhaft und richtig genutzt werden können, jene erfreulichen Menschen, die zum direkten Vergnügen an Dingen fähig sind, die Lilien auf dem Felde, die nicht arbeiten und auch nicht spinnen.»

Eine herrliche Welt – aber ist sie das wirklich? Ich kann nicht umhin, dabei an die hilfreiche Ironie zu denken, mit der Immanuel Kant schon vor über 200 Jahren die menschliche Neigung zu einem «arkadischen Schäferleben bei vollkommener Eintracht, Genügsamkeit und Wechselliebe» bedacht hat. Tatsächlich würde ein solches Leben bedeuten, so argumentiert Kant in seiner «Idee zu einer allgemeinen Geschichte in weltbürgerlicher Absicht», dass «alle Talente auf ewig in ihren Keimen verborgen bleiben; die Menschen, gutartig wie die Schafe, die sie weiden, würden ihrem Dasein kaum einen grösseren Wert verschaffen, als dieses ihr Hausvieh hat». Kant preist im folgenden die «ungesellige Geselligkeit» des Menschen als Anreiz zum Fortschritt. «Dank sei also der Natur für die Unvertragsamkeit, für die missgünstig wetteifernde Eitelkeit, für die nicht zu befriedigende Begierde zum Haben oder auch zum Herrschen!»

Wir sind unvollkommene Wesen, und wir leben in einer Welt der Ungewissheit. Die Verbesserung unserer Lebenschancen ist daher eine Frage von Versuch und Irrtum, von Konflikt und Wandel. Die offene Gesellschaft mit ihrer Unordnung, ihren Antagonismen, ihren Unbequemlichkeiten, vor allem aber ihrer konstitutionellen Offenheit, ihrem für immer unfertigen Charakter ist die eigentliche gute Gesellschaft. Arkadien andererseits ist am Ende eine kaum geringere Bedrohung als Utopia und der rundherum planvolle Staat.

Keynes hat in seine Vision ein weiteres Element eingebracht, das zu einer zweiten Erwägung Anlass gibt. Er möchte, dass wir «zu manchen der sichersten und gewissesten Grundsätzen der Religion und der hergebrachten Tugenden zurückkehren». Wir? Wen meint er damit? Meint er Individuen oder zeichnet er die Landkarte einer Gesellschaft, die in ihren Institutionen von diesen Grundsätzen geleitet wird? Auch Walter Lippmann singt das Lob der menschlichen Tugend. «Es muss einen starken Wunsch geben, gerecht zu handeln.» «Es muss moralische Standards geben, die das Streben nach Privilegien und nach der Ausübung von willkürlicher Macht entmutigen.» «Es muss Geduld geben und Toleranz und Liebenswürdigkeit beim Hören von Ansprüchen, bei Debatten, in Verhandlungen und bei der Versöhnung von Gegensätzen.» Solche Tugenden sind zwar nach seiner Meinung immer schon praktiziert worden, aber doch nicht von genügend vielen und nicht in hinreichendem Masse. Immerhin sind sie «von genügend Menschen in hinreichendem Masse vorgelebt worden, um der Menschheit hier und da für mehr oder minder lange Zeit Andeutungen der Guten Gesellschaft zu geben».

Menschen als Individuen können sicherlich gut, aber auch böse sein. Moralphilosophen mögen streiten, was genau das bedeutet, aber im täglichen Leben haben wir doch eine ziemlich klare Vorstellung davon, was gut ist und was böse. Der Mann, der die Frau auf dem Vorortsbahnhof ermordete, verübte eine böse Tat, und die Leute, die sich um sterbende Aids-Patienten kümmern, tun gute Taten. Auch fällt es nicht schwer, mit Keynes und mit Lippmann darin übereinzustimmen, dass es gut ist, von Geldgier und dem Willen zur Macht unberührt zu bleiben, wenngleich einem hier auch Max Webers Unterscheidung zwischen dem Heiligen und dem Politiker in den Sinn kommt, also zwischen der «Gesinnungsethik» und der «Verantwortungsethik». Hat es wirklich Sinn, moralische Kategorien für Institutionen oder auch nur für Gruppen, für Kategorien von Menschen zu verwenden? Wir sprechen leichthin von guten und schlechten Regierungen, aber meistens sind das doch Urteile über deren Kompetenz oder über unsere Vorlieben, die keine moralische Qualität haben.

Manchmal werden Regierungen von moralisch inakzeptablen Leuten geführt; der brasilianische Präsident Collor ist ein Beispiel aus jüngster Zeit. Manchmal scheinen Regierungen unmoralisches Verhalten zu ermutigen; die tiefsten Zweifel an der Ära Reagan-Thatcher haben es mit diesem Verdacht zu tun. Aber in all diesen Fällen beziehen sich moralische Urteile auf Individuen, nicht auf Institutionen. Die Unterscheidung wird schwieriger, wenn wir an Regierungen denken, die für unbeschreiblich böse Akte verantwortlich sind wie Hitlers Regime. Es ist kein Zufall, dass der Gedanke einer «Kollektivschuld» der Deutschen aufkam, als das Ausmass der Nazi-Verbrechen bekannt wurde. Doch muss man fragen, welchen Sinn ein solcher Begriff hat. Kollektivverantwortung gewiss, auch Kollektivscham, aber wenn Schuld und Sühne in kollektive Kategorien gewendet werden, entlasten sie nicht nur Individuen von ihrem Anteil am Bösen, sondern sie werden auch von relevanten Urteilen zu blossen Metaphern.

Das ist nicht misszuverstehen. Ich kann Regierungen nicht leiden, die unmoralisches Handeln tolerieren oder gar fördern, korrupte Regierungen, deren Mitglieder die Unwahrheit sagen. Ich glaube im Gegenteil, dass Regierungen einen moralischen Ton angeben können, und finde es daher richtig, wenn bei ihren Personalentscheidungen besonders strenge moralische Massstäbe Anwendung finden. In der Tat besteht die Gefahr, dass Max Webers Unterscheidung als Alibi für moralisch unakzeptables Handeln missbraucht wird. Mit Recht wird das Wort «Realpolitik» eher skeptisch betrachtet.

Doch gibt es ein Problem, wenn der Versuch gemacht wird, Moral in Politik zu wenden. Das ist zum Teil das erwähnte Problem von Wells' Satire *The New Machiavelli*, also das von Planung und Freiheit, aber es gibt noch schlimmere Beispiele. Vor allem eines kommt in den Sinn, das ich das Singapur-Syndrom nennen will, weil Singapur das vielleicht extremste Beispiel einer Gesellschaft ist, die versucht, gutes Privathandeln durch öffentliche Sanktionen zu erzwingen. Es klingt alles so harmlos:

> Die Sektion für Gemeinschaftsentwicklung ist im Juli 1980 errichtet worden, um Einwohnerkomitees (RCs) in Anlagen des öffentlichen Wohnungsbaus zu helfen, sozialen Zusammenhalt und Selbstverantwortung innerhalb ihrer Gemeinschaften zu fördern. Die Sektion veranstaltet Ausbildungskurse, um RC-Mitgliedern die Techniken der Gemeinschaftsentwicklung und die Ausführung von Nachbarschaftsprojekten beizubringen. Sie fördert und entwickelt auch gemeinschaftsbezogene Projekte wie den Anfreundungsdienst, durch den Bewohner der Anlagen ihren älteren Nachbarn, die keine Verwandten haben, die für sie sorgen, Hilfe leisten.

Und so weiter, in einem offiziellen Regierungs-Handbuch für Singapur (1985), das uns auch mitteilt, dass 81 Prozent der Bevölkerung in Wohnungen des Housing Development Board (HDB) leben, wo sie gemäss den nationalen Anteilen säuberlich in rassische Gruppen sortiert sind. «Das öffentliche Wohnbauprogramm hat seine kräftige Expansion fortgesetzt durch die stärkere Verwendung von vorfabrizierten und industrialisierten Baumethoden.» Nicht gerade Vaclav Havels gute Gesellschaft! Aber ist es überhaupt gut, Menschen zu befehlen, gut zu sein, oder vielleicht auch nur gut zu erscheinen? Ist es gut, sie mit Geldstrafen für das Wegwerfen von Papier auf den Strassen zu belegen oder sie zu zwingen, nicht Privatwagen sondern öffentliche Verkehrsmittel zu benutzen? Beispiele für das Singapur-Syndrom lassen sich auch andernorts finden. Als Helmut Schmidt deutscher Bundeskanzler war, spielte er mit dem Gedanken eines fernsehfreien Tages. Wie steht es mit dem *busing*, dem unfreiwilligen Transport von Schulkindern aus einem Bezirk in einen anderen, um rassisch gemischte Schulen zu schaffen? Wie mit dem Versuch, durch eine Bürgercharta nicht Rechte, sondern moralische Verpflichtungen festzulegen?

Nehmen wir zugunsten der Verfechter des Singapur-Syndroms einmal an, dass es ihre ehrliche Absicht ist, eine gute Gesellschaft zu errichten. Auch dann noch führt die Übersetzung von Moral in Politik zu seltsam stickigen Verhältnissen. Singapur liefert selbst das Beispiel. Oppositionsparteien haben vergebens versucht, im Parlament Fuss zu fassen, und das Verbot des *Far Eastern Economic Review* ist nur der sichtbarste Ausdruck einer Zensur, die für Regierungen bezeichnend ist, die versuchen oder vielleicht auch nur vorgeben, moralisch zu sein. Bald nach der Abschaffung des Rotlichtbezirks in der Stadt mietete die Regierung «Liebesschiffe» an, um junge Paare auf Seereisen zu schicken für Zwecke, die man in den 1920er und 1930er Jahren Eugenik genannt hätte. Bürgerchartas sind vergleichsweise harmlose Instrumente, aber es gibt in den Vereinigten Staaten wie in Britannien eine Tendenz, nicht die Rechte von Bürgern zu betonen, sondern ihre Pflichten, und diese Tendenz ist nie sehr weit entfernt von der Absicht, den Leuten zu sagen, was sie tun und lassen sollen, selbst wenn das unter der Flagge der Förderung von Bürgersinn segelt. Es ist gut für Menschen zu arbeiten (so beginnt ein Argument), sie sollten daher kein Recht auf Sozialleistungen haben, wenn sie nicht arbeiten (so geht es weiter), und am Ende muss man sie dazu zwingen zu arbeiten.

London, oder die Gute Stadt

Ich finde es nicht schwer, Walter Lippmann in seiner Kritik eines Besitzstandsbegriffes von *laissez faire* zuzustimmen, der Menschen in Not einfach sich selbst überlässt. Aber wenn es um Moral geht, dann würde ich sie lieber Predigern und Philosophen als Regierungen anvertrauen, lieber Freunden und Nachbarn als einem staatlich organisierten Anfreundungsdienst; sie sollte letzten Endes Individuen überlassen bleiben. Die Institutionen der offenen Gesellschaft sind nützlich angesichts unserer menschlichen Schwäche; sie erlauben die Korrektur von Irrtümern ohne Blutvergiessen; sie sind daher eine sinnvolle Erfindung von zivilisierten Menschen. Indes funktionieren sie am besten, wenn wir nicht versuchen, irgendeine Moral – oder auch Ideologie – in sie einzubringen. Ich jedenfalls ziehe London mit all seinen Schattenseiten der aufdringlichen Hygiene von Singapur vor.

Doch müssen wir noch eine dritte Linie der Analyse verfolgen, um dem so schwer greifbaren Begriff der guten Gesellschaft einen Sinn abzugewinnen. Ziehe ich wirklich das heutige London vor? Wie steht es mit den Strassen voller Abfälle, den Schlaglöchern, dem Dreck und dem Lärm? Was ist mit den Obdachlosen in den Hauseingängen der Oxford Street? Wie ist es mit dem durchaus unterentwickelten Bürgersinn der Londoner? (Überdies, was können Begriffe wie «Bürgersinn» und «Bürgertugenden» in unserem Zusammenhang bedeuten?) In welchem Sinn gibt es überhaupt Bürger von London? Wohin können sie sich wenden mit ihren Fragen? Welche Regierung können sie entlassen, wenn sie unzufrieden sind mit dem Gang der Dinge? Kehren wir noch einmal zu den Zitaten am Anfang dieser Erwägungen zurück, um eine ernsthafte, wenngleich keine einfache Antwort zu finden. Es fällt auf, dass die meisten, die von einer guten Gesellschaft sprechen, dabei an lokale Gemeinwesen denken, und zwar an relativ kleine Gemeinden. Lippmann wie Havel sprechen vom «Leben in Städten und Dörfern», aber Lippmanns norwegische Stadt ist nicht Oslo, und Havels tschechoslowakische Stadt ist nicht Prag. Manche wagen sich etwas weiter vor. David Donnison hat sein Herz in die Hand genommen und beschrieben, was er die «gute Stadt» (*The Good City*) nennt:

> Um zu resümieren, eine Stadt, die gute Chancen für die Ungelernten und Verwundbaren bietet, und zugleich eine Verteilung der Chancen auf sozialökonomische Gruppen ohne zu viel Ungleichheit, könnte typischerweise eine ziemlich grosse Stadt sein mit vielfältigen, florierenden und wachsenden Unternehmen, die ein gewisses Mass an Ausbildung und ein breites Spektrum von mittleren Fertigkeiten verlangen, die im Gleichgewicht mit dem Wohnungsmarkt, dem Bildungswesen und anderen Sektoren der städtischen Wirtschaft operieren und in der es keine wesentlichen Diskontinuitäten innerhalb von Sektoren oder Spaltungen zwischen Sektoren gibt. Es würde gute Chancen für die Ungelernten geben, ihren Status und ihre Lebensbedingungen durch Ausbildung und auf andere Weise zu verbessern, und zugleich ein hinlänglich reiches Angebot von Hochqualifizierten (Managern, Ärzten, leitenden Angestellten und dergleichen) gemessen an der Nachfrage nach ihnen. Auf dem politischen wie auf dem wirtschaftlichen Marktplatz wäre es schwierig, Monopole zu bilden oder Diskriminierung zu praktizieren; ein grosser und gedeihender öffentlicher Sektor würde zudem dazu

beitragen, Ressourcen umzuverteilen und die verwundbarsten Menschen zu schützen. Der Zufluss von Einwanderern unterschiedlicher Herkunft und Tradition würde hinreichen, um eine pluralistische Gesellschaft zu bilden, deren Mitglieder es lernen, Neuankömmlinge zu respektieren, und deren politische Führer ein Interesse daran haben, die Unterstützung von Minderheiten zu gewinnen. Das ist ein optimistisches Szenario, demzufolge die Stadt mit der grössten Gleichheit und die Stadt, die die Armen am besten behandelt, eben dieser Ort sein kann.

Das Szenario ist nicht nur optimistisch; es ist auch ein weiteres Beispiel für den verdächtig idyllischen Charakter der guten Gesellschaft, oder vielmehr der guten Stadt, auch wenn diese im Jargon der Sozialwissenschaften etwas weniger einladend klingt als die von Vaclav Havel. Wie dem auch sei, Donnisons Stadt hat zwei betonenswerte Merkmale. Eines ist, dass sie etwas grösser sein dürfte als Lippmanns oder Havels, aber doch nur eine «ziemlich grosse Stadt» ist, was doch wohl bedeutet, dass es in ihr ein Mass an Gemeinschaft, an intensivem Gemeindebewusstsein gibt. Es ist nicht London, und es ist auch nicht eine Gesellschaft im gewöhnlichen Sinn. Der andere betonenswerte Punkt ist, dass die Menschen in der «ziemlich grossen Stadt» nett sind sowohl in ihrer Eigenart als auch im Verhältnis zueinander. Wie Lippmanns Norweger sind sie «nahe dem Mittelwert in der Entfaltung all ihrer Fähigkeiten». Mehr noch, sie legen Wert darauf, sich zu verbessern, ohne deswegen andere abzuwerten; sie akzeptieren sogar Minderheiten und Neuankömmlinge gerne als Mitbürger.

Lassen wir Zweifel und Ironie einmal beiseite, so bleibt doch bei alledem ein ernstes Thema. Es besagt, dass die gute Gesellschaft mehr bieten muss als die Grosse Gesellschaft à la Wallas oder selbst die Offene Gesellschaft à la Popper. Die Grosse Gesellschaft ist die moderne Welt, mit Arbeitsteilung, Interdependenz und allem, was dazugehört. Die Offene Gesellschaft ist die Welt der Demokratie, der Marktwirtschaft, der Verfassung der Freiheit. Keine von beiden bietet das, was Havel gerne ein Zuhause für Menschen nennt. Sie sind in gewisser Weise wie die funktionalen Glas- und Betonstrukturen, an die wir uns gewöhnt haben, aber in denen man nicht leicht einen vertrauten und gemütlichen Platz findet. Die zitierten Autoren haben alle versucht, diesem Dilemma auszuweichen, indem sie kleine Dörfer und Städte oder allenfalls ziemlich grosse Städte innerhalb der Grossen und der Offenen Gesellschaft erfinden; aber tatsächlich gibt es solche Orte nur noch selten, und wo es sie gibt, sind sie meist weder Gross noch Offen, sondern Überbleibsel einer vergangenen Schicht der Entwicklung. Unsere Autoren suchen etwas Wichtiges, ja Notwendiges, aber man muss bezweifeln, ob sie es in der guten Stadt wirklich gefunden haben.

Kommunitarier und Liberale

Robert Bellah hat dieses Problem wohl erkannt in dem Buch, das er 1991 gemeinsam mit vier anderen unter dem Titel *The Good Society* publiziert hat. Bellah zitiert Graham Wallas und dann John Dewey, der 1927 der Sorge Ausdruck gab, dass «die Grosse Gesellschaft in die kleinen Gemeinschaften früherer Zeiten eingedrungen und sie teilweise aufgelöst hat, ohne doch eine Grosse Gemeinschaft zu schaffen». Bellah wirft einen frischen Blick auf Walter Lippmanns Buch und findet es zugleich hilfreich und unbefriedigend. In der Tat ist er skeptischer als Lippmann, wenn es um die Überzeugung geht, «dass alle unsere Probleme sich lösen lassen durch autonome Individuen, eine Marktwirtschaft und einen auf formale Verfahren konzentrierten Staat»; er hält dagegen jenes Patentrezept der postkommunistischen Neuen Linken, den Kommunitarismus: «Kommunitarier glauben, dass inhaltlich bestimmte ethische Identitäten und eine aktivere Teilnahme am demokratischen Gemeinwesen nötig sind für das Funktionieren jeder anständigen Gesellschaft». Es entgeht Bellah nicht, dass das Wort «Kommunitarier» leicht missverstanden werden kann als Konfrontation von kleinen Angesicht-zu-Angesicht-Gruppen und dem Staat, der Wirtschaft, den umfassenderen Strukturen allgemein. Er geht daher auf die Suche nach anderen Begriffen, die indes durch dieselbe Absicht geleitet werden.

Die Begriffe, die er anbietet, sind vielleicht nicht unmittelbar plausibel. Einer davon ist die «Politik der Generativität», womit er das Interesse an vergangenen und zukünftigen Generationen meint, wobei das Schlüsselthema «sozialer Einschluss und soziale Teilnahme» ist. Auf diese Weise sollen «unsere wirtschaftlichen und politischen Institutionen fest im moralischen Diskurs von Bürgern, denen es um das Gemeinwohl und die langen Fristen geht», verankert werden. Dann nimmt Bellah Lippmanns Lob der Tugend auf, will diese aber auf den Glauben gründen. Zu diesem Zweck zitiert er den Hirtenbrief der amerikanischen katholischen Bischöfe von 1986 mit seinem Vorschlag «einer dichten, organischen Verbindung in unserem moralischen Verständnis des wirtschaftlichen, politischen und geistigen Lebens, in deren Zentrum die Notwendigkeit der gemeinschaftlichen Solidarität steht und die die

Würde und Heiligkeit aller Personen anerkennt». Bellah fügt dem noch Reinhold Niebuhrs Gedanken einer auf Vertrauen begründeten Verantwortung hinzu. Als «Mitglieder der weltweiten Gemeinschaft aller Wesen» mögen wir keine höhere Weisheit haben, aber «wir können, wie Vaclav Havel seine Rolle definiert, Botschafter des Vertrauens in einer Welt der Furcht sein. Wenn hinlänglich viele von uns genügend Vertrauen haben, um verantwortlich zu handeln, dann gibt es die Chance, die gute Gesellschaft zumindest teilweise zu erzielen.»

Bellah ist nicht der einzige, der einen Wandel der Werte fordert. Er will, dass wir uns abwenden vom Individualismus à la Locke und hin zu einem Kommunitarismus à la Rousseau, zu Solidarität durch Diskurs wenn man will (um die Sprache von Habermas zu verwenden). Kommunitarismus ist aber tatsächlich der neue Kollektivismus; er ist die Antwort auf den Individualismus der Thatcher-Zeit, so wie Kollektivismus im Viktorianischen Zeitalter den «Manchester-Liberalismus» überwinden sollte, und beide sind Versionen von dem, was Isaiah Berlin als «positive Freiheit» kritisiert hat. Kann man sicher sein, dass Bellahs Empfehlungen nicht ein Rezept für Fundamentalismus sind? Franzosen sprechen vom *intégrisme*, also einem religiösen Glauben, der nicht zwischen Gott und dem Kaiser unterscheidet, sondern beide beansprucht. Für viele hat diese Haltung ihren Reiz. Das gilt insbesondere angesichts des Relativismus, der vielfach die Gesellschaft kennzeichnet, in der alles erlaubt ist. In ihrer Einleitung zu einem Band philosophischer Essays über die gute Gesellschaft legen Yeager Hudson und Creighten Peden den Akzent auf die Hoffnung, «dass rational konsistente und menschlich wohltätige ethische Prinzipien sich finden lassen, auf die man sich einigt als Grundlage einer besseren sozialen Ordnung». Doch beeilen sie sich hinzuzufügen, dass es natürlich keinen Konsens über solche Prinzipien geben kann. «Es kommt darauf an, Positionen überzeugend zu formulieren und mit offenem Sinn für die Fragen Einwänden zuzuhören.»

Ich finde da Ernest Gellners ironisches Pamphlet – tatsächlich war es eine Predigt am Kings College in Cambridge – über die «Einzigartigkeit der Wahrheit» überzeugender. Gellner ist gleichermassen vernichtend in seinem Urteil über Relativisten und Fundamentalisten. Er vertritt gegen sie die Haltung der Aufklärungspuritaner (*Enlightenment Puritans* oder EPs), die an die Wahrheit und an das Gute glauben, aber nicht meinen, dass irgendjemand für sich in Anspruch nehmen kann, sie zu besitzen, so dass wir auf die Verfahren von Versuch und Irrtum angewiesen bleiben. «Der Fundamentalist und der Aufklärungspuritaner haben Verständnis und Respekt für die Einzigartigkeit der Wahrheit gemeinsam; der EP und der Relativist teilen eine Vorliebe für Toleranz; und der Relativist und der Fundamentalist wollen beide eine einigermassen gut möblierte, bewohnbare Welt, im Gegensatz zur öden Leere der Welt des EP.» Dennoch hat Gellner keinen Zweifel über seinen eigenen Platz in dieser *ménage a trois* (wie er sie nennt): «Wenn diese Geschichte irgendeine klare Moral hat, dann die, dass die Zukunft nicht in irgendeiner weltlichen Gegen-Offenbarung liegt, sondern vielmehr in jener mehrdeutigen, instabilen, schwierigen Beziehung zwischen Glauben, Indifferenz und Ernsthaftigkeit, die ich zu beschreiben versucht habe.»

Wo bleibt dabei die Gute Gesellschaft mitsamt ihren Freunden? Wenn ich mehr Autoren ausführlicher zitiert habe, als das in einem solchen Beitrag üblich ist, war der Grund nicht, dass ich mich hinter ihren Worten verstecken wollte. Meine Absicht war es vielmehr, ein paar Wegmarken in der jüngeren Geschichte der Idee einer guten Gesellschaft zu identifizieren und die Fallgruben und Weiterungen der damit bezeichneten Route zu erkunden. Im Grunde bleibe ich ein Individualist. Wie alle anderen auch habe ich meine gelegentlichen Zweifel angesichts der Grossen Gesellschaft, aber ich akzeptiere, dass sie die wirkliche moderne Welt ist. Ich habe keine Zweifel an der Offenen Gesellschaft und bin gerne bereit, es mit allen Relativisten aufzunehmen, die sie als erlesenen Luxus einer Minderheit in ein paar glücklichen Ländern ansehen. In einer Hinsicht sind Demokratie und Marktwirtschaft eben darum wünschenswert, weil sie kalte Projekte sind, die keinen Anspruch erheben auf die Herzen und Seelen von Menschen. Aber ich verstehe auch, vielleicht in zunehmendem Masse, dass dies für menschliche Gesellschaften nicht genug ist. Wir brauchen Konflikt, und wir brauchen Wandel, aber eine der akuten Bedrohungen heute ist die Anomie. Diese Gefahr lässt sich durch normale Politik nicht abwenden. Menschen brauchen Ligaturen ebenso wie Optionen, um volle Lebenschancen zu geniessen, und Ligaturen verlangen die Vielzahl autonomer Assoziationen, die wir Bürgergesellschaft nennen. Diese Assoziationen sind in einem metaphorischen Sinn die «Städte und Dörfer», darunter einige recht grosse, in denen Kontakte von Angesicht zu Angesicht nicht unmöglich sind und Solidarität vorherrscht. In der Tat ist die Autonomie von Gemeinden ein unentbehrliches Element von funktionierenden Bürgergesellschaften, zusammen mit unabhängigen Universitäten, einer freien Presse und allem übrigen. Die Gesellschaft braucht Bürger, die nicht verängstigt, sondern bereit sind, aufzustehen und zu kämpfen, wenn fundamentale Werte bedroht sind. Solche Bürger haben das, was Karl Popper in einer eher überraschenden Formulierung am Ende des ersten Bandes seiner

Offenen Gesellschaft «beides, Sicherheit und Freiheit», nennt. Blickt man auf die Geschichte der Menschheit, so wird solche Sicherheit zum Teil durch Frieden und Wohlstand gewährleistet, zum Teil aber auch durch das, was Menschen glauben, ja dadurch, ob sie überhaupt etwas glauben, also durch Bande, die durch die Bürgergesellschaft hindurch in die Tiefenkultur reichen, ohne je die Notwendigkeit und Würde der Verfassung der Freiheit zu leugnen. Irgendwo auf diesem Gelände könnten wir dann sogar beginnen, den Weg zu entdecken, der von der Grossen durch die Offene zur Guten Gesellschaft führt.

1994

6 Über die Verflechtungen von Ökonomie und Politik

Ein Jahrhundertthema des 20. Jahrhunderts, ja eines, das schon ins 19. zurückreicht und im 21. keineswegs entschwindet, ist die komplizierte Beziehung von Ökonomie und Politik. Das Thema ist voller Überraschungen. Zwar hat Karl Marx in seinen Theorien den Primat der Ökonomie, der «Produktivkräfte» und «Produktionsverhältnisse» postuliert, aber als es um die Anwendung des Marxismus ging, wusste Lenin wohl, dass vor allem Politik vonnöten war. Die Diktatur des Proletariats ist eben keine ökonomische Kategorie. Antimarxisten andererseits legten gerne Bekenntnisse zur Bedeutung von Ideen und politischen Führern ab, aber verliessen sich dann auf das Eigengewicht des Marktes und der wirtschaftlichen Kräfte.

Die Widersprüche gehen weiter. Viele glauben, dass die Weimarer Republik an den Folgen der grossen Wirtschaftskrise zugrunde gegangen ist. Indes war die Krise in den Vereinigten Staaten und auch in Grossbritannien deutlich schwerer, und doch hielten die politischen Institutionen stand. Das Thema kam erneut auf die Tagesordnung, als der Zusammenbruch des Kommunismus in vielen Ländern zu dem Versuch führte, gleichzeitig demokratische und marktwirtschaftliche Verhältnisse zu schaffen. Das erwies sich schon in Gorbatschows später Sowjetunion als schwierig; glasnost *und* perestroika, *politische Reform und wirtschaftliche Öffnung, waren eben nicht dasselbe. Auch war das eine nicht der Hebel für die Bewegung des anderen.*

Ich bin vor allem in der Zeit nach 1989 zu dem Schluss gekommen, dass Ökonomie und Politik zwar auf mancherlei Weise miteinander verschränkt sind, aber doch zwei fundamental verschiedene Dimensionen menschlichen Handelns bleiben. Sie verlangen je eigene Ansätze. Demokratie schafft keine Marktwirtschaft (siehe Indien) und Marktwirtschaft keine Demokratie (siehe China). Vielmehr ist die genaue Analyse von Situationen und Umständen nötig, in denen beide gedeihen und einander wechselseitig befruchten können.

Der Anlass des Weltkongresses der Wirtschaftshistoriker in Mailand (der mich eingeladen hatte, den Eröffnungsvortrag zu halten) schien mir geeignet, um solche Erwägungen vorsichtig zu systematisieren. Die Wirtschaftsgeschichte, zumindest in ihrer modernen, also theoretisch-ökonomisch informierten Form, verbindet ja selbst die beiden Bereiche, die ich seit meinem Buch Der moderne soziale Konflikt *auch mit den Begriffen «Angebot» und «Anrechte» gekennzeichnet habe. Das Angebot ist immer abgestuft und daher quantitativ messbar; Anrechte sind prinzipiell absolut, man hat sie oder man hat sie nicht.*

In dessen ursprünglicher Form lautete der Haupttitel des folgenden Stückes: «Wer macht Geschichte?» Gemeint war die Alternative zwischen (politischen) Menschen und (ökonomischen) Kräften. Das war vielleicht ein bisschen zu anspruchsvoll und auch etwas irreführend. Das Stück liefert ein paar Ansatzpunkte zum Verständnis der Bedingungen, unter denen politisches Handeln oder ökonomische Kräfte dominieren. Die Alternativen haben Implikationen; man kann mit ihnen gute Zeiten und schlechte Zeiten beschreiben. Dem Leser wird der Unterton der folgenden Erwägungen nicht entgehen, dass gute Zeiten eher Zeiten des politischen Handelns sind. Jedenfalls ist der Primat der Politik für die liberale Ordnung unentbehrlich.

Rettung durch Wirtschaft?

Die Wirtschaftsgeschichte ist eine Sozialwissenschaft, die ich nie selbst praktiziert, aber oft gepriesen habe. Sie zu preisen war leicht im Blick auf die London School of Economics, deren Geschichte ich aus Anlass ihrer ersten Jahrhundertfeier geschrieben habe. Der Gründungsdirektor, W.A.S. Hewins, war Wirtschaftshistoriker – oder war er eher ein historischer Ökonom des späten 19. Jahrhunderts? Mit der Entwicklung der Sozialwissenschaften machten solche Zweideutigkeiten klareren Fachabgrenzungen Platz. Während Lionel Robbins und Friedrich von Hayek einerseits, und Harold Laski andererseits, Ökonomie und Politik auf ihre zunehmend getrennten Wege brachten, entwickelten Arthur Bowley und Roy Allen im Fachbereich Statistik Stichprobenforschung und Ökonometrie und andere quantitative Sportarten, und der Direktor, Sir William (später Lord) Beveridge bemühte sich, die Sozialbiologie als die einzige wahrhaft wissenschaftliche Gesellschaftswissenschaft zu etablieren. Die Studenten aber scharten sich in der Zwischenkriegszeit um R.H. Tawney und seine Kollegen, Michael Postan, Eileen Power. Vielleicht waren die Wirtschaftshistoriker einfach netter als die anderen, aber es war – und ist – auch etwas Besonderes an ihrer Disziplin. Der Ethnologe Bronislaw Malinowski meinte es natürlich als Kompliment, wenn er die Wirtschaftsgeschichte als die Ethnologie der Vergangenheit beschrieb. Heute ist die Wirtschaftsgeschichte die einzige verbleibende Sozialwissenschaft, die auf ungezwungene Weise Deskription und Theorie, qualitative und quantitative Analyse, ja Ökonomie und Geschichte und vieles dazwischen miteinander verbindet.

Demgegenüber bin ich ein Sozialwissenschaftler ohne besonderes Fachetikett, einer zudem, der in allerlei praktische Geschäfte geraten ist. Da ist es vielleicht verzeihlich, wenn ich mit einem aktuellen Bezug beginne. Eine der atemberaubenden Entwicklungen der letzten Monate ist der Silberstreifen einer Chance des Friedens im Nahen Osten. Die Stimmung in der Region scheint sich zu verändern. Einer der Architekten und zugleich Dolmetscher dieses Prozesses ist Israels visionärer Aussenminister Simon Peres. «In der Vergangenheit hatten wir Feinde», hörte ich ihn mit einer seiner eindringlichen Formulierungen sagen, «jetzt haben wir Probleme.» Feinde setzen Menschen einander entgegen in Konfrontation und Krieg; Probleme zwingen sie, sich zu vereinen und zusammenzuwirken. Das ist nicht nur ein Stilwandel, sondern einer der Substanz. Feinde leben in der Welt der Politik; aber die Probleme sind ökonomisch. In seinem Buch über den «Neuen Nahen Osten» wird Peres da ganz eindeutig. Hier sind seine Thesen:

> Das Schicksal hat uns von einer Welt des territorialen Konflikts zu einer der wirtschaftlichen Herausforderungen und damit der neuen Chancen, die durch intellektuellen Fortschritt entstehen, geführt.

Oder dann:

> Solange die Nahrungsmittelversorgung des Nahen Ostens nicht zureicht, und neue Versorgungsquellen langsamer wachsen als die Bevölkerung der Region, wird Not und Bedrückung anhalten – und damit deren politischer Ausdruck, ob in der Form der schwarzen Masken der Revolutionäre oder der weissen Gewänder religiöser Fanatiker.

Und dann mit einem fast philosophischen Schwung:

> Bis zum Ende des 20. Jahrhunderts war der allgemeine Begriff von Geschichte im europäischen Modell der nationalen Politik verankert, das sich aus der Welt nationalistischer Werte und Symbole speiste. Die kommende Ära wird in zunehmendem Masse auf dem asiatischen Modell nationaler Politik beruhen,

das durch die Welt ökonomischer Werte bestimmt wird, deren Grundprinzip die Ausbeutung des Wissens zur Maximierung des Gewinns ist.

Erinnert man sich noch, dass hier ein Sozialist, jedenfalls ein Sozialdemokrat spricht? Die Frage, mit der ich mich in diesen Bemerkungen beschäftigen werde, könnte nicht konziser gestellt werden: nach der Politik die Ökonomie? Gehen wir in eine Ära, in der ökonomische Motive politisches Handeln bestimmen? Werden ökonomische Fortschritte die Probleme lösen, mit denen traditionelle Politik nicht fertig geworden ist? Erleben wir die Abdankung der Berufspolitiker zugunsten von Geschäftsleuten und Ökonomie-Professoren? Und zugleich möglicherweise die Abdankung von Europa und Bürgerfreiheiten und Demokratie zugunsten von Asien und Effizienz und Autoritarismus?

Andere hoffnungsvolle Ereignisse dieser Jahre und ihre Protagonisten liessen sich anführen, um die Fragestellung zu entfalten. Präsident Mandela ist überzeugt davon, dass wenn, und nur wenn die ökonomischen Versprechungen des neuen Südafrika gehalten und viele Menschen vom Elend befreit werden, nationale Einheit und politische Demokratie sich aufrechterhalten lassen. Simon Peres' Erwartung, dass Wirtschaftswachstum Terrorismus und Fundamentalismus beenden wird, ist auch andernorts verbreitet, so in Nordirland, wo viele argumentieren: «Gebt ihnen Jobs und sie werden ihre Waffen niederlegen!» Auch beschränkt diese Haltung sich nicht auf dramatische Veränderungen. Der italienische Aussenminister Martino wird mit dem Spruch zitiert: «Handel vereint, Politik trennt.» Die 1980er Jahre waren in der OECD-Welt eine Periode, in der viele glaubten, dass die Politiker alles nur noch schlimmer gemacht haben, und es nun an der Zeit sei, Unternehmer, oder vielleicht abstraktere Kräfte, die Wirtschaft, an die Macht zu lassen. Die dies nicht glauben, wie der deutsche Bundeskanzler Kohl, werden jetzt beschuldigt, wirtschaftliches Chaos angerichtet zu haben, indem sie dem nachkommunistischen Ostdeutschland rein politische Entscheidungen aufgedrängt haben. Ein neuer Ökonomismus beginnt den öffentlichen Diskurs zu beherrschen, so dass man sich fragt, ob der Marxismus, der doch ganz und gar tot schien, eine unverhoffte Auferstehung in kapitalistischen Kreisen feiert, wo der erste Glaubenssatz zu sein scheint: verlasst euch auf wirtschaftliche Kräfte, dann wird die Politik von selbst in Ordnung kommen! Politik ist die «fatale Anmassung», Ökonomie dagegen die reale Basis des Fortschritts. Indes wäre es wohl mehr als nur unfair, Hayek einen impliziten Marxisten zu nennen.

Wenn von Hayek die Rede ist, muss noch eine weitere Gruppe von Beobachtungen herangezogen werden, bevor wir beginnen, die Dinge zu sortieren. In Ostmitteleuropa haben vier Jahre oft enttäuschender Erfahrungen die Nachdenklichkeit derer, die an den Primat der Wirtschaftsreform glauben, erhöht. Als John Gray, der politische Theoretiker aus Oxford, den Harvard-Ökonomen Jeffrey Sachs für seinen *big bang*-Ansatz zur Wirtschaftsreform attackierte, entgegnete Sachs, dass er immer schon sowohl an die Bedeutung von Institutionen als auch an die Vielfalt der Wirtschaftsstrukturen geglaubt habe. Im Rückblick auf seine eigenen heroischen und entscheidend wichtigen Reformen als Minister in Polens erster nachkommunistischer Regierung beschrieb Leszek Balcerowicz die «nachkommunistischen Transformationen» als nur eine unter mehreren Formen der Transformation, darunter die «klassischen Transformationen» der Länder des 19. Jahrhunderts, die «neoklassische Transformation» zum Beispiel Westdeutschlands nach 1945, «marktorientierte Reformen in nicht-kommunistischen Ländern» wie Argentinien oder Chile, und, mit einer vielleicht zu Recht etwas mysteriösen Wendung, die «asiatische nachkommunistische Transformation». Über die nachkommunistische Erfahrung allgemein sagt Balcerowicz: «Sowohl politische als auch ökonomische Systeme werden berührt und Veränderungen in diesen Systemen haben ihrerseits Auswirkungen auf Wandlungen der Sozialstruktur.» Ähnlich spricht der enthusiastischste Reformer dieser Jahre, der tschechische Premierminister Vaclav Klaus, von der «spezifischen Wechselwirkung von politischen und ökonomischen Faktoren im Transformationsprozess». Am Ende aber bekennt er sich doch zu dem Hayekschen Glauben, dass wirtschaftliche Kräfte, wenn man sie nur gewähren lässt, alles in Ordnung bringen werden:

> Monetarismus, nicht Keynesianismus; feste Regeln, nicht Wirtschaftspolitik; ein ausgeglichener Haushalt, nicht fiskalischer Aktivismus; Selbstverantwortung, nicht Abhängigkeit von fremden Söldnern: dies sind inspirierende Worte für alle diejenigen von uns, die die historische Transformation zustande bringen wollen, für diejenigen von uns, die eine freie, demokratische und effiziente Gesellschaft schaffen wollen.

Wer macht also die Geschichte? Sind es Staatsmänner oder unpersönliche ökonomische Kräfte? Sind es unausweichliche politische Zwänge oder Unternehmer? Vielleicht ist es besser, in diesem Zusammenhang nicht allzu tief in die Debatte über Führungspersonen und unpersönliche Umstände einzutreten. Grosse Analytiker der Umstände moderner Gesellschaften, wie Joseph Schumpeter oder Max Weber, haben am Ende den Nutzen der schöpferischen Zerstörung durch Unternehmer gepriesen und die Tugenden von Führern, die den Käfig des ehernen Gehäuses bürokratischer Hörigkeit aufbrechen. Die Wechselwirkung von individueller Initiative und sozialen Umständen müsste bei anderer Gelegenheit - und möglicherweise unter Politologen - untersucht werden. Hier ist die Kernfrage: wie wirken die Werte, Interessen und Strukturen der Wirtschaft einerseits und des politischen Gemeinwesens andererseits aufeinander ein? Welche der beiden sind wann dominant? Welche sollten den Primat haben? Wie sind sie immer schon, aber vor allem in unserer Zeit miteinander verflochten? Was, wenn überhaupt etwas, können wir angesichts solcher Verflechtungen tun?

Reine Theorie ist schon darum nicht der richtige Weg zu einer Antwort auf solche Fragen, weil ich für diese Freuden der Zwanzig- und Dreissigjährigen mittlerweile zu alt bin. Ich beginne daher ohne jeden Anspruch auf theoretische Raffinesse mit der Feststellung, dass es einen tiefgehenden Unterschied zwischen dem politischen und dem ökonomischen Ansatz gibt. Demokratie ist ein politischer Begriff, Marktprozesse sind ökonomisch. Manche Ideen schweben etwas ungewiss zwischen beiden. Ich habe von Marktprozessen gesprochen; die Regeln der Marktwirtschaft indes sind politisch-ökonomisch. Das gleiche gilt für Währungen. Es ist nicht leicht zu entscheiden, ob eine Währungsunion ein politisches oder ein ökonomisches Projekt ist. In meiner Begrifflichkeit geht es bei der Politik um Regeln, um Anrechte, während die Ökonomie es mit dem Angebot zu tun hat, mit Abstufungen von Angebot und Nachfrage. Bei politischen Fragen kann man im Prinzip ja oder nein sagen, auch wenn der Kompromiss in vielen Situationen (wenn auch nicht, zum Beispiel, bei Fragen der Menschenrechte) eine zivilisierte Verfahrensweise ist. Bei wirtschaftlichen Fragen geht es im Prinzip um mehr oder weniger, 2,8 Prozent Wachstum an Stelle von −1,1 Prozent. Wirtschaftliche Ungleichheiten werden erst dann zum politischen Thema, wenn sie Privilegien oder Ausschlüsse begründen, was nämlich bedeutet, dass sie zu Fragen der Anrechte oder ihres Fehlens werden und nicht mehr lösbar sind durch graduelle, quantitative Verbesserungen oder Verringerungen.

Bedeutende Ökonomen haben gerne versucht, in ihren Theorien Anrechte und Angebot zu integrieren. John Maynard Keynes ist das wahrscheinlich gelungen, und nach seinem Urteil zumindest galt das auch für Alfred Marshall vor ihm. In unserer Zeit hat Amartya Sen Hungerkatastrophen mit Anrechten verknüpft, und sogar mit spezifischen Rechten wie der Freiheit der Presse. Wo Meinungsfreiheit herrscht, wird

Massenelend zu einem öffentlichen Skandal, der nicht toleriert werden kann. Partha Dasgupta schliesst in seiner Analyse von «Elend und Wohlbefinden» Menschenrechte in seinen Begriff des «sozialen Wohlbefindens» ein. Es mag also sein, dass es so etwas gibt wie eine «politische Ökonomie». Doch bleibt die Verbindung prekär. Für Ökonomen ist die Versuchung gross, Anrechtsfragen in solche des Mehr oder Weniger aufzulösen, während Politologen dazu neigen, Wirtschaftsfragen in Strukturen des Parteienkonflikts zu übersetzen. Eine ökonomische Theorie der Demokratie hat nur dann Sinn, wenn alle grösseren Verfassungsfragen gelöst sind und die Gesellschaft als ebenes Spielfeld für alle betrachtet werden kann.

Doch genug mit solchen Andeutungen. Sie sind relevant für meine Überlegungen, lenken aber auch von den wirklichen Themen ab. Zwei solcher Themen will ich ein Stück weit verfolgen. Das erste bringt uns zurück zu Transformationsprozessen. Von ihnen können wir manches lernen, was die Verflechtungen von Ökonomie und Politik betrifft, manches, das zu verfolgen sich lohnt. Das zweite aktuelle Thema ist noch ernster. Es hat etwas mit Simon Peres' Geschichtsphilosophie, nämlich mit dem Aufstieg asiatischer Werte zu tun. Beide Themen sind, wie ich glaube, ebenso relevant für die OECD-Welt wie für alle übrigen.

Die Lehren der postkommunistischen Transformation

Es gibt viele Lehren der grossen Transformationen, und insbesondere der postkommunistischen, für unser Verständnis von Ökonomie und Politik. Wenn ich fünf davon hervorhebe, ist nichts Magisches an der Zahl. Die *erste* Lehre hat es mit dem zu tun, was vor dem Beginn von Transformationsprozessen geschieht, also mit der Instabilität des alten Regimes. Dessen anscheinend unvermeidlicher Kollaps und die zwingende Notwendigkeit eines Neubeginns – ob wir den Vorgang Revolution nennen oder nicht – schliesst immer ein Element des wirtschaftlichen Fehlmanagement der alten Herrscher und des daraus folgenden Unwillens der Beherrschten ein. Crane Brinton sah dies in seiner *Anatomie der Revolution* als bezogen auf öffentliche Ausgaben. Ein offenbares Missverhältnis von Steuern und Dienstleistungen, von Forderungen an das Einkommen der Bürger und Leistungen zu ihrem Nutzen, politisiert die wirtschaftliche Lage. Wenn es den Mächtigen gut geht, während die Lebensverhältnisse der Mehrheit sich verschlechtern, kann der Status quo unerträglich werden, und eine revolutionäre Situation baut sich auf.

Wenn Menschen im Fernsehen oder auf andere Weise herausfinden, wie gut es anderen in Ländern ihrer Nachbarschaft geht – wie das der Fall war in den kommunistischen Ländern während der Hochkonjunktur der OECD-Länder in den 1980er Jahren –, dann springt der Funke der Hoffnung auf Besserung in das revolutionäre Pulverfass. Jedenfalls kann ökonomische Frustration politische Konsequenzen haben bis hin zum Umsturz von Regimes.

Zweitens ist der erste Schritt des Regimesturzes offenkundig politisch. Eine neue Wertordnung – eine herrschende Wertordnung vielleicht – und möglicherweise eine völlig neue politische Klasse sind nötig, um institutionelle Reformen in die Wege zu leiten und die Rahmenbedingungen von Regeln und Instanzen zu schaffen, die für die Wirtschaftsentwicklung nötig sind. Man ist versucht, ganz allgemein festzustellen, dass es an kritischen Punkten der Geschichte auf politisches Handeln und nicht ökonomische Kräfte ankommt. Selbst unverbesserliche Hayekianer müssen feste Regeln, einen ausgeglichenen Haushalt, Privatisierungsgesetze und eine stabile Währung durch politisches Handeln zustande bringen. Balcerowicz spricht in diesem Zusammenhang von «ausserordentlicher Politik», also Politik jenseits der normalen Gebote des Handelns, und unterscheidet diese von der «normalen Politik», die zwar als Ziel angestrebt wird, sich aber nicht leicht oder rasch erreichen lässt.

Drittens führt der Pfad zu prosperierenden (Markt-)Wirtschaften durch ein Tal der Tränen. Für die Mehrheit werden die wirtschaftlichen Lebensbedingungen schlechter bevor sie besser werden. Man muss hoffen, dass die von Minister Peres und König Hussein und anderen entworfene Vision für den Nahen Osten Wirklichkeit wird. Indes lehrt uns bittere Erfahrung, dass der Weg von einem Pro-Kopf-Einkommen von 1200 Dollar zu einem von 24 000 Dollar mit einer Phase der sozialen Auflösung und allgemeinen Desorientierung beginnt. In dieser Phase sind Menschen überaus anfällig für fundamentalistische (oder nationalistische oder sonst «integristische») Versuchungen. Möglicherweise ist Polen das einzige nachkommunistische Land, das den tiefsten Punkt des Tals bereits durchschritten hat (wenngleich die tschechische Regierung für ihr Land dasselbe beanspruchen würde). Sogar Präsident Mandela könnte noch entdecken, dass in der Zeit, in der er mit seiner versprochenen Umverteilung beginnt, der ökonomische Kuchen, den er vom alten Regime geerbt hat, zunächst schrumpft und Südafrika in eine Periode extremer Gefährdung sowohl seiner Ökonomie als auch seiner Politik eintritt.

Viertens stellt der erfolgreiche Treck durch das Tal der Tränen und die Stabilisierung von Wirtschaftsreformen überhaupt eine weitere Art von politischen Fragen. Das sind Fragen der Disziplin (des *constraint* mit Paul Colliers Begriff für Entwicklungsökonomien). Es muss Wege – Institutionen, Autoritäten – geben, um dafür zu sorgen, dass die Dinge nicht aus dem Ruder laufen, weil Regierungen lautstarken Forderungen der Strasse nachgegeben und dabei die Haushaltsstabilität und bald die Währung auf Spiel gesetzt haben, weil der Verlust an politischer Glaubwürdigkeit die wirtschaftliche Kreditwürdigkeit verringert, weil zunehmende politische Instabilität Investitionen und Handel abschreckt. Dies war und ist eines der grossen lateinamerikanischen Dilemmas. Mexiko scheint es bewältigt zu haben durch die Verbindung einer Wahl unter den gestrengen Augen internationaler Beobachter mit der Mitgliedschaft in der Nordamerikanischen Freihandelszone (NAFTA); Argentinien hat leider seinem wirtschaftlichen Erfolg ein institutionelles Risiko aufgebürdet; Brasilien findet es schwierig, seine politisch-ökonomische Wirrnis in Ordnung zu bringen.

Disziplin kann auf zwei Weisen wirksam werden (und die beiden hängen oft zusammen). Eines ist die beharrliche Verteidigung der eigenen Institutionen, der Verfassung, gegen alle Herausforderungen und Versuchungen. Dies verlangt fast übermenschliche Führungsqualitäten, wobei persönliches Charisma hilft. Die andere Methode ist Unterstützung von aussen. Jenseits der Finanzierung von Infrastrukturprojekten brachte der Marshallplan der Nachkriegszeit vor allem diese äussere Disziplinierung, einschliesslich einer Organisation, die sie überwachte, nämlich der OEEC, der Vorgängerin der heutigen OECD. Spanien und Portugal haben ein Äquivalent in der Europäischen Gemeinschaft gesucht und bis zu einem gewissen Grade gefunden. Manche afrikanische Länder profitieren nach wie vor von der französischen Währungszone, auch wenn ihnen die damit verbundene Abhängigkeit widerstrebt. Was Osteuropa angeht, so haben die europäischen Institutionen mit den «Kopenhagen-Kriterien» gerade erst begonnen, das Nötige zu tun. In Südafrika, wie in so vielen anderen Teilen der Welt, ist die verbleibende Hegemonialmacht der Vereinigten Staaten von Amerika nach wie vor die einzige Quelle wohlwollender Disziplinierung.

Der *fünfte* Punkt ist mehr ein Seufzer als eine analytische Aussage: wohl dem Land, dem es gelungen ist, sowohl die Marktwirtschaft als auch die politische Demokratie auf den Weg zu bringen und dann die beiden in der Realität wie in den Köpfen der Menschen hinlänglich voneinander zu trennen, um die Ökonomie ihren Selbstheilungskräften zu überlassen und die Demokratie stabil zu halten, auch wenn Rezessionen und Wirtschaftskrisen eintreten. In der Zwischenkriegszeit gab es nur wenige in dieser glücklichen Lage: die Vereinigten Staaten, Britannien, Teile des britischen Commonwealth, kleinere Länder wie Schweden und die Schweiz. Sie überwanden die grosse Depression unversehrt und wurden zu keiner Zeit von den Versuchungen des Totalitarismus heimgesucht. Fast fünfzig Jahre nach dem Zweiten Weltkrieg muss man hoffen, dass andere dieser Kerngruppe von freien und wohlhabenden Ländern beigetreten sind. Deutschland gehört dazu, wenngleich das Grundproblem der Weimarer Republik noch immer nachhallt: wenn es mit der Wirtschaft zu hapern beginnt, stellen sich bei vielen Zweifel an der Verfassung der Freiheit ein, und illiberale politische Projekte gewinnen Unterstützung.

Abstrakt gesehen mag dies seltsam scheinen. Schliesslich beruhen Marktwirtschaften und politische Demokratien auf demselben Grundprinzip. Sie sind beide erfolgversprechende – vielleicht die einzig erfolgversprechenden – Antworten auf die Tatsache, dass wir in einer Welt der Ungewissheit leben, in der es nötig ist, Verfahren zu finden, um Veränderung ohne Umsturz und Gewalt möglich zu machen. Marktwirtschaften geben Raum für Veränderungen des Geschmacks wie der Technologie, also der Nachfrage- wie der Angebotsseite. Demokratien kanalisieren Veränderungen in den Interessen und Präferenzen von Menschen. Die Symmetrie der beiden impliziert indes nicht deren gemeinsame Entwicklung und hat diese auch nicht notwendigerweise zur Folge. Politische Demokratie folgt nicht aus dem Vorhandensein einer effektiven Marktwirtschaft, und eine solche Wirtschaftsordnung ist nicht das automatische Resultat demokratischer politischer Verhältnisse. Schlimmer noch – und dies ist das zweite grosse Thema, zu dem ich ein paar Bemerkungen machen möchte –, moderne Wirtschaftsprozesse begünstigen allem Anschein nach eher autoritäre als demokratische Regierungsformen.

Das autoritäre Risiko des asiatischen Weges

Autoritär heisst nicht totalitär. Autoritäre Regimes beruhen nicht auf der ständigen Mobilisierung aller und brauchen auch weder einen grossen Führer noch eine umfassende Ideologie. Indes gehört zu ihnen eine geschlossene öffentliche Klasse, die ihre Macht nicht preisgeben will und sich daher selbst ergänzt. Ihre Mitglieder sind die Wächter der Werte, die als Pflichten für alle definiert werden; deren Nichtbefolgung wird entschieden und sichtbar bestraft. Wer gehorcht und zum Wirtschaftswachstum beiträgt, wird in Ruhe gelassen, allerdings nicht, um pornographische Videos anzusehen, das *Far Eastern Economic Review* zu lesen oder Marx' Theorien der Beziehungen zwischen Wirtschaft und Politik zu diskutieren. Für den flüchtigen Besucher sind autoritäre Länder oft attraktiv und bequem; für den ständigen Bewohner sind sie anspruchsvoll aber auch berechenbar; für den Dichter, den Erfinder, den cleveren Finanzjongleur mit extravagantem Geschmack, ganz zu schweigen vom neugierigen Reporter, dem Exzentriker und dem Liberalen, sind sie unerträglich.

Es ist nicht der Sinn dieser leichtformulierten Bemerkungen, ein wichtiges und grosses Problem herunterzuspielen. In der Tat geht es um eine Reihe von grossen Problemen, die es alle zu tun haben mit dem Hauptthema meiner Überlegungen. Die Reihe beginnt mit der Anfangsphase der modernen Wirtschaftsentwicklung. Wirtschaftshistoriker haben, beginnend mit R.H.Tawney, Max Webers These zur protestantischen Ethik und dem frühen Kapitalismus in vielfacher Weise eingeschränkt. Das zugrundeliegende Problem indes bleibt bestehen. Um in Gang zu kommen, verlangt der Kapitalismus (um schon diese eher irreführende Formel zu verwenden) die Bereitschaft vieler, auf das Vergnügen zu verzichten, die Früchte des wirtschaftlichen Erfolges unmittelbar zu geniessen. Eine Zeit der aufgeschobenen Befriedigung – technisch gesprochen, des Sparens und der Investitionen – ist nötig, bevor die Freuden des Konsums beginnen. Es mag wohl sein, dass an bestimmten Punkten der Geschichte und in einigen wenigen Kulturen solche aufgeschobene Befriedigung einer individuellen Ethik entsprach, die durch calvinistische oder lutheranische Glaubensüberzeugungen bestärkt wurde. Seit dem 19. Jahrhundert indes liess sich die Wirtschaftsentwicklung nicht mehr allein auf puritanische Selbstverleugnung gründen. «Das kaiserliche Deutschland und die industrielle Revolution» war (wie Thorstein Veblen schon vor dem Ersten Weltkrieg zeigte) eine Geschichte des Sparens und der Investitionen, die beide durch einen autoritären Staat ermutigt und wenn nötig erzwungen wurden. Viele andere sind seither dem Beispiel gefolgt, und die es nicht taten – wie das grosse demokratische Land Indien – mögen auch aus diesem Grund in ihrer Wirtschaftsentwicklung zurückgeblieben sein. Ohnehin ist es zu einer Zeit, zu der der westliche Kapitalismus nicht so sehr durch die Neigung zum Sparen und noch nicht einmal durch die hedonistischen Vergnügungen des unmittelbaren Konsums bestimmt wird, sondern durch Schuldenmachen und damit durch vorweggenommende Befriedigung, nicht leicht, irgendjemanden irgendwo ohne ein Mass an Zwang davon zu überzeugen, zu sparen und abzuwarten.

Das nächste Problem entsteht in Transformationsprozessen. Es ist zum Teil politisch. Wenn wir Crane Brinton Glauben schenken – und dafür gibt es gute Gründe –, dann kann die «Herrschaft der Gemässigten», die dem Regimewechsel folgt, nicht dauern. Die Instrumente der Herrschaft zerbröckeln in den allzu weichen Händen der zu Regierenden gewordenen Dissidenten, und ihr Wohlwollen ist ungeeignet für die harte Aufgabe, neue Herrschaftsstrukturen zu schaffen. Dabei helfen die ökonomischen Bedingungen nicht. Der Zug durch das Tal der Tränen verlangt starke und in gewissem Masse unempfindliche Führung. Diese verträgt sich aber nicht gut mit den neuen demokratischen Institutionen. Polen reagierte auf diese Lage, indem es den Reformer Balcerowicz entliess, seine Reformen aber beibehielt. Anderswo gaben die Regierenden klein bei und überliessen die Szene einer unerfreulichen Verbindung von Spekulanten, Mafiosi, ja Gangstern, und Gesichtern der alten Nomenklatura. Der tschechische Premierminister verfolgt, was man einstweilen noch einen demokratischen Autoritarismus nennen kann, der von westlichen Beispielen, insbesondere von Margaret Thatcher, eine eigentümliche Haltung übernommen hat. Sie definiert Freund und Feind sehr klar, wendet sich gegen die Bürgergesellschaft als Ressource der Feinde, und stärkt die Zentralregierung mitsamt ihrer zahlreichen unkontrollierten Agenturen zum Nutzen der Freunde. So lange es den Bürgern frei steht, eine andere Regierung zu wählen, bleibt diese Art von Autoritarismus in gewissem Sinne demokratisch; doch obgleich sie dazu beitragen mag, wirtschaftlich effiziente Gesellschaften zu schaffen, sind diese schwerlich Modelle der Freiheit.

Indes, die ernsteste Bedrohung eines neuen Autoritarismus lauert genau da, wo viele sich die Rettung erhoffen, nämlich im «asiatischen Modell der nationalen Politik, das sich aus der Welt wirtschaftlicher Werte speist». In der westlichen Welt sind mehrere Tendenzen zusammengekommen, um den sozialen Zusammenhalt zu verringern und zuweilen zu zerstören. Manche argumentieren, dass das alles in den 1960er Jahren mit der *permissive society* begann. Andere zeigen auf den «Kasino-Kapitalismus» der 1980er Jahre mit ihrer Sucht nach schnellem Geld, die Gesellschaften spaltete und viele Verlierer auf der Strecke liess. Die Langzeitarbeitslosigkeit vor allem bei jungen Menschen steigt in den meisten Ländern, und wo das nicht der Fall ist, breitet die neue Armut sich rasch aus. Das Syndrom von verkommenden Innenstädten, der Desintegration von Familien und Gemeinschaften, dazu Drogen und Verbrechen beschränkt sich nicht mehr auf Ghettos; fast jeder kann es spüren. Zugleich stellt die Globalisierung der Märkte und die daraus folgende Konkurrenz gewaltige, oft schmerzhafte Forderungen an Unternehmen, Gemeinden und Individuen. Zuweilen scheinen die Erfordernisse der Schaffung von Wohlstand Probleme des sozialen Zusammenhalts zu verschlimmern. Jedenfalls sind viele Menschen verwirrt; ein Gefühl der Anomie breitet sich aus, und mit ihm die latente, zuweilen auch manifeste Suche nach Autorität.

Dies ist der Punkt, an dem manche das, was ich asiatischen Autoritarismus nenne, für eine attraktive Alternative zu halten beginnen. Eine Reihe der neureichen Länder der Welt haben, so scheint es, den Westen beobachtet und beschlossen, dass sie selbst Wirtschaftswachstum ohne dessen westliche Nebenwirkungen haben wollen. Sie gingen also daran, demokratische Freiheiten einzuschränken und auf traditionelleren Werten zu bestehen, wobei diesen durch starke staatliche Einrichtungen in den Händen einer sich selbst ergänzenden politischen Klasse Nachdruck gegeben wird. Sie begannen auch, den Europäern und heftiger noch den Amerikanern ihre Unfähigkeit vorzuhalten, sozialen Zusammenhalt zu bewahren, also ihre heruntergekommenen Städte, die vielen ledigen Mütter, junge Drogenabhängige und Verbrechen, Verbrechen, Verbrechen. Solche Gardinenpredigten fielen – und fallen – auf fruchtbaren Boden. Zugleich schleichen sich in die Aussagen führender westlicher Persönlichkeiten beunruhigende Zweideutigkeiten ein, wie das in einem Interview des Medienzars Rupert Murdoch der Fall war:

> Singapur ist nicht liberal, aber sauber und frei von Drogenabhängigen. Es ist noch nicht lange her, als es eine verarmte, ausgebeutete Kolonie war mit Hunger, Krankheiten und anderen Problemen. Jetzt leben Menschen in Dreizimmerwohnungen mit Arbeitsplätzen und sauberen Strassen. Länder wie Singapur gehen den richtigen Weg: materielle Anreize fördern Geschäfte und schaffen die Marktwirtschaft und damit vielleicht eine Mittelschicht und auch Demokratie. Wenn Politiker es umgekehrt mit der unmittelbaren Einführung von Demokratie versuchen, ist das russische Modell das Ergebnis. 90 Prozent der Chinesen interessieren sich mehr für ein besseres materielles Leben als für das Recht zu wählen.

So wird die Welt der ökonomischen Werte zu einer, die effizient sein mag, aber schwerlich frei und demokratisch ist.

Vom Primat der Politik

Es ist an der Zeit, Bilanz zu ziehen. Es gibt, um es vorsichtig auszudrücken, keine Garantie, dass eine von ökonomischen Interessen bestimmte Politik demokratische Institutionen und freie Gesellschaften stützt und erhält. Auf jeder Stufe der Wirtschaftsentwicklung ist das Risiko des Autoritarismus ebenso gross wie, wenn nicht grösser als die Chance der Demokratie. Was sagt uns das über die Beziehungen von Ökonomie und Politik? Ist der Primat der Politik nicht nur eine historische Tatsache, sondern ein erstrebenswertes Ziel? Politik für die Politiker sozusagen? Oder gibt es subtilere Beziehungen zwischen Anrechten und Angebot, Freiheit und Effizienz, Politik und Ökonomie?

Letzteres ist gewiss der Fall. Meine drei knappen Schlussfolgerungen sollen die hier vorgebrachten Argumente, Behauptungen und Anspielungen nicht resümieren. Sie sind bestenfalls Hinweise für weitere Erwägungen und vielleicht Ausdruck meiner eigenen Wertpräferenzen.

Erstens spricht vieles dafür, dass die Wendepunkte der Geschichte das Ergebnis politischer Prozesse und Entscheidungen und nicht wirtschaftlicher Kräfte sind. Der britische Politiker, der kategorisch erklärte, dass es nach seiner Auffassung keine wirtschaftliche Macht gäbe, denn alle Macht sei politisch, mag etwas zu weit gegangen sein. Aber Verfassungspolitik und allgemeiner «ausser-ordentliche Politik» kann ökonomische Interessen und sogar ökonomische Gewinnchancen verdrängen und tut das auch.

Zweitens werden die grössten Lebenschancen der grössten Zahl wahrscheinlich am ehesten in Zeiten der «normalen» Politik realisiert, das heisst, wenn die Politik für die meisten Menschen nicht übermässig wichtig ist. Sie können ihr Leben gestalten, ohne ständig den Blick auf Autoritäten zu werfen. Die Ökonomie kann florieren und die Bürgergesellschaft sich entfalten. Das ist kein Arkadien geschweige denn ein Utopia, denn in manchen Ländern der heutigen OECD-Welt haben solche Verhältnisse seit geraumer Zeit vorgeherrscht. Sogar in diesen Ländern gibt es indes keine Garantie, dass sie andauern werden.

Drittens schliesslich gilt, dass wenn ökonomische Werte die Politik bestimmen, die Freiheit häufig gefährdet ist. Der neue Ökonomismus von Kapitalisten ist nicht weniger illiberal als der alte von Marxisten. Er mag nicht die Gefahr des Totalitarismus beschwören, aber sein autoritäres Potential gibt Anlass zur Sorge.

Wer sollte also Geschichte machen? Es gibt nicht viele Anzeichen dafür, dass professionelle Politiker besonders gute Unternehmer wären, obwohl manche sich in die Vorstandsetagen und die oft beträchtlichen materiellen Vergünstigungen staatlich unterstützter Banken und öffentlicher Unternehmen zurückgezogen haben. Auf der anderen Seite sind Unternehmer und selbst Ökonomie-Professoren nicht unbedingt besser als Steuerleute des Staatsschiffs. In gewisser Hinsicht kommt es auf professionelle Expertise nicht an; wichtig ist die Persönlichkeit von Führern. Wenn indes Max Weber eine dritte Vorlesung den beiden über «Wissenschaft als Beruf» und «Politik als Beruf» mit dem Titel «Wirtschaft als Beruf» hinzugefügt hätte, wäre er möglicherweise auf wichtige Unterschiede gestossen. Politik ist immer ein Balanceakt zwischen Ideen, Unterstützung und Institutionen. Zumindest in Demokratien müssen Politiker wissen, was sie wollen, die notwendige Unterstützung dafür bei Wählern und gesellschaftlichen Gruppen finden, und dann in einem hochstrukturierten Umfeld von Regeln und Institutionen den Weg voran beschreiten. Unternehmer finden das umständlich, und Ökonomie-Professoren vermuten viel Zeitvergeudung. Daher werden sie zuerst ungeduldig und neigen dann zu autoritären Methoden. Es fehlt ihnen oft der Sinn für Geschichte, der doch das Merkmal grosser politischer Führer ist. Vielleicht brauchen wir eine Mischung von beiden, vom Sinn der Ökonomen für Effizienz und dem der Historiker für Institutionen. Könnte es sein, dass Wirtschaftshistoriker die Antwort haben?

1995

7 Die Quadratur des Kreises: Wirtschaftlicher Wohlstand, sozialer Zusammenhalt und politische Freiheit

In der Mitte der 1990er Jahre verdrängten sozialökonomische und innenpolitische Themen die Fragen der Folgen des Falls der Mauer und der hinter ihr verschanzten Regimes der kommunistischen Nomenklatura. Neue Chancen des Wirtschaftswachstums verlangten die Beseitigung alter Hemmnisse und die Lockerung erstarrter Verhältnisse durch eine oft «neoliberal» genannte Strukturpolitik. Zu dieser gehörte auch die Reform des Wohlfahrtsstaates, die dem Thema der sozialen Solidarität eine neue Dringlichkeit verlieh. Angesichts solcher Aufgaben gerieten die demokratischen Strukturen freier Gesellschaften unter Druck; es mehrten sich Zeichen eines schleichenden Autoritarismus. Die grosse Frage war also: wie können wir wachsenden Wohlstand mit sozialem Zusammenhalt unter Bedingungen der politischen Freiheit verbinden?

Die Antwort verlangt nicht weniger als eine Quadratur des Kreises. Das heisst auch, sie ist nicht völlig befriedigend zu geben. Doch schrecken Beispiele ab, die nur zwei der drei Ziele auf Kosten des dritten erreichen: Singapur etwa, das zwar Wachstum und (organisierte) Solidarität, nicht aber politische Freiheit kennt. Indien hat innerhalb demokratischer Institutionen Formen des sozialen Zusammenhalts bewahrt, sich aber mit dem Wirtschaftswachstum schwer getan. In den Vereinigten Staaten andererseits sind hohes Wachstum und eine liberale politische Ordnung gepaart, aber der soziale Zusammenhalt lässt zunehmend zu wünschen übrig. Wenn alle drei Ziele wenigstens annäherungsweise erreicht werden sollen, ist eine bewusste Anstrengung nötig.

Ich habe diese Problematik zuerst ausführlich in dem hier abgedruckten Text für eine Konferenz des Entwicklungsprogramms der Vereinten Nationen (UNDP) erörtert. Der ursprünglich englische Text ist in viele Sprachen übersetzt worden. In Italien wurde er als separates Büchlein unter dem Titel Quadrare il cerchio *zum langlebigen Bestseller, der eine breite Diskussion wachrief. In Grossbritannien führte er zur Einsetzung einer vom Führer der Liberaldemokraten, Paddy Ashdown, angeregten, überparteilichen*

Kommission unter meinem Vorsitz, die 1995 einen Bericht unter dem Titel Wealth Creation and Social Cohesion in a Free Society *vorlegte. Der Bericht fand seinen Platz vor allem im Vorfeld der Bildung der Regierung Blair in Grossbritannien, aber auch sonst im Zuge der Erneuerung liberaler und sozialdemokratischer Programmatik.*

Es ist möglicherweise nicht zu viel zu sagen, dass die versuchte Quadratur des Kreises die politisch-intellektuelle Problematik der 90er Jahre genau traf. Doch ist das Aufzeigen von Problemen eines, die Skizzierung von Lösungen ein zweites. Insbesondere war nicht allen, die sich vom Gedanken einer Quadratur des Kreises angetan zeigten, klar, dass die Lösungen in verschiedenen Ländern unterschiedliche Akzentsetzungen verlangten. In Grossbritannien war nach den Thatcher-Reformen das Hauptthema nicht so sehr das Wirtschaftswachstum wie vielmehr der soziale Zusammenhalt. In Deutschland andererseits erwiesen sich lange Zeit die Besitzstände der Solidargemeinschaft als Hindernisse auf dem Weg zu einem nachhaltigen wirtschaftlichen Aufschwung. Dass überall der Druck auf demokratische Institutionen zunahm, ist das Thema mehrerer der folgenden Stücke in diesem Band.

Im Kern geht es bei der hier entworfenen Thematik also um die Formulierung einer sozialliberalen Position im Zeitalter der Globalisierung. Ökonomische Autoren, denen ich mich nahe fühle, wie Samuel Brittan und Adair Turner, sprechen da von einem «Umverteilungs-Marktliberalismus». Ich ziehe den Begriff eines «Grundausstattungs-Marktliberalismus» vor, der die gemeinsame sozialökonomische Basis aller Bürger betont. Doch reicht selbst diese nicht. Es müssen Politiken hinzukommen, die den Zusammenhalt in der Gesellschaft fördern. Das hat auch Folgen für die Wirtschaftsstruktur. Mobilität ist nicht immer gut. Klein ist nach wie vor beautiful *(um Fritz Schumacher zu zitieren) und zudem nützlich. Mein Lob der Sparkassen, der Kommunen, überhaupt der Glokalisierung, also des gleichzeitig globalen und lokalen Denkens, ist vor diesem Hintergrund zu verstehen.*

Die mit dem hier abgedruckten Text entworfene Position zählt zu meinen einflussreichen Schriften und ist auch ein Jahrzehnt nach ihrer Konzeption noch aktuell. Die folgende von mir vorgenommene Übersetzung ist sozusagen die erste authentische deutsche Version des Textes.

Zur Verteidigung der Ersten Welt

In ihren besten Zeiten war die Erste Welt kein schlechter Ort für ein gedeihliches Leben. Hat irgend jemand sie tatsächlich die Erste Welt genannt? Oder war die Zahl nur der unausgesprochene Hintergrund für die selten so bezeichnete Zweite Welt der kommunistischen Unterdrükkung, die nun fast ganz versunken ist, und dann die Dritte (später auch die Vierte) Welt des Elends, der Krankheiten und der Hoffnungslosigkeit? Was immer die Motive waren, wir sollten die Erste Welt nicht leichthin verwerfen. In ihren besten Zeiten verband sie drei soziale Tugenden:

- Volkswirtschaften, die nicht nur vielen ein anständiges Leben ermöglichten, sondern auch auf Wachstum eingestellt waren und daher denen, die noch nicht im Wohlstand lebten, Chancen eröffneten;
- Gesellschaften, die den Schritt von ständischen zu vertraglichen Beziehungen getan hatten, von unbefragter Abhängigkeit zu fragendem Individualismus, ohne doch die Gemeinschaften zu zerstören, in denen Menschen lebten;
- politische Ordnungen, die den Respekt für die Herrschaft des Rechts mit jenen Chancen der politischen Teilnahme, der Abwahl wie der Wahl von Regierungen verbanden, die wir uns gewöhnt haben Demokratien zu nennen.

Man mag wohl fragen, wann und wo dergleichen wohlhabende, zivilisierte und aufgeklärte Länder tatsächlich existierten. Da ist die Versuchung gross, sich hinter Abkürzungen zu verbergen und etwa auf die Welt der heutigen OECD-Länder zu verweisen, der Mitglieder der Organisation für Wirtschaftliche Entwicklung und Zusammenarbeit. Doch will ich der Versuchung widerstehen und Namen nennen. Die Vereinigten Staaten von Amerika in der Periode von Roosevelt bis Kennedy, wenngleich nicht ganz im selben Mass davor und danach, sind ein Beispiel. Viele Millionen Menschen aus aller Welt träumten davon, in Amerika zu leben, und ein beträchtlicher Anteil davon nahm grosse Mühen auf sich, um den Traum zu verwirklichen. Magneten der Zuwanderung sind nicht der schlechteste Index für soziales Wohlbefinden. Das gilt auch für andere Länder. Von Iren, verfolgten Juden und später Menschen aus den ärmeren Kolonien abgesehen hat das Vereinigte Königreich seit langem eine ausgewogenere Wanderungsbilanz als die USA; indes gehörte es für beträchtliche Perioden des Jahrhunderts sicherlich zur Ersten Welt im hier verstandenen Sinn. Das gilt auch für Teile des früheren britischen Empire, für das «gemässigte Commonwealth», wie manche es in klimatisch korrekter, wenn auch politisch inkorrekter Weise nennen – Australien und Neuseeland, Kanada und ein paar andere kleine Länder rings um die Welt. Dann sind die kleineren europäischen Länder zu erwähnen: die Schweiz, Schweden und auch die anderen skandinavischen Staaten. In den 1950er Jahren, als die Organisation für Europäische Wirtschaftliche Zusammenarbeit (was vor allem Wiederaufbau hiess) zur heutigen OECD wurde, gehörte der grösste Teil Westeuropas zu den *happy few*, den wenigen vom Glück Begünstigten.

Ihre Merkmale waren, um dies zu wiederholen, wirtschaftliche Chancen, Bürgergesellschaften und politische Freiheit. Indes würde es das Wohlwollen des Lesers über jedes erlaubte Mass strapazieren, wenn solche selbstzufriedenen Aussagen ganz ohne Einschränkungen blieben. Tatsächlich sind drei wichtige Einschränkungen nötig, bevor ein ernsthafter Diskurs möglich wird. Jede dieser Einschränkungen verdiente einen eigenen Essay.

Erstens hatte die Perfektion der Ersten Welt in ihrer Hochzeit auch Mängel. Alle ihre Mitglieder schlossen eine Minderheit von den Wohltaten ihrer Errungenschaften, ja sogar von ihren Chancen aus. Die Geschichte der Vereinigten Staaten ist eine lange Abfolge von Kämpfen für sozialen Einschluss – vom Bürgerkrieg bis zur Bürgerrechtsbewegung und darüber hinaus zur heutigen Unterklasse. Es ist erwähnenswert, dass diese Kämpfe zum grössten Teil innerhalb der Institutionen des Landes ausgefochten werden konnten. Überdies wurden sie nicht nur von den Ausgeschlossenen selbst gekämpft, sondern diese hatten Verbündete, zum Beispiel im Obersten Gericht; auch das ist erwähnenswert. Aber die amerikanische Gesellschaft war zu keiner Zeit auch nur annähernd perfekt im Hinblick auf wirtschaftliche Chancen, sozialen Einschluss oder politische Teilnahme. Bis zum heutigen Tag (um nur eine von allzu vielen schockierenden Tatsachen zu erwähnen) wird der amerikanische Präsident wahrscheinlich von nicht mehr als 15 Prozent der kraft Gesetzes Wahlberechtigten gewählt.

Amerikas Unvollkommenheiten sind ausgeprägt und sichtbar, aber die des Vereinigten Königreichs oder Australiens, der Schweiz oder Schwedens sind nicht minder schwerwiegend. Wirtschaftliche Ungleichheit bedeutete für viele, dass das Versprechen der Bürgerrechte unerfüllt blieb. Jahrzehnte der inneren Kämpfe – der Klassenkämpfe wie sie seinerzeit zu Recht genannt wurden – waren nötig, um die Grundgleichheit aller Menschen in der Gesellschaft zu behaupten. Überdies waren zwei moderne Kriege nötig; denn so schrecklich es ist, das zu sagen, gibt es doch keinen grösseren sozialen Gleichmacher als einen modernen Krieg, an dem ganze Bevölkerungen beteiligt sind. Es war kein Zufall, dass der Zweite Weltkrieg ein «totaler Krieg» genannt wurde.

Diese Kriege wurden natürlich nicht zwischen den grossen Demokratien selbst ausgefochten. Sie stellten zivilisierte und nicht (noch nicht?) ganz zivilisierte Länder gegeneinander, die, die es geschafft hatten, Chancen in allgemeine Anrechte zu verwandeln, gegen die, denen das nicht recht gelungen war. Ich betone dies aus gutem Grund und füge sogar die allgemeine These hinzu: die grosse Gefahr für den Frieden geht von Ländern aus, die unterwegs sind vom alten Zyklus der Armut, Abhängigkeit und Unfreiheit zu den Lebenschancen, die hier als Merkmale der Ersten Welt beschrieben worden sind. Wenn Menschen Chancen erkennen, aber noch nicht ergreifen können, wenn die Wirtschaftsentwicklung sich beschleunigt, aber die soziale und politische Entwicklung zurückbleibt, dann entsteht eine Mischung aus Frustration und Unverantwortlichkeit, in der Gewalt gedeiht. Solche Gewalt kann individuell und ohne klares Ziel bleiben, sie kann aber auch kollektiv werden und sich gegen glücklicher scheinende Nachbarn oder erfolgreichere Fremde im eigenen Land, oder auch gegen beide richten. Während wahrscheinlich hohe Wirtschaftsentwicklung verbunden mit politischer Demokratie und einer Bürgergesellschaft sowohl einen Sinn für Toleranz nach innen als auch friedliche internationale Beziehungen hervorbringt, ist doch der Weg, der zu einem solchen Stand der Dinge führt, voller Fallstricke und Versuchungen. «Das kaiserliche Deutschland und die industrielle Revolution» (um Thorstein Veblens Titel von 1915 zu zitieren) ist nur ein Beispiel. Wenn immer ein bislang traditionales Land sich auf diesen Weg begibt, hat der Rest guten Grund, nicht nur Hoffnungen, sondern auch Befürchtungen zu hegen.

Doch wird dies hier nicht gesagt, um den Rest zur Armut zu verdammen; im Gegenteil. Die zweite Einschränkung meiner Ausgangsthese über die Erste Welt besagt, dass die Bürgergesellschaft – Bürgerschaft – unvereinbar ist mit Privilegien. Das gilt nicht nur zu Hause, also in einem gegebenen Land, in dem Privilegien einiger ihrer Natur nach die Bürgerrechte der anderen beeinträchtigen, sondern auch international. Solange einige arm und überdies verdammt sind, arm zu bleiben, weil sie weitgehend ausserhalb des Weltmarktes leben, bleibt Wohlstand überall eine ungerechte Bevorzugung. Solange manche keinerlei Rechte der sozialen und politischen Teilnahme haben, lassen die Rechte der wenigen sich nicht als legitim beschreiben. Systematische Ungleichheit – zum Unterschied von der vergleichsweise zufälligen Ungleichheit innerhalb desselben Universums von Chancen – ist unvereinbar mit den zivilisierten Annahmen der Ersten Welt.

Das ist eine moralische Aussage, aber es ist nicht nur eine moralische Aussage. Nehmen wir das vielsagende Beispiel der Zuwanderung. Die freie Bewegung von Menschen zu verhindern, ist im Prinzip für freie Länder unannehmbar. Doch muss man verstehen, dass die Schweiz zum Beispiel die Lebensqualität ihrer Bürger aufs Spiel setzen würde, wenn sie jedem, der ins Land kommen will, erlaubte, sich mit gleichen Rechten niederzulassen. Was tut das Land also? Es lässt manche herein, weil sie einen nützlichen Beitrag leisten können, indem sie es zum Beispiel den Einheimischen erlauben, unangenehme Tätigkeiten zu vermeiden, aber es macht sie zu Bürgern zweiter Klasse, die nicht wählen dürfen, ja die ohne viel Vorwarnung «nach Hause» geschickt werden können. Die meisten indes werden erst gar nicht hereingelassen, und um eine solche Politik durchzusetzen, muss eine ganze Maschinerie der Kontrolle nicht nur an den Grenzen, sondern auch innerhalb des Landes installiert werden. Die erniedrigenden Erfahrungen von Asylanten in vielen Ländern der Ersten Welt sind eine lebende Anklage gegen deren Anspruch auf Zivilisiertheit, und doch gibt es auf diese Herausforderung keine einfache Antwort.

Vielmehr gibt es nur eine Antwort, und die ist nicht einfach. Sie liegt in der Universalisierung der Errungenschaften der Ersten Welt – in dem, was wir Entwicklung nennen. Andere sind besser qualifiziert als ich, um deren Problematik zu erörtern. Wir wissen heute mit Gewissheit, wenn wir es nicht immer schon wussten, dass wirtschaftliche und soziale Entwicklung ebenso sehr eine Sache der eigenen Anstrengungen von Ländern wie der äusseren Hilfe ist. Wir wissen zudem, dass grosse Länder, vor allem in Asien, aber auch in Lateinamerika, sich so erfolgreich auf den Weg der Wirtschaftsentwicklung begeben haben, dass die alte Erste Welt beginnt, sie als gefährliche Konkurrenz zu sehen. Wenn Menschen heute von der Dritten Welt sprechen, meinen sie in aller Regel Afrika; und in Afrika meinen sie nicht Tunesien oder auch das befreite Südafrika. Entwicklung kann also stattfinden und tut das auch.

Indes ist sie nicht nur ein prekärer, sondern auch ein langer Prozess. Möglicherweise führt sie die Menschheit durch die bedrohlichste Phase ihrer Geschichte. Die sogenannte Bevölkerungsexplosion; die Gefahren der militärischen Aggression, verschärft durch die weite Verbreitung tödlicher, auch nuklearer Waffen; militanter *integrisme*, um den französischen Begriff zu verwenden, der dem des «Fundamentalismus» vorzuziehen ist, weil er die Nichtdifferenzierung von Religion und weltlichen Angelegenheiten wie der Herrschaft des Rechts betont; Protektionismus im Hinblick auf Güter wie auf Menschen – diese und andere Übelstände sind mögliche und allzu oft wirkliche Nebenprodukte der frühen Phasen der Entwicklung, und sie werden uns noch für mehrere Generationen begleiten. Zwei Generationen? Drei Generationen? Jedenfalls noch für eine lange Zeit. Und doch ist das Ergebnis nötig, nicht wegen einer verborgenen Hand der Geschichte – solcher Hegelianismus liegt meiner Popperschen Denkweise fern –, sondern weil die Werte einer aufgeklärten und zivilisierten Gesellschaft verlangen, dass Privilegien ersetzt werden durch verallgemeinerte Anrechte, wenn schon nicht am Ende durch Weltbürgerschaft, dann doch durch Bürgerrechte für alle Menschen in der Welt.

Fügt man diesen Einschränkungen eine dritte hinzu, dann verblasst das scheinbar so leuchtende Bild, mit dem ich begann, noch weiter. Die dritte Einschränkung hat übrigens viel zu tun mit Karl Popper, oder mit Heraklit lange vor ihm: alles fliesst, nichts dauert für immer, nicht einmal die Segnungen von Wohlstand, Bürgergesellschaft und Demokratie. Aus gutem Grund habe ich ein-, zweimal das Tempus der Vergangenheit gewählt, um die Errungenschaften der Vereinigten Staaten, des Vereinigten Königreichs und sogar der Schweiz und Schwedens zu beschreiben. Zuweilen beschleicht einen das Gefühl, dass die grosse Zeit der liberalen Ordnung vorbei, zumindest aber bedroht ist. Nachdem ich das weitere Umfeld beschrieben habe, sind es diese Bedrohungen der Ersten Welt, auf die ich mich im Hauptteil dieses Essays konzentrieren werde, bevor ich zu einigen bescheidenen Empfehlungen zur Bekämpfung ihrer Wirkungen und vielleicht sogar ihrer Ursachen komme.

Auf die einfachste Formel gebracht, haben die Länder der OECD-Welt einen Punkt erreicht, an dem die wirtschaftlichen Chancen ihrer Bürger sie vor perverse Entscheidungen stellen. Um auf wachsenden Weltmärkten konkurrenzfähig zu bleiben, müssen sie Massnahmen ergreifen, die den Zusammenhalt ihrer Bürgergesellschaften möglicherweise unwiderruflich zerstören. Wenn sie nicht bereit sind, solche Massnahmen zu ergreifen, müssen sie ihre Zuflucht nehmen zu Beschränkungen der Bürgerfreiheiten und der politischen Teilnahme, die zu nicht weniger als einem neuen Autoritarismus führen. Zumindest scheint dies das Dilemma zu sein. Die vornehmste Aufgabe der Ersten Welt im kommenden Jahrzehnt ist es daher, die Quadratur des Kreises von Wohlfahrtsentwicklung, sozialem Zusammenhalt und politischer Freiheit zustande zu bringen. Die Quadratur des Kreises ist unerreichbar; aber man kann sich ihr annähern, und das ist wahrscheinlich alles, was ein realistisches Projekt des sozialen Wohlbefindens zu erreichen hoffen kann.

Vielleicht werden Länder jenseits des auserwählten Zirkels zuerst einen Weg durch dieses Labyrinth finden, wenngleich einem nicht viele in den Sinn kommen. Mexiko und andere Erfolgsgeschichten in Lateinamerika? Die Wahrscheinlichkeit ist hoch, dass sie am Ende die europäisch-amerikanische Malaise teilen. Die jetzt postkommunistischen Länder der früheren Zweiten Welt? Sie haben offenkundig ihre Mühe mit jeder der drei Aufgaben – Wirtschaftschancen, Bürgergesellschaft und politische Freiheit. Die Tiger und Drachen Asiens? China? Einstweilen weisen alle diese Länder das hier formulierte Problem von sich und suchen rasches Wirtschaftswachstum verbunden mit starkem sozialem Zusammenhalt, ohne sich sonderlich zu bemühen, zugleich die Herrschaft des Rechts und die politische Demokratie voranzubringen. So finden wir uns am Ende wieder in der OECD-Welt – einschliesslich ihrer entfernteren Mitglieder wie Japan –, wenn wir das Projekt akzeptieren.

Die Globalisierung, ihre Zwänge und Chancen

Es ist sicherlich möglich, Wirtschaft, Gesellschaft und Politik je für sich zu behandeln; tatsächlich ist das oft genug geschehen. Wirtschaftswachstum steht ganz oben auf der Tagesordnung der Regierungen der OECD-Welt, und deren Berater – Beamte ebenso wie Professoren – helfen ihnen dabei, sich auf das Thema unter Ausschluss aller anderen zu konzentrieren. Ist Deregulierung der magische Trick? Ist Inflation am Ende doch ein nützliches Schmiermittel für Wachstum? Was für Steuern sind nötig, um das Wachstum zu stimulieren statt es zu behindern? Extreme Anwälte des «Ökonomismus» – des ökonomischen Denkens als politischer Ideologie – vernachlässigen soziale Faktoren nicht nur, sondern halten sie für bedeutungslos. War es nicht eine Premierministerin, die sagte, «so etwas wie Gesellschaft gibt es nicht», weil sie Individuen ermutigen wollte, auf eigenen Füssen zu stehen? Aber die Gesellschaft hat noch genug Verteidiger, auch wenn Soziologen den meisten schon wegen 1968 und alledem verdächtig scheinen. In der Tat ist die auflösende, desintegrierende Qualität moderner Gesellschaften bereits seit einem Jahrhundert ein grosses Thema. Anomie, Selbstmord, Verbrechen; der Kollaps der Familie; der Verlust der Religion – derlei Beobachtungen waren aktuell, lange bevor «Gemeinschaft» wieder zu einem politisch korrekten Wort wurde. Und was das politische Gemeinwesen betrifft, so war die Demokratie in der Krise, seit die Regierungsform politische Wissenschaftler beschäftigt hat. Regierbarkeit war ein grosses Thema in den 1970er Jahren; aber schon Jahrzehnte früher haben Gelehrte und Politiker sich gefragt, warum Menschen sich von der Demokratie abwenden, wenn die Arbeitslosigkeit sie trifft und die Börse zu stottern beginnt.

Solche Anspielungen mögen uns schützen vor dem Irrtum der historischen Einmaligkeit – wenngleich der entgegengesetzte Irrtum, demzufolge die Geschichte sich immer wiederholt, nicht weniger gefährlich ist. Es spricht vieles dafür, dass in der OECD-Welt wirtschaftliches, soziales und politisches Wohlbefinden auf eine neue und schwer verständliche Weise miteinander verknüpft sind. Der Grund liegt wahrscheinlich, um es in einem Wort zu sagen, in der Globalisierung. Es ist schwierig und für die meisten unmöglich geworden, sich in dieser Welt zu verbergen. Alle Volkswirtschaften sind auf einem Marktplatz des Wettbewerbs miteinander verbunden, und überall ist die gesamte Wirtschaft an den grausamen Spielen beteiligt, die auf dieser Bühne ablaufen. Es gibt im Wortsinn kein Entkommen, und die Wirkungen der Globalisierung werden in allen Bereichen des sozialen Lebens spürbar.

Der Skeptiker wird hier sicherlich die Stirn runzeln: stimmt das wirklich? Und warum sollte es so sein? Überdies, was genau bedeutet Globalisierung? Der Skeptiker würde, aus der Perspektive von 1995, manches gute Argument auf seiner Seite haben. Die Globalisierung ist bislang keineswegs total. Ganze Volkswirtschaften, einschliesslich der chinesischen, sind eher national als global (wenn auch ein Teil ihres nationalen Erfolges auf ihrem globalen Engagement beruht). Wirtschaftsregionen bilden sich, um gemeinsame Märkte oder Freihandelszonen zu schaffen (wenn das auch eine Reaktion auf die neuen Produktivkräfte der Globalisierung sein mag und nicht deren Widerlegung). Innerhalb von Ländern scheinen wichtige Tätigkeitsbereiche wie das Gesundheitswesen oder die Kindererziehung, wenn nicht das Bildungswesen überhaupt, von globaler Konkurrenz weit entfernt (wenn es auch weder Zufall noch eine blosse Mode sein dürfte, dass die Werte einer globalisierenden Wirtschaft sogar diese Dienstleistungsbereiche erfasst haben). Es gibt also manche Belege für die Unvollkommenheiten der Globalisierung zu diesem Zeitpunkt; doch ist das kein Argument gegen die Kraft der Globalisierung.

Warum ist die Globalisierung überhaupt geschehen, und warum gerade jetzt? Die offenkundige Antwort ist wahrscheinlich die beste. Ob das Ende des Kalten Krieges Ursache oder Wirkung ist, mag eine offene Frage sein; sicher aber waren die Länder des Sowjetblocks wirtschaftlich nicht mehr lebensfähig. Ein Grund dafür war, dass der Begriff des Landes oder der Nation ein gutes Stück seiner wirtschaftlichen Bedeutung verloren hatte. Das wiederum war ein Ergebnis der Entstehung von transnationalen Gebilden, die es überraschend leicht fanden, ein Mass an Anpassung an lokale Bedürfnisse zu verbinden mit weltweiter strategischer Planung und Führung. Fügt man dem die beiden (verknüpften) «Revolutionen» der Informationstechnologie und der Finanzmärkte hinzu, dann entsteht eine ökonomische Szenerie, wie sie die Welt zuvor noch nie gesehen hatte. Nicht nur im Hinblick auf Geldbewegungen, sondern auch bei Dienstleistungen (wie der Buchung von Flugtickets) und am Ende sogar in der Produktion verlieren überkommene Grenzen jede Bedeutung. Politik und Technologie, der Druck der Märkte und organisatorische Neuerungen kommen alle zusammen, um in wichtigen Bereichen der Wirtschaftstätigkeit einen völlig neuen Raum zu schaffen, den niemand – kein Unternehmen, kein Staat – ignorieren kann, ohne dafür einen hohen Preis zu zahlen.

Was bedeutet also solche Globalisierung? Die wichtigste Antwort gilt der ungefragten Frage: was bedeutet sie nicht? Michel Albert hat uns in seinem Buch *Capitalism Against Capitalism* daran erinnert, dass es selbst unter Marktwirtschaften nie nur eine einzige Wirtschaftskultur gegeben hat. Seit langem empfinden wir, dass Japan anders ist als die Vereinigten Staaten und Deutschland anders als das Vereinigte Königreich. Die Unterschiede gehen sehr tief, auch wenn sie vielfach kaum verstanden werden. Der Rest der Welt übt immer wieder Druck auf Japan aus, seine Märkte zu öffnen, wo doch ein Grund ihrer Unzugänglichkeit in tiefsitzenden Geschmacksdifferenzen liegt und ein anderer, was manche ungern zugeben, in der japanischen Sprache. Deutschland und Britannien mögen weitgehend dieselbe Sprache der Wirtschaftspolitik sprechen; indes schaffen der Lehrbuch-Kapitalismus des Vereinigten Königreichs und der Lehrbuch-Korporatismus Deutschlands sehr unterschiedliche Haltungen, vor allem da das eine Lehrbuch eines der Ökonomie, hingegen das andere eines der Staatswissenschaften ist.

Solche kulturellen Unterschiede werden nicht verschwinden. In welchem Masse sie in Zukunft national geprägt sein werden, mag eine offene Frage sein. Die Regionen, die sich in Ansätzen bilden, haben eine gewisse kulturelle Plausibilität, also Europa, die Amerikas, Ost- und Südostasien. (Es ist gerade darum erkennbar, dass manche Länder nicht eindeutig dazugehören, wie Grossbritannien in Europa und möglicherweise in zunehmendem Masse Japan in Asien.) Wie immer die so entstehenden Strukturen in einem bunten Kaleidoskop von noch-nicht-kristallisierten Weltentwicklungen aussehen werden, die Grundvermutung bleibt richtig, dass es unterschiedliche Reaktionen auf die Globalisierung geben wird, auch wenn der globale Marktplatz manche gemeinsamen Verhaltensweisen von allen verlangt. In der Tat verlöre die in diesem Essay gestellte Frage ihren Sinn, wenn es solche Unterschiede nicht mehr gäbe. Die Quadratur des Kreises von Wirtschaftswachstum, Bürgergesellschaft und politischer Freiheit ist eine universale Aufgabe, aber es wäre ganz abwegig anzunehmen, dass alle sie in diesen Begriffen anpacken oder auch nur anzupacken versuchen werden. Für die, die es tun, gilt die Annahme, dass das Ziel auf mancherlei Weise angestrebt werden kann, ohne dass die Konkurrenzfähigkeit auf dem globalen Marktplatz darunter leiden müsste.

Was sind die unausweichlichen Konsequenzen der Globalisierung? Was muss, mit anderen Worten, überall getan werden, wenn Unternehmen, Länder oder Regionen sich nicht zur Rückständigkeit und Verarmung verdammen wollen? Um ein Modewort zu verwenden, brauchen die wirtschaftlich Handelnden vor allem Flexibilität. Das Wort soll etwas Wünschenswertes vermitteln, obgleich es für viele den Preis kennzeichnet, den sie zu zahlen haben. Überdies hat das Wort so viele Bedeutungsnuancen, dass es schwer fällt, es auf einen bestimmten Sinn festzulegen. Dennoch können Unternehmen auf dem Weltmarkt nicht überleben ohne ein beträchtliches Mass an Flexibilität.

Flexibilität bedeutet in erster Linie die Beseitigung von Rigiditäten. Deregulierung und weniger Einmischung des Staates allgemein tragen zur Schaffung von Flexibilität bei; viele würden noch eine verringerte Steuerlast für Unternehmen und Einzelne hinzufügen. Flexibilität bedeutet in wachsendem Masse die Lockerung der starren Regeln des Arbeitsmarktes. Einstellungen und Entlassungen werden leichter; Löhne können sich nach unten wie nach oben bewegen; es gibt mehr und mehr Teilzeitbeschäftigung und Zeitverträge; von Beschäftigten wird verlangt, dass sie ihre Stelle, auch ihre Arbeitgeber und ihre Beschäftigungsorte zu wechseln bereit sind. Sie müssen selbst flexibel sein. Das gleiche gilt natürlich für Unternehmer; da kommt Schumpeters idealisierte Gestalt des Unternehmers als «schöpferischem Zerstörer» ins Spiel. Flexibilität bedeutet auch die Bereitschaft aller, technologische Veränderungen zu akzeptieren und rasch auf sie zu reagieren. In den Kategorien der Vermarktung ist Flexibilität die Fähigkeit, Chancen zu ergreifen, wann immer sie sich eröffnen, aber auch sich rechtzeitig herauszuziehen, wenn die Chancen von gestern sich schliessen. Die Thematik ist ja vertraut genug, wie auch die sie begleitende Sprache der strukturellen Anpassung, der Effizienzgewinne, der Konkurrenzfähigkeit und der anscheinend endlosen Produktivitätszuwächse.

Dennoch bleiben Alternativen zur Wahl. Zumindest in der Theorie sind es Alternativen; in der Praxis ergeben sich diese zumeist durch Umstände, Traditionen und unwiderstehlichen Druck. Nur zwei dieser Alternativen seien genannt, weil sie für die folgende Argumentation relevant sind. Die eine ist die zwischen einer Niedriglohn-Ökonomie und einer der hohen Qualifikation. Tatsächlich dürften die meisten Länder beide kombinieren; dennoch gibt es wichtige Unterschiede der Akzentuierung. Niedriglohn-Ökonomien finden ihren Platz auf dem Weltmarkt, indem sie andere unterbieten. Ihre Produkte sind billiger, wenngleich ihre Beschäftigten auch ärmer sind. Manchmal hört man die These, dass dies der einzige Weg zum Erfolg ist; doch lehren die Tatsachen, dass extremer Ökonomismus dieser Art meist ein Fehler ist. Auch ein hohes Qualifikationsniveau kann einen Konkurrenzvorteil bringen. Das ist nicht nur darum der Fall, weil durch hohe Qualifikationen, und nur durch sie, die Grenzen der Technologie vorangetrieben werden, sondern auch weil trotz der Computerisierung gewisse Qualitätsprodukte und Produktqualitäten menschliche Fertigkeiten verlangen. Von einem bestimmten Punkt an ist sogar eine hochqualifizierte Person billiger als fünf niedrig Entlohnte, die eine ähnliche Leistung erbringen. Wenn von Alternativen die Rede ist, hat es den Anschein, dass die Vereinigten Staaten in die Richtung der niedrigen Entlohnung tendieren, während Japan sich für hohe Qualifikationen entschieden hat; das Vereinigte Königreich zieht niedrigen Lohn vor und Deutschland hohe Qualifikationen.

Eine zweite Alternative mag mit der ersten verknüpft sein; sie lässt sich nicht ganz leicht genau beschreiben. Dabei handelt es sich um niedrige Steuern und andere Sozialbeiträge verbunden mit hohen Gewinnen einerseits und hohen Steuern und Beiträgen verbunden mit niedrigen ausgeschütteten Gewinnen andererseits. Es ist entscheidend, dass der Unterschied investitionsneutral sein kann in dem Sinn, dass die in Frage stehenden Ressourcen zwar unterschiedlich zwischen Aktionären und Arbeitnehmern aufgeteilt werden, die Investitionsquote aber konstant bleibt. Tatsächlich spricht allerdings viel dafür, dass der Weg der niedrigen Gewinne langfristige Investitionen wahrscheinlicher macht als der Weg der niedrigen Steuern. Dabei variieren die Methoden der Investition; der Weg der niedrigen Gewinne impliziert eine grössere Rolle der Banken und eine geringere der Börse, und umgekehrt. Es würde sich lohnen, andere Implikationen der Alternative im einzelnen zu verfolgen, darunter die des eher privaten oder staatlichen Charakters von Sozialleistungen. Jedenfalls ist hier eine wichtige Wahlentscheidung zu treffen; und einmal mehr sehen wir die anglo-amerikanischen Volkswirtschaften (und diejenigen, die ihrem Vorbild oder auch nur den auf ihrer Erfahrung beruhenden Lehrbüchern gefolgt sind) auf der einen Seite, der von niedrigen Steuern und hohen ausgeschütteten Gewinnen, und Japan und Kontinentaleuropa auf der anderen Seite.

Wenn von Wahlentscheidungen die Rede ist, ist ein weiterer Punkt zu wiederholen, von dem schon die Rede war im Zusammenhang der unvollständigen Globalisierung. Trotz der enormen Kraft des globalen Marktplatzes gibt es nach wie vor so etwas wie den privilegierten Marktzugang, das wird wohl auch so bleiben. Selbst ohne ausdrücklichen Protektionismus existiert das Japan-Phänomen überall in grösserem oder geringerem Masse. Menschen «kaufen amerikanisch» in den Vereinigten Staaten, sie «kaufen deutsch» in Deutschland, und sie «kaufen britisch» im Vereinigten Königreich, wenn es denn noch britische Produkte auf dem Markt gibt. Bei regionalen Handelsabkommen geht es um die Ausweitung solcher privilegierten Märkte. «Amerikanisch kaufen» heisst dann «NAFTA-amerikanisch kaufen» und «europäisch kaufen» ersetzt den Ruf zu nationaler Kundenloyalität. In idealtypischen Begriffen bringt solcher Regionalismus Inflexibilität mit sich, auch wenn viele lieber von Berechenbarkeit oder Sicherheit sprechen. Diese Tatsache sollte nicht in Vergessenheit geraten.

Die Rede von Alternativen darf indes nicht ablenken von der Hauptthese, um die es geht. Die Optionen, von denen hier die Rede war, sind leichte Variationen des grossen gemeinsamen Themas der Globalisierung. Die Kräfte der Globalisierung sind überall stark. Sie begründen den Druck auf grössere Flexibilität mit all den oben erwähnten Implikationen. Wenn sie die eine oder andere Variante wählen, können Unternehmen – sogar Länder, denn viele Entscheidungen verlangen staatliches Handeln – bestimmten Effekten die Spitze nehmen oder ihnen auch eine zusätzliche Spitze geben; aber eines können sie nicht: sich vom globalen Marktplatz verabschieden. Selbst der Versuch, in einem früheren sozialökonomischen Zeitalter zu verweilen, weil das den Zwecken von Diktatoren dient, wird auf längere Sicht nicht funktionieren, wie die Beispiele von Burma und Kuba und wahrscheinlich bald auch Nordkorea zeigen.

Bürgergesellschaft unter Druck

Was sind die Auswirkungen der Globalisierung auf die Bürgergesellschaft? Das ist unsere nächste Frage. Die Antwort lautet, sie bedroht die Bürgergesellschaft in einer Mehrzahl von folgenschweren Weisen. Der Begriff der «Bürgergesellschaft» (*civil society*) ist eher suggestiv als genau. Er suggeriert zum Beispiel, dass Menschen sich zueinander in zivilisierter Weise verhalten; dieser Hinweis ist beabsichtigt. Er suggeriert auch, dass ihre Mitglieder den Status von Bürgern geniessen, was wiederum beabsichtigt ist. Indes ist die Kernbedeutung des Begriffs durchaus präzise. Bürgergesellschaft beschreibt die Assoziationen, in denen wir unser Leben verbringen, und die ihre Existenz unseren Bedürfnissen und Initiativen, nicht aber dem Staat verdanken. Manche dieser Assoziationen sind durchaus bewusst geschaffen und oft von begrenzter Lebensdauer, wie Sportclubs oder politische Parteien. Andere sind tief in der Geschichte begründet und haben ein sehr langes Leben, wie Kirchen oder Universitäten. Wieder andere verbinden sich mit den Orten, an denen wir leben und wirken – Unternehmen, Kommunen. Die Familie ist ein Element der Bürgergesellschaft. Das kunterbunte Netzwerk solcher Assoziationen – ihr schöpferisches Chaos, wie man versucht sein könnte zu sagen – bildet die Realität der Bürgergesellschaft. Das ist eine kostbare Realität, weit davon entfernt universal zu sein, selbst das Ergebnis eines langen Zivilisationsprozesses; doch ist die Bürgergesellschaft oft bedroht, durch autoritäre Herrscher oder eben durch die Kräfte der Globalisierung.

Die sozialen Wirkungen der wirtschaftlichen Antworten auf die Herausforderungen der Globalisierung sind vor allem in den Vereinigten Staaten zum Gegenstand der öffentlichen wie der wissenschaftlichen Aufmerksamkeit geworden. Das ist kein Zufall. Nordamerika ist die Heimat der modernen Bürgergesellschaft; daher werden Bedrohungen ihrer Kraft dort am deutlichsten empfunden. Plötzlich zerbröckelt Tocquevilles Welt, ja sogar die der Autoren der *Federalist Papers*. Die «Enteinigung Amerikas» ist das neue Thema, und es wird begleitet von Angst, Gewalt und Formen des Fundamentalismus. Da ist es ein geringer Trost, dass Amerika nicht allein steht mit dieser Sorge. Der folgende skizzenhafte Katalog von Beispielen des Drucks auf die Bürgergesellschaft bezieht sich auf europäische ebenso wie auf amerikanische Erfahrungen und lässt sich zum Teil auch auf andere OECD-Gesellschaften anwenden.

Ökonomische Globalisierung scheint verbunden zu sein mit neuen Formen des sozialen Ausschlusses. Zum einen sind Ungleichheiten des

Einkommens gewachsen. Manche halten alle Ungleichheiten für unvereinbar mit einer anständigen Bürgergesellschaft; das ist nicht meine Meinung. Ungleichheit kann eine Quelle der Hoffnung und des Fortschritts sein, zumindest in einem Umfeld, das hinlänglich offen ist, um Menschen in die Lage zu versetzen, ihre Lebenschancen durch ihre eigene Bemühung zu verbessern. Die neue Ungleichheit ist indes von anderer Art; sie lässt sich eher als Ungleichmacherei beschreiben, als das Gegenteil der Nivellierung; sie schafft steile Wege nach oben für manche, gräbt aber tiefe Löcher für andere, schafft damit Gegensätze und spaltet die Gesellschaft. Das Einkommen der oberen zehn oder auch zwanzig Prozent steigt beträchtlich, während die unteren zwanzig, ja vierzig Prozent ihr Einkommen fallen sehen. Robert Reich und andere haben diese Beobachtung zum Ausgangspunkt ihrer Suche nach Abhilfe gemacht, wenngleich Reich selbst als amerikanischer Arbeitsminister nicht imstande war, viel zu tun, um den Trend umzukehren. Das systematische Auseinanderklaffen der Lebenschancen grosser sozialer Gruppen ist unvereinbar mit einer Bürgergesellschaft.

Dieser Prozess wird noch durch die Tatsache verschlimmert, dass eine kleinere, aber nicht unbeträchtliche Zahl ganz und gar durch das Netz der Bürgerschaft gefallen zu sein scheint. Begriff und Phänomen der Unterklasse sind durchaus umstritten. Nicht alle mögen den Ausdruck, der in der Tat in den Kategorien der Klassentheorie durchaus problematisch ist. Die sozial Ausgeschlossenen sind keine Klasse; sie sind allenfalls eine Kategorie von Menschen mit sehr unterschiedlichen Lebensgeschichten. Obwohl es manchen gelingt, aus ihrer Lage zu entkommen, finden sich viele in einer Position, in der sie den Kontakt mit der «offiziellen» Welt des Arbeitsmarktes, des politischen Gemeinwesens, der Gesellschaft überhaupt verloren haben. Fünf Prozent? Zehn Prozent? Die Zahlen variieren, aber die meisten OECD-Länder kennen heute in ihrer Mitte diejenigen, die William Julius Wilson «die wahrhaft Benachteiligten» nennt – angebliche Bürger, die doch Nicht-Bürger sind und damit eine lebende Anklage der übrigen.

Viele der wahrhaft Benachteiligten sind nicht nur wirtschaftlich ausgeschlossen; sie gehören auch aus anderen Gründen nicht dazu, als «Fremde» auf Grund ihrer Rasse, Nationalität, Religion oder anderen Unterscheidungsmerkmalen, die ein Alibi liefern für Diskriminierung, Fremdenfeindlichkeit, oft Gewalt. Absteigende soziale Gruppen, wie die 40 Prozent, deren Realeinkommen seit zehn oder mehr Jahren gefallen sind, bilden den Nährboden für solche Ressentiments. Grenzen, einschliesslich sozialer Grenzlinien, fallen denen, die ihnen am nächsten sind, immer besonders auf. Eine Woge der «ethnischen Säuberung» beschränkt sich nicht auf Kriegsgebiete wie Bosnien und Herzegowina, sondern droht, uns alle mitzureissen.

Was hat das mit der Globalisierung zu tun? Was die neue Ungleichheit betrifft – die zunehmende Divergenz derer nahe der Spitze und derer ganz unten –, so bringt diese uns zurück zu der Wahl zwischen niedrigem Lohn und hoher Qualifikation. Die, deren Fertigkeiten gebraucht werden, verdienen ein gutes Gehalt, aber viele, die in der Vergangenheit erträglich entlohnt wurden, sind jetzt auf ein niedriges und oft zudem unregelmässiges Realeinkommen abgesunken. Auch gibt es keine erkennbare Route zurück zum Weg nach oben. In der Tat werden manche – so schrecklich es ist, das zu Papier zu bringen – schlicht nicht gebraucht. Die Wirtschaft kann auch ohne ihren Beitrag wachsen. Wie man sie auch betrachtet, sind sie für die übrigen ein Kostenfaktor und kein Nutzen.

Mildere, aber darum nicht minder stark empfundene Formen dieser Erfahrung haben jetzt die Mittelschichten erreicht. Die letzte Welle der Effizienzgewinne hat vor allem in Grossunternehmen bedeutet, dass Büroangestellte entlassen werden, bis hin zu den noch vor kurzem so hochgelobten Gruppen des mittleren Managements. Solche Trends belegen eine tiefgehende Veränderung der Arbeitswelt. Es wäre abwegig zu behaupten, dass es nicht genug zu tun gibt für alle, aber Arbeit mit zeitlich unbegrenzten Verträgen und anständiger Entlohnung ist zunehmend schwer zu finden. Sie ist geradezu ein Privileg, nicht eine realistische Hoffnung für alle. Die produzierende Industrie und viele Dienstleistungen folgen der Landwirtschaft in eine Stratosphäre der Produktivität, in der die Hälfte der in der Vergangenheit Beschäftigten oder noch weniger die doppelte Leistung erbringen können oder noch mehr. Was bleibt, ist eine seltsame Ansammlung von persönlichen Dienstleistungsstellen, zahlreichen Formen der versteckten Arbeitslosigkeit – manche heissen «Bildung», andere «Selbständigkeit» – und in Europa Langzeitarbeitslosigkeit für mindestens fünf und wahrscheinlich bald zehn Prozent der Bevölkerung im arbeitsfähigen Alter.

Hier werden keine tiefer gehenden Betrachtungen über die Bedingungen angestellt, unter denen Bürgergesellschaften gedeihen. Indes bedrohen Armut und Arbeitslosigkeit ihr Gewebe selbst. Die Bürgergesellschaft verlangt Chancen der Teilnahme, die in den OECD-Gesellschaften (wenn nicht überall) durch Arbeit und einen anständigen Mindeststandard des Lebens gegeben werden. Werden sie für eine wachsende Zahl verloren, dann geht die Bürgergesellschaft mit ihnen dahin.

Eine weitere Menge von mit der wirtschaftlichen Globalisierung verbundenen sozialen Fragen ist zu erwähnen. Von der Ambivalenz der Flexibilität war schon die Rede. Sie mag die andere Seite der Rigidität sein, aber sie ist auch das Gegenstück zu Stabilität und Sicherheit. Es ist zumindest zu fragen, in welchem Masse Stabilität und Sicherheit Voraussetzungen der Bürgergesellschaft sind. Sowohl geographische Immobilität als auch die Sicherheitsversprechen des Wohlfahrtsstaates mögen in Teilen Europas in den 1960er und 1970er Jahren zu weit gegangen sein. Die amerikanische Erfahrung in der Vergangenheit zeigt, dass sich wirksame Gemeinschaften trotz hoher Mobilität und niedriger Sozialleistungen schaffen lassen. Aber die ökonomische Reaktion auf die Globalisierung ist ihrer Natur nach stabilitäts- und sicherheitsfeindlich. Die Entwurzelung von Menschen wird zur Bedingung der Effizienz und Konkurrenzfähigkeit; eine Mentalität des «raffe dich auf und suche dir Arbeit» beherrscht alles. Hinzu kommt, dass die Demontage des Wohlfahrtsstaates überall auf der Tagesordnung steht.

Solche Entwicklungen müssen nicht durchweg schlecht sein; sie sind bis zu einem gewissen Grade unvermeidlich. Aber das Pendel schwingt weit in die Gegenrichtung. Das hat die zweifache Wirkung der Zerstörung wichtiger Aspekte des Gemeinschaftslebens und eines wachsenden Gefühls der Unsicherheit bei vielen. Die verkommenden Innenstädte erzählen einen schockierenden Teil der Geschichte, verschlimmert durch die Tendenz, Einkaufszentren auf der grünen Wiese zu bauen und die alten Marktplätze und Hauptstrassen zu verlassen. Zeitverträge – wie Teilzeitarbeit – mögen für eine Weile ganz angenehm sein, vor allem für Junge und Gesunde und vielleicht für jüngere Frauen; aber Menschen, sogar Kinder, werden älter, und mit 55 Jahren oder noch früher zu entdecken, dass man nicht mehr gebraucht wird, reicht, um manche zu «grauen Panthern» zu machen.

Fügt man solchen Phänomenen noch die Wiederkehr des Sozialdarwinismus unter dem Druck der Globalisierung hinzu, dann wird das Gemisch höchst misslich. Zuweilen entdeckt man ja zumindest in Europa seltsame Ähnlichkeiten zwischen dem Ende des 19. und dem Ende des 20. Jahrhunderts. Damals wie heute hatten Menschen eine Periode des ungezügelten Individualismus hinter sich – «Manchestertum» damals, «Thatcherismus» heute. Individuen standen einander in scharfer Konkurrenz gegenüber, wobei die stärksten obsiegten, oder vielmehr die Obsiegenden als die stärksten beschrieben wurden, was immer die Talente waren, die sie zu ihrem Erfolg geführt hatten. Damals wie heute gab es eine Reaktion. Um 1900 wurde sie vielfach Kollektivismus genannt. Heute ist das eine völlig diskreditierte Vokabel. Indes hat die neue Mode ein ähnliches Ziel; sie nennt sich Kommunitarismus.

Die schwerwiegendste Wirkung der mit Flexibilität, Effizienz, Produktivität, mit Konkurrenzfähigkeit und Profitabilität verknüpften Werte ist möglicherweise die Zerstörung der öffentlichen Dienste. Der Ausdruck muss präzisiert werden; es ist die Rede von der Zerstörung des öffentlichen Raums und zugleich der Werte des Dienens, die dazugehören. Die vorherrschende Philosophie von Zuckerbrot und Peitsche hat jene anderen Motive zuerst vernachlässigt und dann bewusst zurückgewiesen, die Menschen dazu bringen, Dinge zu tun, weil sie richtig sind, oder selbst weil Menschen ein Pflichtbewusstsein, einen Sinn für Verantwortung haben. Die Einführung pseudo-ökonomischer Motive und Begriffe in den öffentlichen Raum raubt diesem seine wesentliche Qualität. Ein nationaler Gesundheitsdienst, allgemeine öffentliche Bildung, garantierte Grundeinkommen unter welchem Namen auch immer werden Opfer eines amoklaufenden Ökonomismus. Es verwundert nicht, dass der Nahverkehr oder der Umweltschutz oder die öffentliche Sicherheit dabei leiden.

Das düstere Bild ist natürlich nicht die ganze Wahrheit. Manchen Menschen geht es besser als je zuvor; sie haben mehr Wahlchancen nicht nur zwischen Spülmitteln und Fernsehkanälen, sondern auch im Bildungswesen und in ihrer Freizeit, sie leben länger; sie nörgeln zwar, aber so sind Menschen und vielleicht sollten sie so sein, wenn es ihnen angesichts der misslichen Dinge, die sie sehen, hilft. (Leser von Albert Hirschmann werden mehr als nur Spuren seiner Unterscheidung von *Exit, Voice and Loyalty* in diesen Bemerkungen entdeckt haben.) Doch kann wenig Zweifel daran bestehen, dass die wirtschaftlichen Herausforderungen des globalen Marktplatzes der Bürgergesellschaft nicht geholfen haben. Eine analytische Anmerkung mag dieser Behauptung Substanz verleihen und zugleich überleiten zu dem Thema der politischen Freiheit, dem wir uns dann zuwenden müssen.

Ich habe von der Unterklasse gesprochen, von den «grauen Panthern» und davon, dass Menschen ihren Sorgen lautstark Ausdruck geben. Warum gibt es keine Massenbewegung zur Verteidigung der Bürgergesellschaft? Wo ist das Äquivalent des 20. Jahrhunderts für die Arbeiterbewegung des späten 19. Jahrhunderts? Es existiert nicht, und es wird auch nicht existieren. Aus Gründen, die nicht erst mit den Herausforderungen der Globalisierung wirksam wurden, hat die zunehmende Individualisierung nicht nur die Bürgergesellschaft, sondern auch soziale Konflikte verändert. Viele Menschen mögen dasselbe Geschick teilen, aber es gibt keine einheitliche und einigende Erklärung für ihr Leiden, keinen Gegner, der bekämpft und zum Nachgeben gezwungen werden kann. Wichtiger und schlimmer noch, die wahrhaft Benachteiligten und diejenigen, die befürchten müssen, in ihre Lage zu geraten, vertreten keine neue Produktivkraft der Zukunft, ja noch nicht einmal eine Kraft, mit der man sich heute auseinandersetzen müsste. Die Reichen können auch ohne sie reicher werden; Regierungen können ohne ihre Stimmen wiedergewählt werden; und das Bruttosozialprodukt kann wachsen und wachsen und wachsen.

Es ist keineswegs leichter, mit individualisiertem Konflikt fertig zu werden – ihn zu regeln – als mit organisierten Kämpfen von Klassen oder anderen Gruppen; im Gegenteil. Der neue Konflikt bedeutet, dass Menschen kein Gefühl der Zugehörigkeit haben, kein Engagement und daher auch keinen Grund, das Gesetz und die hinter ihm stehenden Werte zu befolgen. Wenn es keine Arbeitsplätze gibt, warum nicht Cannabis rauchen, zu wilden Parties gehen, Autos für *joy rides* zu stehlen, alten Frauen die Handtasche wegnehmen, rivalisierende Gruppen verprügeln und wenn es sein muss töten? Der Begriff «Recht und Ordnung» deckt eine Vielzahl von Dingen und ist oft Anlass für masslose Übertreibungen. Doch lässt sich die Beobachtung schwerlich abweisen, dass soziale Desintegration sich mit einem Mass an aktiver Unordnung verbindet. Junge Männer, in zunehmendem Masse auch junge Frauen und viele, die nicht so jung sind, sehen keinen Grund, sich an geltende Regeln zu halten, die für sie die Regeln der anderen sind. Sie verabschieden sich von einer Gesellschaft, die sie ohnehin schon an den Rand gedrängt hat. Sie werden zu einer Bedrohung. Die es sich leisten können, zahlen für ihren Schutz. Kaum ein Berufsstand wächst rascher als die privaten Sicherheitsdienste (obwohl sie schlecht bezahlt werden und daher voller Versuchungen sind). Die sich solchen Schutz nicht leisten können, werden Opfer. Ein Gefühl, dass das notwendige Minimum an Ordnung gefährdet ist, breitet sich aus, ein Empfinden der Anomie (wie man mit Durkheim sagen würde), der Gesetzlosigkeit und der tiefen Unsicherheit.

Versuchungen des Autoritarismus

Die Erfordernisse der globalen Konkurrenz verbunden mit sozialer Desintegration sind nicht günstig für die Verfassung der Freiheit. Freiheit und Vertrauen gehören zusammen – Selbstvertrauen, Vertrauen in die Chancen, die das Umfeld bietet, Vertrauen in die Fähigkeit des Gemeinwesens, in dem man lebt, gewisse Grundregeln, um die Herrschaft des Rechts zu garantieren. Wenn dieses Vertrauen zu zerbröckeln beginnt, führt die Freiheit bald zurück zu urtümlicheren Verhältnissen, zum Krieg aller gegen alle. Wer gedeiht in einem Zustand der Anarchie? Der Gangsterboss, der Hochstapler, der Spekulant, allenfalls der Narr, wenn er einen schützenden Herrn findet – aber nicht der Bürger, denn diesen gibt es nicht mehr. Alle anderen werden Opfer. Menschen mögen diese Aussicht nicht, vor allem wenn sie einmal Bürger waren. Sie beginnen, an der Weisheit der Väter ihrer Verfassungen zu zweifeln, wenn Freiheit zu Anomie führt. Sie suchen nach einem Ausweg, nach Autorität.

Auch hier wieder ist es wichtig, dramatische und eher metaphorische Wendungen auf ihren analytischen Kern zu reduzieren. Ein offenbarer Aspekt der Globalisierung liegt darin, dass die OECD-Länder nicht länger allein sind auf der Welt. Konkurrenzfähigkeit heisst nicht mehr nur, dass Europa und Nordamerika es mit Japan, ihrem OECD-Partner, aufnehmen müssen. Es gibt neue Mitspieler, die noch nicht OECD-Mitglieder sind und es vielleicht nie sein werden, vor allem in Asien. Die chinesische Diaspora hat das Erscheinen einer wachsenden Zahl von ernsthaften globalen Mitspielern in die Wege geleitet, wobei Hongkong und Taiwan und andere Länder mit einer chinesischen Unternehmerklasse Gesellschaft bekommen haben in Form von Südkorea und Thailand. Jetzt ist ihnen China selbst gefolgt. Von kaum mehr als 5 Prozent der Weltexporte noch im Jahr 1980 haben sich die asiatischen Tiger und Drachen plus China im Jahr 1994 auf beinahe 15 Prozent gesteigert; seit der Mitte der 1980er Jahre ist das Bruttosozialprodukt dieser Länder fast dreimal so stark gewachsen wie das der OECD-Länder.

Wichtiger noch, die neuen asiatischen Wirtschaftsriesen, oder jedenfalls deren politische Sprecher, zeigen keinerlei Absicht, europäischen Wegen zu folgen. «Das Asien, das nein sagen kann» ist der Titel eines Buches des Premierministers von Malaysia, Dr. Mahathir Mohammed, in dem eine «Politik des Kampfes gegen Europa und Amerika» entworfen wird. (Der Titel ist übrigens angelehnt an den des früheren japanischen Bestsellers von Shintaro Ishihara, *Das Japan, das nein sagen kann.*) Dr. Mahathirs These ist einfach; sie ist oft genug von Singapurs Senior Minister Lee Kwan Yew und anderen Sprechern der Regierung von Singapur vorgebracht worden. Sie besagt, dass Asien mit jedem und allen auf den Weltmärkten konkurrieren kann, ohne seine eigenen Werte aufzugeben. Keine verödeten Innenstädte, keine Unterklasse, keine Drogen und kein Verbrechen für Asien! Sozialer Zusammenhalt – manche nennen seinen Kern Konfuzianismus – bleibt die moralische Grundlage des

Lebens und wird das Wirtschaftswachstum nicht beeinträchtigen. In der Tat können solche Werte das Wirtschaftswachstum befördern.

Und wie soll das Eindringen der gefürchteten westlichen Werte verhindert werden? Durch starke Regierungen, lautet die Antwort. Autoritarismus ist nicht Totalitarismus. Autoritäre Herrscher ertragen keine aktive Opposition, aber sie lassen die Leute allein, solange diese die herrschenden Mächte nicht attackieren. Gesetzestreue Bürger, die mit Fleiss ihre eigenen Dinge besorgen und im übrigen unanstössige private Leben führen, brauchen den Zorn ihrer Führer nicht zu fürchten. Die permanente und totale Mobilisierung aller durch den Staat, die totalitäre Regimes kennzeichnet, findet nicht statt. Unter anderem wäre sie unvereinbar mit einer erfolgreichen modernen Ökonomie. Aber diejenigen, die die Regierung für ihre niemandem verantwortliche Macht kritisieren, die ihre Redefreiheit benutzen, um Vetternwirtschaft blosszustellen, die es wagen, bei Wahlen alternative Kandidaten aufzustellen, geraten alsbald in Schwierigkeiten. Die Grenzen der Bürgerfreiheit sind eng gezogen.

Ist dies daher die Alternative, der sich moderne Gesellschaften gegenübersehen: Wirtschaftswachstum und politische Freiheit ohne sozialen Zusammenhalt – oder Wirtschaftswachstum und sozialen Zusammenhalt ohne politische Freiheit? Gibt es also eine Alternative zum westlichen Modell, die ebenso gangbar ist, und attraktiver für manche, wenn auch inakzeptabel für andere? Viele Wirtschaftsführer mögen das asiatische Modell, und konservative Politiker von Margaret Thatcher zu Silvio Berlusconi übernehmen ihre Sprache. Asiatische Werte sind zur neuen Versuchung geworden und mit ihnen der politische Autoritarismus. Lasst uns das amerikanische Modell aufgeben – so will es die neue Mode – und nach Asien blicken, wo ein neues Modell für die Verbindung von wirtschaftlichem Fortschritt mit sozialer Stabilität und konservativen Werten entstanden ist!

Die Geschichte ist nicht so neu, wie sie klingt. Unter anderen Namen hat sie die moderne Wirtschaftsentwicklung seit mehr als einem Jahrhundert begleitet. War nicht auch das kaiserliche Deutschland ein Beispiel für die Verbindung der industriellen Revolution mit einem autoritären Regime? Und hat sich nicht Deutschland von diesem Irrweg befreit? Für Länder, die modernen Ökonomien den Weg ebnen, bevor ihre Gesellschaft bürgerlich und ihre Politik demokratisch geworden sind, ist die Versuchung des Autoritarismus gross. (Das gleiche gilt übrigens für Länder, die gleichzeitig die ökonomische und die politische Transformation von der Tyrannei eines Führers oder einer Partei zu einer offenen Gesellschaft zustande zu bringen suchen.) In ihrem Frühstadium verlangt die Schaffung einer Marktwirtschaft unweigerlich Opfer von den betroffenen Menschen. Sie verlangt die sogenannte aufgeschobene Befriedigung oder in ökonomischen Kategorien, Sparen – also Investitionen – vor dem Konsum. Menschen müssen hart arbeiten für niedrige Löhne und zugleich elende Arbeits- und Lebensbedingungen ertragen, bevor es ihnen gelingt, das Tal der Tränen zu durchschreiten und in die entwickelte Welt einzutreten. Solche Opfer werden selten, wenn überhaupt jemals, freiwillig dargebracht. Selbst Max Webers These vom Nutzen des Calvinismus – eine frühe Analogie zum heutigen Konfuzianismus – für den Fortschritt des Kapitalismus lässt die Frage unbeantwortet, ob es religiöse Glaubensüberzeugungen oder autoritäre Regierungen waren, die Menschen bewegten, auf die Früchte ihrer Arbeit zu verzichten. In aller Regel wurden in der Geschichte asketische Werte verstärkt durch starke säkulare Mächte.

In den meisten Fällen dauerte diese Verbindung allerdings nicht. Zum einen veränderte der Kapitalismus selbst sich von einer Phase des Sparens hin zum Konsumieren und weiter zum Schuldenmachen. Mit seinem Fortschritt veränderten sich auch Gesellschaft und Politik. In zunehmendem Masse (so glaubt es zumindest der Westen gerne) verlangen Menschen einen Anteil an dem Wohlstand, den sie produzieren; sie wollen überdies ihr Leben selbst bestimmen. Sie wollen reisen und Fernsehprogramme ansehen und sich ihre Nachbarn aussuchen. Sie wollen in ihren Angelegenheiten mitentscheiden, eine Stimme haben und das Recht, sich mit anderen in Assoziationen zu verbinden, ja die Regierung abzuwählen. Bürgergesellschaft und politische Freiheit folgen der ökonomischen Entwicklung, wenn sie dieser nicht vorangehen. Aber stimmt das wirklich?

Der Test der Geschichte liefert nur selten unzweideutige Ergebnisse für solche anspruchsvollen Theorien. Indes wird diese spezielle Theorie jeden Tag in Asien und vor allem in Japan getestet. Es gibt Anzeichen dafür, dass Japan den westlichen Weg nehmen wird – *mutatis mutandis*, versteht sich –, und da liegt einer der Gründe, warum asiatische Führer es fast so stark kritisieren wie die Vereinigten Staaten. Aber Theorien können falsch sein; einmal mehr ist zu betonen, dass es keinen unumkehrbaren Marsch der Geschichte gibt. Es ist durchaus möglich, dass ein neues asiatisches – im Kern wohl chinesisches – Gleichgewicht gefunden wird, das globale wirtschaftliche Konkurrenzfähigkeit mit einem eher traditionellen als bürgerlichen sozialen Zusammenhalt und mit autoritären politischen Regimes verbindet. Es ist auch möglich, dass das

Beispiel europäische politische Führer und Wähler beeinflussen wird, und dass daher eine wachsende Zahl einen ähnlichen Weg zu gehen sucht, auf die Gefahr hin, dabei manche der zu Recht gelobten Rechte und Freiheiten der europäischen und nordamerikanischen Tradition über Bord zu werfen. Die Versuchungen eines solchen Autoritarismus sind beträchtlich. Sie finden sich in vielen Politikbereichen. Um nur einige zu erwähnen: Junge Menschen in die Gesellschaft zu integrieren ist schwierig geworden. Wo Familien versagen, können Schulen nicht einspringen. Arbeitsmärkte warten nicht gerade auf Neuankömmlinge. Viele junge Menschen lassen sich gehen und verfallen unsozialem Verhalten. Die Leute wollen sie diszipliniert sehen. Eine Art von Dienstpflicht ist dann nur der Anfang. Jemand sollte in der Lage sein, ihnen zu sagen, was sie tun sollen – so meinen viele – und sie zu bestrafen, wenn sie nicht gehorchen.

Strafe ist auch die Hauptforderung derer, die immerfort von Recht und Ordnung sprechen. Die Prügelstrafe für einen jungen Amerikaner, der in Singapur Autos demoliert hatte, hat im Westen zu offiziellen Protesten, aber auch zu viel privater Befriedigung geführt. Die Rute, so sagen viele in den Kneipen Europas, sollte ohnehin wieder eingeführt werden. Die Polizei braucht mehr Rechte. Das Leben in Gefängnissen sollte wirklich hart werden. Die Todesstrafe sollte wieder eingeführt werden.

Der Wohlfahrtsstaat muss reformiert werden, was nicht ohne Einbussen für viele erreicht werden kann. Reduzierte Sozialleistungen aber, so meinen viele, sollten zuerst die Schmarotzer treffen, die vom Geld anderer leben, ohne selber etwas beizutragen. Wenn Menschen nicht arbeiten wollen, muss man sie dazu zwingen, oder sie bekommen keinerlei Unterstützung. Eltern, die nicht für ihre Kinder sorgen, müssen wenn nötig dazu gezwungen werden.

Viel zu oft ist Freiheit zur Libertinage geworden. Das Verhalten von Menschen in der Öffentlichkeit ist nach Meinung vieler inakzeptabel. Heruntergekommene Männer, die auf öffentlichen Plätzen ihr Bier trinken, halbnackte Mädchen, die herumturteln, während niemand die Älteren oder Beschädigten achtet – das alles mag nicht überraschen angesichts der Medien und der Massenpresse, aber es muss gestoppt werden.

Dann ist da die Invasion der Ausländer. Das kann einfach nicht so weitergehen. In staatlichen Schulen sind einheimische Kinder zur Minderheit geworden, und die Lehrer erlauben Gebete für fremde Religionen. Irgendwie muss dieses Durcheinander geordnet und England den Engländern, Deutschland den Deutschen, Frankreich den Franzosen zurückgegeben werden...

Es wäre nur allzu leicht, in diesem Sinn fortzufahren. Auch sind dies noch keineswegs die extremsten Forderungen nach Veränderung. Wahrscheinlich liesse sich für ihre Begründung in jedem Fall ein angesehener Professor zitieren. Sie sind sämtlich Elemente des Verlangens nach einem Regime, das weniger tolerant ist, das Werte auf die Gefahr hin erzwingt, damit vertraute Bürgerrechte zu verletzen, ein Regime zudem, das sich nicht einfach durch eine verlorene Wahl beseitigen lässt. Nach Meinung der hier ohne Namensnennung Zitierten wäre es eine angenehme Nebenwirkung, dass eine solche Regierung wirtschaftliche Konkurrenzfähigkeit garantieren könnte, ohne auf verärgerte Gewerkschaften hören zu müssen oder auf Interessengruppen von Greenpeace bis zu Tierfreunden, auf örtliche Umweltinitiativen, oder auch auf politische Parteien, die ohnehin samt und sonders unbeliebt sind.

Es ist nicht leicht, die Stärke solcher autoritärer Empfindungen in der OECD-Welt einzuschätzen. Nicht alles, was ein Geschäftsmann oder ein Taxifahrer in einem Augenblick der Verärgerung sagt, ist schon eine Forderung nach einem Regimewechsel. Es gibt Anzeichen dafür, dass einige der angedeuteten Lösungen von durchaus respektablen und verfassungstreuen demokratischen Kräften vertreten werden. Manche vermuten, dass Recht und Ordnung die politische Agenda in einem solchen Masse beherrschen werden, dass eine härtere Bestrafung von Gesetzesbrechern (was immer das genau bedeutet) unvermeidlich ist. Es wäre nicht völlig überraschend, wenn die Todesstrafe in Ländern, die sie aus guten Gründen abgeschafft haben, wieder eingeführt würde. Jedenfalls stellt die Zeit der Anpassung an globale Konkurrenz mit ihren wirtschaftlichen Kosten für viele, zugleich der sozialen Desintegration mit den dazugehörigen Ärgernissen und Schmerzen, und dem Vertrauensverlust traditioneller politischer Parteien und Führer, die Fähigkeit von Demokratien, Wandel ohne Gewalt und ohne Verletzung der Herrschaft des Rechts zu bewirken, auf eine harte Probe. Zuweilen fragt man sich, wer wohl der erste OECD-Führer sein wird, der aufsteht und sagt: «Gebt mir zehn Jahre, und ich verspreche, dass die Züge alle pünktlich fahren!»

Einige bescheidene Vorschläge

Die Analyse von Risiken und Gefahren darf uns nicht daran hindern, über Lösungen nachzudenken. Die Zielrichtung der Argumentation ist nun klar. Wir wollen Wohlstand für alle, und das bedeutet, dass wir die Erfordernisse der Konkurrenzfähigkeit auf globalen Märkten akzeptieren. Wir wollen Bürgergesellschaften, die zusammenhalten und die Grundlage für ein aktives und zivilisiertes Leben aller Bürger schaffen. Wir wollen die Herrschaft des Rechts und politische Institutionen, die Wandel, aber auch kritische Diskussion und die Erkundung neuer Horizonte erlauben. Diese drei Wünsche sind nicht ohne weiteres miteinander vereinbar. Die Herausforderungen der Globalisierung verlangen Antworten, die die Bürgergesellschaft bedrohen. Die Gefahren der Anomie erneuern die Versuchung autoritärer Lösungen. Diese wird für manche noch verstärkt durch ihr Bild des asiatischen Modells. Was können wir also tun, um ein zivilisiertes Gleichgewicht von Wohlstandsmehrung, sozialem Zusammenhalt und politischer Freiheit zu schaffen?

Ein Aspekt des Popperschen Ansatzes ist es, allumfassenden Lösungen zu misstrauen. Wer für sich in Anspruch nimmt, die Antwort auf alle Fragen zu kennen, beantwortet wahrscheinlich keine. Totallösungen verschlimmern die Dinge statt sie zu verbessern. Das bedeutet indes, dass gangbare Lösungen beklagenswert inadäquat aussehen gemessen an der Dimension der Probleme, die sie anpacken. Die sechs Vorschläge, die ich im folgenden kurz erörtern will, um der Analyse eine gewisse Substanz zu geben, fallen sämtlich in diese Kategorie. Sie sind ein Anfang, nicht mehr.

Erstens müssen wir die Sprache des öffentlichen Verständnisses ökonomischer Zusammenhänge verändern. Es ist bemerkenswert, wie fraglos wir allesamt im öffentlichen Diskurs die Konzeption des «Ökonomismus» übernommen haben, während führende Ökonomen selbst sich von ihr abwenden. Für Regierungen, ganz zu schweigen von internationalen Organisationen, ist das Wachstum des Bruttosozialprodukts noch immer der Fetisch. Manchmal sind sie heutzutage überrascht, wenn Wachstum keine neuen Arbeitsplätze schafft oder auch keine Wählerstimmen bringt; selbst bei einem Wachstum von 3 Prozent werden nur wenige Stellen geschaffen, und die Meinungsforscher zeigen die Regierenden in eher düsterem Licht. Irgend etwas fehlt; manche nennen es den «Wohlgefühlsfaktor». Dabei ist Wohlfahrt ein seit langem von Ökonomen verwendeter Begriff. Die Erfinder der volkswirtschaftlichen Gesamtrechnung, grosse Männer wie Samuelson oder Arrow, sprechen heute eher von den Begrenzungen dieses Massstabes als von seinem Nutzen. In einem bedeutenden Buch stellt Partha Dasgupta der Verelendung (seinem Hauptthema) das «Wohlbefinden», ja das «sozialc Wohlbefinden» gegenüber. Wie Amartya Sen vor ihm und Meghnad Desai nach ihm hat er versucht, Masse für Aspekte des Wohlbefindens einzuführen, die nicht mitgezählt werden, wenn wir vom Bruttosozialprodukt sprechen, Masse für Menschenrechte zum Beispiel oder für Demokratie. Offenkundig ist Wohlstand – nachhaltiger Wohlstand – mehr als das Pro-Kopf-Einkommen. Es mag eine offene Frage sein, wieviel Zeit und Energie wir damit zubringen wollen, ein einziges komplexes Mass für Wohlstand oder Wohlbefinden zu entwickeln. Wahrscheinlich heisst die Antwort: nicht viel. Aber Regierungen und internationale Organisationen sollten ermutigt werden, wenn immer sie BSP-Zahlen veröffentlichen, gewisse andere Informationen hinzuzufügen, solche über Trends der Ungleichheit, über messbare Chancen für Menschen, über Menschenrechte und Freiheiten. Eine umfassende Wohlfahrtsanalyse sollte die Stelle einer einzigen, einfachen und oft irreführenden Zahl einnehmen.

Zweitens, die Natur der Arbeit verändert sich dramatisch. Der gerade Weg einer lebenslangen Karriere wird in Zukunft eher die Ausnahme als das Modell sein. Im Laufe ihres Lebens werden Menschen Phasen der Arbeit und der Arbeitslosigkeit, der Vollzeit- und der Teilzeitbeschäftigung, der Ausbildung und der Weiterbildung erfahren. In mancher Hinsicht wird die Frauen vertraute Erfahrung zur allgemeinen Norm, auch wenn das vielen jungen Männern zunächst nicht passt. Solche Veränderungen haben viele Implikationen, zum Beispiel was die Verknüpfung von Beschäftigung und sozialen Anrechten angeht; Anrechte können nicht mehr an bestimmte Arbeitsplätze gebunden werden. Indes kann diese Transformation nur funktionieren, wenn jeder in einem frühen Stadium eine gewisse Erfahrung auf dem Arbeitsmarkt hat sammeln können. Die neue Arbeitswelt macht es zwingend erforderlich, dafür zu sorgen, dass junge Menschen durch eine Periode der beruflichen Bildung gehen, die eng an wirkliche Arbeitsplätze gebunden ist und in einer Zeit der regelmässigen Beschäftigung endet. Bildung kann nicht alle Probleme lösen; verständlicherweise fragen Menschen, wohin sie denn führt. Aber mit Beschäftigung verknüpfte Bildung im kritischen Alter – etwa von 16 bis 19 – schafft eine Grundlage der Erfahrung und der Motivation, die Menschen über ein Leben der Veränderungen hin aufrechterhalten kann. Umgekehrt ist viel, wenn nicht alles verloren, wenn die frühe Chance, den Nutzen der Bildung und die Zwänge des Arbeitsmarktes zu erfahren, verpasst wird. Wir sollten in diesem Bereich nach den besten Beispielen national wie international suchen, um diese möglichst zu verallgemeinern.

Drittens konfrontieren uns die wahrhaft Benachteiligten – die Unterklasse – mit einem fast unbewältigbaren Problem. Es reicht nicht, denen, die durch das Netz gefallen sind, Chancen zu bieten. Menschen werden solche Chancen nicht ohne starke zusätzliche Anreize ergreifen. Es ist nicht üblich, von der Motivation als einem Hindernis bei der Rückkehr der wahrhaft Benachteiligten zum Arbeitsmarkt und zur Gesellschaft überhaupt zu sprechen; dennoch ist es eine Tatsache, dass viele indolent geworden sind und sich an das Leben am Rande gewöhnt haben. Was immer getan werden kann, um die Ausgeschlossenen wieder einzuschliessen, muss getan werden. Doch ist die kritische Aufgabe noch eine andere. In den Worten des reformfreudigen britischen Abgeordneten Frank Field liegt sie darin, die Nachschubwege für die Unterklasse von morgen zu versperren. Vielleicht können wir nicht genug für die bereits Ausgeschlossenen tun, aber wir müssen genug tun, um zu verhindern, dass eine weitere Generation dieselbe deprimierende Erfahrung macht. Bis zu einem gewissen Grade kann Berufsbildung für alle das leisten. Möglicherweise würde eine Art des allgemeinen Sozialdienstes dabei helfen, alle in die Werte einer sich wandelnden Gesellschaft zu integrieren. Gemeinschaftsbildende Massnahmen im Wohnungsbau und bei der Schaffung öffentlicher Räume sind nützlich. Manche weitere Möglichkeiten sind noch zu erkunden. Aber es wäre schon ein Fortschritt, wenn es gelänge, die öffentliche Aufmerksamkeit von der Vergangenheit auf die Zukunft zu lenken, also von der Hilfe für die Unterklasse von heute auf die Verhinderung der Entstehung einer neuen Unterklasse morgen. Es ist immer ein bisschen billig, internationale Konferenzen vorzuschlagen; aber sicher gibt es eine Agentur, die den Versuch reizvoll finden würde, Expertise und Lösungsphantasie zu diesem Thema zu versammeln.

Viertens, Globalisierung bedeutet Zentralisierung. Sie individualisiert und zentralisiert zugleich. In gewisser Weise sind Zwischeninstanzen, ja die ganze Bürgergesellschaft, Hindernisse für die volle Globalisierung. In mancher Hinsicht tragen die Erfordernisse der Konkurrenzfähigkeit auf Weltmärkten dazu bei, Gemeinschaften zu zerstören. Doch muss das nicht der Fall sein. Es ist durchaus möglich, Gegenkräfte zu dem gleichzeitigen Druck auf Individualisierung und Zentralisierung durch eine neue Betonung von lokaler Macht zu mobilisieren. Das Wort «lokal» ist bewusst gewählt. Nationen innerhalb von Nationalstaaten – wie Wales oder Quebec oder Katalonien – haben nicht dieselbe Wirkung. Sie mögen beitragen zu einem Gefühl der Zugehörigkeit bei den Beteiligten, aber als Prinzip der sozialen und politischen Organisation trennen sie und schaffen neue Rigiditäten. (Das sogenannte Europa der Regionen ist unter diesem Aspekt bestenfalls eine Irrelevanz und schlimmstenfalls ein Irrweg.) Lokale Gemeinwesen andererseits können eine praktische Voraussetzung schaffen für Berufsbildung, für kleine und mittlere Unternehmen, für persönliches Engagement und Teilnahme, für die Stärkung der öffentlichen Sphäre – kurz, für die Bürgergesellschaft –, ohne von ökonomischen Imperativen abzulenken. Länder wie die Schweiz und manche Teile Deutschlands haben viel Erfahrung in dieser Hinsicht; Frankreich und Grossbritannien andererseits leiden unter der Vernachlässigung des Potentials lokaler Macht. Wie auch sonst gibt es kein allgemeines Muster zur Stärkung lokaler Gemeinwesen, aber eine Form der politischen Identität, von der Steuerhoheit zu gewählten Bürgermeistern, ist ohne Zweifel hilfreich.

Fünftens, lokale Macht ist nur ein Faktor im weiteren Rahmen einer *stakeholder economy*, also einer Ökonomie aller Anteilseigner. Manche Ökonomen, vor allem in den Vereinigten Staaten, mögen den Begriff nicht. Sie glauben, dass Aktionäre die einzigen Anteilseigner sind, und dass die Kontrolle der Aktionäre Unternehmen auf dem geraden Weg hält. Selbst abgesehen von enormen kulturellen Unterschieden – und auch der Tatsache, dass die meisten Aktienbesitzer heutzutage Institutionen sind – ist das Entscheidende an Anteilseignern im weiteren Sinne, dass sie zum Unterschied von Aktionären ihre Anteile nicht verkaufen können. Die Beschäftigten, die Kommunen, aber auch Banken und sogar Zulieferer und Kunden sind fest verknüpft mit den Unternehmen, in denen sie sich engagiert haben. Dies kann nur als eine unerwünschte Rigidität gelten, wenn man eine unmenschliche Welt bevorzugt, in der es nicht darauf ankommt, ob Firmen gekauft oder verkauft, von anderen übernommen, mit anderen verschmolzen, erweitert, verkleinert oder geschlossen werden, solange die Aktionäre einen hohen Gewinn für ihre Anlage bekommen. Tatsächlich aber kommt es darauf an. Mehr noch, Konkurrenzfähigkeit wird durch fehlendes Engagement nicht gesteigert, besonders wenn Unternehmen den Pfad der hohen Qualifikation, nicht des niedrigen Lohnes verfolgen. Verlässlichkeit und Vorhersehbarkeit haben ihren eigenen Wert in den Beziehungen zwischen Unternehmen rings um die Welt. Die Anerkennung und Beteiligung von Anteilseignern im Sinne von *stakeholders* ist die praktische Lösung. Sie lässt sich auf mancherlei Weisen zustande bringen, von Betriebsräten für die Beschäftigten bis zur Beteiligung der Banken an Investitionsentscheidungen, von der Teilnahme von Firmenvertretern an den örtlichen Schulen bis zu Handelskammern. Überdies sind institutionalisierte Anteilseigner-Beziehungen nur ein Teil der Geschichte; es kommt auf die Einstellungen an, das Bewusstsein der Zusammenhänge, und auf das Engagement bei Fragen, deren gemeinsame Behandlung am Ende allen zugute kommt.

Sechstens, in diesem Essay ist kaum die Rede gewesen von der Rolle des Staates. Die Anerkennung der Tatsache, dass die Akteure auf dem globalen Marktplatz transnationale Unternehmen sind, und eine erkennbare Präferenz für das schöpferische Chaos der Bürgergesellschaft lässt sozusagen den Staat und seine Organe beiseite. Dennoch gehören sie offenkundig in das Bild. Sie sind nicht einfach nur die Wächter der Spielregeln, wie manche liberale Theoretiker das wollen. Zuallermindest ist zu sagen, dass Regierungen den Ton angeben für die Wirtschaft und für die Gesellschaft allgemein.

Darüber hinaus haben Regierungen eine besondere Verantwortung für die öffentliche Sphäre. Die öffentlichen Dienste verlangen ihrer Natur nach staatliches Engagement bei der Finanzierung und Verwaltung. Viel hängt davon ab, wie dieses Engagement wahrgenommen wird, sowohl im Hinblick auf den Stellenwert des Dienstes, als menschlicher Tätigkeit als auch in dem auf die Organisation der öffentlichen Dienste. Es ist durchaus möglich, dass manche OECD-Länder weiter gegangen sind in der Verwendung des Modells des öffentlichen Dienstes, als sie es sich leisten können, ja als es gut ist für die Qualität des Dienstes. Es ist auch möglich, dass manche in der Reaktion auf diese Erfahrung in einem Masse sogenannte wirtschaftliche Wertvorstellungen in die öffentliche Sphäre eingebracht haben, das am Ende sowohl die beabsichtigten Leistungen als auch die allgemeine Bereitschaft zum Engagement geschädigt hat. Hier muss ein neues Gleichgewicht gefunden werden. Das Gesundheitswesen liefert wahrscheinlich das Hauptbeispiel angesichts seiner Bedeutung für Menschen, seiner Kosten und seines Ortes auf der Grenzlinie zwischen globalen Zwängen und lokalen oder auch nationalen Chancen.

Diese Liste lässt manches aus, was doch zu bedenken wäre. Vor allem lässt sie die kritische Frage nach der institutionellen – man könnte fast sagen, der geopolitischen – Antwort auf die Herausforderungen der Globalisierung offen. Es mag sein, dass die Welt sich in Richtung auf regionale Blöcke der einen oder anderen Art zubewegt. Die kulturelle Debatte, die dem in diesem Essay entworfenen Projekt zugrunde liegt, unterstreicht die mögliche Bedeutung solcher Blöcke – asiatische Werte, europäische Werte und so weiter. Es ist indes eine Kernaufgabe der europäischen Werte – derer der OECD-Welt vielleicht –, die wahrhaft internationale, also universale Natur des Projektes für das nächste Jahrzehnt nicht aus den Augen zu verlieren. Es geht um Wohlstand im Wortsinn für alle, um die Bürgergesellschaft überall, um politische Freiheit wo immer Menschen leben. Das bedeutet, dass es am Ende nicht um privilegierte Regionen geht, sondern um die eine Welt und die ihr angemessenen Institutionen.

1996

8 Über Deutschland: eine persönliche Perspektive

Die Revolution von 1989 war vor allem ein ost- und südosteuropäisches Ereignis; sie hat die zuvor kommunistischen Länder dieser Region zum neuen Mitteleuropa gemacht. Das alte Mitteleuropa hingegen, also Deutschland, erlebte seinen eigenen Prozess des Wandels. Dieser wird in den Parolen der demonstrierenden Leipziger sinnfällig: sie begannen «Wir sind das Volk» zu skandieren und waren sich damit einig mit den übrigen Völkern des kommunistischen Europa, die ebenfalls ihre demokratische Selbstbestimmung anmahnten. Dann aber veränderte sich die Parole: «wir sind ein Volk» verwies schon auf die besondere deutsche Problematik der Wiedervereinigung. Rasch verwandelte sich der Freiheitswunsch in den Einheitswunsch, der dann für die Ostdeutschen einen Sonderweg in Form des Anschlusses an die alte Bundesrepublik bahnte.

Da ich die Revolution von 1989 in Oxford erlebte, wo viele der Akteure ihre Pläne erklärten und von wo manche Hilfestellung ihren Ausgang nahm, blieb die deutsche Entwicklung für mich zunächst am Rande der persönlichen Erfahrung. Besuche führten mich nach Warschau und Prag, Bratislava und Budapest, Bukarest und Sofia, nicht jedoch nach Rostock und Weimar. Wenn in diesem Band von «1989» die Rede ist, ist fast durchweg das neue Mitteleuropa im früheren Osten, nicht aber die deutsche Entwicklung gemeint. Der «Fall der Mauer», von dem im Titel die Rede ist, ist Symbol für den Zerfall des Eisernen Vorhanges.

Die deutschen Veränderungen nach 1989 verdienen also eine eigene Analyse. Zu ihr gab die Einladung Anlass, in Weimar eine «Rede über Deutschland» zu halten. In ihr kehrte ich zu dem Thema meines Buches über Gesellschaft und Demokratie in Deutschland *zurück, in dem ich 1965 versucht hatte, den deutschen «Sonderweg» an Hand von vier Faktoren zu beschreiben: der schwierigen Durchsetzung der Bürgerrechte, der Abneigung gegen Konflikte, der klammen Einstellung zu Eliten und der Unterentwicklung von öffentlichen Tugenden. In all diesen Hinsichten war die westdeutsche Nachkriegsentwicklung eine Zeit des dramatischen Wandels hin zu einer liberalen Ordnung. Würden diese Wandlungen nun auch das postkommunistische Ostdeutschland prägen?*

Anlass und Thema führten mich allerdings dazu, die Analyse in eine sehr persönliche Perspektive einzubetten. Der Autor mit seinen komplizierten Heimaten – und der in diesem Fall eher britischen Blickrichtung – betrachtet das nicht minder komplizierte doppelte Deutschland. Dem Leser werden die Wirrungen, die sich aus solcher Komplexität ergeben, nicht entgehen.

Eine deutsch-britische Perspektive

Über Deutschland soll hier gesprochen werden. Aber wer spricht? Mancher mag sich fragen, was es mit diesem merkwürdigen bunten Vogel auf sich hat, der zu einem so weitläufigen Thema etwas sagen will: ein englischer Lord mit erkennbar deutschem Namen, ein deutscher Professor, der seit zwanzig Jahren Universitäten in London und Oxford leitet, ein Wanderer zwischen Ländern und Tätigkeiten. Ein paar Worte zur Person mögen da helfen, um zu erfahren, durch welche Brillengläser dieser Betrachter seinen Gegenstand sieht: kurz- oder weitsichtig? rosa getönt oder dunkel beschattet? durch einfaches Fensterglas oder eine komplexe Bifokalbrille?

Es gab eine Zeit, in der ich im westlichen Deutschland öffentlich tätig und auch sichtbar war. Das waren die 60er Jahre. Ich gehörte damals zu denen, die glaubten, dass nach dem erfolgreichen Aufbau nun Umbau vonnöten war. «Bildung ist Bürgerrecht!» war einer meiner Schlachtrufe. Vor allem aber wollte ich, dass die deutsche Demokratie sich auch dadurch bewährt, dass es einen gewaltlosen Machtwechsel gibt. (Der amerikanische Politologe Samuel Huntington hat überzeugend argumentiert, dass erst ein Land, das den «Test des doppelten Machtwechsels» bestanden, also zweimal auf verfassungsmässige Weise die Regierung gewechselt hat, als einigermassen stabile Demokratie gelten kann.) Die CDU/CSU, vierzehn Jahre lang unter Konrad Adenauer, dann mit Ludwig Erhard als Kanzler, schien aufs Regieren abonniert. Viele von uns engagierten Demokraten fanden, dass Veränderung Not tut. Als Ende 1966 die Grosse Koalition von CDU und SPD – Bundeskanzler Kiesinger und Aussenminister Brandt – gebildet wurde, sahen manche darin eine Hoffnung, andere die Gefahr der völligen Verharzung des Status quo. Im Nachhinein wird deutlich, dass beide Recht hatten. Aber die Jahre von 1966 bis 1969 wurden lebhaft, unruhig und führten an den Rand der Gewalt, in der Tat am Ende über diesen Rand hinaus. Ich trat damals der einzigen Oppositionspartei bei, der FDP. Ich beteiligte mich an zahlreichen Demonstrationen und Diskussionen, als einer, der

Veränderung wollte und zugleich Institutionen akzeptierte. Das Spruchband «Unter den Talaren der Muff von 1000 Jahren» hiess für mich – zum Unterschied von den Studenten, die es vor sich her trugen –, dass man die Talare reinigen, nicht dass man sie abschaffen muss.

Meine fünfzehn Minuten des Ruhms, oder mindestens der Fernsehberühmtheit, fand ich bei einer Diskussion mit dem humanen Jungrevolutionär Rudi Dutschke auf einem Übertragungswagen des Fernsehens vor der Freiburger Stadthalle, in der die FDP Ende Januar 1968 ihren Parteitag abhielt. Viele tausend Studenten und andere Bürger umringten uns. Dutschke ereiferte sich über die «Fachidioten der Politik». «Es gibt auch Fachidioten des Protestes» entgegnete ich mit einer spontanen Eingebung und fand dadurch den Weg in die Schlagzeilen.

Ich mochte Rudi Dutschke und litt physisch, als der Mordanschlag auf ihn verübt wurde. Auch dann noch wollte ich indes nicht die Revolution, sondern den demokratischen Wechsel. Achtzehn Monate lang zog ich als Wahlkämpfer durchs Land. In den Septemberwahlen 1969 gelang dann das Kunststück – mit Ach und Krach, fast unter Selbstzerstörung der FDP, die bei 5,8 Prozent landete, aber doch wusste, was sie wollte. Jedenfalls wusste es ihr wagemutiger Führer Walter Scheel, der mit Willy Brandt die Regierung des Wechsels bildete. «Wir müssen mehr Demokratie wagen», sagte Willy Brandt in seiner Regierungserklärung. Er und sein Aussenminister und diejenigen von uns, die für den Wechsel gewirkt hatten, hatten Demokratie gewagt.

Am Rande, als Parlamentarischer Staatssekretär, gehörte ich der neuen Regierung an. Aber bald packte mich die Wanderlust. Die Routine der Politik, von der Verwaltung zu schweigen, ist nicht meine Sache. Im Juli 1970 ging ich als Europäischer Kommissar nach Brüssel. Seitdem habe ich nicht mehr als zwei Jahre kontinuierlich in Deutschland gelebt: vier Jahre in Brüssel, ein Jahr Amerika, neunzehn Jahre Grossbritannien. Auch vor 1960 schon hatte ich wichtige Jahre meines erwachsenen Lebens im Ausland verbracht, zwei in England, nahezu zwei in Amerika, und drei im Saarland zu einer Zeit, zu der dort der französische Franken die Währung war und bis zur Volksabstimmung von 1955 Parteien eines von Deutschland abgelösten «europäisierten» Saarlandes das Sagen hatten.

Manche nennen mich angesichts solcher Wanderungen den «Inbegriff eines Europäers». Darin steckt gewiss etwas Richtiges. Ich habe das Innenleben Europas an mehreren Orten ziemlich gründlich kennengelernt und sogar in der Höhle des zahnlosen Löwen, in Brüssel gewirkt. Zugleich aber zeigt es wenig Phantasie, gerade mein Leben als besonders europäisch zu bezeichnen. Ich bin ja nicht nach England gegangen, um als europäischer Deutscher eine Zeitlang an anderen Orten zu wirken, sondern weil ich mich in der britischen Lebenswelt wohl fühlte und fühle. Gewiss habe ich meine deutsche Seite nie verleugnet. Manche meiner Kollegen im britischen Oberhaus nehmen an einem regelmässigen Deutschkurs teil, in dem sie gemeinsam unter fachkundiger Anleitung Artikel aus deutschen Zeitungen lesen. Die Kollegen kommen dann nachher feixend zu mir, um zu zeigen, dass sie Vokabeln wie «Währungsunion», «Kanzlerdemokratie» und sogar «Saumagen» aussprechen und (möglicherweise) verstehen können. Aber im Select Committee on the European Communities, dem Europa-Ausschuss, dessen Mitglied ich bin, geht es nur noch um britische Fragen, darum zum Beispiel, wie denn im Fall einer Währungsunion das Verhältnis zwischen «ins» und «outs», denen drinnen und denen draussen – vor allem denen, die aus freien Stücken draussen bleiben, wie wahrscheinlich Grossbritannien – aussehen wird.

Ich bin also einer, der zwei Kulturen in sich trägt, und zwar zwei zutiefst verschiedene Kulturen. Vom Parlamentarismus bis zum Wirtschaftsverhalten, von historischen Kontinuitäten und Diskontinuitäten ganz zu schweigen, gibt es kaum zwei unterschiedlichere Länder in Europa als Deutschland und Grossbritannien. Das Wort Europa kann diese Unterschiede allenfalls verkleistern; es beseitigt sie nicht. Grossbritanniens Europa ist nämlich fundamental anders als Deutschlands Europa. Spuren dieses Unterschiedes werden in den folgenden Betrachtungen unverkennbar sein.

Manchmal, in meinen sarkastischen Momenten, haben Freunde von mir die These gehört: die Briten haben ein kompliziertes Verhältnis zu ihren kontinentalen Partnern. 48 Prozent mögen die Franzosen, aber nicht die Deutschen, 48 Prozent mögen die Deutschen, aber nicht die Franzosen, und 4 Prozent mögen beide nicht. Schade nur, dass eine bedeutende Premierministerin diesen 4 Prozent zu so viel Einfluss verholfen hat. Das ist gewiss nicht nur sarkastisch, sondern auch ein bisschen unfair. Es gibt nämlich durchaus Briten, die sowohl Deutschland als auch Frankreich mögen, und zudem mancherlei Schattierungen des Mögens und Nichtmögens. Richtig ist nur, dass Leute sich auf der Insel weniger genieren als anderswo zu sagen, den *frogs* (das sind die Franzosen) hätten sie nie getraut oder die *krauts* (das sind die Deutschen) seien ihnen schon immer unheimlich gewesen.

Es gibt also viele Schattierungen der Einstellung zu Deutschland und den Deutschen. Doch glaube ich nicht zu irren, wenn ich das vorherrschende Bild in einfachen Sätzen beschreibe. Viele respektieren das

Deutschland der Nachkriegszeit, also die alte Bundesrepublik. Sie glauben, dass es einen echten Neubeginn markiert, und sie haben Vertrauen in den Erfolg dieses Wagnisses. Sie finden zugleich die Tatsache der Vereinigung – als Wiedervereinigung – durchaus normal. Für viele Briten war es schlicht Resultat historischer Erfahrung zu meinen, dass die Teilung nicht dauern kann. Die Kosten des Prozesses werden weithin verstanden und anerkannt. Erst in zweiter Linie melden sich dann Zweifel. Dieses neue Deutschland ist doch sehr gross. Und was noch besorgter macht, es gibt immerfort seine nationalen Interessen als europäische Interessen aus. Ist nicht die Währungsunion vor allem ein deutsches Interesse in europäischem Gewand? Das ist eine komplizierte Frage, zu der ich gleich noch einmal zurückkehren werde. Bundeskanzler Kohl wird zunehmend zum Symbol für ein Deutschland, das sich selbst mit Europa verwechselt. «Macht nur weiter so», sagen die einen, «aber lasst uns draussen vor; wir wollen damit nichts zu tun haben.» «Wir müssen Partner finden», sagen die anderen und ermutigen den Premierminister, es mit den Italienern zu versuchen, wenn sie nicht gleich die französischen Nukleartests preisen, weil sie in der alten Militärallianz den Kern eines neuen europäischen Mächtegleichgewichts erhoffen.

Deutschland und Europa

Das sind historisch beladene Vorstellungen, aber wir reden hier von historisch beladenen Dingen. Bundeskanzler Kohls Verbindung von Europa mit Krieg und Frieden in seiner Rede in Löwen hat in Grossbritannien eine beträchtliche Wirkung ausgelöst. Dies ist eine andere Wirkung, als sie der Bundeskanzler beabsichtigte. «Wenn Deutsche mit Krieg drohen, wird es brenzlig», sagen manche, und es ist nicht leicht, sie vom tatsächlichen Inhalt der Kohl-Rede zu überzeugen. Doch hatte seine Rede durchaus historische Untiefen. Diese haben es zu tun mit der keineswegs einfachen Frage: Warum eigentlich Europa? Warum Europa nach dem Ende des Kalten Krieges? Und warum dieses Europa, das Europa mit E und U in Grossbuchstaben, die Europäische Union?

Die Antwort, die der Bundeskanzler gibt – und die zwei seiner fünf Vorgänger, nämlich Konrad Adenauer und Helmut Schmidt, ähnlich gegeben haben – stimmt aus allerlei Gründen nachdenklich. Wir brauchen Europa, um Deutschland einzubinden. Die folgenden Bemerkungen kreisen um diese eigentümliche, wichtige, beunruhigende These. Deutschland einbinden – Helmut Schmidt sprach kürzlich von der «Selbsteinbindung Deutschlands» – was kann das heissen?

Deutschland ist nicht allein in der Hoffnung, dass Europa eine löbliche Wirkung auf innere Entwicklungen haben möge. In sehr viel konkreterer Weise argumentierte bereits vor Jahren der führende finanzpolitische Kommentator Grossbritanniens, Sir Samuel Brittan, in der «Financial Times», dass Grossbritannien nie allein mit der Inflation fertig werden könne. Zu tief sässe das Keynessche Diktum, dass ein bisschen Inflation die Maschinerie der Wirtschaft ölt. Die einzige wirksame Methode sei die Einbindung in ein Europäisches Währungssystem. Heute wissen wir, dass diese «Einbindung» nicht funktioniert hat – jedenfalls ist das EWS mehr oder minder sanft entschlafen –, aber die Inflation dennoch erfolgreich bekämpft worden ist, wenngleich die Frage bleibt, ob es nicht doch eine verbleibende Hoffnung gibt, den Mittelstand durch Inflation statt mit direkteren Mitteln um seinen Wohlstand zu bringen.

Dann erinnere ich mich an Gespräche mit dem damals hoffnungsvollen Nachwuchspolitiker Felipe Gonzales über die spanische Demokratie. «Ich habe», so sagte er vor dreizehn Jahren, «mir die Landkarte internationaler Organisationen angesehen und festgestellt, dass nur die EG niemals ein nicht-demokratisches Mitglied gehabt hat. Mein Hauptproblem ist die Sicherung der spanischen Demokratie. Daher bin ich zu dem Schluss gekommen, dass ich vor allem Spaniens Mitgliedschaft in die EG betreiben muss.» Der Erfolg des spanischen Politikers ist unverkennbar. Heute sieht es so aus, als ob er selbst sein Opfer werden würde, in einem «zweiten Machtwechsel», den seine Freunde bedauern, die Freunde der Demokratie aber begrüssen müssen. (Ich bin beides und finde mich daher in einem Dilemma.) Indes fand Felipe Gonzales bald nach seiner ersten Wahl zum Premierminister, dass vielleicht die EG doch zu schwach ist, um Spaniens Demokratie zu sichern. Ganz im Gegensatz zu seinem ursprünglichen Urteil entschloss er sich, die Mitgliedschaft seines Landes in der NATO ins Zentrum seines Tuns zu rücken. In einem halsbrecherischen Referendum setzte er diese durch. Heute sieht er wahrscheinlich die «Einbindung» in die NATO als die eigentlich entscheidende an.

Das sind Anmerkungen, die – es wird Ihnen nicht entgangen sein – eine unmittelbare Relevanz für die neuen Demokratien Ostmitteleuropas haben. In der Tat bin ich (um einen Schluss meiner Ausführungen vorwegzunehmen) jetzt der Meinung, dass die polnische Mitgliedschaft in der NATO eine wichtigere Garantie der polnischen Demokratie darstellen würde als die polnische Mitgliedschaft in der EU mit ihren Pilz- und Himbeerquoten. Polen ist das Spanien Ostmitteleuropas, also ein grosses Land mit einer wichtigen eigenen Tradition in einer entscheidenden geopolitischen Lage. Wenn es so etwas wie ein europäisches Interesse gibt, dann muss Polen in seinem Zentrum stehen.

Indes ist hier die Rede von Deutschland und seiner Einbindung. Europa soll die Deutschen vor sich selber retten. So hat Konrad Adenauer es vor vielen Jahren in düsteren Andeutungen in einem von Reportern überhörten Gespräch in Luxemburg gesagt. So sagt Helmut Schmidt es immer wieder laut und öffentlich zu Hause und im Ausland. So sagt es nun auch Helmut Kohl. Es wäre übrigens der Rede wert zu untersuchen, warum die drei anderen Bundeskanzler – Erhard, Kiesinger, Brandt, darunter vor allem Brandt – Ähnliches nicht gesagt haben. Es ist auch anzumerken, dass viele in Europa die düsteren Ahnungen deutscher Kanzler teilen. Das gilt vor allem für Franzosen. Französische Aussenpolitik ist ohne dieses Motiv nicht verständlich. Indes hört man solche Töne auch in Italien, in den Niederlanden, in Ostmitteleuropa.

Die gewichtige Frage hat mehrere Facetten. Darunter ist die wichtigste die, ob Deutschland denn tatsächlich gefährdet und gefährlich ist. Britische Euroskeptiker verkehren gerne das Argument, von dem hier die Rede ist, und sagen, dass keine Gefahr von Deutschland ausgeht und Europa, die europäische Integration, sich daher erübrigt. Eine andere Facette liegt in der Frage, ob die Europäische Union überhaupt in der Lage ist, Mitglieder wirksam einzubinden. In meine kurze Zeit als Parlamentarischer Staatssekretär beim Bundesminister des Auswärtigen fällt die Diskussion um die Mitgliedschaft des autoritären Griechenland der Obristen im Europarat. Damals, Anfang 1970, war es schwer genug, eine Mehrheit für den Ausschluss Griechenlands aus einer Organisation, die die Europäische Menschenrechtskonvention verwaltet, zustande zu bringen, und ich bin keineswegs sicher, was geschehen wäre, wenn der griechische Aussenminister Pipinelis nicht von sich aus den Rückzug seines Landes aus dem Europarat verkündet hätte. Internationale Organisationen einschliesslich der EU sind eher für ihre Gier nach neuen Mitgliedern als für Entschiedenheit in der Anwendung ihrer Prinzipien bekannt. Dann aber – und bei dieser Facette möchte ich für ein paar Minuten bleiben – ist da die Frage, ob denn grundsätzlich äussere Einbindung ein geeignetes Instrument für innere Stabilität darstellt.

Ich denke, nein. Die deutsche Demokratie – und das in ihr begründete Verhalten Deutschlands in der Welt – hängt an inneren Strukturen, nicht an äusseren Bindungen. Wenn Deutschland auf Abwege gehen will, wird kein Vertrag von Rom, Paris oder Maastricht es daran hindern können. Dass Deutschland nicht auf Abwege geht, hängt an der Art und Weise, in der es seine eigenen Angelegenheiten ordnet.

Gesellschaft und Demokratie in Deutschland

Mitten in jenen 60er Jahren, von denen schon die Rede war, habe ich ein Buch unter dem Titel *Gesellschaft und Demokratie in Deutschland* veröffentlicht. Es wurde nicht gerade zum Bestseller, aber doch zu einem Gutseller, und es löste Diskussionen aus, die bis heute nicht ganz verstummt sind. Meine Kernthese war damals, dass die «deutsche Frage» nicht so sehr eine politische Frage an andere, wie eine soziale Frage an die Deutschen selbst ist, die Frage nämlich nach den inneren Bedingungen zur Verankerung der liberalen Demokratie. Das ist auch heute noch die entscheidende Frage. Wenn die inneren Bedingungen erfüllt sind, erübrigt sich die Frage der äusseren Garantien; wenn sie nicht erfüllt sind, nützen auch die besten äusseren Garantien nichts. Die Frage ist also, wie es um die inneren Bedingungen der liberalen Demokratie in Deutschland bestellt ist.

Damals, 1965, war ich im ganzen optimistisch, jedenfalls was das westliche Deutschland betraf. Der Nationalsozialismus (so argumentierte ich mit einer bis heute unter Historikern umstrittenen These) hat für Deutschland die Revolution der Modernität vollzogen. Er tat dies im paradoxen Gegensatz zu seiner traditionalistischen «Blut und Boden»-Ideologie, indem er Menschen tatsächlich entwurzelte und ererbte institutionelle Strukturen zerstörte. So begann die deutsche Nachkriegsgesellschaft unter neuen, gegenüber der Weimarer Republik gänzlich veränderten Voraussetzungen. Sie suchte – und fand – neue Antworten auf vier grosse Fragen: die Schaffung der effektiven Gleichheit staatsbürgerlicher Teilnahmechancen; das Akzeptieren von Konflikten als normalem, ja kreativem Bestandteil freier Gesellschaften; die Schaffung von pluralistischen Strukturen vor allem in den Führungsgruppen des Landes; die Durchsetzung von öffentlichen Tugenden anstelle der privaten Tugenden einer autoritären Vergangenheit. Mein Buch war alles andere als selbstzufrieden. In mancher Hinsicht war es geradezu ein Manifest der radikalen Reform. Aber sein Grundton war doch optimistisch. Deutschland hat sich verändert. Zum ersten Mal in seiner Geschichte geben seine sozialen Strukturen Anlass zu glauben, dass die Demokratie auf stabilem Grund ruht.

Das war – es ist kaum nötig, das zu betonen – eine These für das westliche Deutschland. Sie hatte übrigens viel zu tun mit den von Ludwig Erhard eingeleiteten radikalen Reformen der wirtschaftlichen Strukturen. Das Buch enthielt ein Kapitel über die andere Antwort auf die deutschen Herausforderungen von 1945, die der DDR. Kernthese dieses

Kapitels ist, dass die DDR «eine weitere negative Antwort an die anderen Antworten der Geschichte auf die Frage nach der Demokratie in Deutschland» reiht, dass sie aber nicht notwendigerweise instabil sein muss, wenn marktrationale Elemente der Planrationalität des Regimes hinzugefügt werden. Auf den letzten Seiten des Buches finden sich dann ein paar Reflexionen über die «Wahrscheinlichkeit und den Ablauf der Wiedervereinigung». So gross die Unterschiede zwischen den beiden Deutschland sind, «das, was sich in zwanzig Jahren auseinanderentwickelt hat [kann vermutlich] auch in zwanzig Jahren wieder zusammenwachsen». Doch wird eine solche Entwicklung (so argumentierte ich damals) nicht von innen kommen. Wenn politische Konstellationen die Wiedervereinigung bewirken, so bleibt «noch ein Graben weniger leicht manipulierbarer Schwierigkeiten, die im sozialen Bereich liegen». Was also wäre, (so fragte ich damals) die Antwort eines wiedervereinigten Deutschland auf die deutsche Frage? Mein vorsichtiger Schluss war, «dass die Chancen der Demokratie auch in einem wiedervereinigten Deutschland, das sich frei seine Verfassung geben kann, grösser wären als in der deutschen Vergangenheit». Ein Risiko bleibt gewiss, doch kann die stabile Begründung der Demokratie im westlichen Deutschland dieses verringern.

Manchmal werde ich gefragt, wie ich denn das Geschick von Gesellschaft und Demokratie im heutigen Deutschland sehe, ja ob ich nicht das Buch von 1965 auf den heutigen Stand bringen kann. Die Antwort auf die letztere Frage muss leider nein lauten. Dies ist der Punkt, an dem der «Europäer» eben nicht mehr jene Verankerung in den Strukturen seiner Herkunftsgesellschaft hat, die allein zum vertieften Verständnis befähigt. Doch will ich angesichts des neuen, grösseren Deutschland der Versuchung nicht widerstehen, ein Wort zu den vier Themen meines Buches zu sagen, um dann noch einmal zu der Frage von Deutschland in Europa zurückzukehren.

Das erste Thema ist die Gesellschaft der Staatsbürger, in der jeder Mann und jede Frau Grundrechte der Teilnahme nicht nur garantiert hat, sondern auch tatsächlich ausüben kann. Der Prozess der Durchsetzung der Bürgerrechte für alle ist nie komplett. Er wird auch immer wieder bedroht. Vor allem zwei Bedrohungen sind heute erkennbar. Die eine liegt in der Entstehung einer neuen Unterklasse von Ausgeschlossenen, von Menschen also, die weder zum Arbeitsmarkt noch zur Bürgergesellschaft und ihren politischen Institutionen einen Zugang finden. Das sind Langzeitarbeitslose, aber auch verarmte alleinstehende Mütter sowie diejenigen, die selbst dann noch als Fremde definiert werden, wenn sie schon Jahrzehnte im Lande gelebt haben, ja hier geboren sind.

Die andere Bedrohung ist die eines neuen Autoritarismus, also der Sehnsucht nach Selbstentmündigung in einer unübersichtlichen Welt. Es könnte sein, dass beide Themen in den neuen Ländern des vereinigten Deutschland eine besondere Relevanz haben – das erste, weil manche empfinden, dass ihnen die vollen Bürgerrechte einstweilen noch verwehrt werden, und das zweite, weil es hier wie in den übrigen nachkommunistischen Ländern eine tiefe, für viele im Westen schwerverständliche Sehnsucht nach der Geborgenheit der Nomenklatura- und Nischengesellschaft gibt. Beides ist wichtig; dennoch geht der Prozess der Schaffung gleicher Bürgerrechte für alle unverkennbar voran.

Das zweite Thema der sozialen Voraussetzungen der Demokratie ist die Fähigkeit, mit Konflikten zu leben. Sie war in Deutschland nie sehr ausgeprägt. Hegels absolute Wahrheiten blieben stets stärker als Goethes Ironie, geschweige denn die aufgeklärte Skepsis von Immanuel Kant, der uns daran erinnerte, dass wir zwar gerne von Arkadien träumen, «die Natur» uns aber mit Hilfe der «ungeselligen Geselligkeit» zu einem Leben fruchtbarer Antagonismen zwingt. Die bevorzugte Methode der politischen Entscheidungsfindung ist in Deutschland nach wie vor die Koalition, das Bündnis, die Einigung. Andere, vor allem Angelsachsen, sehen das ohne Neid und glauben, dass es Verharzung und Inflexibilität fördert. In England gibt es gegenwärtig eine gewisse Schadenfreude (das deutsche Wort ist ja in die englische Umgangssprache eingegangen) über die geschwächte Wettbewerbsfähigkeit der westdeutschen Wirtschaft und die schmerzhaften Bemühungen, diese zu stärken. Kann Konsens, kann der vielgeschmähte Korporatismus, die Einigung von Regierung, Unternehmern und Gewerkschaften, das bewirken? Ich habe da eine offenere Haltung als viele meiner neuen Landsleute, die die Konfrontation bevorzugen. Die französischen Ereignisse der letzten Monate sprechen nicht gerade für deren Nutzen. Dennoch gibt es in Deutschland zu wenig Sinn für die Dialektik von Initiative und Kontrolle, für die offene Auseinandersetzung in akzeptierten Formen, für den geregelten Konflikt. Sowohl Innovation als auch Veränderung werden gefährdet. Die Zukunft der Wirtschaft wird den Beweis erbringen müssen, dass der deutsche Weg nicht nur bei gutem Wetter funktioniert.

Dann drittens, die deutschen Eliten. Das ist ein grosses und seltsames Thema. Deutschlands Eliten haben seit langem zwischen der übertriebenen Liebe für dieses Wort und seiner völligen Verleugnung geschwankt. Deutsche Eliten waren entweder zu homogen, zu sehr eine herrschende Klasse oder doch Nomenklatura oder ängstlich bemüht, jedermann ständig mitzuteilen, dass sie um Himmelswillen nicht führen wollen und nur tun, was ihnen von ihren Wählern, Parteien und anderen aufgetragen wird. Demokratie zumal wird von vielen mit Führungslosigkeit verwechselt. Es gibt keine Stätten, an denen zukünftige Führungsgruppen sich schon einmal beschnuppern und gemeinsame Erfahrungen sammeln können, kein Oxford und Cambridge, keine École Nationale d'Administration. Dabei sind Führung und ihre kritische Kontrolle die einzige Waffe gegen das, was Max Weber das «Gehäuse der Hörigkeit» moderner bürokratischer Gemeinwesen genannt hat. Dies ist nirgends eine Zeit der wirklich bedeutenden politischen Führer; von Nelson Mandela abgesehen, wüsste ich keinen Namen zu nennen. Es ist auch keine Zeit der eindrucksvollen politischen Klassen; Führungsschwäche verbunden mit der Anfälligkeit für Korruption und Unehrlichkeit sind weit verbreitet. Insofern steht Deutschland nicht allein. Ist die Hoffnung zu verwegen, dass der Umzug in die Hauptstadt Berlin an dem Zustand einer diffusen, sich selbst verleugnenden und schwachen politischen Klasse etwas bessern wird?

Mein viertes Thema – in dem Buch von 1965 – war der unpolitische Deutsche, die Bevorzugung dessen, was ich private Tugenden nannte, der fehlende Sinn für Öffentlichkeit, für Teilnahme, für die Bürgergesellschaft. Die Haltung passt zu autoritären Regimes. Autoritär ist ja etwas anderes als totalitär. Totalitäre Regime beruhen auf der ständigen Mobilisierung aller, auf Uniformen, Aufmärschen, staatlich verordneten Organisationen für alle Lebensbereiche. Die «totale Mobilmachung» ist nicht selten, ja vielleicht notwendigerweise, die Vorstufe zu Katastrophen, zum Krieg. Autoritäre Regime dagegen beruhen auf dem Rückzug der Untertanen in ihre private Welt. Wer nicht aufmuckt, sondern fleissig arbeitet und im übrigen zu Hause seinen mehr oder minder erbaulichen Neigungen frönt, stört die Kreise der Regierenden nicht und wird daher in Ruhe gelassen. Die späte DDR war nach meinem Urteil nicht totalitär, sondern autoritär. Heute träumen manche von den angeblichen Segnungen des asiatischen Autoritarismus, wie ihn der malaysische Premierminister in seinem Buch «Das Asien, das Nein sagen kann» – nein zum Westen nämlich – gefordert hat. Dass solche Neigungen auch in Deutschland vorhanden sind, ja dass sie hierzulande auf eine lange Tradition zurückgehen, steht ausser Zweifel. Dennoch beschreibt Autoritarismus die deutsche Wirklichkeit nicht. Die deutsche Bürgergesellschaft lebt, durch die vielen, zu Unrecht zuweilen kritisierten Vereine und Verbände, durch Bürgerinitiativen, ja auch durch jenen eher aufsässigen Geist, der sich im Westen für viele mit dem Jahre 1968 verbindet, von dem schon die Rede war.

Die deutsche Einheit und die Aufgaben der Zukunft

Was folgt aus solchen Anmerkungen, die nicht mehr als flüchtige Hinweise auf nötige vertiefte Analyse sein können? Vor allem, dass es zwar Probleme für die sozialen Grundlagen der deutschen Demokratie gibt, dass diese aber nicht grösser sind als die vieler anderer Länder. Ich lese aus der skizzierten Analyse keine inneren Gefährdungen der deutschen Demokratie heraus. Gilt das auch für das vereinigte Deutschland? Gibt es etwa besondere Probleme für die, die nicht das Glück hatten, vierzig Jahre lang Demokratie zu bauen, mit doppeltem Machtwechsel, mit Auf- und Abschwüngen der Wirtschaft, mit 1968 und alledem? Gewiss, die Bürgergesellschaft, die die Demokratie trägt, muss wachsen. Sie hat übrigens vielfältig unterschiedliche Gestalt; innerhalb Deutschlands hat es immer mehrere Modelle gegeben. Es ist also nicht nötig, sich allzu sehr von bestimmten westlichen Beispielen beeindrucken zu lassen. Dass das nicht das einzige Problem in den neuen Ländern ist, weiss ich wohl. Von aussen übergestülpte Institutionen müssen gleichsam nostrifiziert, angeeignet werden, bevor sie zu konstruktiven Prozessen führen. Es würde mich nicht überraschen, wenn antidemokratische Neigungen in den neuen Ländern stärker wären als in den alten. Während man indes von aussen diese besonderen, schmerzhaften Probleme sieht und wohl weiss, dass ihre Überwindung eine Generation dauern wird, gibt es keinen vernünftigen Grund, in den Entwicklungen der noch immer ziemlich neuen Länder Gefährdungen für die deutsche Demokratie zu vermuten.

In einer Hinsicht könnte man sogar meinen: im Gegenteil. Die Menschen in den neuen Ländern haben nach dem unwiderruflichen Bruch der Jahre 1989/90 den wirtschaftlichen Schock erlebt, der in anderer Form aber ähnlicher Heftigkeit dem übrigen Deutschland noch bevorsteht. Als ich in den frühen 60er Jahren mein Deutschland-Buch schrieb, war mir der komplizierte Zusammenhang von Wirtschaft und Gesellschaft noch nicht so gegenwärtig wie heute. Zwar erkannte ich die auch in sozialer Hinsicht radikalen Wirkungen der Erhardschen Reformen; aber noch hatte ich mir nicht die Frage gestellt, warum die grosse Wirtschaftskrise von 1929–32 zwar in vielen kontinentaleuropäischen Ländern, nicht aber England und Amerika starke faschistisch-nationalsozialistische Bewegungen hervorgebracht hat. Heute glaube ich: Demokratie ist erst dann stabil, wenn sie von den Bürgern nicht mehr mit wirtschaftlichem Aufschwung identifiziert wird. Demokratie macht frei; sie macht nicht notwendigerweise reich. Wer glaubt, durch Demokratie reich zu werden, den wird die erste Rezession zum Zweifel an ihren Institutionen bringen. Das geschieht heute in der postkommunistischen Welt. Das ist ein Element der Selbstzerstörung der Weimarer Republik.

Was wir heute in der ganzen Welt erleben, ist mehr als eine Rezession. Sogar im Aufschwung noch finden Strukturwandlungen statt, die die festgefügten Erwartungen von Millionen zerstören. Mit dem Beruf auf Lebenszeit, dem ständig wachsenden gesicherten Einkommen, gerät auch das Sicherheitsnetz des Wohlfahrtsstaates in Gefahr. Es breitet sich tiefe Unsicherheit aus. Grossbritannien hat diese Herausforderung frühzeitig angenommen. Das Ergebnis steckt voller Probleme; ich habe selbst eine öffentliche Diskussion über «Wohlstand und sozialen Zusammenhalt in einer freien Gesellschaft» in Gang gesetzt. Das Land hat für eine konkurrenzfähige Wirtschaft mit niedrigen Löhnen, niedrigen Sozialleistungen, einer wachsenden Unterklasse, dem Zerfall der inneren Städte und anderen Erscheinungen der Desintegration einen hohen Preis bezahlt. Wie die Vereinigten Staaten kennt es jetzt mehr und mehr «arbeitende Arme», Menschen also, die Beschäftigung haben, aber nicht genug zum Leben verdienen. Indes zweifelt kaum jemand daran, dass man diese Fragen mit demokratischen Mitteln anpacken kann.

Deutschland, dem westlichen Deutschland, steht die grosse Strukturkrise noch bevor. Sie hat begonnen, mit Daimler-Benz und der Vulkanwerft und anderen, aber sie wird noch jahrelang weitergehen. Einstweilen sind die Abstriche am Sozialstaat noch harmlos, doch haben auch diese gerade erst begonnen. Man muss hoffen, dass Deutschland nicht den Fehler anderer macht, soziale Solidarität auf dem Altar der wirtschaftlichen Wettbewerbsfähigkeit zu opfern. Doch die schwierigere Frage ist, wie diese Wettbewerbsfähigkeit hergestellt werden kann, ohne dass Menschen am Nutzen der Demokratie zu zweifeln beginnen. Das ist der wahre Test der nächsten Jahre. Es ist zudem einer, bei dem Westdeutsche von Ostdeutschen lernen können, denn in den Ländern der früheren DDR, und nur hier, musste ein tiefgreifender wirtschaftlicher Umbruch Hand in Hand mit der Konstruktion eines demokratischen Gemeinwesens durchgesetzt werden. Das war und ist eine starke Probe auf Bürgersinn und Freiheitsliebe. Hoffen wir, dass die Stuttgarter und die Bremer sie so gut bestehen wie die Leipziger und die Weimarer.

Und Europa? Die Anmerkungen, die ich in meine Rede zu diesem Thema eingestreut habe, mögen manche von ihnen zu dem Schluss geführt haben, ich sei nicht nur unter die Briten, sondern unter die britischen «Euroskeptiker» gegangen. Der Schluss ist indes ganz falsch.

Euromelancholiker bin ich vielleicht, also traurig darüber, dass dieses organisierte Europa sich in kostspielige Irrelevanzen verliert, statt brennende Fragen anzupacken. Für mich ist auch die Währungsunion eine Irrelevanz, die ablenkt von zentralen Themen und zudem Europa spaltet. Die Aufgabe heute liegt in der Quadratur des Zirkels von Wohlstand, Solidarität und Freiheit. Da brauchen wir einander in Europa. Dafür ein neues europäisches Programm zu formulieren – wie es der frühere Kommissionspräsident Jacques Delors begonnen hat – ist des Schweisses der Edlen wert. Dies ist denn auch der Punkt, an dem für mich die mehreren Heimaten, Deutschland, England und Europa, zu einer einzigen Zukunftsaufgabe verschmelzen.

9 Von Europa nach EUropa

In der Mitte der 1990er Jahre rückte der Prozess der europäischen Kooperation, ja Integration ins Zentrum der politischen Aufmerksamkeit. Kommissionspräsident Jacques Delors hatte mit dem «Binnenmarkt» das erste Ziel der Europäischen Wirtschaftsgemeinschaft komplettiert. Seit dem Vertrag von Maastricht (1991) beherrschte das alt-neue Thema der Währungsunion die Diskussionen der Regierungschefs und Zentralbankiers, aber auch einer breiteren Öffentlichkeit. Zugleich fiel die Entscheidung für die Erweiterung der nun EU, Europäische Union, genannten Gemeinschaft um die nachkommunistischen Länder Ost- und Südosteuropas. Das alles geschah im Kontext veränderter Strukturen der Weltpolitik, in denen Europa seine Rolle zu bestimmen hatte.

Mir schien, dass diese Entwicklungen es nötig machten, die Grundfrage neu zu beantworten: warum eigentlich brauchen wir eine Europäische Union? Was ist der tiefere Sinn und Zweck des Prozesses der Integration? Die Paul-Henri Spaak-Vorlesung an der Harvard-Universität war zur Beantwortung dieser Frage aus mehreren Gründen ein geeignetes Forum. Der grosse belgische Nachkriegspolitiker Spaak erinnerte an die Anfänge und ihre Motive. Auch der europäische Prozess ist ja vornehmlich aus seiner Geschichte zu verstehen. Der nordamerikanische Ort der Vorlesung gab andererseits eine Perspektive der freundlichen Distanz, die es erlaubte, aus dem gängigen Denkschema von Brüssel, ja überhaupt von Europa auszubrechen.

Das fiel mir auch aus anderen Gründen nicht schwer. Der folgende Text nimmt meine persönliche Europa-Erfahrung als Leitfaden. Diese begann mit meinem Vater, dem sozialdemokratischen Europäer der ersten Stunde, schloss dann meine Zeit als Europa-Kommissar in den frühen 1970er Jahren ein und führte mich schliesslich nach Grossbritannien. Ein skeptischer Unterton ist dabei unverkennbar; er durchzieht viele meiner Veröffentlichungen zum Thema Europa. Dieser Unterton ist jedoch nicht misszuverstehen. Britische «Euroskeptiker» haben grundsätzliche Vorbehalte gegenüber dem Projekt Europa; diese teile ich nicht. Meine Skepsis kommt sozusagen von innen, nicht von aussen. Ich bin Europäer und will, dass Europa sich findet und eine angemessene Rolle spielt.

Eine solche Position führt zu zwei kritischen Fragen an das reale EUropa. Die eine wird im folgenden Text an Hand der Erörterung der Währungsunion – die zum Zeitpunkt der Abfassung noch Plan war – deutlich. Der Plan ist mittlerweile Realität geworden. Die von mir gestellte Frage aber, ob es wirklich einen notwendigen Weg von der einheitlichen Währung zur einheitlichen Politik gibt, scheint eher in meinem Sinn beantwortet zu werden: nein, das ist nicht der Fall. Das organisierte Europa lässt sich nicht durch die Hintertür der Wirtschaft, noch nicht einmal durch die Währungsunion schaffen. Ein politisches Ziel lässt sich nur mit politischen Mitteln erreichen.

Die andere kritische Frage betrifft die Rede von der angemessenen Rolle des organisierten Europa in der Welt. Was genau ist «angemessen»? Angemessen heisst jedenfalls nicht, dass hier eine neue Supermacht entstehen soll, und schon gar nicht, dass diese in Konkurrenz treten soll zu den Vereinigten Staaten von Amerika. EUropa, also das organisierte Europa, muss sorgfältig begründet werden. Damit werden seine Möglichkeiten, aber auch seine Grenzen sichtbar.

Der Vortrag, auf dem der folgende Text beruht, hatte einen Untertitel; es sollte «eine Geschichte von Hoffnung, Versuch und Irrtum» erzählt werden. Das sind die Kategorien, in denen auch die übrigen Beiträge zum Thema Europa in diesem Band verstanden werden können.

Europäische Anfänge

Zweimal in kaum mehr als einem halben Jahrhundert – daher in meiner lebendigen Erinnerung – erwachte Europa aus dem Griff dunkler Kräfte des Bösen zum Licht der Freiheit. Hitlers barbarische Attacke auf liberale und zivilisierte Werte führte durch die Hölle des Holocaust zu einem europäischen Kontinent in Trümmern, und darin trotz allem zum Sieg der so brutal attackierten Werte. Das war die Herausforderung von 1945. Dann wurde, kaum drei Jahre später, ein grosser Teil Europas abgeschnitten von den neuen Chancen und erfasst von der rücksichtslosen Unterdrückung aller Rechte und Lebenschancen durch Stalins Tyrannei, die sich später in die bleierne Herrschaft des «real existierenden Sozialismus» verwandelte. Auch diese dauerte indes nicht. 1980 nahm Solidarnosc die Fackel auf, die 1951 in Berlin, 1956 in Budapest, 1968 in Prag aufgeleuchtet hatte und dann wieder ausgelöscht worden war. Dieses Mal waren die Diktatoren auf dem Rückzug, bis sie am Ende das bislang kommunistische Europa aus ihrem Griff freigeben und es den «Dissidenten», die an Demokratie und Rechtsstaat glaubten, überlassen mussten. Das war die Herausforderung von 1989.

1945 war ich 16 Jahre alt und hatte schon eine kurze Zeit im Gefängnis und in einem Gestapolager überlebt, wohin mich Anti-Nazi-Tätigkeit an der Schule gebracht hatte. Zurück in Berlin, erwarteten wir nun sorgenvoll die Rückkehr meines Vaters von den Schrecken der Lager und, nach seinem Prozess vor dem notorischen Volksgerichtshof, der geordneteren Grausamkeit des Zuchthauses Brandenburg. Als er nach Hause kam, war er schon zum Leiter der Zentralen Kohlenstelle der zerstörten Stadt Berlin ernannt worden. Von seinen Gefängnistagen brachte er das Vermächtnis seiner sozialdemokratischen Freunde mit, die nicht überlebt hatten. Das war ein Vermächtnis der Einheit: der Einheit der Arbeiterbewegung, um eine Wiederholung des politischen Brudermords der frühen 1930er Jahre zu verhindern, der nach Meinung vieler den Nazis zur Macht verholfen hatte, und der Einheit Europas, dessen Spaltungen zwei grosse Kriege im 20. Jahrhundert und mehrere andere unter Mitwirkung erst Preussens, dann Deutschlands im Jahrhundert davor verursacht hatten. Beide Hoffnungen meines Vaters wurden zunächst, jedenfalls in der Form, in der er sie hegte, enttäuscht, bevor sie sich am Ende in unerwarteter Weise doch noch erfüllten.

Die Einheit der Arbeiterbewegung traf auf den Widerstand der Kommunisten, deren Führer aus Moskau nach Berlin zurückgekehrt waren in dem Glauben, sie könnten es alleine schaffen. Als sie dann entdeckten, wie wenig Unterstützung sie für ihre Absichten fanden, begannen sie, den Sozialdemokraten ihre Pläne aufzuzwingen. Dagegen wehrte sich mein Vater (wie er sich stets gegen Gewalt gewehrt hatte), bis er am Ende Berlin in aller Eile verlassen musste, gerettet vor Stalins NKWD durch britische Freunde, die ihn (und mich) ausflogen in seine Heimatstadt Hamburg.

Ein Jahrzehnt später – mein Vater war inzwischen erschöpft an einem Herzinfarkt gestorben – wurde deutlich, dass eine neu belebte Sozialdemokratie tatsächlich jene Einheit vertrat, von der die Widerstandskämpfer geträumt hatten, denn eine andere Partei der sozialen Reform, die die Wähler ansprach, gab es nun nicht mehr.

Indes versagten die deutschen Sozialdemokraten in den Anfangsjahren der Bundesrepublik der europäischen Integration ihre Unterstützung. 1952 stimmten sie geschlossen gegen den Vertag von Paris, der die Europäische Gemeinschaft für Kohle und Stahl (EGKS) begründete. Da lebte mein Vater noch; er war entsetzt und erwog sogar, die Partei zu verlassen, die seit seinem 18. Geburtstag, wenn nicht schon früher seine politische Heimat gewesen war. Die deutsche SPD brauchte ein Jahrzehnt, um sich von ihren nationalistischen Anfängen abzukehren und zu der Partei von Willy Brandt und später Helmut Schmidt zu werden, die nicht minder europäisch und atlantisch war als Konrad Adenauers CDU.

In der Tat kamen nur wenige der Begründer eines zivilisierten und freiheitlichen Europa nach dem Krieg von der politischen Linken. Winston Churchill, der britische Konservative, rief in seiner historischen Rede in Zürich 1946 zur Versöhnung und europäischen Einigung auf. (Seine Union – um da keinen Zweifel zu lassen – war vor allem eine von Frankreich und Deutschland unter Beteiligung der Benelux-Länder und Italiens, aber mit Grossbritannien, das noch der Illusion vergangener Grösse nachhing, als blossem «Förderer» zusammen mit den Vereinigten Staaten und vielleicht auch Sowjetrussland.) Die Idee wurde vor allem von Christlichen Demokraten verfolgt – von Alcide de Gasperi in Italien, Robert Schuman in Frankreich, Konrad Adenauer in Deutschland. Sie waren genau genommen katholische Politiker. Europa nahm eine durchaus römische Gestalt an, bis hin zum Römischen Vertrag von 1957 zur Schaffung der Europäischen Wirtschaftsgemeinschaft (EWG), und ihre ultramontanen Züge waren weltlicheren Parteien durchaus nicht geheuer. Paul-Henri Spaak, der eine Sozialist unter den Gründungsvätern von Nachkriegseuropa (Sozialist zumindest nach seiner Parteizugehörigkeit), argumentierte denn auch schon während des Krieges, dass Grossbritannien für die europäische Einheit unentbehrlich sei, denn sonst «wird Europa ohne und ich wage vorherzusagen gegen England organisiert, und seine beherrschende Kraft wird trotz der Niederlage Deutschland sein».

Nicht nur Belgien, sondern mehrere kleine Länder Europas haben von Anfang an eine besondere Rolle in diesem Prozess gespielt. Luxemburg hatte mehr als seinen Anteil daran, wenn man an Josef Bech denkt, den Premierminister aus Bad Mondorf auf der anderen Seite der Grenze zu Robert Schumans Heimat in Lothringen. Bechs späterer Nachfolger Pierre Werner war 1970 der Autor des ersten Projekts einer Wirtschafts-

und Währungsunion, und seine Nachfolger als Premierminister, Gaston Thorn und Jacques Santer, wurden Präsidenten der Europäischen Kommission. Die Niederlande waren von Anfang an die effektivste, ja vielleicht die einzige Kraft, die die starke Unterstützung der europäischen Integration verband mit der Insistenz auf deren Offenheit für die Welt und auf ihre demokratische Verantwortlichkeit. Joseph Luns – einer der wenigen, die de Gaulle in die Augen blicken konnten, denn er war gleich gross und sprach ohne Furcht oder Suche nach Anpassung – war nur einer in einer langen Reihe von holländischen Europäern, die zumeist entweder aus Dirk Spierenburgs Aussenministerium oder Max Kohnstamms Monnet-Komitee hervorgegangen waren. Unter den neueren Mitgliedern der Europäischen Union setzen die Iren und vielleicht die Portugiesen diese Tradition des Engagements der kleineren Länder fort.

Aber ich muss den Faden meiner Geschichte wieder aufnehmen, also bei der tiefen Enttäuschung meines Vaters angesichts der antieuropäischen Position seiner Partei anknüpfen. 1952 hörte er während eines Besuches in Amsterdam von der Stimmabgabe der SPD gegen den «Schuman-Plan» einer Kohle- und Stahl-Gemeinschaft und schrieb einen emotionalen Artikel voll von düsteren Vorahnungen. Er erinnerte sich an eine Zeit, als er «in einem deutschen Zuchthaus sich seine eigenen Gedanken machte über das, was nach dem Ende von Hitler-Deutschland geschehen würde». Wie kann Europa wieder ins Gleichgewicht gebracht werden angesichts der vorhersehbaren Ost-West-Differenzen? Er sah dies als «eine grosse Chance für den demokratischen Sozialismus – und als eine Verpflichtung für Deutschland». Aber es würde mehr verlangen als die Anerkennung der deutschen Kollektivschuld; nötig war praktisches Handeln, vielleicht «die Internationalisierung des Ruhrgebiets» (mit seinen Kohlengruben und Stahlwerken). Der Schuman-Plan ist allenfalls ein bescheidener Schritt in diese Richtung, aber er ist «ein politischer Schritt in einem wirtschaftlich entscheidenden Bereich, der zu supranationalen Lösungen führen wird». Überdies zeichnet er eine Zukunft vor, die bislang passive junge Leute zu politischem Engagement bewegen kann. Wie ist es möglich, dass Sozialdemokraten, statt die Vorreiter der Zukunft zu werden, «nationale und andere Engherzigkeiten» vertreten?

Liest man solche Ermahnungen mehr als vier Jahrzehnte später, dann fällt auf, wie viel sich geändert hat, nicht zuletzt in der damaligen Haltung der deutschen Sozialdemokraten – eine Haltung, die man heute eher bei britischen Konservativen findet. Man kommt auch zurück zu der Frage, worum es eigentlich bei Europa – dem «supranationalen» oder zumindest dem organisierten Europa – geht. Die Antwort liegt keineswegs auf der Hand. Zum Teil geht es bei Europa (so habe ich jedenfalls seit langem geglaubt) in der Tat um kleine Länder. Sie brauchen die enge Verbindung mit anderen, um in unserer Welt zu bestehen; dabei haben sie viel zu bieten. Überdies ist die Erfahrung der kleineren Länder durchaus für die grösseren europäischen Nationen relevant, die ja selbst nicht gerade Supermächte sind. Aber dies ist nur ein Motiv. Ein anderes hat es zweifellos mit der Vergangenheit zu tun. Es ist keineswegs ausgemacht, dass es tatsächlich die europäische Integration war, die Kriege zumindest zwischen den Mitgliedern der diversen Gemeinschaften Europas nach 1945 verhindert hat, aber ein Impuls zur Zusammenarbeit war zweifellos die Absicht, eine schlimme Vergangenheit für immer zu beenden.

Die deutsche Frage

Tatsächlich bedeutete dies, dass es in Europa nach 1945 immer um Deutschland ging, um Deutschland als akzeptablen Partner, ein Deutschland, das durch Einbeziehung unter Kontrolle gehalten wird. Die Empfindungen, die Churchill im September 1946 in Zürich kundtat, sind bewundernswert: Deutschlands Verbrechen (sagte er) sind nicht vergessen. «Die Schuldigen müssen bestraft werden. Deutschland muss die Fähigkeit genommen werden, sich wieder zu bewaffnen und einen neuen Angriffskrieg zu planen.» Dann aber «muss es ein Ende der Strafen geben». «Was nötig ist, ist das, was Mr. Gladstone vor vielen Jahren einen ‹gesegneten Akt des Vergessens› nannte.» Und dann die berühmten Sätze: «Ich werde jetzt etwas sagen, das Sie erstaunen wird. Der erste Schritt in der Wiederherstellung der europäischen Familie muss eine Partnerschaft zwischen Frankreich und Deutschland sein. Nur auf diese Weise kann Frankreich die moralische und kulturelle Führung in Europa wiedergewinnen. Es kann keine Wiederbelebung Europas geben ohne ein geistig grosses Frankreich und ein geistig grosses Deutschland.»

So – was hervorzuheben ist – am 19. September 1946, nur 16 Monate nach Deutschlands totaler Niederlage. Ganz so ist es natürlich nicht gekommen. Nicht nur ist Britannien schwerlich der «Förderer» des deutsch-französischen Europa geworden, sondern Frankreich ist auch weit davon entfernt, Europas moralischer und kultureller Führer zu sein. Nur die scheinbar unausweichliche Notwendigkeit ist geblieben, Deutschland «einzubinden», *a fortiori* nach dem Ende der Ost-West-Spaltung, die die westliche Hälfte Europas so mühelos zusammenhielt. Bei Europa geht es für viele darum, Deutschland unter Kontrolle zu halten, wobei das Motiv keineswegs nur französische Politiker leitet. Mindestens drei deutsche Bundeskanzler – Adenauer, Schmidt und Kohl – hatten ein starkes Bewusstsein der Notwendigkeit von Deutschlands «Selbsteinbindung» (um Helmut Schmidts Ausdruck zu verwenden), also der Aufgabe Deutschlands, sich an seine europäischen Nachbarn zu binden, um die Wiederkehr der Irrwege der Vergangenheit zu verhindern. (Die anderen drei Bundeskanzler, also Ludwig Erhard, Kurt Georg Kiesinger und Willy Brandt, taten übrigens solche Auffassungen nicht kund, wobei jeder von ihnen seine eigenen Gründe hatte.) Bis hin zur Währungsunion ist eine Motivkraft der europäischen Integration der Wunsch geblieben, Deutschland gleichsam im Gehege zu behalten.

In welchem Gehege? Zunächst und vor allem jedenfalls ist das das Gehege der liberalen Demokratien der Welt. Nicht nur ist der Zweite Weltkrieg im Namen der Demokratie und der Herrschaft des Rechts geführt und gewonnen worden, sondern eine demokratische Ordnung ist auch die sicherste Garantie gegen Aggression. In aller Regel fangen Demokratien keine Kriege an. In dieser Hinsicht sind die Nachkriegshoffnungen für Deutschland eindeutig erfüllt worden, wenn man auch bezweifeln mag, ob die Rolle der europäischen Institutionen bei der Schaffung einer tragfähigen sozialen Basis für Deutschlands politische Institutionen mehr als marginal war.

Es gibt jedoch einen anderen Aspekt des Geheges, in dem Deutschland gehalten wurde und weiter gehalten werden muss, und dieser ist nach der Vereinigung noch relevanter als vorher. Bei vielen hält sich die Sorge, dass Deutschland einmal mehr zu seiner östlichen Bestimmung abdriften könnte. Die Ostpolitik hat diese Sorge verstärkt, und die deutsche Vereinigung könnte ihr eine gewisse praktische Plausibilität geben. Doch sind auch in dieser Hinsicht die Wandlungen der Nachkriegszeit bemerkenswert erfolgreich gewesen. Der Erfolg lag nicht so sehr darin, Deutschland und die Deutschen von den Werten, Institutionen und Orientierungen des Westens zu überzeugen (so wichtig das war), wie in einem noch weit fundamentaleren, höchst wirksamen Prozess. Der deutsche Autor Wolf Jobst Siedler nannte ihn, mit einem Unterton des Bedauerns, aber darum nicht minder überzeugend, die «Westverschiebung Europas». Zu Recht ist der Begriff geologisch; es ist die Rede von einer Art Kontinentaldrift: Europa selbst hat sich nach Westen bewegt. «Das wiedergewonnene Europa ist ein Europa, das nach Westen blickt. Der Osten als Option ist verschwunden.» «Europas Osten will kein Osten mehr sein» im alten, emphatischen Sinn der Slawophilen. In der Tat, wo sind die Slawophilen geblieben?

Timothy Garton Ash entwickelte diese These in einem seiner bemerkenswerten Artikel im *New York Review of Books* schon Jahre vor der Revolution von 1989. «Existiert Mitteleuropa?» fragte er 1986, und seine Antwort lautete: noch nicht. Es war einstweilen noch eine Idee, wenn auch eine mächtige Idee, die Antithese zum «imperialen System, dessen wichtigste Herrschaftsinstrumente Lügen, Gewalt und die Atomisierung der Gesellschaft sind». Er beschrieb die Alternative als «die Imperative des Lebens in Wahrheit, Gewaltlosigkeit, den Kampf für die Bürgergesellschaft – und das Ideal Mitteleuropa». Heutzutage sprechen wir selten von Osteuropa, und wenn wir es tun, meinen wir die Ukraine und Gebiete noch weiter östlich. Tatsächlich wollen auch sie Teil eines Europa sein, das im Kern westlich ist in seinen Werten und Institutionen. Der Niedergang des Ostens ist, so scheint es, endgültig, und Europas Verschiebung nach Westen unumkehrbar. Das ist, von anderen Konsequenzen abgesehen, die Antwort auf die deutsche Frage.

Für sich genommen ist es jedoch noch keine Antwort auf die europäische Frage. Diejenigen von uns, deren liberale Leidenschaft geweckt, ja enorm verstärkt wurde durch den Kollaps des Nomenklatura-Kommunismus in den Jahren 1989 und 1990, haben seitdem manche Enttäuschungen erlebt. Einmal mehr sind grosse Gestalten als Sprecher der eben befreiten Länder aufgetreten: Lech Walesa in Warschau, Vaclav Havel in Prag, Arpad Göncz in Budapest, Zheliu Zhelev in Sofia und andere in ihrer Umgebung. Ein neues Europa hätte nach ihren Visionen gebaut werden können; aber das geschah nicht. Ihre westlichen Partner hatten nicht das Format, die Herausforderungen der wiedergewonnenen Freiheit aufzunehmen und zu bewältigen.

Europas grosser Irrtum

Die Enttäuschungen derer von uns im alten Europa, die mit den Freunden in Polen, der Tschechoslowakei, Ungarn und andernorts zuerst zitterten und dann jubelten, galten nicht nur den offenkundigen Problemen. Sie galten also nicht nur dem langsamen Fortschritt der Volkswirtschaften und der Bürgergesellschaften in den nachkommunistischen Ländern, der nicht überraschen konnte und darum auch weiterhin eine Herausforderung bleibt für die Bürger dieser Länder wie für uns, die wir bereit sind zu helfen. Selbst das Tal der Tränen, durch das Menschen ziehen müssen, bevor die Dinge sich bessern, kam nicht überraschend. Die tiefere Enttäuschung lag und liegt in der Antwort, die wir, die glücklicheren Europäer, auf die Bedürfnisse derer gegeben haben, für die die Idee nicht nur von Mitteleuropa, sondern von Europa jetzt wirklich werden sollte. Um es deutlich zu sagen, Westeuropa hat seine Prinzipien und seine Versprechungen verraten, als es statt die Hände nach Mitteleuropa auszustrecken, sich nach innen wendete für sein eigenes *approfondissement* à la Maastricht und auch noch zuliess, dass der Schutz von läppischen Besitzständen – zum Beispiel durch die Rationierung der Importe von Pilzen und Himbeeren aus Polen – Vorrang hatte vor politischen Imperativen. Institutionell zumindest hat EUropa, die Europäische Union, gegenüber Europa, dem Kontinent, der Kooperation und Integration braucht, versagt.

Das bringt mich von der Hoffnung, die ein wichtiger Teil dieser Erwägungen ist, zu Versuch und Irrtum, oder schlimmer noch, von der Wirklichkeit zur esoterischen und wenig inspirierenden Welt der europäischen Institutionen. Hier muss ich mich dann leider auch von meinem Vater trennen, der glaubte, dass ein «politischer Schritt in einem wirtschaftlich entscheidenden Bereich zu supranationalen Lösungen führen wird». Damit trenne ich mich überdies nicht nur von meinem Vater, sondern von einer erlesenen Gesellschaft. Alle Gründer glaubten, dass die wirtschaftlichen Anfänge der Zusammenarbeit am Ende zu einer Europäischen Union führen werden. Ich trenne mich hier also auch von Walter Hallstein, dem ersten Präsidenten der EWG-Kommission, und sogar vom Schutzpatron der europäischen Integration, Jean Monnet.

Der Traum von Churchill und anderen gewann zuerst institutionelle Realität, als 1948 der Europarat geschaffen wurde. Man mag dies eine eurozentrische Aussage nennen, denn es gab schliesslich auch jenes andere Unternehmen, die Organisation für Europäische Wirtschaftskooperation (OEEC), die am 5. Juni 1947 an der Harvard-Universität durch George Marshalls bahnbrechende Rede angeregt wurde. Der Marshall-Plan war der mit Abstand wichtigste Stimulus zum europäischen Wiederaufbau, aber er vereinte Europa nicht. Die OEEC behielt immer ihren atlantischen Beigeschmack. Das hat ihren Erfolg nicht verringert. Auch heute noch ist die erweiterte OECD, jetzt eine Organisation für Wirtschaftliche Zusammenarbeit und Entwicklung für die reichen Länder der Welt, eine bedeutende Quelle sozialökonomischer Information und Koordination. Doch darf der Europarat die erste Realität europäischer Visionen der Integration genannt werden. Er war allerdings eine intergouvernementale – zum Unterschied von einer supranationalen – Organisation. Hier mag einer der Gründe liegen, warum er die grossen Erwartungen, die seine Geburt begleiteten, nicht erfüllte. Der wichtigste Zweck des Europarates liegt heute im Bereich der Menschenrechte durch die Verwaltung der Europäischen Konvention. Diese hat für die neuen Mitglieder aus Ostmitteleuropa eine besondere Bedeutung.

Indes war politischen Führern in den frühen 1950er Jahren klar, dass andere, wirksamere Wege gefunden werden müssen, um die freien Länder Europas zusammenzubringen. Ein solcher Weg war die Gemeinschaft für Kohle und Stahl, deren institutionelle Regelungen noch bemerkenswerter sind als ihre politische Substanz. Was diese Substanz betrifft, so ist immerhin erwähnenswert, dass eine Gemeinschaft, die gegründet wurde, um eine gemeinsame Verwaltung für die Schwerindustrie zu schaffen, die für mehr als ein Jahrhundert zu Konflikten Anlass gegeben hatte, alsbald entdeckte, dass sie tatsächlich niedergehende Industrien verwaltete. Man könnte vermuten, dass diese harte Tatsache die Gemeinschaft von der beabsichtigten Zukunftsorientierung zu einer Vergangenheitsorientierung geführt und damit von einer zukunfts- und weltoffenen zu einer protektionistischen Institution gemacht hat – ein Virus, den noch die Europäische Union nur mühsam abschütteln kann. Was indes die institutionelle Struktur der Gemeinschaft für Kohle und Stahl betrifft, so war sie Jean Monnets erster Versuch des Supranationalismus, also des Verzichts nationaler Parlamente auf Souveränität zugunsten einer Hohen Behörde. Damit wurde allerdings zugleich ein Beleg dafür geliefert, wie sehr Supranationalismus Demokratie und überhaupt Verantwortlichkeit von Entscheidungen erschwert.

Indes sahen nur wenige in den 1950er Jahren die Europäische Gemeinschaft für Kohle und Stahl (EGKS) als Keimzelle einer Europäischen Union. Seinerzeit wurden unmittelbarer politische Wege gesucht, vorgeschlagen und bis zu Vertragsentwürfen ausgehandelt. Seinerzeit war übrigens auch Frankreich die treibende Kraft, der «Führer», wie Churchill es erhofft hatte. Vielmehr spielten französische Regierungen diese Rolle, sowohl im Entwurf einer Europäischen Verteidigungsgemeinschaft (EVG) als auch im Vorschlag der Schaffung einer Politischen Behörde für eine «Europäische Gemeinschaft supranationalen Charakters» nach dem Muster der EGKS. Aber die Regierungen waren ihren Völkern zu weit vorausgeeilt. Die EVG scheiterte 1954 im französischen Parlament, woraufhin auch der Plan einer politischen Union fallengelassen werden musste. Stattdessen wurde die NATO um Deutschland erweitert, und in Europa begann der unselige Prozess, der uns bis heute begleitet: der Prozess des Versuches, politische Ziele mit dem Mittel der wirtschaftlichen Integration zu erreichen.

Die Tatsachen sind vertraut. 1957 wurde der Vertrag von Rom in den Parlamenten von sechs Ländern ratifiziert: Italien, den Benelux-Ländern,

Frankreich und Deutschland (dieses Mal mit den Stimmen einiger, wenn auch nicht aller Sozialdemokraten). Die Europäische Wirtschaftsgemeinschaft (EWG) begann ihre Existenz 1958, zusammen mit der Europäischen Atomgemeinschaft (Euratom). Zehn Jahre später wurden die EGKS, die EWG und Euratom verschmolzen zu den Europäischen Gemeinschaften (EG). 1973 fand die erste bedeutende Erweiterung der EG statt und Grossbritannien betrat die Szene. Nach den turbulenten 1970er Jahren mit dem Scheitern des ersten Projekts einer Währungsunion, und den erfolgreichen 1980er Jahren, in denen die Einheitliche Akte zur Vollendung nicht nur des Gemeinsamen, sondern des nun so genannten Binnenmarktes ohne nichttarifäre Handelshemmnisse führte, entwarf der Vertrag von Maastricht 1991 ein neues Programm, zu dem die Umbenennung der EG in Europäische Union (EU) gehörte. Seitdem, wenn nicht schon früher, begab sich die Europäische Union ernstlich auf Irrwege.

Die Gründe dafür liegen tief in der Geschichte des hier beschriebenen Prozesses. Er soll hier auf eher persönliche Weise nachgezeichnet werden. Das geschieht nicht aus autobiographischen Gründen, auch nicht weil die Verirrungen eines Menschen im europäischen Labyrinth von besonderem Interesse wären, sondern um ein Gefühl für die Untiefen der Empfindungen zu vermitteln, die Europa, und mehr noch EUropa wecken kann.

Im Dezember 1969 fand in Den Haag eine besonders folgenreiche Gipfelkonferenz statt. Hier wurde das französische Veto gegen den britischen Beitritt endlich aufgehoben. Zudem wurden wichtige Schritte zur Vertiefung der europäischen Zusammenarbeit beschlossen. Ich war daher froh als ich, nach einer Zeit als Parlamentarischer Staatssekretär in Willy Brandts Regierung, im Juli 1970 als einer der deutschen Kommissare der EG nominiert wurde. Meine Verantwortung für Aussenhandel und Aussenbeziehungen machte den Wechsel besonders reizvoll. Indes wusste ich wenig über die EG, ihre Organisation und ihre Kultur, als ich in Brüssel ankam. Im deutschen Auswärtigen Amt wurde die Thematik deutlich als zweitrangig behandelt, was schon an der Amtsbezeichnung des höchsten für Europa verantwortlichen Beamten deutlich wurde, denn dieser war nicht Staatssekretär *des* Auswärtigen Amtes (eine dem für allgemeine Politik zuständigen Beamten vorbehaltene Bezeichnung), sondern nur Staatssekretär *im* Auswärtigen Amt. Indes fand ich in Brüssel bald heraus, was gespielt wurde, und ich mochte es nicht. Gewiss mochte ich meine Kollegen, vor allem den grossen Europäer Altiero Spinelli, ein Opfer sowohl von Hitler als auch von Stalin und doch ein unverbesserlicher Idealist; oder Sicco Mansholt, den beharrlichen Erfinder und vor allem Verteidiger der Gemeinsamen Agrarpolitik; oder auch den klugen zukünftigen französischen Premierminister Raymond Barre, der seinerzeit verantwortlich war für das Projekt der Währungsunion. Aber was die Institution selbst betraf, wurde ich bald zum Skeptiker.

Im Juli 1971, ein Jahr nach meiner Ankunft in Brüssel, konnte ich nicht mehr an mich halten. Ich veröffentlichte unter dem Pseudonym «Wieland Europa» eine Reihe von Artikeln in der Wochenzeitung *Die Zeit* mit dem Titel «Über Brüssel hinaus: Plädoyer für ein Zweites Europa». Die Artikel erwiesen sich als explosiv. Meine Argumentation hatte ein einfaches Thema. Wir haben das Ende der Nützlichkeit der ursprünglichen Verträge erreicht. Der Widerspruch zwischen ihren politischen Zielen und der Alltagsrealität der Europäischen Gemeinschaften ist nur allzu deutlich. Die supranationalen Illusionen der europäischen Anfänge haben sich als Hindernis und nicht als Antrieb für reale politische Zusammenarbeit erwiesen. Der unlogische Weg nach Europa hat uns in eine Sackgasse geführt: es gibt die Logik einfach nicht, die Länder zwingen würde, von einer problematischen Agrarpolitik zur Währungsunion, und von der wirtschaftlichen zur politischen Einheit voranzuschreiten. All das war in meinen Artikeln mit höchst zitierfähigen – und bald vielzitierten – Formulierungen garniert wie zum Beispiel: «Es gibt Situationen, in denen die Kommission eher Mitleid als Respekt erregt.» Oder: «Ein Demokrat muss sich schämen, wenn er erwachsene Parlamentarier dabei sieht, wie sie die Farce aufführen, die sie zehnmal im Jahr in Strassburg und Luxemburg spielen müssen.»

Mein Pseudonym blieb nicht lange geheim, und es war auch nicht sehr klug von mir zu glauben, dass ich die Welt davon überzeugen könnte, zwischen dem Autor und dem Kommissar Dahrendorf zu unterscheiden. Dennoch führte ein europaweiter Aufschrei nicht zu meinem Rücktritt oder meiner Amtsenthebung. Das Parlament verbrachte am 23. September 1971 eine spannungsreiche Stunde mit «Wieland Europa», in der nur der italienische Kommunist namens D'Angelosante mich unterstützte. Die Kommission indes zeigte sich grosszügig. Raymond Barre sagte, dass er nichts tun würde, das einen Schatten auf die deutsch-französischen Beziehungen werfen könnte, und Sicco Mansholt erinnerte sich, dass er als junger Mann auch manche Dummheiten gemacht hatte. Ich entschuldigte mich, und vieles wurde vergeben, wenn auch vielleicht in jenen Tagen der Keim meiner späteren englischen Inkarnation gelegt wurde. Nach der Erweiterung von 1973 wurde ich erneut als Mitglied der Kommission ernannt; jedoch im Herbst 1974 verliess ich Brüssel, um Direktor der London School of Economics zu werden. Seitdem habe ich in Britannien gelebt, inzwischen nicht nur als britischer Bürger, sondern als Lord Dahrendorf of Clare Market in the City of Westminster, also als Mitglied des Oberhauses des Parlaments von Westminster, tätig in seinem Ausschuss für die Europäischen Gemeinschaften, in dem ich mir den Ruf nicht gerade eines «Euroskeptikers», aber doch eines «skeptischen Europäers» erworben habe.

Ich bin fest davon überzeugt, dass Europa wichtig ist und dass Grossbritannien dazugehören muss. Meine Skepsis bezieht sich ausschliesslich auf den Weg, den der Prozess der europäischen Integration genommen hat – die zu sehr nach innen gewandte Politik, das schwerwiegende Fehlen demokratischer Verantwortlichkeit, die zunehmend unerträgliche Lücke zwischen Aspirationen und Realitäten, und dann den verderblichen Irrtum der Theorie, dass (um Walter Hallstein zu zitieren) «alle Politik eine Einheit ist», so dass der Beginn mit einem Zipfel der Wirtschaftspolitik zu einer «Kettenreaktion der Integration» führen muss.

Die Währungsunion, das Kernstück des Vertrages von Maastricht, illustriert den Irrtum. In den frühen 1970er Jahren scheiterte der erste Versuch, weil die Europäer ihren Fahrplan ohne Rücksicht auf den Rest der Welt bestimmt hatten. Als die Konvertibilität des Dollars in Gold im August 1971 suspendiert wurde, begann ein Prozess, der alle wohlbedachten Pläne von Pierre Werner und Raymond Barre beiseite fegte. Das mag ein einmaliges Ereignis gewesen sein, wenngleich die unsichtbare Hand der Märkte auch für die weit subtileren Pläne der späten 1990er Jahre eine Gefährdung bedeutet. Bei all ihrer Subtilität haben diese Pläne zudem zwei ernste Schwächen: sie sind politisch irrelevant, und sie spalten Europa. Die Irrelevanz ergibt sich aus der Tatsache, dass die Währungsunion in keiner Weise die den Bürgern wichtigen Themen des Tages trifft, nämlich die Arbeitslosigkeit und die auf der Angebotsseite bestehenden Hindernisse der Konkurrenzfähigkeit. Die spaltende Wirkung der Währungsunion hat es mit der Entstehung zweier Kategorien zu tun, derer «drinnen» und derer «draussen». Selbst wenn die letzteren im gängigen Jargon *pre-ins*, also im Vorzimmer der Mitgliedschaft sind, wird ein innerer Kern vorangehen, und die Europäische Union wird auf lange Zeit ein Zwei-Ebenen-Verband sein.

Das Argument für die Schaffung einer Währungsunion in Europa ist primär politisch. Bundeskanzler Kohl erinnert sich gut an den Tag, an dem er die Meinung aller Experten beiseite schob und die theoretisch irrige aber praktisch unausweichliche Entscheidung durchsetzte, die deutsche Währungsunion auf der Grundlage eines 1:1-Umtauschkurses zwischen West- und Ostdeutschland zu schaffen. Diese Leistung, so meint er, lässt sich in Europa wiederholen und wird auch dort zur alsbaldigen Vereinigung führen. Für Frankreich bedeutet die Währungsunion, dass das Land ein Stück der Macht wiedergewinnt, das es heute an die Bundesbank verloren hat; ausserdem wird Deutschland einmal mehr eingebunden. Italien und Spanien träumen davon, in der Ersten Liga zu spielen, und erhoffen sich zudem ewige Stabilität. Alle anderen akzeptieren, dass Britannien auch in Zukunft eine Vorliebe für Cricket haben wird, während sie Fussball spielen. Aber wird die politische Union wirklich das unausweichliche Ergebnis sein? Werden die Konvergenzkriterien der Fiskalpolitik gar zu inneren Unruhen in Frankreich und andernorts führen? Wird es asymmetrische und andere Schocks geben zwischen der «unwiderruflichen» Entscheidung vom 1. Januar 1999 und der für die Bürger sichtbaren vollen Einführung der Währungsunion im Jahre 2002?

Europa als politische Aufgabe

Die Versuchung ist gross, die Geschichte Europas nach dem Krieg als eine der politischen Stabilisierung durch Wirtschaftswachstum und Wohlstand zu interpretieren. Doch gilt es hier wie auch sonst, sich vor dem elementaren Fehler der Verwechslung von Korrelation und Kausalität zu hüten. Das Wirtschaftswunder und das politische Wunder ereigneten sich etwa gleichzeitig, aber daraus folgt nicht, dass das eine das andere verursacht hat. Insbesondere hat der wirtschaftliche Erfolg die demokratischen Institutionen nicht stabilisiert, auch wenn viele es in Zeiten wachsenden Wohlstandes leichter fanden, die Verfassung der Freiheit zu akzeptieren. Spätestens seit 1989 haben wir gelernt, dass, wenn es überhaupt einen Zusammenhang gibt, das Gegenteil der Marxschen Theorie des Primats der Wirtschaft – eine heute vor allem von Kapitalisten geglaubte Theorie – gilt. Die Wirtschaftsreformen von Leszek Balcerowicz in seiner kurzen, aber entscheidenden Zeit als polnischer Finanzminister waren sehr wichtig, aber die institutionelle Stabilität des polnischen Staates trotz aller Regierungswechsel ist ebenso wichtig, wenn nicht noch wichtiger. Wo es Zweifel an politischen Institutionen gibt, können Ökonomien nicht gedeihen. Die unsichtbare Hand kann die sichtbare Hand weder ersetzen noch schaffen, und gesunde Gemeinwesen brauchen beide. Sie brauchen funktionierende Märkte und verlässliche Regeln, die auf stabilen Institutionen beruhen.

Die Relevanz solcher Beobachtungen für Europa liegt auf der Hand. Wenn wir eine politische Union wollen, wird uns keine wirtschaftliche Hinterlist dahin bringen. Gewiss, Geld markiert die Grenzlinie zwischen Politik und Ökonomie. Die Stabilisierung des Zloty war selbst eine institutionelle Leistung. Der argentinische Wirtschaftsminister Cavallo mag wohl Recht daran getan haben, die Bindung des Peso an den Dollar in der Verfassung des Landes zu verankern. Aber Polen und Argentinien existierten lange vor solchen Massnahmen und hätten auch mit höchst instabilen Währungen weiter existiert; für Europa gilt das so nicht. Der nächste Schub zur Europäischen Union muss politisch und nicht ökonomisch sein. Wenn wir voranschreiten wollen, müssen wir zurückkehren zu den Plänen und Ideen der frühen Nachkriegszeit. Die Europäische Menschenrechtskonvention in die EU-Verträge aufzunehmen könnte den Bürgern Europas ein stärkeres Zugehörigkeitsgefühl geben als alle Propaganda aus Brüssel für die Währungsunion. Selbst wenn die Wiederbelebung der Europäischen Verteidigungsgemeinschaft unnötig ist, solange die NATO ihre Aufgabe befriedigend versieht, verdient doch ein anderes Relikt der Nachkriegszeit, die Westeuropäische Union (WEU), unsere Aufmerksamkeit als möglicher Beginn der geplanten Gemeinsamen Aussen- und Sicherheitspolitik. Sogar die Pläne für eine Politische Behörde könnten wiederbelebt werden.

Europa ist wichtig. Ich habe das unlängst in einer kleinen Schrift mit dem Titel *Why Europe Matters* zu begründen versucht, die einem neuen Zentrum für Europäische Reform in London auf den Weg gegeben wurde. Das Zentrum soll Ideen produzieren, von denen Regierungen, und vor allem eine von Tony Blair geführte Regierung, ihre Politik anregen lassen können. In dieser Schrift beschreibe ich Europa als eine Sache des Kopfes, nicht des Herzens. Die Aufgabe heute liegt darin, die Lücke zwischen Aspirationen und Realitäten zu schliessen. Davon habe ich in konstruktiver Absicht gehandelt und in der Hoffnung, den Ton der britischen Debatte, der in absurdem Masse emotional geworden ist, ein wenig zu versachlichen.

Im Jahr vor Britanniens Eintritt in die EG wurde der politische Ökonom Andrew Shonfield eingeladen, die angesehenen Reith Lectures im BBC zu halten. Er sprach natürlich über Europa. Seinerzeit führte er einen Gedanken ein, der im Rückblick besser als jeder Katalog von Direktiven und Regeln die Errungenschaften der europäischen Integration resümiert; das war der Gedanke der «Gewohnheit der Zusammenarbeit». Shonfield argumentierte, dass Europa diese Gewohnheit entwickeln muss, um wirklich zu werden. Tatsächlich hat Europa das getan. Politiker, Beamte und leider auch Lobbyisten haben Europa als ihren bevorzugten Spielplatz entdeckt. Doch geht die Gewohnheit der Zusammenarbeit viel weiter. Studenten, überhaupt junge Leute, bewegen sich mühelos über Europas kulturelle Grenzen. Anwälte, Ärzte und andere Experten beraten sich ganz natürlicherweise mit ihren Kollegen in anderen Ländern. In den Leitungsgremien von Stiftungen und karitativen Einrichtungen, von Nicht-Regierungsorganisationen überhaupt, wird die Frage gestellt: Was tun unsere europäischen Partner? Spuren einer europäischen Bürgergesellschaft sind also unverkennbar, auch wenn die Medien und politische Parteien und viele andere Organisationen und Institutionen national bleiben.

Den Gewinn dieser Gewohnheit auf die neuen Demokratien Ostmitteleuropas auszudehnen ist die nächste grosse Aufgabe. Es kann nicht oft genug gesagt werden: Erweiterung ist Vertiefung, denn sie macht die gemeinsamen Interessen derer, die schon dabei sind, sichtbar. EUropa muss das ganze Europa werden, wenn es seinen Auftrag nicht verfehlen soll.

Wo soll das alles enden? Wenn ich von Versuch und Irrtum gesprochen habe, dann nicht in kritischer Absicht, sondern um deutlich zu machen, dass die Ziele des europäischen Prozesses grundsätzlich offen sind. Andrew Shonfield gab seinen Reith Lectures den Titel «Europa – Reise zu einem unbekannten Ziel»; das beschreibt auch meine Absichten. Die ganze Debatte über Föderalismus und das Europa der Vaterländer und die Vereinigten Staaten von Europa und den Leviathan Brüssel und sogar die Europäische Union ist im Grunde sinnlos. Wir wissen nicht, wo die europäische Zusammenarbeit enden wird, aber wir können die nächsten Schritte als Antwort auf reale Herausforderungen tun und erwarten, dass das Ergebnis eine «immer engere Union» ist.

Wir wissen indes, was Europa nicht tun soll. Es sind zwei Dinge. Erstens hat es keinen Sinn, dass Europa versucht, sich abzuwenden vom globalen Marktplatz oder auch von dem Versuch, weltweite politische Institutionen zu schaffen. Protektionismus und Provinzialismus wären das Ende eines Europas, das zählt in der Welt. Um noch einmal Winston Churchills Zürcher Rede von 1946 zu zitieren, weil sie die Aufgabe so klar formuliert hat: «Es gibt keinen Grund, warum eine regionale Organisation Europas in irgendeinem Gegensatz stehen sollte zur Weltorganisation der Vereinten Nationen. Im Gegenteil glaube ich, dass die grosse Synthese nur überleben wird, wenn sie sich auf kohärente natürliche Gruppierungen stützt. Diese schwächen die Weltorganisation nicht, sondern stärken sie im Gegenteil. Tatsächlich sind sie deren Hauptpfeiler. Und warum sollte es nicht eine europäische Gruppe geben, die den vielfältigen Völkern dieses turbulenten und mächtigen Kontinents einen Sinn des erweiterten Patriotismus und der gemeinsamen Bürgerschaft gibt?»

Die Kräfte der Globalisierung sind so stark, dass die Gefahren regionaler Blockbildung vielleicht nicht überschätzt werden sollten. Wenn es diese Gefahren gibt, kommen sie ohnehin von Regionen einer anderen Art (und diese sind die zweite Perspektive, die Europa zu meiden hat). Die neue Welt der globalen Information und der resultierenden Finanz- und anderen Märkte ist ein ungemütlich exponierter Ort für viele. Menschen suchen daher Schutz, und sie suchen diesen in kleineren, angeblich homogenen Einheiten. Weit davon entfernt, Weltbürger oder selbst Europäer sein zu wollen, finden sie schon Italien zu gross und zu diffus und ziehen daher Padanien vor. Sie haben lieber Tschechien als die Tschechoslowakei, lieber Wallonien als Belgien, lieber Katalonien als Spanien. Die Sehnsucht nach solchen Mini-Nationen ist verständlich in einer heimatlosen Welt; sie ist aber auch gefährlich. Sie ist eine Einladung an Militante und Demagogen. Sie kann zur Intoleranz nach innen führen, da es immer Minderheiten gibt, die nicht «dazugehören»; sie kann auch zur Aggressivität nach aussen führen, da Grenzen oft prekär sind und die nächsten Nachbarn meist als die grösste Bedrohung gesehen werden. Unter solchen Umständen hat Europa eine neue, wichtige Mission. Sie ist das Gegengewicht der Vernunft für destruktive Wünsche. Wenn es sich zusammenfindet und abwegige Pläne, die zu neuen Spaltungen führen müssen, aufgibt, kann Europa sogar zu einer Hoffnung für die Freiheit in turbulenten Zeiten werden.

1998

10 Revolution und Reform, oder Etwas ist mehr als Alles

Wenn Wandel zu allen menschlichen Gesellschaften gehört, Revolutionen aber zum Scheitern verurteilt sind – was ist dann die richtige, die beste Weise, um Veränderungen zu bewirken? Die Antwort, die in der Regel gegeben wird, lautet Reform; aber Reform ist selbst ein durchaus vieldeutiger Begriff. Manche suchen «grundlegende Reformen», «Reformen an Haupt und Gliedern». Dabei bringen sie dann bald den Plan ins Spiel, den umfassenden Plan als Wegkarte des öffentlichen Handelns. Doch auch Pläne, Gesamtpläne zumal, haben ihre eigene Schwäche. Sie sind fast so sehr zum Scheitern verurteilt wie Revolutionen. Brecht sagt es gut: «Ja mach nur einen Plan / sei nur ein grosses Licht / und mach noch einen zweiten Plan / gehn tun sie beide nicht.»

Für mich war dies die Erfahrung von 1968, oder genauer, die der in den 60er Jahren angelegten Reformen. Da ich selbst an ihnen beteiligt war, ist das Thema schmerzhaft. Dennoch bedarf die Lehre der gescheiterten Gesamtpläne der Erörterung. Für mich besagt sie eindeutig: wer alles will, wird nichts erreichen. Es kommt daher darauf an, in der wirklichen Situation jene Punkte zu finden, deren Veränderung sich ausbreitet wie die Ringe im Wasser um den Stein, den man in den See geworfen hat. Das sind strategische Veränderungen, wie sie zum Beispiel Bürgermeister Giuliani in New York mit seiner Politik der Null-Toleranz gegenüber Kleinverbrechen gefunden hat. Die scharfe Bestrafung des Handtaschendiebstahls hat Auswirkungen bis hin zur Zahl der Raubüberfälle. Es kommt darauf an, solche Hebel des Wandels anzusetzen.

Die Gelegenheit, die zu dem folgenden Stück Anlass gab, erlaubte es, solche Erwägungen in den Kontext der Frage nach der Verankerung von funktionierenden Demokratien in der Bürgergesellschaft zu stellen. Es handelte sich um einen Vortrag in der Schweiz, und zudem noch vor der alten Bürgervereinigung von Bern, der sogenannten Burgergemeinde. Die besondere Erfahrung der Schweizer Demokratie gibt immer wieder zu nachdenklichen Erwägungen Anlass, auch wenn diese nur bedingt zu Folgen für andere führen. Immerhin eröffnet sie eine eigene Perspektive auf Europas Demokratien am Ende des 20. Jahrhunderts.

1989, oder das Ende der Revolutionen

Die Frage, mit der ich mich in den folgenden Überlegungen beschäftigen möchte, ist: welchen Weg sollten wir beschreiten, um mehr Menschen mehr Lebenschancen zu eröffnen? Doch wird die Frage hier nicht abstrakt gestellt. Sie steht im Kontext der Zeit nach der Revolution von 1989 und der Entfaltung der «Globalisierung». Sie steht auch im Kontext der besonderen Erfahrungen eines Landes, in dem die Gesellschaft nicht dem Staat abgerungen werden musste, sondern eher umgekehrt der Staat der Gesellschaft Vollmachten abzutrotzen hatte, um funktionsfähig zu sein, also der Schweiz. Hier gab es stets und gibt es noch eine *civil society* – die Bürgergesellschaft, wie ich sie im Deutschen nenne –, die Mittel und Zweck des Weges zu mehr Lebenschancen zugleich ist. Sie ist Ort der Selbsttätigkeit in Gemeinschaft mit anderen, unentbehrlicher Teil des Gemeinwesens und doch nicht der Staat oder selbst die Stadt; sie ist Bestandteil des sogenannten «Dritten Sektors», in dem weder politische Macht noch wirtschaftlicher Gewinn bestimmendes Motiv ist. Zudem verbindet die «lebendige Personengemeinde» in Form und Tätigkeit traditionelle Bindungen mit der Verantwortung für neue Aufgaben.

In diesem Horizont sind die Erwägungen angesiedelt, die ich im folgenden anstellen möchte. Es sind dies durchaus politische, wenn auch nicht tagespolitische Erwägungen. Sie folgen einem etwas ungewöhnlichen gedanklichen Kurs, insofern sie in der Gegenwart, in diesem Jahr 1998 beginnen, um dann die Geschichte der letzten 150 Jahre bis zum wichtigen Jahr 1848 gleichsam rückwärts abzuschreiten, in grossen, allzu grossen Schritten, mit beträchtlichen Lücken, und immer in der Absicht, Wege und Ziele des Wandels zu erkunden.

Am Ende des 20. Jahrhunderts sehen wir in vielen Ländern der Welt zwei grosse politische Projekte, das neoliberale und das neosozialdemokratische Projekt. Sie sind nicht allzu weit voneinander entfernt; hier und da – in den Niederlanden zum Beispiel – erweisen sich «grosse Koalitionen» zwischen ihnen als durchaus erfolgreich; denn beide Projekte suchen Antworten auf die Herausforderungen jener Grundtendenz der Zeit, die zumeist Globalisierung genannt wird. Wie sieht eine erfolgreiche Wirtschaft und eine gute Gesellschaft unter Bedingungen weltweiter Chancen und Risiken aus? Wie insbesondere können Wirtschaft und Gesellschaft in demokratischen Gemeinwesen das grösste Glück der grössten Zahl oder (wie ich vorziehe zu formulieren) mehr Lebenschancen für mehr Menschen garantieren?

Das neoliberale Projekt vertraut dabei vornehmlich auf die Kraft des Marktes. Der Markt braucht seine Regeln, woher immer diese kommen. Friedrich von Hayek war wohl ein wenig zu optimistisch, als er deren Naturwüchsigkeit betonte; Regeln müssen gesetzt und bewacht werden; dazu sind Parlamentarier und Richter und sogar Minister nötig. Doch liegt hier zumindest im seit langem freien Europa nicht das aktuelle Problem. In neoliberaler Sicht gilt eher das Gegenteil. Wichtig ist für diese Sicht vor allem die Beseitigung der Hindernisse, die dem Wirken des Marktes im Wege stehen. Diese Hindernisse liegen insbesondere im zu starken Einwirken des Staates. Daher muss der Staat reduziert werden, durch Privatisierung, durch Steuersenkungen, durch Deregulierung. Nur ein minimaler oder doch schlanker Staat erlaubt das freie Spiel der Kräfte, einschliesslich der schöpferischen Zerstörungskraft von Unternehmern und Unternehmen. Ein funktionierender Markt löst viele andere, insbesondere soziale Probleme wenn nicht von selbst, so doch im Laufe der Zeit. Der Reichtum, den er schafft, breitet sich aus; die Ermutigung von Eigeninitiative, auf der er beruht, hilft Menschen, sich auf Wechselfälle des Lebens vorzubereiten. Die meisten verbleibenden Probleme beruhen auf der Unvollkommenheit des Marktes, der übrigens als Ordnungsprinzip auch Politik und Gesellschaft bestimmen sollte.

Neosozialdemokraten teilen die Grundannahme, dass der globale Raum für moderne Volkswirtschaften und Staaten vor allem Chancen bietet. Sie teilen auch die Überzeugung, dass Marktprozesse in besonderem Masse geeignet sind, diese Chancen zu nutzen. Doch bleibt für sie ein Rest, oder besser, ein Bereich der «Externalitäten», der Nebenwirkungen des Marktes. Wie alle historischen Prozesse kennt auch der der Globalisierung Verlierer. Dazu gehört die neue «Unterklasse» der Armen und Dauerarbeitslosen. Überdies kann der Marktprozess unter Bedingungen der Globalisierung zu Exzessen führen; unkontrollierte Finanztransaktionen stürzen ganze Volkswirtschaften in die Rezession. Auch haben die Anforderungen des globalen Marktes soziale und moralische Nebenwirkungen, die nicht zu übersehen sind. Ein hemmungsloser Individualismus zerstört den Zusammenhalt von Gemeinwesen. In all diesen Fällen ist eine neuartige Intervention des Staates nötig; nicht Planung, nicht Steuerung, sondern die Schaffung von Bedingungen für die Verbindung von Wettbewerb und Solidarität. Manche nennen dies neuerdings einen «Dritten Weg»; aber mir scheint der Begriff eines neosozialdemokratischen Projektes angemessener.

Dass die beiden Kräfte nicht die ganze Dynamik unserer politischen Gemeinwesen beschreiben, liegt auf der Hand. Insbesondere gibt es an den Rändern der beiden Projekte extremere Positionen mit beträchtlichem Reiz für zehn, wenn nicht zwanzig Prozent der Wähler. Allerlei Namen zur Beschreibung dieser beiden Positionen kommen in den Sinn. Auf der Linken gibt es nicht nur in Italien eine *Rifondazione Communista,* also eine altsozialistische Gruppierung mit beträchtlichem Einfluss. In Frankreich ist diese sogar an der Regierung beteiligt, in Schweden ist sie gerade erst in eine Schlüsselposition gewählt worden. Vielleicht geht es etwas zu weit, das Gegenstück auf der Rechten als *Rifondazione Fascista* zu beschreiben. Eine neue Verbindung von Nationalismus und Protektionismus findet indes viel Zustimmung in Europa, in Australien und Neuseeland, und vor allem in den Ländern, die sich noch schwer tun mit demokratischen Institutionen.

Die liberale Ordnung bleibt nie ungefährdet. Die «Neugründung» alter autoritärer wenn nicht totalitärer Positionen ist daher nicht gering zu schätzen. Dennoch kann man im Lichte meiner Ausgangsfrage das skizzierte Bild als eines der Hoffnung bezeichnen. Zum ersten Mal in diesem Jahrhundert, ja vielleicht zum ersten Mal seit mehr als zwei Jahrhunderten fehlt im politischen Spektrum eine revolutionäre Bewegung von ernst zu nehmender Bedeutung. Fast könnte man behaupten, 1989 sei die letzte Revolution der Neuzeit gewesen.

Fast – und ich beeile mich, die These zu relativieren. Die Revolution von 1989 war der Aufstand der Demokraten gegen die bleierne Hand des Nomenklatura-Sozialismus. Sie hat in den kommunistischen Ländern Europas einschliesslich der Sowjetunion ein Regime weggefegt, von dem manche glaubten, es würde noch lange Bestand haben. Sie hat offene Gesellschaften geschaffen. Aber noch gibt es Länder, in denen der Nomenklatura-Sozialismus regiert, und andere, die nationalistische Diktaturen erdulden müssen. In die erste Kategorie gehört nicht nur Nordkorea und Kuba, sondern auch China. In die zweite Gruppe sind die zuweilen gepriesenen autoritären Staaten Südostasiens zu rechnen, von denen sich jetzt erweist, dass ihre Stabilität mehr Schein als Wirklichkeit war. Indonesien wird wohl nicht das letzte Beispiel gewaltsamen Wandels gewesen sein, und in Indonesien selbst ist der Wandel noch nicht zu Ende.

Dass man nur «fast» von einem Ende der Revolutionen sprechen kann, gilt noch in einem anderen Sinne. Wir kennen die Zukunft nicht. Der Sinn der offenen Gesellschaft – der liberalen Ordnung, der Demokratie – ist es geradezu, uns zu befähigen, mit der Ungewissheit der Zukunft ohne Blutvergiessen fertig zu werden. Revolutionen sind nur in nicht-offenen Gesellschaften möglich. In ihrem Kern sind sie gleichsam sozial-geologische Phänomene, der Ausbruch von aufgestauten Energien aus einer zu hart gewordenen Kruste. Ohne Metaphern gesprochen geht es bei ihnen darum, dass zukunftsträchtige Kräfte unter bestehenden Umständen nicht zum Zuge kommen. Sie werden niedergehalten von einer herrschenden Schicht, die um ihre Privilegien fürchtet; und es gibt keine Institutionen, die ihnen einen Weg zu Macht und Einfluss eröffnen. Revolutionen sind insofern immer ein Zeichen politisch-sozialen Versagens; sie sind ein Scheitern verhärteter, sklerotisch gewordener Ordnungen.

Schlimmer noch, sie lösen Probleme nicht. Der Ausbruch von Gewalt und die Ersetzung einer herrschenden Gruppe durch eine andere schafft ein momentanes Gefühl der Befreiung; aber in diesem Prozess werden oft die Instrumente beseitigt, die nötig sind, um zu neuen Horizonten voranzuschreiten. Als ich im Jahr 1990 meine *Betrachtungen über die Revolution von 1989* schrieb, habe ich meine Freunde in den neuen Demokratien Ostmitteleuropas vor dieser Gefahr gewarnt. Die an die Macht gelangten Dissidenten entdeckten, dass der Staat nicht mehr existierte, den sie doch brauchten, um ihr eigenes, demokratisches Projekt umzusetzen. Fast niemand zahlte Steuern; es gab keine intakte Verwaltung. Das ist der kritische Moment, in dem die Herren des alten Regimes erneut Morgenluft wittern, obwohl auch sie nicht zurückbringen können, was in der Revolution dahinging. Der kritische Prozess kann viele Jahre lang dauern, und es ist schon beinahe ein Wunder, dass nicht alle postkommunistischen Staaten den Weg Russlands von der Diktatur zur Anarchie gegangen sind.

1968, oder der Irrweg der Gesamtplanung

Tatsächlich hat nämlich die Revolution von 1989 den Horizont einer offenen Gesellschaft für alle Länder Europas, ja der Welt geöffnet. Es führt kein Weg zurück in die alte Welt. Die alten Welten, sollte ich sagen. Noch vor zehn Jahren gab es eine Erste, Zweite und Dritte Welt. Die Zweite Welt war die des Nomenklatura-Sozialismus, und sie ist dahin. Die Dritte Welt hatte sich zu entscheiden zwischen der Ersten und der Zweiten, und sie hat sich entschieden. Globalisierung bedeutet nämlich immer auch, dass die politischen Projekte im Grundsatz überall dieselben Optionen schaffen. Alle Länder haben heute die Wahl zwischen eher neoliberalen und eher neosozialdemokratischen Wegen. Insoweit war die Revolution von 1989 die erfolgreichste Revolution der Moderne.

Was zwanzig Jahre früher geschah – 21 Jahre genau, wenn man an dem Datum 1968 festhalten will –, war indes weder erfolgreich noch eine Revolution, und doch ist es wichtig für das Thema dieser Geschichte. 1968 geschah vielerlei, darunter waren höchst reale, ja mörderische Dinge. Die chinesische Kulturrevolution sollte in dem Lärm um das 1968 von Berkeley, Berlin und Nanterre nicht vergessen werden, und auch nicht der Prager Frühling, der ein so schlimmes Ende unter den Panzern des Warschauer Paktes fand. Die westlichen «Revolutionäre» hatten merkwürdig wenig Zeit für diese Ereignisse. Dabei waren sie selbst höchst dubiose Umstürzler. Revoluzzer ist noch das freundlichste Wort, das man für Revolutionäre ohne eine revolutionäre Situation finden kann. Sie endeten, nicht überraschenderweise, als gewöhnliche Kriminelle, die von Brandstiftern zu Mördern wurden und sich am Ende selbst das Leben nahmen.

Doch ist das nicht die ganze Wahrheit von 1968. Ein Stück Revolution gab es schon in jenen Demonstrationen und Konfrontationen mit den staatlichen und anderen Autoritäten. Das war zum Teil eine Kulturrevolution eigener Art, die sexuelle Revolution, die Revolution der Mode, die Revolution des alltäglichen Verhaltens gegenüber Respektpersonen und Gleichgestellten. Zum nicht minder wichtigen Teil indes handelte es sich um die Attacke auf Autorität überhaupt, die unter dem Namen der Demokratisierung Hierarchie und Privileg zu beseitigen suchte. Hier treffen wir auf einen anderen, nicht im engeren Sinn politischen Revolutionsbegriff, der tiefgreifende Wandlungen beschreibt. Auch dabei sind starke Kräfte am Werk, die vorhandene Fesseln sprengen; aber der Prozess bleibt gleichsam unterirdisch, ein tiefes Grummeln, keine vulkanische Eruption. Solche Vorgänge sind durch 1989 gewiss nicht aus der Welt geschafft worden. In der Tat erleben wir gegenwärtig noch einmal einen Kulturschock in der Form der Machtübernahme durch die Rockgeneration. Auf den ersten Blick praktiziert sie eine beunruhigende Verbindung von Geschichtsfremdheit und Werbewirksamkeit; erst bei genauerem Hinsehen entdeckt man dahinter einen neuen reformerischen Elan.

Doch zurück zu den 60er Jahren. Sie erinnern an noch etwas anderes, das in diesem Zusammenhang relevant (und übrigens der Rockgeneration fremd) ist. Diese Jahre waren die hohe Zeit der Gesamtplanung. In vielen Bereichen suchte man nach umfassenden Konzepten zur Lösung sämtlicher Fragen. Ich war selbst daran beteiligt, so dass ich die Ironie der Darstellung dämpfen muss. Der unter meinem Namen entworfene Hochschulgesamtplan (für Baden-Württemberg, was dem Gesamten zumindest geographische Grenzen setzt) war ein Versuch, das Doppelproblem von zahlenmässiger Expansion und notwendiger Differenzierung zu lösen. Andere Gesamtpläne für Bildung, für die Stadtentwicklung, für den Verkehr liessen nicht lange auf sich warten. Was haben sie erreicht? War die Gesamtplanung jener Zeit erfolgreicher, als Revolutionen es sind?

Im Nachhinein habe ich meine Zweifel. Nicht nur Gesamtplanung, sondern Planung überhaupt stösst frühzeitig an ihre Grenzen. «Was macht Gott lachen?» besagt ein bitterer Scherz: «Wenn Menschen einen Plan machen.» Zwei Dinge vor allem habe ich in jener Planungszeit gelernt, zwei liberale Lektionen. Die eine hat es mit der Absicht von Plänen, wie zum Beispiel dem Hochschulgesamtplan, zu tun. Sie lag darin, ein grosses Hochschulsystem durch innere Differenzierung für alle zugänglich und sinnvoll zu machen. Aber (so hat die bittere Erfahrung gelehrt) Differenzierung lässt sich nicht planen. Wie oft man auch Wörter wie «differenzierte Gesamthochschule» oder «Gesamtschule» ins Spiel bringt, die Dozenten und Lehrer wollen alle auf dieselbe Gehaltsskala klettern und die Studenten und Schüler suchen Abschlüsse von gleichem Status. Differenzierung kommt nicht durch Planung zustande, sondern durch den Respekt vor vorhandenen, geschichtlich gewachsenen Strukturen. Gewiss sind auch diese veränderungsfähig und manchmal veränderungsbedürftig. Aber während sie abgeschafft werden können, lassen sie sich nicht per Dekret schaffen. Wer eine differenzierte Welt, eine Welt der Vielfalt will, tut gut daran, nicht zu sehr an der vorhandenen Welt herumzufummeln.

Die andere Erfahrung führt zum Kern meiner Argumentation. Gesamtplanung bedeutet im Effekt oft, dass sich gar nichts verändert. Wer das ganze Hochschulsystem (zum Beispiel) verändern will, stösst auf so viele Widerstände, dass am Ende alles beim alten bleibt. Hier, gerade hier, ist es besser, ein kleines Licht anzuzünden als die Dunkelheit zu verfluchen und die festliche Illumination der ganzen Welt herbeizuführen. Darum sind (um beim Thema zu bleiben) Privatuniversitäten in prinzipiell staatlichen Hochschulsystemen wünschenswert. Darum sind Experimente am Rande bestehender Systeme nützlich. Die Jury des Hannah Arendt-Preises für Reformen im Hochschulsystem der postkommunistischen Länder, deren Vorsitz ich in den letzten fünf Jahren hatte, hat immer wieder Entwicklungen am Rande der bestehenden Einrichtungen prämiert. Die Warschauer Graduate School for Social Sciences, das «Unsichtbare College» in Budapest, zuletzt das New Europe College in Bukarest sind zugleich Teil des Höheren Bildungssystems ihrer Länder und an dessen Rand. Es ist wahrscheinlicher, dass von ihnen Reformen ausgehen, als dass die alten Fakultäten und Senate solche beschliessen.

In Grossbritannien, das gegenwärtig vor allem in Verfassungsfragen durch eine Reformphase geht, beschäftigt uns unter anderem die Gemeindeordnung. Gemeinden sind vielerorts erstaunlich schwache Gebilde geworden in einer Zeit der Zentralisierung vor allem des Steuersystems. Die Stimmbeteiligung bei der Wahl von Gemeinderäten – oft weniger als 25 Prozent – spricht eine deutliche Sprache. Für London zumindest ist jetzt eine einschneidende Neuerung gesetzlich verankert, nämlich die Direktwahl des Bürgermeisters. Es gibt andere sinnvolle Reformen. Aber diese müssen nicht überall dieselben sein. Ich war daher besonders froh über einen Gesetzentwurf mit dem schönen Titel «Local Government (Experimental Arrangements) Bill» und bedaure, dass dieser dem parlamentarischen Kalender zum Opfer gefallen, also nicht Gesetz geworden ist.

Experimente sind wichtig, Versuche, die nicht gleich auf alle ausgeweitet werden. Die Vereinigten Staaten haben in dieser Hinsicht eine besonders fruchtbare Tradition. Vor allem aber sollten wir uns auf strategische Veränderungen konzentrieren. Wer Reform sucht und Revolution nicht will, tut gut daran, auf Gesamtplanungen zu verzichten und an ihrer Stelle spezifische Projekte mit Hebelwirkung zu verfolgen. Um noch einmal zu den Hochschulen zurückzukehren: Es könnte sein, dass schon moderate Studiengebühren eine vielfältige und vielfältig löbliche Wirkung haben. Dasselbe gilt im Bildungswesen generell für die Einführung (zum Beispiel) von individuellen Bildungskonten, transportablen Anrechten also, die nicht nur für eine bestimmte Lebensphase und für bestimmte Schulen und Hochschulen gelten. Das Prinzip hat weitere Anwendung. Die Schaffung einer «Child Support Agency», die die Väter unehelicher Kinder zur Kasse bittet, hat eine strategische Wirkung. Das gilt auch für die Politik des New Yorker Bürgermeisters Giuliani, die unter dem Namen «zero tolerance» bekannt geworden ist, also die Verfolgung auch scheinbar geringfügiger Übertretungen und Vergehen, um grössere zu vermeiden.

Doch will ich mich hier nicht im Detail verlieren, so relevant es auch sein mag. Noch bin ich nur dreissig Jahre weit zurückgegangen in meinem Krebsgang durch die neuere Geschichte. Das Jahrhundert, das nun zu Ende geht, hat so viel an Erschütterungen erlebt, dass man sich fragt: Wer hat es überstanden, ohne dabei Schaden an Freiheit und an moralischer Integrität zu nehmen? Wer ist nicht in die Revolutionsfalle geraten, aus der es keinen Ausweg ohne neuerliche Schmerzen gibt? Welches Land, welche Gesellschaft hat den grossen Versuchungen des Jahrhunderts erfolgreich widerstanden?

1848, oder die Kraft der Bürgergesellschaft

Die Frage führt sogleich zu einem der grossen Freiheitsthemen der Zeit, nämlich dem Verhältnis von liberalen Verfassungsinstitutionen und wirtschaftlichem Wohlstand. In der immer noch anschwellenden Literatur über die Ursprünge des Nationalsozialismus in Deutschland wird oft leichthin gesagt, die grosse Wirtschaftskrise von 1929–30 habe «zwangsläufig» zur Stärkung der antidemokratischen Bewegungen auf der Rechten wie auf der Linken und am Ende zum 30. Januar 1933 geführt. Indes genügt der Blick auf das übrige Europa um zu zeigen, dass eine solche Zwangsläufigkeit nicht existierte. Die Arbeitslosigkeit war in Grossbritannien mindestens so einschneidend wie in Deutschland; aber während die politischen Parteien kräftig durcheinander- und am Ende zusammengewirbelt wurden, bestand keinen Augenblick die Gefahr, dass der Labour-Dissident Oswald Mosley Gelegenheit finden würde, ein faschistisches Regime einzuführen. Die Schweiz und Schweden mögen von der Wirtschaftskrise weniger hart betroffen gewesen sein; indes waren auch in diesen Ländern die demokratischen Institutionen nicht ernsthaft gefährdet. Eher schon kann man schliessen, dass dort, wo irrige wirtschaftliche Erwartungen an demokratische Verfassungen geknüpft wurden, die Demokratie in den Sog der Krise gezogen wurde – ein Gedanke von bedrohlicher aktueller Bedeutung in der nachkommunistischen Welt. Am Ende sind Demokratie und Rechtsstaat nur dort wirklich fest verankert, wo sie im Bewusstsein der Menschen von wirtschaftlichen Erfolgen getrennt werden. Demokratie garantiert Wohlstand nicht; sie wird daher auch nicht entbehrlich, wenn dieser der Rezession oder selbst einem lang andauernden Niedergang zum Opfer fällt. Die Frage ist also, unter welchen Voraussetzungen demokratische Verfahren halten.

Dies ist nicht der Ort, ausgiebig zu erörtern, was denn unter solchen Verfahren zu verstehen ist. Ich halte es bei meiner Definition mit Karl Popper, der in der Demokratie vor allem eine Verfassung der öffentlichen Dinge sah, die Veränderungen ohne Blutvergiessen erlaubt. Man kann die Regierung loswerden, ohne einen Staatsstreich, eine Revolte, geschweige denn eine Revolution anzuzetteln. Das ist indes eine angelsächsische Definition. Nur die angelsächsischen Demokratien –

Grossbritannien, die Vereinigten Staaten, Australien und Neuseeland, Kanada – kennen seit längerer Zeit schon die Abwahl von Regierungen durch das Volk. Andernorts herrschen andere Sitten. Nachkriegsdeutschland liebte bis zum 27. September 1998 eine Art Wandel durch Annäherung; die Grosse Koalition oder der Koalitionswechsel einer Partei eröffnet im Laufe einiger Jahre den Weg zum Regierungswechsel. Im Frankreich der Fünften Republik hat die *cohabitation* von verschiedenen Parteien angehörigen Präsidenten und Regierungen eine ähnliche Funktion; auch zeigt die Geburt der Fünften Republik selbst – wie überhaupt die Tatsache, dass es seit 1789 neben diversen Monarchien schon fünf Republiken gab –, dass Regierungswechsel immer wieder hart an den Rand des Regimewechsels mit revolutionären Begleiterscheinungen führt.

Kleinere Länder kennen ihre eigenen Gesetzlichkeiten des demokratischen Verfahrens. Die Niederlande sind ein Land von zugleich grosser Stabilität und grosser Flexibilität. Seit Kriegsende, ja schon Jahrzehnte davor, und bis vor vier Jahren waren Christliche oder Christdemokratische Parteien in wechselnden Konstellationen immer an der Regierung. Erst jetzt ist zum zweiten Mal eine Koalition ohne Christdemokraten im Amt. Das enge Netz der das Gemeinwesen tragenden Kräfte ist indes geblieben. Und zugleich hat das Land das mit Recht viel gepriesene «holländische Modell» zur Reform des Wohlfahrtsstaates und zur effektiven Bekämpfung der Arbeitslosigkeit entwickelt. Wandel war auch ohne das strikte Popper-Kriterium der Abwahl ohne Blutvergiessen möglich.

Was in Holland gilt, gilt für die Schweiz *a fortiori*. In diesen Wochen hat das Land 150 Jahre der konstitutionellen Stabilität als Nationalstaat mit (wenn ich so sagen darf) gedämpftem Trommelwirbel gefeiert. Die Zeit unmittelbar vor der Bildung des modernen – und eigenwilligen – Nationalstaates Schweiz war zugleich die bisher letzte Zeit der gewaltsamen Veränderung. Von Revolution zu reden, wäre wohl eine Überdehnung des Begriffs; aber die Annahme der Verfassung hat doch die politischen Strukturen des Landes kräftig durchgeschüttelt, bis hin zum kurzen Sonderbundskrieg. Seitdem hat sich eine Realverfassung entwickelt, die den Theoretiker der Demokratie eher verwirren muss. An sich ist alles auf die Verhinderung von Veränderung angelegt: die der amerikanischen Verfassung nachempfundenen zwei Kammern mit ihren doch so anderen Funktionen; die strikte Begrenzung der Zentralmacht ohne eine starke Exekutive; die Referenden mit ihrem doppelten Mehr, die ihrer Konstruktion nach eher ein Element der Verzögerung als eines der Initiative sind. In den letzten Jahrzehnten kam dann noch die ziemlich grosse «Zauberformel»-Koalition im Bundesrat hinzu. Der Theoretiker müsste schliessen: Bei so viel strukturverankerter Beharrung sind radikale Brüche hin und wieder unvermeidlich.

Dennoch haben diese nicht stattgefunden. Sie sind auch heute nicht wahrscheinlich, wenngleich dies eine Zeit des institutionellen Selbstzweifels ist, in der Schweiz wie an vielen anderen Orten. Wo liegt das Geheimnis dieses Landes? Mein Eindruck ist, dass ein hohes Mass an Kohäsion des ganzen Gemeinwesens der Schlüssel ist. Bei den grossen Nachbarn der Schweiz kann es geschehen – und geschieht es gerade jetzt –, dass verbreitete Grundstimmungen sich verändern, die öffentlichen Institutionen dies aber nur zögernd aufnehmen. «Die Politik», wie man dann sagt, entfernt sich vom Volk; es breitet sich Misstrauen aus und bald die Bereitschaft, denen da oben einen Nasenstüber zu geben durch die Stimme für radikale, zuweilen absurde Parteien. Ganz fehlt dieses Phänomen auch in der Schweiz nicht. Über längere Zeiträume hin gesehen aber hat diese Glaubwürdigkeitslücke zwischen Wählern und Gewählten, Volk und Regierenden sich hierzulande nie so weit geöffnet, dass die Verfassung in Gefahr geraten wäre.

Aktuelle Beispiele kommen einem in den Sinn. Der Schweizer Wohlfahrtsstaat unterliegt einem langsamen, aber doch wirksamen Prozess der Reform. Übrigens hat das System der «drei Säulen» eine innere Flexibilität, die manchen anderen Systemen der Zwangsversicherung abgeht. Exorbitante Unternehmensgewinne – und Managergehälter – gelten auch bei «Wirtschaftsliberalen» als anstössig; also bleibt das öffentliche Ressentiment begrenzt. Trotz aller bitteren Scherze über die Stellung der Schweizer Frauen hat sich nicht nur das Frauenstimmrecht überall durchgesetzt, sondern sogar die Pforte des Bundesrates hat sich für Frauen geöffnet. Das heikle Problem der Fremden im Lande, die so nötig und doch bei vielen so unbeliebt sind, ist tatsächlich durch die differenzierte Behandlung von Gruppen entschärft worden. Dass es in all diesen Fragen scharfe Kritiker der vorherrschenden Tendenzen gibt, stört zwar den Frieden, hilft aber dem Prozess der eher geologisch-demokratischen als mechanisch-demokratischen Veränderung, den ich hier beschreibe. Ich denke, dass auf diese Weise auch die Frage des Schweizer Verhältnisses zum organisierten Europa eines Tages eine stabile Lösung finden wird.

1848 hat die Schweiz also auf einen guten Weg gebracht – solange die Verfassung eingebettet bleibt in eine kohäsive Bürgergesellschaft. Die wirkliche Gefahr, die dem Land drohen könnte, wäre der Zerfall dieser (um das schöne Wort noch einmal aufzunehmen) «lebendigen Personengemeinde». Hier sind die Prozesse, die wir mit so klapperigen Begriffen als Modernisierung und Globalisierung beschreiben, keineswegs ungefährlich. Sie haben sicherlich der spezifisch amerikanischen Kombination von Individualismus und Gemeinsinn nicht geholfen; und Grossbritannien ist nicht das einzige Land, in dem neuerdings «soziale Kohäsion» zum Regierungsprogramm geworden ist.

Meine gedankliche Wanderung von der Gegenwart in die Geschichte des Jahrhunderts ist damit fast an ihrem Ende – und zugleich wieder an ihrem Anfang – angekommen. Veränderung, Wandel, liegt in der Natur der menschlichen Dinge. Wir sollten sie nicht beklagen, sondern willkommen heissen. Immanuel Kant hat sich mit Recht vor 200 Jahren über diejenigen mokiert, die von einer statischen Welt träumen, die doch eine Welt ohne Hoffnung, ja ohne Leben ist; ein Arkadien, in dem «die Menschen, gutartig wie die Schafe, die sie weiden, ihrem Dasein kaum einen grösseren Wert verschaffen (würden), als dieses ihr Hausvieh hat; sie würden das Leere der Schöpfung in Ansehung ihres Zwecks, als vernünftige Natur, nicht ausfüllen». Doch kann Wandel uns wie ein Vulkanausbruch überwältigen, wenn wir nicht Regeln und Institutionen schaffen, die ihn zugleich fruchtbar machen und bändigen. Das ist der Sinn dessen, was man liberale Ordnung nennen kann, also von Rechtsstaat und Demokratie in ihren vielfältigen Ausprägungen.

Es gehört zu diesem Prozess des Fruchtbarmachens und Bändigens, dass wir uns selbst in unserem Verlangen nach Wandel im Zaum halten. Wer alles verändern will, wird am Ende nichts bewirken ausser der Gefährdung der Verfassungsordnung selbst. Etwas ist mehr als Alles. Damit meine ich natürlich nicht irgendetwas. Vielmehr geht es darum, in der öffentlichen Auseinandersetzung jene scheinbar kleinen Veränderungen zu finden, die eine grosse Hebelwirkung haben. Strategische Veränderungen sind nicht nur im Gemeinwesen als Ganzem, sondern auch in Unternehmen und Organisationen die Aufgabe eines Wirkens, das dem Zweck dient, mehr Menschen mehr Lebenschancen zu eröffnen.

Ich begann mit der Skizzierung der politischen Kräfte, die unsere Welt am Ende des 20. Jahrhunderts kennzeichnen. Deren Auseinandersetzung unter den Bedingungen offener Gesellschaften in einer offenen Welt schafft den Horizont, in dem solche strategischen Veränderungen möglich werden. Wenn ich nach meiner eigenen Präferenz in diesem Lichte gefragt würde, dann würde ich vor allem an Massnahmen denken, die das Wirken des dritten Sektors, der gemeinnützigen Tätigkeit freier Bürger, fördern. Die Lockerung administrativer Hemmnisse, die Schaffung eines freundlichen Steuerklimas, die Setzung eines rechtlichen

Rahmens, und die Ermutigung aller Initiativen, die aus der Bürgergesellschaft kommen, das sind einige der Elemente nötiger strategischer Veränderungen.

11 Drei Probleme der offenen Gesellschaft

Wenige Begriffe sind nach 1989, ja schon seit 1945 so häufig verwendet worden wie der der «offenen Gesellschaft». Noch heute scheint der Begriff weniger abgenutzt als der andere der «Demokratie». Die offene Gesellschaft hat etwas Einladendes, ja Unwiderstehliches. Und doch ist bei genauerer Betrachtung keineswegs klar, was mit diesem Begriff genau gemeint ist. Der moderne Autor des Begriffs, Karl Popper, hat sich in seinem zweibändigen Werk über Die offene Gesellschaft und ihre Feinde *nicht lange bei Definitionen aufgehalten. Andere, die ihm gefolgt sind, haben alles Erdenkliche in den Begriff gesteckt, ohne dass damit grössere Klarheit entstanden wäre.*

Vor diesem Hintergrund ist die Absicht meiner Karl-Popper-Vorlesung von 1998 an der London School of Economics zu verstehen. Eine Vorlesung hat den Vorteil, dass man mit etwas leichterer Hand an Fragen, zumal Definitionsfragen, herangehen kann als in einem Traktat. Doch hat auch dieser Versuch alsbald eine Reihe von Zweifeln aufgeworfen – zum Beispiel den, ob Popper in seinem Buch von der modernen Gesellschaft überhaupt oder von einer spezifischen Entartung der modernen Gesellschaft sprechen wollte. So ist die Begriffsbestimmung bald zur Kritik am naiven Gebrauch des Begriffs geworden, ja mehr, zu einer Kritik Popperscher Unzulänglichkeiten bei der Verwendung seines eigenen Begriffs.

Nicht nur der Anlass hatte zur Folge, dass diese Kritik milde ausfiel. Karl Poppers Ansatz ist ein durchgängiger Begleiter in diesem Band, und vor allem die Grundlage meines Nachdenkens über Liberalismus. Grosse Ideen sind im Kern einfach, und Poppers Anwendung des «Falsifikationsprinzips» auf den Fortschritt der Wissenschaft wie der Gesellschaft ist eine grosse Idee. Fortschritt entsteht durch die Widerlegung gängiger Annahmen, nicht durch deren beharrliche Verteidigung. Es kommt darauf an, Bedingungen zu schaffen, unter denen es möglich bleibt, Gängiges zu widerlegen und Neues an dessen Stelle zu setzen. Solche Bedingungen kann man offene Gesellschaft nennen. In diesem Sinne war die offene Gesellschaft die grosse Leitidee des Weges zur Freiheit zuerst nach 1945 und dann nach 1989.

Zur Definition der offenen Gesellschaft

Manche Begriffe haben eine ärgerliche Eigenheit. Sie klingen reizvoll und sind es möglicherweise auch, aber sie sind zugleich so lose gefügt, so gestaltarm, dass die Versuchung gross wird, alles gerade Gewünschte in sie hineinzustecken, bis ihre ursprünglich intendierte Bedeutung immer undeutlicher wird und am Ende verlorengeht. Der öffentliche Diskurs liefert dafür heutzutage mancherlei Belege. Die letzte Regierungserklärung in Grossbritannien zum Beispiel brachte es fertig, das Wort «Modernisierung» elfmal im Zeitraum von zehn Minuten zu erwähnen. Rechtshilfe wird «modernisiert», was bedeutet, dass sie «kostengünstiger» werden soll; der Wohlfahrtsstaat wird «modernisiert» durch höhere Eigenbeiträge der Bürger; die Kommunalverfassung wird «modernisiert» durch die Direktwahl von Bürgermeistern; das Zuwanderungs- und Asylgesetz wird «modernisiert», und der Himmel – sowie der Innenminister – mag wissen, was das heisst. Dem «Dritten Weg» droht gerade ein ähnliches Geschick. Ist er mehr als der Name für alles, was New Labour tut? (Und was genau ist eigentlich «New Labour»?) Die offene Gesellschaft ist leider zu einem Begriff von dieser Art geworden.

Mein Ärger darüber führt mich zuweilen dazu, die Frage zu stellen: ist die offene Gesellschaft ein nützliches Projekt, oder ist sie ein leerer Begriff, den jeder und jede nach eigenem Gutdünken mit Inhalt füllen kann? Ich habe gerade eine sehr lange deutsche Dissertation mit dem Titel «Die Ordnung der Freiheit: Karl R. Poppers Modell der offenen Gesellschaft» gelesen. Auch in der kleinsten seinem Computer abtrotzbaren Schrift hat der Autor noch 600 Seiten zur Begutachtung eingereicht. In seiner allerdings gelehrten und gedankenreichen Analyse schreibt er allerlei schöne Dinge der offenen Gesellschaft zu, abstrakte «Dinge» wie «theoretischen Institutionalismus» und «negativen Utilitarismus», praktische Prinzipien wie die Abwahl von Regierungen und die Begrenzung von Marktprozessen, und höchst spezifische Forderungen wie ein garantiertes Grundeinkommen oder die Ökosteuer. Kurz nach der Lektüre dieser Arbeit hörte ich George Soros im Kontext seines *Open Society Institute.* (Es ist übrigens keineswegs die einzige Organisation dieses Namens; von Klagenfurt bis Bari ziert die «Offene Gesellschaft» oder die «Società Aperta» zahlreiche Organisationen.) Soros gab uns eine Vorschau auf sein Buch über die «Krise des globalen Kapitalismus», in dem er die These entwickelt, dass der Kapitalismus, weit davon entfernt, das ökonomische Gesicht der offenen Gesellschaft zu sein, tatsächlich deren Sieg gefährdet, wenn er nicht gezähmt wird. Im Verlauf seiner

Argumentation sucht Soros die offene Gesellschaft neu zu definieren als ein Ideal, das gleichermassen bedroht wird durch Kommunismus und «Marktfundamentalismus».

Wie kommt es, dass Menschen versucht sind, den Begriff der offenen Gesellschaft für so unterschiedliche Zwecke zu verwenden? Warum vor allem eignet er sich als Flasche für alle Arten von Weinen, süss und trocken, resiniert und vermischt, und vor allem endlos verdünnt?

Im guten protestantischen Geist des Gelehrten, der ich einmal war, ging ich zurück zu den Quellen, also zu Karl Popper. Zuerst sah ich mir die monströsen, von Paul Arthur Schilpp herausgegebenen Bände an, die zuweilen irreführenderweise als Poppers «Autobiographie» beschrieben werden. Bald entdeckte ich, dass diese Bände erstaunlich wenig über die offene Gesellschaft enthalten. Das Buch – *Die offene Gesellschaft und ihre Feinde* – wird von Popper als seine «Kriegsanstrengung» bezeichnet. Es ist am anderen Ende der Welt, in Neuseeland, entstanden, wo die Leute sich nicht interessierten für seine Attacken auf kanonische Gestalten wie Platon, oder auch auf Hegel. Auch von denen, die eingeladen waren, kritische Kommentare zur «Autobiographie» beizutragen, befassten sich nur wenige mit diesem Werk von Popper. Tatsächlich sind es nur zwei. Der eine war Edward (Lord) Boyle, dessen Beitrag Popper veranlasste, ihm für seine «überaus grosszügige ‹persönliche Wertschätzung›» zu danken; der andere war Professor Peter Winch, dessen Beitrag Popper «rätselhaft» fand. Der Polemiker war in seinem Element: «Professor Winchs kritische Kernthesen lesen sich wie eine nachhaltige Argumentation, aber ich habe es schwierig gefunden auszumachen, was er sagen will und wogegen Professor Winch sich wendet.»

Was bedeutete denn die *Offene Gesellschaft* für ihren Autor? Die Antwort lautet, nicht sehr viel. Tatsächlich hatte das Manuskript der *Offenen Gesellschaft* die ungewöhnliche Wirkung, Fritz von Hayek, Harold Laski und Lionel Robbins zu einem übereinstimmenden Urteil zu bringen; sie einigten sich in diesem Fall, Popper 1945 das Extraordinariat für Logik und Wissenschaftliche Methode an der London School of Economics anzutragen, das Popper umgehend akzeptierte. Während er indes die «wundervolle Einrichtung» der LSE anerkannte, erinnert uns Popper in seiner «Autobiographie» auch daran, dass «die Sozialwissenschaften für mich nie denselben Reiz hatten wie die theoretischen Naturwissenschaften». Ich kann aus persönlicher Erfahrung bestätigen, dass dies die Meinung des bedeutenden Mannes war. Als ich ihm eines meiner Bücher geschickt hatte, bemerkte er bei unserer nächsten Begegnung: «Ich mag, was du schreibst, Ralf. Wenn ich mich mit politischer Philosophie befasste, dann würde ich ganz ähnlich argumentieren. Aber du wirst es verstehen: ich habe so viele wichtigere Dinge zu tun.»

Und doch, und doch – der Begriff der offenen Gesellschaft und das Buch zu diesem Thema könnte sich wohl als der dauerhafteste Beitrag Poppers erweisen. Brian Magee sagt das nicht ganz so in seinem brillanten kleinen Traktat über Popper. Er glaubt – und da hat er gewiss Recht –, dass Poppers Werk aus einem Guss ist, wenngleich er zwei von sieben Kapiteln der offenen Gesellschaft widmet. Er kommt auch zu dem Schluss, dass die *Offene Gesellschaft* eine Vision von Sozialdemokratie enthält, wie er, Magee, selbst sie vertritt – was uns zu den Zweideutigkeiten des Begriffs zurückbringt. Popper brachte es fertig, Bruno Kreisky und Margaret Thatcher, Helmut Schmidt und Helmut Kohl gleichermassen zu bewundern, so wie sie allesamt ihn bewunderten. «Bringt es dich nicht in Verlegenheit, wenn du aus so unterschiedlichen Ecken gepriesen wirst?» fragte ich ihn einmal, als er mir die Telegramme zeigte, die er zu einem Geburtstag von diesen und noch anderen bekommen hatte. «Nein, warum?» entgegnete er. «Schliesslich weiss doch jeder, was ich denke.» Wissen wir es wirklich?

So kehrte ich von der Biographie zurück zu dem Werk selbst und beschloss, nicht noch mehr Zeit an die Frage zu wenden, ob die offene Gesellschaft eine leere Schale oder eine wertvolle Perle ist. Statt dessen will ich eine Definition des Begriffs vorschlagen, um mich dann drei Problemen zuzuwenden, zu denen dieser Begriff Anlass gibt. Ich werde sie das Gellner-Problem, das Kolakowski-Problem und das Dahrendorf-Problem nennen.

Zuerst also die Definition. Offene Gesellschaften sind Gesellschaften, die Versuch und Irrtum erlauben. Das ist die einfachste Begriffsbestimmung. Ich ziehe sie der Definition von George Soros durch die eher passive Anerkennung unserer *fallibility*, unserer Fehlbarkeit vor. Wie auch immer, der Begriff ist die Anwendung von Poppers Erkenntnistheorie auf soziale, ökonomische und politische Verhältnisse. Wir können nicht wissen, wir können nur raten. Unsere Vermutungen können falsch sein; in der Tat besteht der Fortschritt des Wissens aus Nachweisen der Falschheit von Vermutungen. Es ist daher vor allem wichtig, dass Falsifikation möglich bleibt, dass sie nicht durch Dogmen oder auch die Besitzstandsinteressen der wissenschaftlichen Gemeinde verhindert wird. Wir können nicht sicher sein, wie die gute Gesellschaft aussieht, wir können nur Entwürfe zu diesem Ziel vorschlagen. Solche Entwürfe mögen sich als unannehmbar oder unangemessen erweisen; ihr Pro und Kontra zu debattieren ist es gerade, was das Leben in einer offenen Gesellschaft ausmacht. Es ist daher vor allem wichtig, dass Veränderung, die Beseitigung herrschender Entwürfe und derer, die sie vertreten, möglich bleibt, dass sie nicht verhindert wird durch die Tyrannei von Kartellen persönlicher Interessen.

Die Analogie hat ihre Fallgruben. Popper hatte sicherlich Recht, wenn er die tiefgehenden Unterschiede zwischen den Naturwissenschaften und den Sozialwissenschaften betonte. Zeit, oder vielmehr Geschichte bezeichnet die entscheidende Differenz. Wenn Einstein beweist, dass Newton geirrt hatte, dann war Newton immer schon im Irrtum. Wenn ein neosozialdemokratisches Projekt an die Stelle eines neoliberalen tritt – Clinton nach Reagan und Bush, Blair nach Thatcher und Major –, dann kann das bedeuten, dass ein Projekt, das zu seiner Zeit richtig war, sich nunmehr als irrig erweist. Vielleicht bedeutet es sogar, dass alle Projekte im Laufe der Zeit «falsch» werden; die Geschichte kennt keine «Wahrheit». Die Utopie der guten Gesellschaft ist selbst unvereinbar mit der offenen Gesellschaft. Als ich vor sechs Jahren von der «Guten Gesellschaft» sprach – die Rede bildet das 5. Kapitel dieses Bandes –, war das meine Hauptthese, wenngleich ich einen Gedanken hinzufügte, zu dem ich im folgenden als dem «Kolakowski-Problem» zurückkehren werde.

Gesellschaft hat nicht nur Geschichte, sondern ist auch heterogen. Die Türen offen zu halten für Versuch und Irrtum führt in der politischen Sphäre zur Demokratie in dem engen Sinn, in dem Popper den Begriff verstanden hat. Es muss möglich bleiben, Regierungen ohne Gewalt abzulösen, nicht weniger, aber auch nicht mehr. Auf ökonomische Prozesse gewendet kommt einem vor allem der Gedanke des Marktes in den Sinn. Nur der Markt lässt das Tor zu sich verändernden Vorlieben und Geschmacksrichtungen, wie auch zu neuen «Produktivkräften» offen. Schumpeters Welt der «schöpferischen Zerstörung» durch Unternehmer ist in gewisser Weise die ökonomische Version des Fortschritts durch Falsifizierung. In der Gesellschaft im diffuseren Sinn ist es schwieriger, das Äquivalent zu finden. Wahrscheinlich ist hier der Gedanke des Pluralismus relevant. Man kann auch an die Bürgergesellschaft denken, das heisst an die Vielzahl von Verbänden und Vereinigungen, die weder explizit (also politisch) noch implizit (also ökonomisch) koordiniert werden. Sie bilden ein Kaleidoskop von immer neuen Konstellationen.

Die Begriffe der Demokratie, der Marktwirtschaft und der Bürgergesellschaft dürfen niemanden zu dem Glauben verleiten, dass es nur eine einzige institutionelle Form gibt, die ihnen Wirklichkeit verleiht. Es gibt im Gegenteil viele solcher Formen. Wesentlich für offene Gesellschaften bleibt nur, dass es Spielregeln gibt, die die Aufrechterhaltung des Prozesses von Versuch und Irrtum erlauben. Ob diese ein Präsidialsystem oder eine auf Parlamenten oder Volksabstimmungen beruhende Demokratie ist, oder auch unter anderen kulturellen Umständen auf Institutionen beruht, die wir zögern würden, demokratisch zu nennen; ob der Markt in der Form des Chicago-Kapitalismus oder des Familienkapitalismus italienischer Art oder deutscher korporatistischer Geschäftspraktiken (und auch hier gibt es manche weitere Version) existiert; ob die Bürgergesellschaft aus lauter privaten Initiativen oder aus Kommunen oder sogar religiösen Gemeinden besteht – worauf es ankommt, ist allein, dass Veränderung ohne Gewalt möglich bleibt. Der ganze Sinn der offenen Gesellschaft liegt darin, dass es nicht nur einen Weg gibt, auch nicht zwei oder selbst drei, sondern 101, also eine unbestimmte und unbekannte grosse Zahl von gangbaren Wegen.

Das Gellner-Problem

Aus diesem Grund waren 1945 und 1989 kritische und ermutigende Daten in der sonst so düsteren Geschichte des 20. Jahrhunderts. Sie bezeichnen die Niederlage der Feinde der offenen Gesellschaft, und damit den Sieg nicht eines anderen «Systems», sondern der Öffnung weiter und vielfältiger Horizonte neuer Möglichkeiten. Vielfalt ist jetzt das grosse Thema. Es gibt viele Weisen, Neues zu versuchen, und es wäre daher falsch, nur eine einzige Version der Demokratie oder der Marktwirtschaft denen zu empfehlen oder gar aufzudrängen, die befreit worden sind für eine neue Offenheit. Andererseits gibt es auch neue Gefahren, und diese haben es mit den Zweideutigkeiten und Problemen zu tun, die der Begriff der offenen Gesellschaft wachruft.

Das Thema von Poppers «Kriegsanstrengung» war natürlich Nazi-Deutschland und damit die Aussicht auf ein 1945. (Sein Buch wurde 1943 abgeschlossen.) Er suchte jene Feinde der offenen Gesellschaft aufzuspüren, die in irgendeiner Weise zur Rechtfertigung der totalitären Regimes der Rechten benutzt werden konnten. Platons allwissende Philosophen-Könige waren für Popper ebenso bedrohlich wie Hegels (und Marx') historische Unvermeidlichkeiten. Beide schlossen Versuch und Irrtum – und vor allem den letzteren – aus, und beschworen statt dessen das für viele attraktive Bild eines Arkadien ohne Konflikt und Wandel, das tatsächlich eine Welt der Tyrannei und des Terrors sein musste. Die kraftvollen Sätze am Ende des ersten Bandes von Poppers *Offener Gesellschaft* sind oft zitiert worden; ihr Widerhall bleibt stark, und es lohnt sich daher, sie noch einmal wachzurufen:

> Das Anhalten der politischen Veränderung ist kein Heilmittel; es kann kein Glück bringen. Wir können niemals zur angeblichen Unschuld und Schönheit der geschlossenen Gesellschaft zurückkehren. Unser Traum vom Himmel lässt sich auf Erden nicht verwirklichen. Sobald wir beginnen, uns auf unsere Vernunft zu verlassen, sobald wir beginnen, unsere kritischen Fähigkeiten zu üben, sobald wir den Appell persönlicher Verantwortung fühlen und damit die Verantwortung, beim Fortschritt des Wissens zu helfen, in diesem Augenblick können wir nicht mehr zu einem Zustand der Unterwerfung unter die Stammesmagie zurückkehren. Für die, die vom Baume der Erkenntnis gekostet haben, ist das Paradies verloren. Je mehr wir versuchen, zum heroischen Zeitalter der Stammesgemeinschaft zurückzukehren, desto sicherer landen wir bei Inquisition, Geheimpolizei und einem romantisierten Gangstertum. Wenn wir erst mit der Unterdrückung von Vernunft und Wahrheit beginnen, dann müssen wir mit der brutalsten und heftigsten Zerstörung alles dessen enden, was menschlich ist. Es gibt keine Rückkehr in einen harmonischen Naturzustand. Wenn wir uns zurückwenden, dann müssen wir den ganzen Weg gehen – wir müssen zu Bestien werden.

Die Alternative ist klar. «Wenn wir Menschen bleiben wollen, dann gibt es nur einen Weg, den Weg in die offene Gesellschaft.»

Das sind aufrüttelnde Worte. Für alle, die sich an die Zeit erinnern, zu der sie geschrieben wurden, bringen sie auch heute noch die Erinnerung an die Stammessprache der Nazis zurück – die Romantisierung von «Blut und Boden», die eigentümlichen Titel der Jugendführer als «Hordenführer», ja «Stammführer» –, auch an die ständige Anrufung der «Gemeinschaft» gegen die «Gesellschaft», verbunden indes mit der «totalen Mobilmachung», zuerst in Albert Speers Entwürfen der menschlichen Architektur von Parteitagen mit ihren uniformierten Massen, bald danach dem «totalen Krieg» und vor allem dem industrialisierten Massenmord an den Juden. Und doch gibt es hier eine Zweideutigkeit, die auf ein Problem bei der Definition der Feinde der offenen Gesellschaft und vielleicht sogar auf eine Schwäche der Popperschen Analyse verweist. Sie verweist übrigens auch auf eine ungelöste Frage in der theoretischen Analyse des Totalitarismus.

Die Zweideutigkeit ist mir durch Ernest Gellner bewusst geworden. Gellner war stark engagiert bei jener anderen Wiederbelebung der offenen Gesellschaft, der Revolution von 1989 und ihren Folgen. Eines der Themen, die ihn stark beschäftigten, war das Aufkommen von gewalttätigen «Nationalismen» im früheren Jugoslawien und andernorts. Zunächst war es fast ein Gemeinplatz zu behaupten, dass nach dem Kommunismus alte Stammesloyalitäten ihr Haupt wieder erhoben hätten; die Geschichte sei mit Macht zurückgekehrt. Gellner war empört über derart leichtfertige «Theorien». Er bestand darauf, dass der neue Nationalismus nichts zu tun hat mit alten Loyalitäten; er ist vielmehr ein spezifisch modernes Phänomen. Es geht bei ihm um die Mobilisierung von Menschen, deren Loyalitäten zerbrochen waren, durch rücksichtslose Führer, die wussten, wie man aus dem Gefühl der Unsicherheit von Menschen politisches Kapital schlagen kann. Bosnien war für ihn alles andere als die Wiederkehr der Geschichte; es war die Zukunft, oder zumindest ein mögliches Gesicht – das hässliche Gesicht – der Zukunft.

Frühe Analysen des deutschen Nationalsozialismus führten zu einer ähnlichen Auseinandersetzung. Es gab diejenigen, die die Nazis als Vertreter eines archaischen, vormodernen Deutschland sahen, und andere, die Erklärungen unter Hinweis auf die «Anomie» des modernen sozialen Lebens suchten. Ich bin nach reiflicher Überlegung zu dem Schluss gekommen, dass Ernest Gellner Recht hatte, und dass ich gemeinsam mit Popper zwei Arten von Feinden der offenen Gesellschaft vermischt, ja verwechselt hatte, die tatsächlich nicht nur verschieden sind, sondern ganz und gar unterschiedliche Herausforderungen schaffen. Die eine Art ist die des Stammes, der traditionellen geschlossenen Gesellschaft; die andere ist die der modernen Tyrannei, des totalitären Staates. Die letztere mag die Symbolik der ersteren verwenden, aber am Ende ist der «Stammführer» nicht ein Stammeshäuptling, sondern ein blosses Rädchen in einem zentral dirigierten Einparteienstaat, dessen Macht eher auf der Zerstörung überlieferter Bindungen und Zugehörigkeiten als auf deren Wiederbelebung beruht.

«Der Prozess, durch den eine offene, mobile, wachstumsorientierte arbeitsteilige Sozialordnung hervorging aus einem feudalen oder barock-absolutistischen, status-orientierten, produktionsfeindlichen System war lang, kompliziert und turbulent. Im Kern bedeutete er die grundlegende Transformation sowohl der europäischen Werte als auch der gesellschaftlichen Organisation.» So definierte Gellner (in seinem wichtigen Buch über die «Bürgergesellschaft») den Prozess, der gemeinhin als Modernisierung beschrieben wird. Er war überall schmerzhaft, am meisten in Gesellschaften, die sich spät auf ihn einliessen. Er bedeutete für manche das verlorene Paradies, war aber für viele die gewonnene Freiheit. Ihn unumkehrbar zu nennen hiesse, in die historizistische Falle geraten, besonders zu einer Zeit, in der mehrere Spielarten des Fundamentalismus oder Integrismus bei vielen Zustimmung finden. Dennoch ist es schwer vorstellbar, dass der Weg «vom Status zum Vertrag», von zugeschriebenen zu erworbenen Positionen, von «mechanischer» zu «organischer Solidarität», ja von «Gemeinschaft» zu «Gesellschaft» rückgängig gemacht werden kann. Dieser spezielle Feind der offenen Gesellschaft, die geschlossene traditionale Gesellschaft, ist Vergangenheit. Sie mag ein nützliches Vokabular für moderne Herrscher liefern, aber deren Institutionen und Methoden sind ganz und gar anders. In gewisser Weise hat sich Popper durch das Vokabular verführen lassen, als er die Feinde der offenen Gesellschaft durch die Rückkehr «zur Stammesmagie», ja «zu den Bestien» beschrieb. Er kam der Wahrheit näher mit der Rede vom «romantisierten Gangstertum». Die neuen Feinde der offenen Gesellschaft sind «Gangster», die die romantischen Gefühle der vielen benutzen, um von ihren bösen Taten abzulenken.

Daher ist die offene Gesellschaft ein modernes Projekt. Sie setzt voraus, dass Menschen (in Kants Definition der Aufklärung) ihre «selbstverschuldete Unmündigkeit» verlassen haben. Das Arkadien der Stämme, das Popper beschwört, beschreibt nicht so sehr ihre Feinde wie deren entfernte Vorfahren oder sogar eine blosse Karikatur von ihnen. Die wirklichen Feinde der offenen Gesellschaft sind jene anderen Modernen, Hitler, auch Stalin, und die nur allzu zahlreichen Diktatoren unserer Zeit, von denen man hoffen muss, dass sie zur Rechenschaft gezogen werden. Bei der Bestimmung ihrer Rolle sollten wir uns davor hüten, ihrer Rhetorik zu verfallen; sie sind nicht die wahren Erben der Tradition, sondern im Gegenteil ihre Gegner und Zerstörer. Dies sei noch angemerkt: wäre Popper in stärkerem Masse ein Sozialwissenschaftler gewesen – wie Ernest Gellner gewisslich einer war –, dann hätte er wohl den Unterschied gesehen zwischen dem, was Max Weber einerseits «traditionale» und andererseits «rationale» Herrschaft genannt hat, also zwischen der wohlwollenden Unfreiheit der Vergangenheit und der ambivalenten Freiheit der modernen Welt.

Das Kolakowski-Problem

Hier kommen dann allerdings weitere Einsichten einer Sozialwissenschaft, die sich vor grossen Themen nicht scheut, ins Spiel. Eine davon hat es mit der schon angedeuteten Frage zu tun, ob Modernisierung rückgängig gemacht werden kann oder nicht, und was geschehen müsste, um den Fluss des Wandels umzukehren. Eine andere, aktuellere, aber auch viel untersuchte Frage ist die der Bedingungen, unter denen moderne Gesellschaften den einen oder anderen Weg, den zur Öffnung oder Schliessung beschreiten – und damit implizit, welchen Schutz es gibt gegen die Bedrohung einer neuen Geschlossenheit. Beide Themen haben es mit dem zu tun, was Leszek Kolakowski in einem Essay über «die Selbstgefährdung offener Gesellschaften» die «Bedrohungen von innen» nennt. In gewisser Weise (so argumentiert er) sind Poppers «Feinde» eben dies, also Kräfte ausserhalb der offenen Gesellschaft, die ihr Überleben bedrohen; es gibt aber auch Eigenheiten von offenen Gesellschaften selbst, die zu deren Paralyse, ja zur Zerstörung ihrer Offenheit führen können.

Manche von Kolakowskis inneren Bedrohungen hängen davon ab, wie streng oder lose wir offene Gesellschaften definieren, und dann auch von der Relevanz des neokonservativen Projekts in jüngerer Zeit. Zum Beispiel argumentiert Kolakowski – unter Bezug eher auf den sozialdemokratischen «Liberalismus» von L.T. Hobhouse als auf den liberalen «Sozialdemokratismus» von Popper –, dass die offene Gesellschaft Begrenzungen der Marktkräfte verlangt, um jeden Bürger zur Teilnahme zu befähigen. Daraus folgt der Wohlfahrtsstaat, der seinerseits zu einer Ausweitung der staatlichen Macht führen kann, die den Weg für den Totalitarismus ebnet. Auch verweist Kolakowski auf das Risiko, dass das Prinzip der Chancengleichheit (das für ihn offenen Gesellschaften unbedingt innewohnt) unabsichtlich zu neuen Formen der Privilegierung und damit der Schliessung führen kann. Das führt ihn dann zu Reflexionen über die Grenzen der Freiheit, also die Regeln, durch die offene Gesellschaften das ihnen zugrunde liegende Prinzip von Versuch und Irrtum schützen können.

Hinter solchen Fragen steht indes die noch tiefer gehende, ob offene Gesellschaften nachhaltige Ordnungen sein können. Das verlangt, wie Kolakowski sagt, «nicht nur das Fortdauern der vorhandenen Institutionen, sondern die verbreitete Bereitschaft, diese zu verteidigen, und den Glauben an ihren Wert». Hier kommen wir dann der Habermas-Frage der «vernünftigen Identität» nahe, also der Begründung dafür, dass politische Gemeinwesen, Volkswirtschaften und Gesellschaften so und nicht anders organisiert sein sollen. Darüber hinaus könnte man mit Fug argumentieren, dass dazu nicht nur Gründe des Kopfes, sondern auch solche des Herzens nötig sind. Wie lässt sich ein Engagement für offene Gesellschaften erzeugen, das diese gegen Feinde von innen wie von aussen schützt?

Dies ist ein Thema, zu dem ich mich bei zahlreichen Gelegenheiten geäussert habe, zuerst in dem Buch über *Lebenschancen* (1979), so dass hier ein kurzer Kommentar genügen kann. Ja, die offene Gesellschaft ist ein kaltes Projekt. Es hat bei Karl Popper und manchen anderen, zu denen ich mich zähle, ein tiefes Engagement erzeugt. Aber wir sind eine eigentümlich abstrakte Gruppe von Männern (ja, meistens Männern). Wir können mit der stillen Passion der Vernunft leben. Demokratie und Marktwirtschaft sind ebenfalls kalte Projekte. Das gleiche gilt für die Bürgergesellschaft, zumindest für ihren allgemeinen Begriff, obwohl eine vibrierende Bürgergesellschaft Raum hat für mancherlei Emotionen. Als solche indes bietet die offene Gesellschaft – wie die Demokratie und die Marktwirtschaft – keine Ligaturen, keine Bindungen, die Menschen ein Zugehörigkeitsgefühl geben.

Bis zu seinem jüngsten Buch hätte ich auch George Soros zu dieser «abstrakten Gruppe von Männern» gezählt; aber jetzt beunruhigt ihn die Krise des Kapitalismus so sehr, dass er Anlass sah, «den Begriff der offenen Gesellschaft neu zu bedenken». Er «bietet nicht zu viel, sondern zu wenig», und vor allem «leidet er an einem Mangel an sozialen Werten». Die offene Gesellschaft darf nicht ein blosses Prinzip bleiben, sondern muss zu einem «Ideal» werden, das bestimmte moralische Werte verkörpert – Werte, die unvereinbar sind mit dem «Marktfundamentalismus» –, und das das aufgeklärte Individuum durch das «eingebundene Individuum» ersetzt, das sich einer Gemeinschaft zugehörig fühlt.

Man kann der Stossrichtung der Argumentation von Soros zustimmen, ohne seinen Schluss, die Neudefinition offener Gesellschaften, zu akzeptieren. Zum einen spricht viel für Isaiah Berlins Prinzip, dass unsere Begriffssprache vor allem klar sein muss. Offene Gesellschaften, die Versuch und Irrtum erlauben, sind dadurch noch nicht Gesellschaften, die alle unsere Probleme lösen. (Übrigens beging Popper selbst in dieser Hinsicht eine kleine Fehlleistung – wohl weil er nett sein wollte zu berühmten Männern –, als er in einer Fussnote von der Verwandtschaft seines Begriffs zu Graham Wallas' *Great Society* und sogar zu Walter Lippmanns *Good Society* sprach, mit der es tatsächlich, wie aus Kapitel 5 in diesem Band deutlich wird, nicht weit her ist.) Die Frage ist daher nicht, ob die «Krise des Kapitalismus» unvereinbar ist mit der offenen Gesellschaft, sondern ob sie gelöst werden kann, ob also «Marktfundamentalismus» durch Soros-Kapitalismus ersetzt werden kann, innerhalb der Strukturen der offenen Gesellschaft. Schliesslich ist die Zugehörigkeit zu einer Gemeinschaft nicht unvereinbar mit der offenen Gesellschaft, auch wenn deren Strukturen selbst diese nicht fördern.

Für alle, die sich nicht abschrecken lassen durch die stille Passion der Vernunft und selbst die Kälte von offenen Gesellschaften, muss es daher Wege geben, mit dem Kolakowski-Problem fertig zu werden, auch ohne den Begriff «neu zu bedenken». Leszek Kolakowski hat seinen eigenen, bewundernswert anglo-polnischen Weg gefunden. Ich mag Polen gern und war durchaus beeindruckt von der eigentümlich nicht-explosiven Mischung von Sozialismus, Nationalismus und Katholizismus in der alten Zeit. Aber angesichts des Kolakowski-Problems (wie ich es genannt habe) der Bedrohungen der offenen Gesellschaft von innen, und insbesondere derer der Anomie und Apathie, ziehe ich die anglo-tschechische Antwort vor, die Ernest Gellner in seiner zauberhaften «Predigt» über «die Einzigartigkeit der Wahrheit» gegeben hat. «Die Zukunft liegt nicht in einer weltlichen Gegen-Offenbarung, sie liegt vielmehr in jener vieldeutigen, instabilen, schwierigen Beziehung zwischen Glauben, Indifferenz und Ernsthaftigkeit, die ich zu beschreiben versucht habe.» Natürlich hat sich Gellner über die Art und Weise Gedanken gemacht, in der solche pragmatischen Glaubensüberzeugungen in Ländern verwirklicht werden können, für die «brutale Diskontinuität» die Voraussetzung der neuen Offenheit war. «Wie erzeugt man angesichts der Tatsache, dass es keinen eindeutigen Glauben gibt, der an die Stelle des alten treten könnte, eine neue Mehrdeutigkeit durch Kompromiss, wenn man das sofort tun muss, ohne auf langsames Wachstum zu warten?» Gellner gibt die Antwort selbst. «Ja, wie?» Nichts ist schwieriger, als einen vernünftigen Kompromiss hervorzubringen. «Westeuropa hat Jahrhunderte gebraucht, um vom Absolutismus der Doktrin zu einem mehrdeutigen und toleranten Kompromiss voranzuschreiten, und dieser Prozess war weitgehend spontan. Die Ideokratie Osteuropas versucht nach ihrer Selbstzerstörung, dasselbe über Nacht und durch Verordnung von oben zu schaffen. Lässt sich das bewerkstelligen?» Vielleicht ja, vielleicht nein. Es ist jedenfalls eine grosse Aufgabe. Wie Ernest Gellner am Ende seiner Predigt sagt: «Gesegnet sind die, die nur dieses Problem haben.»

Das Dahrendorf-Problem

Doch bleibt noch ein Thema zu behandeln, das ich bisher nirgends im Kontext der Popperschen Philosophie erörtert gesehen habe. Popper hat es jedenfalls nicht als Problem gesehen. Wenn Versuch und Irrtum sowohl die offene Gesellschaft als auch den Fortschritt der Erkenntnis definieren – was geschieht, wenn Menschen aufhören, Neues zu versuchen? Was wenn niemand sich mehr Mühe gibt, etwas Neues zu entdecken? Karl Popper hätte die Frage wahrscheinlich für absurd gehalten. Er sprühte ständig von Ideen und konnte sich eine Welt nicht vorstellen, in der Menschen – seien sie Wissenschaftler oder normale Bürger – sich einfach zurücklehnen und die Dinge sich selbst überlassen. Aber seine fraglose Annahme, dass alle anderen so sind wie er, oder zumindest dass Menschen von Natur aus unbezähmbar aktiv sind, so dass die Frage der Indolenz gar nicht auftauchen würde, könnte am Ende auch falsch sein. Das ist keine Sache des Wesens der menschlichen Existenz oder selbst der menschlichen Natur, sondern nur die Antwort auf die Frage: gibt es Umstände, unter denen Menschen es angenehm finden, keine neuen Ideen mehr auszuprobieren und statt dessen das, was ist, zu akzeptieren und damit zu leben? Und was ist mit der offenen Gesellschaft, wenn das geschieht?

Die Frage hat mehrere interessante Aspekte. Vielleicht braucht nicht jeder direkt am Prozess von Versuch und Irrtum beteiligt zu sein. Gewiss hat Popper nie angenommen, dass jeder Mensch beteiligt ist am Prozess der wissenschaftlichen Forschung. In diesem Sinne hat sein Ansatz etwas «Elitäres». Freundlicher formuliert sind Versuch und Irrtum in gewissem Sinne repräsentative Tätigkeiten, die einige im Namen aller ausüben. Aber was, wenn nicht einmal einige den Prozess am Leben halten? Was, wenn es keine entdeckungshungrigen Forscher mehr gibt? Was, wenn Schumpeters Unternehmer nicht mehr auftreten und die Art von wirtschaftlichem *rigor mortis* eintritt, die Mancur Olson am Horizont sah? Was, wenn Michael Youngs «Schule für Sozialunternehmer» scheitert und die aktive Bürgergesellschaft in Indolenz versinkt?

Ich bin seit langem der Meinung, dass Poppers Striktheit etwas Entmutigendes an sich hat. Wenn nur die Falsifikation etablierter Theorien Fortschritt bedeutet, dann sind neun Zehntel aller wissenschaftlichen Tätigkeit nutzlos. Wenn nur die Beseitigung von Regierungen Demokratie beweist, dann können wir regelmässige politische Tätigkeit auch vergessen. Das sind jedoch riskante Schlussfolgerungen. Tatsächlich sind die normale Wissenschaft und die normale Politik das Saatgut, die notwendige Bedingung für jene dramatischen Momente, die einen grossen Schritt voran markieren. Aktive Bürgerschaft hat ihren guten Sinn, und sei es nur, um Tugenden zu ermutigen, die im Grenzfall den eigentlichen Kern der offenen Gesellschaft bewähren.

Wie die dramatischen Momente widerlegter Theorien und verlorener Wahlen – vielleicht sogar der «Krise des globalen Kapitalismus» – muss normale wissenschaftliche, politische und wirtschaftliche Tätigkeit in der offenen Gesellschaft öffentlich sein. Versuch und Irrtum sind öffentliche Tätigkeiten, sichtbar, offen für kritische Bewertung, eine Einladung an alle zur Teilnahme. Die Existenz einer öffentlichen Sphäre des kritischen Diskurses ist daher ein unentbehrliches Element der offenen Gesellschaft. Demokratie kann nicht ohne Demokraten funktionieren, aber Demokraten können ihre Sache nicht tun, ohne die Luft der Informationsfreiheit, der Pressefreiheit, der Koalitionsfreiheit zu atmen. Vielleicht ermutigt diese Luft nicht nur, sondern produziert geradezu jene Aktivisten, die den Prozess von Versuch und Irrtum in Gang halten.

Die Luft der Freiheit aber ist kein Zustand, der notwendigerweise andauert. Ich habe Olsons Buch *Aufstieg und Fall der Nationen* erwähnt, in dem er argumentiert, dass lange Perioden der Stabilität eine Art wirtschaftlicher Stagnation erzeugen können, die an Entropie grenzt. An einer Stelle deutet er unter Bezug auf Jefferson an, dass nur ein Krieg Nationen aus solcher Selbstzufriedenheit aufrütteln kann. Darin irrte er glücklicherweise – Margaret Thatcher und Ronald Reagan haben das zu eben der Zeit geschafft, zu der Olson die letzten Zeilen seines Buches schrieb. Aber (um zur Politik zu kommen) es gibt eine Art von Autoritarismus, die Versuch und Irrtum durch eine allgemeine Stimmung der Bequemlichkeit entmutigt. Warum sich Mühe geben? wird dann zur vorherrschenden Haltung. Die Dinge laufen nicht schlecht, und solange das so weitergeht, kann man die öffentlichen Angelegenheiten genauso gut denen an der Macht überlassen und sich auf seine Privatsphäre zurückziehen. «Solange sie so bleiben»: wenn sie sich indes verschlechtern, während die alte Nomenklatura noch an ihrem Platz sitzt, dann ist es zu spät aufzuwachen und wiederzuentdecken, dass neue Zukunftsentwürfe nötig sind. Autoritarismus kann Menschen in einem falschen Sicherheitsgefühl wiegen, bis der Tag kommt, an dem die öffentliche Untätigkeit zur Zerstörung der offenen Gesellschaft führt.

Dies, und nicht eine kapitalistische Krise, ist nach meiner Meinung das tiefste Problem mancher südostasiatischer Länder. Dies ist auch der Punkt, an dem die nachkommunistischen Länder Ost- und Ostmitteleuropas es am schwierigsten finden, zu offenen Horizonten voranzuschreiten. Beteiligung, überhaupt Tätigkeit zu ermuntern in der öffentlichen Sphäre ist daher eine der ersten Aufgaben der Reform im Interesse der Schaffung offener Gesellschaften. Wenn die offene Gesellschaft nicht zugleich eine tätige Gesellschaft ist, wird sie bald nicht mehr offen sein. Aber Offenheit selbst erzeugt nicht die nötige Beteiligung und Initiative. Was dann? Ich habe seit langem eine Vorliebe für Immanuel Kants Warnungen vor den arkadischen Sehnsüchten vieler, und für sein Bestehen darauf, dass unsere «ungesellige Geselligkeit», unser Hang zum Haben und zum Herrschen und die daraus resultierenden sozialen Konflikte die Grundlage unserer Freiheit sind. Popper hat da gewiss ein Beispiel gegeben, nicht nur durch seine Ideen, sondern auch durch seine oft scharfe Polemik, und durch seine unbezähmbare Neugier. Der Scherz, dass sein persönlicher Stil seine Theorien widerlegt – «die offene Gesellschaft von einem ihrer Feinde» ist das Buch genannt worden –, ist ganz abwegig. Kritischer Diskurs und politischer Konflikt sind das Lebenselixier einer Welt, in der Menschen nie aufhören, Neues zu versuchen, Irrtümer zu enthüllen, und es noch einmal zu versuchen.

12 Vernunft, Freiheit und Partei: ein liberales Dilemma

Das folgende, vergleichsweise kurze Stück behandelt ein grosses und schwieriges Thema: liberales Denken nimmt Partei, schlägt sich aber nicht notwendigerweise in Parteien nieder. Der Anlass für dieses Stück gibt bereits ein Stück Antwort. Mir wurde in Madrid der Garrigues Walker Preis verliehen. Der früh verstorbene Joaquin Garrigues Walker war einer aus einer brillanten Gruppe jüngerer spanischer Politiker, die nach dem Ende des Franco-Regimes eine Wiedergeburt des Liberalismus erwartete. Indes bestand nur die erste demokratische Regierung unter Adolfo Suarez aus Partei-Liberalen. Dann gingen diese den Weg, den später die Dissidenten der postkommunistischen Länder erlebten, nämlich an den Rand der Politik, wenn nicht über diesen hinaus in das milde Licht der Erinnerung.

Ich nahm die Erfahrung zum Anlass, um über liberales, ja weiter noch, über unabhängiges Denken und die politischen Organisationen zu reflektieren. Im 19. Jahrhundert gab es eine Zeit, in der diese in liberalen Parteien ihren Ausdruck fanden. Aber das liberale Jahrhundert ist seit langem vorbei. Im 20., dem sozialdemokratischen Jahrhundert wurden Liberale häufig Versprengte. Das hinderte sie nicht an beträchtlichem Einfluss. Von ihrer Parteizugehörigkeit her waren der (britische) Erfinder des Wohlfahrtsstaates, William Beveridge, ebenso wie der Erfinder der modernen (sozialdemokratischen?) Wirtschaftspolitik, John Maynard Keynes, Liberale.

Mehr noch, es gab eine ganze Kategorie von brillanten Geistern, die man als liberal bezeichnen darf, ohne dass sie einer Partei besonders verbunden waren. Ich nenne sie die «Erasmus-Menschen», weil sie, wie Erasmus von Rotterdam, grosse Veränderungen angestossen haben, aber nie den Versuchungen der Parteilichkeit erlegen sind. Oder muss man doch sagen, dass ihnen jene gestaltende Kraft fehlte, die für Politiker unentbehrlich ist? Waren sie also Zauderer, als sie sich scheuten, ernstlich Partei zu nehmen?

Es erübrigt sich fast hinzuzufügen, dass solche Reflexionen ein autobiographisches Element enthalten. Wie Keynes und Beveridge sitze ich auf den Bänken der Liberalen (heute: der Liberaldemokraten) im britischen Oberhaus. Wie die beiden grossen Erfinder des Wandels lasse ich indes mein Denken, auch mein Reden und Schreiben, nicht durch von anderen gemachte Programme beschränken. Vernunft und Freiheit sind wichtiger als Partei: darin liegt zugleich die Stärke und die Schwäche des modernen Liberalismus.

Erasmus-Menschen

Seit einiger Zeit beschäftigt mich die Tatsache, dass die lateinischen Länder Europas (wenn dieses eher breite Konzept einen Sinn hat) in den letzten fünfzig Jahren, wenn nicht schon länger, zwar grosse liberale Gestalten gesehen, aber keine machtvollen liberalen Parteien hervorgebracht haben. Die Freiheit mag für viele der erste Wert sein, aber wenn es um Parteien geht, ist die Wahl nach wie vor eine zwischen links und rechts. Gelegentliche Ausnahmen, wie die post-franquistische Regierung, in der Joaquin Garrigues Walker diente, dauerten nicht. Andere Beispiele aus lateinischen Ländern kommen einem in den Sinn.

Ich erinnere mich noch lebhaft an Giovanni Malagodi; und dann ist da der grosse alte Mann des italienischen Liberalismus, Norberto Bobbio. Bobbio argumentierte beredt, dass die Unterscheidung von rechts und links zwar für Liberale lästig sein mag, aber nichtsdestoweniger real ist. Malagodi überraschte in seinen späteren Jahren viele, indem er deutlich nach links rückte. Das mag einer der Gründe gewesen sein, warum er als Führer einer Zwei-Prozent-Partei hinlänglich Unterstützung fand, um zum Präsidenten des italienischen Senats gewählt zu werden. In Frankreich sind viele Intellektuelle Liberale, und niemand war es mehr als mein verstorbener väterlicher Freund Raymond Aron; aber trotz der zeitweisen Erfolge von Giscard d'Estaings heterogener Union, und trotz eindrucksvoller Gestalten wie Simone Veil, ist es schwer, in Frankreich eine ernsthafte liberale Partei auszumachen. Ganz ähnlich sieht es in Portugal aus, wo ich Freunde habe, die sich eher verloren fühlen zwischen einer Sozialistischen Partei, deren Führer Mario Soares sie durchaus unterstützen, und einer neoliberalen Partei, die sich verwirrenderweise Sozialdemokratische Partei nennt, und die vielleicht eine

Heimat für sie hätte sein können, das aber nicht ist. In gewisser Weise waren und sind sie «gleich weit entfernt von beiden Seiten».

Die Formulierung stammt unverkennbar von Salvador de Madariaga und wurde für einen weit dramatischeren Augenblick der jüngeren europäischen Geschichte geprägt, nämlich für Spanien im Jahr 1936. Damals waren die zwei Seiten sehr viel weniger harmlos als die Parteien der gemässigten linken und rechten Mitte heute. Sie waren bereit zum bewaffneten Kampf gegeneinander, zum Bürgerkrieg, und sie nannten sich Kommunisten und Faschisten. Wenige blieben immun gegenüber den Versuchungen beider. Aus dem Ausland kamen Helfer, die ihre Waffen und ihre Ideen in den Kampf einbrachten. Ich erinnere mich noch, wie ich als kleiner Junge in Berlin die «Siegesparade» der aus Spanien zurückkehrenden «Legion Condor» mit ansah. Ein Jahrzehnt und einen mörderischen Krieg später waren es Bücher wie *Wem die Stunde schlägt* und *Mein Katalonien*, die die Phantasie erregten. Auch heute noch kann ich nicht sagen, ich hätte «gleich weit entfernt von beiden Seiten» gestanden; wäre ich älter gewesen und nicht in Deutschland, dann hätte man mich sicher auf der republikanischen Seite gefunden. Aber heute wissen wir auch, wie gewalttätig und inhuman sowohl die Faschisten als auch die Kommunisten waren, und wir respektieren daher diejenigen, die sich als immun erwiesen gegenüber den grossen Versuchungen jener Zeit.

Sehen wir uns einige dieser Menschen mit dem gebührenden Respekt etwas näher an. Sie waren ja nicht entrückte mönchische Gelehrte und Philosophen, obwohl sie interessanterweise auch das waren. Vor allem aber waren sie engagiert in öffentlichen Dingen. Salvador de Madariaga war 1936 sogar Erziehungsminister in einer republikanischen Regierung und für kurze Zeit auch Justizminister. (So viel zur Entfernung von beiden Seiten!) Er machte seine Sache so gut, wie das in der kurzen Zeit ging, beschreibt aber auch in seinen Memoiren *Morgen ohne Mittag* eindringlich, wie und wann er seine «Unfähigkeit erwies, den eigentümlichen Stil des politischen Lebens zu verstehen». Er glaubte dem Premierminister (Lerroux), dass man ihn als unabhängige und kompetente Person wollte für das Amt des Justizministers, während doch tatsächlich die politischen Profis jemanden brauchten, um ein Amnestiegesetz einzuführen, das keiner von ihnen anrühren wollte.

Solche Episoden finden sich auch bei anderen derselben Art. Raymond Aron zum Beispiel war für kurze Zeit Mitglied von André Malraux' engstem Stab (*cabinet*) in de Gaulles erster Nachkriegsregierung. Er hinterliess weniger Spuren durch diese Episode als durch die meisten seiner brillanten Zeitungsartikel und Bücher. Isaiah Berlin spielte am Ende des Krieges eine Rolle in der britischen Botschaft in Washington; aber als Winston Churchill zu Besuch kam, gab es eine komische Verwechslung mit dem weit bekannteren Liedermacher Irving Berlin, der an Isaiahs Stelle zum Abendessen eingeladen wurde. Doch hätten Aron und Berlin und eine Handvoll anderer alle wie Madariaga sprechen können von «jenem liberal-demokratischen Europa, auf dessen Existenz meine gesamte *raison d'être* als politisches Wesen gegründet ist». Sie waren Liberale, und Demokraten, und ihre Leidenschaft war die unnachgiebige Verteidigung der Werte der Vernunft, der Toleranz und der Verfassung der Freiheit.

Nun mag man fragen: warum Raymond Aron und Isaiah Berlin in einem Boot mit Salvador de Madariaga? Vielleicht kann ich hier ein bisschen Selbstreklame machen. Ich nenne diese allen illiberalen Versuchungen widerstehenden Individuen, die ich sehr bewundere, Erasmus-Menschen, und bin dabei, ein Buch über sie zu schreiben. Wie Erasmus von Rotterdam waren sie Verfechter der Aufklärung, ohne doch die Tradition zerstören zu wollen. Sie vertraten und unterstützten neue Ideen, wollten, dass diese sich durchsetzen, aber achteten darauf, dass sie die Welt allmählich durchdringen, durch Überzeugung und vielleicht (wie einer von ihnen es ausdrückte) «durch Stückwerk-Sozialtechnik». Revolution war ihnen nicht minder zuwider als Krieg. Sie mochten keine Massenbewegungen und dachten daher nicht daran, diesen beizutreten. Selbst der Gedanke des «Partei»-Nehmens war ihnen fremd. Ich habe von einer «intellektuellen Haltung» gesprochen. Was ich dabei im Sinn hatte, war eine Verbindung von Zweifel ohne Verzweiflung, Toleranz ohne Relativismus, und dem Akzeptieren von Institutionen, aber niemals von Tyrannei.

Mein geplantes Buch über Erasmus-Menschen handelt von drei exemplarischen Männern, die im ersten Jahrzehnt des 20. Jahrhunderts geboren sind, Raymond Aron, Karl Popper und Isaiah Berlin. Sie hatten alle eine besondere Affinität zu dem Land, das auch ich gewählt habe, England. In mancher Hinsicht ist es der Inbegriff der «stillen Passion der Vernunft» (was der Untertitel meines Buches sein soll). Das Land hat sich den grossen Passionen des Faschismus und Kommunismus nie hingegeben. Darum liebte es auch Salvador de Madariaga, der einer früheren Generation angehörte, aber eindeutig ein Erasmianer ist, und übrigens auch Erasmus von Rotterdam mehr als vier Jahrhunderte früher. Was ist so reizvoll an England? Isaiah Berlin schilderte in seinen eigenen Worten, was Chaim Weizmann, der Gründungsvater von Israel, an ihm mochte: «England stand vor allen anderen Ländern für gesicherte Demokratie, humane und friedliche Zivilisiertheit, Bürgerfreiheiten, Gleichheit vor dem Gesetz, Stabilität, Toleranz, Respekt für die Rechte des Einzelnen.» Nicht alle in Britannien würden dem zustimmen, und manche würden diese Tugenden heute im Tempus der Vergangenheit beschreiben; doch bleibt wahr, dass England das Land ist, in dem Liberale sich nicht bedroht fühlen. Es bietet Erasmus-Menschen eine natürliche Heimat.

Das Rätsel der fehlenden Partei

Aber das ist eine Abschweifung. Was ich zu beschreiben versuche, ist eine Geisteshaltung, die die grosse liberale Tradition repräsentiert. Sie verbindet die Liebe zur Freiheit vor allem anderen mit einem ausgeprägten Sinn für die Notwendigkeit von Institutionen, für das, was Hayek die «Verfassung der Freiheit» nannte, und dem unbeugsamen Bestehen auf rationaler Argumentation als Grundlage von Entscheidungen. Märkte innerhalb von Regeln, die Monopol und Anarchie, ungezähmte Macht und Korruption gleichermassen verhindern; demokratisches Regieren, das Wandel ohne Gewalt erlaubt und auf repräsentativen, nicht diktatorischen oder demagogischen Prinzipien beruht; eine Bürgergesellschaft, die Initiative innerhalb eines vielfältigen und doch zusammenhaltenden Gemeinwesens ermutigt – das ist die Definition der liberalen Ordnung, die Erasmus-Menschen so entschieden verfochten haben. Warum ist es so schwierig, auf solche Prinzipien eine Partei zu gründen?

Da ist zuerst zu bemerken, dass dies im 19. Jahrhundert tatsächlich nicht so schwierig war. (Und das 19. Jahrhundert dauerte in manchen verspäteten Nationen bis tief in das 20. Jahrhundert hinein.) Der Kampf für Demokratie, Marktwirtschaft und Bürgergesellschaft, alle drei innerhalb der Herrschaft des Rechts, war in der Tat das grosse Thema der liberalen Reformbewegung, der wir vieles schulden, das in unserer eigenen Welt heute von Wert ist. Der Sieg von Ideen ist nie vollkommen, aber die Schlacht ist gewonnen. Es ist keine Partei mehr erforderlich, um das allgemeine Wahlrecht und die parlamentarische Regierungsform, ein bürgerliches Gesetzbuch, die Verhinderung von Kartellen und Monopolen, die Ermutigung der Bürgertätigkeit durch Dezentralisierung und die Beseitigung der bleiernen Hand des Zentralstaates zu erkämpfen. Genauer gesagt ist eine solche Partei in den etablierten Demokratien nicht mehr erforderlich; neu entstehende Demokratien sind noch eine andere Sache. In gewisser Weise ist das liberale Projekt seit langem schon zum Teil der akzeptierten öffentlichen Kultur geworden. In der Tat gilt am Ende des 20. Jahrhunderts – und unbeschadet des Anscheins von Wahlergebnissen – das gleiche auch für das sozialdemokratische Projekt der Verpflichtung zu allgemeiner Wohlfahrt und öffentlichen Diensten, und wir sehen neuen Horizonten entgegen.

Damit soll nicht gesagt sein, dass Parteien, die die alten Namen tragen, keine Wahlen mehr gewinnen können, obwohl durchaus gesagt sein soll, dass die Themen des Liberalismus wie auch der Sozialdemokratie ihre dynamische Qualität, ihre prägende Kraft verloren haben. Sie sind nicht mehr Themen für eine Partei, die den Anspruch erheben kann, die Zukunft auf ihrer Seite zu haben. Es ist daher kein Zufall, dass wir einmal mehr – wie zuletzt am Beginn des 20. Jahrhunderts – politische Transformationen mit ungewissem Ergebnis erleben. Neoliberale und Neosozialdemokraten sind aufgetreten. Die Neoliberalen sind von der Art Margaret Thatchers und Ronald Reagans oder auch der Chicago-Ökonomen, die glauben, dass der Markt alle Probleme lösen kann und wird. Die Neosozialdemokraten sind von der Art Bill Clintons und Tony Blairs oder auch der London School of Economics von Anthony Giddens; sie suchen eine neue Verbindung von Markt und Staat, eine verantwortliche Gemeinschaft, und sie nennen das gerne einen «dritten Weg». Beide mögen den Boden bereiten für zukünftige neue Parteibildungen, aber sie sind diese selbst noch nicht. Tatsächlich wissen wir einfach noch nicht, wie Demokratien im 21. Jahrhundert funktionieren werden. Wir experimentieren mit Institutionen, insbesondere mit der grösseren Beteiligung der Bürger, auch mit den neuen Technologien. Wir wissen auch noch nicht, wie Märkte funktionieren werden, vor allem wie die Spielregeln globaler Märkte aussehen werden und wer ihre Verletzung ahnden soll.

Unter solchen Umständen könnten Liberale mit den hier angedeuteten Erasmus-Qualitäten einen besonderen Platz einnehmen und eine wichtige Rolle spielen. Sie sind wahrlich unabhängig, sie sind es vielleicht sogar zu sehr. Zwei meiner englischen Heroen in dem Jahrhundert, das hinter uns liegt, sind William Beveridge und John Maynard Keynes. Zumindest im Fall Britanniens waren sie es, und nicht ein Bebel oder Jaurès oder Gramsci oder selbst die frühen Fabier, die die Institutionen der sozialen Demokratie erfanden, Keynes in ökonomischer und Beveridge in sozialer Hinsicht. Keiner von beiden ist indes einer sozialdemokratischen oder Arbeiterpartei beigetreten. Keynes glaubte, dass das öffentliche Leben ohne Partei einsam und nutzlos ist. Nur: welche Partei? Konservativer konnte er nicht sein, weil er ein Reformer, ja ein

Radikaler war; andererseits fühlte er sich schlicht nicht zu Hause in der Labour Party. Daher wurde er Liberaler, in seinen letzten Jahren ein liberaler Lord im Oberhaus. Dort traf er auf Lord Beveridge, dessen politische Karriere weniger vom Glück begünstigt war. Im Jahr 1944, als die Popularität von Beveridge ihren Gipfel erreichte – viele tausend hatten stundenlang Schlange gestanden, um ein Exemplar seines Berichtes über Sozialreform zu erwerben –, wurde ihm von der Liberalen Partei ein Sitz im Unterhaus angeboten, in dem es nach den Abmachungen der Kriegszeit keinen Gegenkandidaten gab. Er wurde daher gewählt, aber schon ein Jahr später, in den allgemeinen Wahlen von 1945, verlor er den Sitz an einen kaum bekannten (allerdings lokalen) Labour-Kandidaten, dessen Wahlprogramm vor allem aus von Beveridge inspirierten Reformen bestand.

Dies also, das selbst nur begrenzt parteiische Oberhaus, ist eine Methode für die, denen es um Vernunft und Freiheit geht, mit dem rätselhaften Thema der Parteizugehörigkeit fertigzuwerden. Ausserhalb Grossbritanniens indes waren die Alternativen weder so einfach noch so schmerzlos. Salvador de Madariaga beschreibt, wie beide Seiten ihn in den 1930er Jahren umwarben. Seine «politischen Freunde», die «Liberalen und die politische Linke», wollten ihn, aber an einem von ihnen bestimmten Platz, denn sie fürchteten den politischen Neuling als Konkurrenten. Die Rechte, vor allem Lerroux, wollte ihn auch, denn sie brauchte einen neuen Mann mit einer sauberen Vergangenheit, aber sie bestand darauf, dass er Freimaurer werde. «Worauf ich antwortete, dass ein solches Verlangen nur ein weiterer Grund war, niemals ein Freimaurer zu werden.» Oder ein Politiker der Rechten, hätte er hinzufügen können. Madariaga suchte einen seltsamen Ausweg aus dem Dilemma. Er beschloss, dass nationale Politik offenbar hoffnungslos ist, und dass nur Weltpolitik uns aus dem Schlamassel herausholen kann. Ein grosser Teil seiner Energie widmete sich fortan der Schaffung einer Weltstiftung.

Liberaler Internationalismus

Internationalismus ist unzweifelhaft ein weiteres Merkmal nicht nur von Erasmus-Menschen, sondern von Liberalen. Im Gegensatz zu Sozialdemokraten sind sie wahre Internationalisten, deren Engagement für das weltbürgerliche Ideal – und für die Realität weltweiter Regeln und Institutionen – angesichts praktischer Herausforderungen nicht schwächer wird. Liberale können keine Protektionisten sein, wie sehr auch immer ihre Wähler versuchen mögen, sie in diese Richtung zu drängen. Aber Internationalismus ist kein Ersatz für die harten Bandagen der nationalen Politik. Er ist auch kein Ersatz für Parteien und Parteizugehörigkeit. Das erneut zu betonen, ist nötig zu einer Zeit, in der die Reformer der linken Mitte – die Neosozialdemokraten, wie ich sie genannt habe – «Europa» als eine ihrer Utopien entdeckt haben, ohne genau zu wissen (wie das für Utopien natürlich auch angemessen ist), wo dieses Europa liegt und was es bedeuten soll. «Im eigenen Land werden wir mit Problemen nicht fertig, darum sollten wir sie auf europäischer Ebene anpacken» – so heisst für manche die täuschende Maxime.

Es ist bekannt, dass ich gegenüber solchem Europa-Fundamentalismus schon seit langem skeptisch bin. Daher fühle ich immer eine gewisse Verlegenheit, wenn ich für meine europäischen Verdienste gelobt werde. Immerhin war ich Europa-Kommissar, und das nicht zufällig. Europäische Zusammenarbeit und mehr, europäische Union ist wichtig. Sie hat jedenfalls eine wichtige Rolle für die meisten der hier erwähnten bedeutenden Männer gespielt, deren Engagement ich teile. Indes habe ich seit langem darauf bestanden, dass wir uns ganz klar sein müssen über die Gründe für die europäische Integration.

Die Europäische Union ist nicht das Ergebnis einer geheimnisvollen historischen Notwendigkeit, sondern eine bewusste Entscheidung, die durch bewusstes Handeln umgesetzt wird. Sie kann funktionieren, aber sie kann auch scheitern. Es gibt keinen automatischen Fortschritt zur vollen Integration, nur weil wir in einer kleinen Ecke damit begonnen haben. Insbesondere folgt die politische Einheit nicht notwendigerweise aus der wirtschaftlichen Einheit; sie folgt noch nicht einmal aus der Wirtschafts- und Währungsunion. Wenn wir enger zusammenarbeiten wollen, dann müssen wir politische Entscheidungen treffen, um das auch zu tun. Der Grund für die Suche nach solchen Fortschritten liegt darin, dass Europa die Vision einer liberalen Verfassungsordnung repräsentiert, verbunden mit dem Glauben an soziale Werte, die dazu beitragen können, die Welt zu einem besseren Ort zu machen und die Lebenschancen von Menschen zu vergrössern. Ein solches Europa blickt kraft seiner Konstruktion nach aussen. Wenn es zur Festung wird, verliert es seine Existenzberechtigung. Um zu meinem Hauptthema, der Beziehung von Vernunft, Freiheit und Partei zurückzukehren: Europa hat nur in dem Masse Sinn, indem es das beste an den Werten seiner Mitgliedsländer aufnimmt und entfaltet. Länder, die offene Gesellschaften sind, offen für die Welt, und im Bewusstsein des dem Glauben an Menschen- und Bürgerrechte innewohnenden Anspruchs auf Universalität, gehören zum liberalen Erbe.

Nichts von alledem beantwortet indes die Frage, mit der ich begonnen habe: wie soll der von Freiheit und der Politik der Vernunft Überzeugte es mit Parteien halten? Wie die liberale Ordnung eignet sich Europa nicht gut für Parteipolitik. Was ist also die Antwort? Vielleicht darf ich an diesem Punkt dem allgemeinen Thema ausweichen und mit einem persönlichen Kommentar schliessen. Wie Beveridge und Keynes sitze ich gegenwärtig auf den Bänken der Liberaldemokraten im britischen House of Lords. Im House of Lords gibt es bekanntlich auch jene ungewöhnliche parlamentarische Gruppierung, die Querbänkler, die ihren eigenen Platz in der Kammer haben. Sie wollen nicht mit einer Partei identifiziert werden und haben doch einen wichtigen Beitrag zu leisten. Die Liberaldemokraten indes, mit deren offizieller Politik ich oft nicht übereinstimme, haben einen generellen Ansatz vor allem in Fragen der Herrschaft des Rechts, den ich teile. Überdies sind sie die am wenigsten parteiische unter den im Parlament vertretenen Parteien. Jedenfalls haben sie mich nicht aufgefordert, Freimaurer zu werden oder irgendein anderes Opfer des Geistes oder der Mitgliedschaft zu bringen.

Jedoch ist eine Zeit der Transformation, wie wir sie heute erleben, auch eine Zeit, in der ein paar unabhängige liberale Geister nützlich sind, selbst wenn es keine offenkundige oder auch nur schmerzfreie Partei für sie gibt. Vielleicht sollten sie zumindest in ihrer inneren Haltung Erasmus-Menschen sein. Die Funktion des liberalen Denkens an diesem speziellen Kreuzweg ist es, Zweifel an allen Gewissheiten zu säen und zugleich das altbewährte Prinzip der Freiheit und die Methode der Vernunft auf neue Themen in einer globalisierten Umwelt anzuwenden. In der praktischen Politik – also in Parteikategorien – verdienen diejenigen Unterstützung, die einer offenen Reformpolitik, die die Prinzipien der liberalen Ordnung achtet, am nächsten kommen. Jedenfalls bin ich weder ein Neoliberaler noch ein Neosozialdemokrat. Für mich sind das Ziel der Freiheit und die Methode der Vernunft die Instrumente, um neue Wege jenseits der alten Spaltungen zu suchen.

Dies also sind die Reflexionen über eines Mannes Rätsel in einer sich wandelnden Welt. Es hilft dabei, an Vorbilder zu denken, die auf ihre liberale Weise mit solchen Rätseln fertiggeworden sind. Dazu gehört Joaquin Garrigues Walker ebenso wie eine Generation früher Salvador de Madariaga. Wo die Suche nach einer Politik der Freiheit ernst genommen wird, tritt die Frage der Partei in den Hintergrund. So prinzipiell die Thematik ist, so pragmatisch lässt sich das Vehikel der Realisierung wählen.

1999

13 New Labour und die alte Freiheit: Zur Kritik des Dritten Weges

Dieser knappe Vortrag war mein Beitrag zu einer Veranstaltung, die in diesem Band mehrfach erwähnt wird: dem Symposium aus Anlass des zehnten Jahrestages der Revolution von 1989. In Wien hatten sich im Juni 1999 viele der Protagonisten versammelt. Die emotionale Grundmelodie der Diskussionen lieferte der Streit zwischen denen, die (wie der ungarische Ministerpräsident Orban) sich mit der «Normalisierung» der Politik abgefunden hatten und denen, die (wie der polnische Publizist Adam Michnik, aber auch der tschechische Präsident Havel) noch immer von einer ganz anderen, einer neuen Politik träumten. Im folgenden Beitrag dieses Bandes («Umbrüche und normale Zeiten») werden einige der Untiefen des Disputs ausgelotet.

Ich sah meine Aufgabe angesichts dieser Diskussion vor allem darin, gleichsam das Unnormale der Normalität hervorzuheben, also von den Themen zu reden, die hier und jetzt, im Jahr 1999, die politische Debatte beherrschten und die über den Tag hinausweisen. Sie kreisten um das, was Tony Blair, der seinerzeit schon amtierende Premierminister, für einige Zeit den «Dritten Weg» nannte. (Der gerade gewählte Bundeskanzler Gerhard Schröder zog den Begriff einer «Neuen Mitte» vor.) Dieses Projekt war in jener Zeit das einzige überhaupt der Rede werte Programm. Es interessierte naturgemäss auch die Vertreter der postkommunistischen Länder, wenngleich diese vor dem Begriff eines «dritten Weges» schon darum zurückscheuten, weil dieser sich für sie mit Titos Jugoslawien, allenfalls mit den reformkommunistischen Träumen des tschechischen Ökonomen Ota Sik verband.

Auch nach meiner Meinung war der «dritte Weg» ein Irrweg. So sehr ich manche Hoffnungen auf die neosozialdemokratischen Regierungen teilte, so wenig konnte ich mich mit deren «Projekt» anfreunden. Der hier abgedruckte Beitrag ist daher vor allem eine Abgrenzung. Deren letztes Element, die Klage über das Fehlen der Freiheit in dem Programm, wurde in der verbreiteten Zeitschrift Foreign Affairs *und dann an mehreren weiteren Stellen abgedruckt. Es ist zu Recht als Fundamentalkritik an dem eher*

wackligen theoretischen Fundament von New Labour verstanden worden. Hier wird deutlich, dass für mich eine sozialliberale Politik doch immer zuerst eine liberale Politik sein muss.

Eine neue sozialdemokratische Blüte?

Es ist erfreulich, dass in vielen Ländern eine Debatte begonnen hat, die uns in ein Gelände «jenseits von links und rechts» führt. Ihre Thematik wird auf mancherlei Weise beschrieben, doch ist ihre heute gängigste Bezeichnung die eines «Dritten Weges». Die meisten Protagonisten dieser Debatte haben eine enge Beziehung zu dem, was in Britannien New Labour oder manchmal auch das «Projekt Blair» genannt wird. In der Tat ist die Debatte über den «Dritten Weg» zum einzigen politischen Thema geworden, der einzigen Andeutung neuer Wegweiser in einer ziemlich konfusen Vielfalt von Trends und Ideen. Während meine Anmerkungen zu dieser Thematik daher kritisch sind, steht hinter ihnen doch ein Mass an wohlwollender Achtung für diejenigen, die das Spiel erfunden haben, vor allem für ihren Cheftheoretiker Anthony Giddens.

Ich möchte vier Anmerkungen machen.

Erstens. Das unlängst unter den Namen von Tony Blair und Gerhard Schröder veröffentlichte Papier mit dem Titel *Europa – The Third Way – Die neue Mitte* beginnt mit einer kühnen Feststellung:

> Sozialdemokraten sind in fast allen Ländern der Europäischen Union an der Regierung. Die Sozialdemokratie hat eine neue Anerkennung gefunden – aber nur weil sie zwar ihre traditionellen Werte aufrechterhalten, aber doch in glaubwürdiger Weise begonnen hat, ihre Ideen zu erneuern und ihre Programme zu modernisieren. Sie hat auch darum eine neue Zustimmung gefunden, weil sie nicht nur für soziale Gerechtigkeit eintritt, sondern auch für wirtschaftliche Dynamik und die Entfesselung schöpferischer und innovativer Kräfte.

Es war vielleicht nicht ganz glücklich, dass dieses Dokument kurz vor den europäischen Wahlen im Juni 1999 veröffentlicht wurde. Nicht nur hat es, wie man hört, eine gewisse Verwirrung vor allem bei deutschen Sozialdemokraten gestiftet, sondern die Europawahlen gestatten es auch, was immer ihre Mängel und Schwächen sein mögen, die Tatsachenaussage zu überprüfen, dass «die Sozialdemokratie eine neue Zustimmung gefunden» hat. Das Ergebnis einer solchen Überprüfung ist vielsagend. In sechs der fünfzehn Länder der Union hatten sozialdemokratische Parteien 20 Prozent der Stimmen oder weniger (Belgien, Dänemark, Finnland, Irland, Italien, die Niederlande), in zwei weiteren (Frankreich, Luxemburg) 22 Prozent oder 23 Prozent. In fünf weiteren Ländern lag der Stimmenanteil sozialdemokratischer Parteien zwischen 26 Prozent und 33 Prozent (Deutschland, Griechenland, Britannien, Österreich und Schweden). In Spanien stimmten 35 Prozent für die demokratischen Sozialisten, in Portugal 43 Prozent. In nur vier dieser Länder waren Sozialdemokraten die relativ stärkste Partei, und dabei ist Frankreich eingerechnet, wo die Fragmentierung der Rechten bedeutete, dass Jospins Sozialisten (selbst schwerlich sehr einig) mit 22 Prozent zur stärksten Partei wurden.

Es wäre verlockend, die wirkliche Stärke von Sozialdemokraten in den Regierungen Europas zu untersuchen (wo übrigens in Belgien und Luxemburg Veränderungen unmittelbar bevorstehen). Wichtiger ist jedoch der Hinweis, dass diese Parteien in vielen europäischen Ländern noch vor zwanzig Jahren einen doppelt so hohen Anteil der Wählerstimmen hatten. Sozialdemokraten sind in den meisten europäischen Ländern deutlich in der Minderheit. Sogar in Britannien beruht Blairs täuschend grosse Parlamentsmehrheit auf nur 43 Prozent der Wählerstimmen.

In den Begriffen der Wahlanalyse ist der wirklich bemerkenswerte Trend – der durch die Europawahlen noch unterstrichen wird – die wachsende Stärke nicht-traditioneller Parteien, die vor 20 Jahren noch gar nicht existierten. In den meisten europäischen Ländern summieren sich die Stimmen für solche Parteien zu einem höheren Anteil, als ihn Sozialdemokraten haben. In Wirklichkeit sind die Wähler verwirrt und unsicher, hin- und hergerissen. Es fällt schwer, einen wirklichen Trend zu einer neuen Kristallisierung der Wählerpräferenzen zu erkennen.

Globalisierung, Wachstum und Solidarität

Zweitens. Nichtsdestoweniger ist es gewiss denkbar, dass die von den Herren Blair und Schröder bevorzugten Ideen weithin Unterstützung finden. (Möglicherweise finden sie ebenso viel Unterstützung ausserhalb wie innerhalb sozialistischer Parteien. Tony Blair jedenfalls scheint mindestens so gut mit dem konservativen spanischen Premierminister Aznar auszukommen wie mit seinem französischen sozialistischen Kollegen Jospin.) Ohne Erstgeburtsrechte geschweige denn Originalität beanspruchen zu wollen, darf ich doch sagen, dass manche der Ideen des «Dritten Weges» sich nicht wesentlich unterscheiden vom Kern des Berichts der von mir 1995–96 geleiteten Kommission mit dem

Titel *Wealth Creation and Social Cohesion in a Free Society*. Die Hauptthemen, denen sich alle Länder heute gegenübersehen, bestehen aus der Antwort auf die Frage: wie können wir nachhaltige Bedingungen des wirtschaftlichen Erfolges auf globalen Märkten schaffen, ohne dabei die grundlegende Solidarität, den Zusammenhalt unserer Gesellschaften oder die Institutionen der Verfassung der Freiheit aufs Spiel zu setzen?

Die bei Versuchen der Beantwortung dieser Frage verwendete Terminologie ist mittlerweile vertraut. Wir brauchen konkurrenzfähige Marktwirtschaften, in denen alle Zwänge gelockert, alle Rigiditäten gelöst sind und die Angebotsseite des Wirtschaftens freigesetzt wird. Wir brauchen zudem Gesellschaften, die alle Bürger einschliessen statt eine Unterklasse herauszudefinieren. So nützlich individuelle Konkurrenz in der Wirtschaft ist, muss sie doch in den sozialen Beziehungen durch Solidarität gedämpft werden. Das Blair-Schröder-Papier verwendet dazu allerdings eine Formulierung, die ich eher irreführend finde: «Wir wollen eine Marktwirtschaft, nicht eine Marktgesellschaft.» Ist das mehr als ein Flüchtigkeitsfehler? Wollen sie eine geplante Gesellschaft? Sollte das so sein, dann wäre es ein Schritt in Richtung Singapur, womit das dritte Element des Programms einer Quadratur des Kreises eingeschränkt wenn nicht gefährdet würde, nämlich die Absicht, Wachstum und Solidarität in einer freien Gesellschaft zu erreichen.

Anthony Giddens stellt die Aufgabe, eine Kombination von Wohlstandsmehrung und sozialem Zusammenhalt zustande zu bringen, in den Zusammenhang der grossen Wandlungen, die durch Globalisierung, den «neuen Dialog» mit Wissenschaft und Technik und die Transformation der Werte und Lebensstile hervorgebracht worden sind. Er identifiziert dann sechs Politikbereiche für den «dritten Weg»: (1) eine neue Politik oder auch eine «zweite Welle der Demokratisierung», auf Grund derer Menschen direkt angesprochen werden; (2) eine neue Beziehung von Staat, Markt und Bürgergesellschaft, die diese «verschränkt»; (3) eine angebotsorientierte Politik durch soziale Investitionen vor allem im Bildungswesen und in Infrastrukturprojekten; (4) die Fundamentalreform des Wohlfahrtsstaates durch die Schaffung eines neuen Gleichgewichts von Risiko und Sicherheit; (5) eine neue Beziehung zur Umwelt durch «ökologische Modernisierung»; (6) ein starkes Engagement in transnationalen Initiativen in einer Welt der «ausfransenden Souveränität».

Es spricht viel für jedes dieser Ziele, und manches dazu ist in diversen Büchern und Artikeln schon gesagt worden. Manche beschreiben das Projekt als eine Kombination von neoliberaler Wirtschaftspolitik und sozialdemokratischer Sozialpolitik. Das ist vielleicht nicht ganz fair.

In gewisser Weise ist das Schlüsselelement dieses Ansatzes eher implizit als explizit; es liegt in seinem Optimismus. Ich habe es gelegentlich als «Globalisierung plus» beschrieben, das heisst als Anerkennung der Erfordernisse globaler Märkte bei gleichzeitiger Insistenz auf den Bedingungen des sozialen Wohlbefindens. Man kann den zugrunde liegenden Ansatz auch mit anderen Begriffen beschreiben, zum Beispiel unter Bezug auf die Bedeutung des Wortes «Risiko». Ulrich Beck, auch er Protagonist des «Dritten Weges», hat ja gezeigt, dass Risiko immer sowohl Chance als auch Bedrohung der Sicherheit ist, eine Einladung zu unternehmerischem Handeln und Initiative wie auch eine Warnung vor Ungewissheiten. Ähnliches liesse sich für ein anderes Lieblingswort dieses Ansatzes, für Flexibilität sagen.

Vielleicht ist dies der Punkt, an dem der «Dritte Weg» Sozialdemokraten tatsächlich spaltet. *Old Labour* sieht Risiko als Bedrohung und Flexibilität als Verlust an Sicherheit, und versucht, an den alten Gewissheiten festzuhalten. *New Labour* betont im Gegensatz dazu die neuen Chancen für individuelle Initiative und das Mass, in dem Menschen ihr Wohlbefinden verbessern können, wenn sie sich den neuen Herausforderungen stellen. Hier wird deutlich, dass die Reform des Wohlfahrtsstaates im Zentrum des Gegensatzes steht. Es wird auch klar, dass New Labour zwar in Britannien und Holland existiert, aber nicht in vielen anderen Ländern, in denen es eher die Parteien der alten Rechten sind, die sich auf die «neue Mitte» hinbewegen. Die Allianz zwischen Blair und Aznar ist am Ende nicht gar so überraschend.

Nicht drei, sondern 101 Wege

Drittens. Der positive, zukunftsorientierte Sinn für neue Chancen macht den Ansatz des «Dritten Weges» attraktiv für alle, die sich nicht bedroht fühlen, einschliesslich der «globalen Klasse» derer, die hoffen können, von den veränderten Produktivkräften zu profitieren. Vielleicht zeigt sich hier auch, dass der «Dritte Weg» wahrscheinlich keine Massenbewegung anregen wird, selbst wenn er sich in einigen Fällen als nützlich erweist, um Wahlen zu gewinnen. Es ist etwas leicht Künstliches, fast Elitäres an einer Konzeption, die weitere Aufmerksamkeit nur dann findet, wenn sie mit fast missionarischen Methoden der Kommunikation verbunden wird. *Spin doctors*, Meister der Meinungsbildung, sind in diesem Sinne unentbehrlich für den «Dritten Weg», wie vielleicht auch der eigentümlich religiöse Stil von Tony Blair oder die rhetorische Brillanz, die Anthony Giddens und Ulrich Beck kennzeichnet. Sie alle weisen

Kritik wie mit einer Ölhaut ab, in der sich Diskussionsbereitschaft und Dogmatismus auf kuriose Weise mischen. Skeptische Fragen werden eher durch die Berufung auf das, was sein könnte oder sollte, beantwortet als durch Hinweise auf reale Bedingungen.

Den unverbesserlichen Popperianer muss dies gelegentlich verstören. Die Zweifel beginnen mit dem Begriff selbst, «Dritter Weg». Sein Gebrauch zeigt einen merkwürdigen Mangel an historischem Bewusstsein bei seinen Protagonisten, der ja die Führungsstile von Clinton und Blair ohnehin kennzeichnet. Der Begriff zeigt darüber hinaus ein unseliges Bedürfnis nach einer einheitlichen oder zumindest einheitlich etikettierten Ideologie. Für viele von uns bedeutet im Gegensatz dazu die grosse Befreiung der Revolution von 1989, dass die Zeit der Systeme vorbei ist. Es gibt nicht mehr eine Erste, Zweite und Dritte Welt, sondern nur eine Mehrzahl von Versuchen, mit wirtschaftlichen, sozialen und politischen Erfordernissen fertigzuwerden, damit zugegebenermassen auch unterschiedliche Grade des Erfolges. Der «Dritte Weg» beruht auf einer stärker von Hegel geprägten Anschauung der Welt. Er zwingt seine Anhänger, sich in Bezug auf andere und nicht durch ihre eigene, besondere Verbindung von Ideen zu definieren; zudem müssen die anderen für diesen Zweck oft erst erfunden, jedenfalls aber karikiert werden.

Der Witz einer offenen Welt ist, dass es eben nicht nur zwei oder drei Wege gibt. Es gibt, wie ich gerne sage, 101 Wege oder mit anderen Worten, eine unbestimmte Zahl. Für die Zwecke der praktischen Politik ist das wichtig. Die Fragestellung mag überall die gleiche sein, da sie in weitgehend globalen Bedingungen begründet ist: wie können wir Wohlstandsmehrung und sozialen Zusammenhalt in freien Gesellschaften erreichen? Die Antworten indes sind vielfältig. Es gibt viele Kapitalismen, nicht nur den von Chicago; es gibt viele Demokratien, nicht nur die von Westminster. Vielfalt ist nicht ein zusätzlicher Bonus für Hochkulturen; sie ist vielmehr das Kernstück einer Welt, die sich von der Sehnsucht nach geschlossenen, allumfassenden Systemen befreit hat. Tatsächlich zeigt sich, dass auch die Politik im Namen des «Dritten Weges» vielfältige Formen hat. Niemand wird erwarten, dass Bundeskanzler Schröder Deutschland in ein zweites Britannien verwandelt. Auch nach allen Reformen wird das «Rheinland»-Modell ganz anders aussehen als das «angelsächsische» Modell, und keines von beiden wird notwendig als Muster für andere gelten können. Ohnehin haben nicht nur Zyniker bemerkt, dass die beste Definition des «Dritten Weges» möglicherweise nur besagt, er sei das, was Tony Blair tut. Wenn Blair für einen direkt gewählten Bürgermeister von London, oder gegen die Schwangerschaft minderjähriger Mädchen, oder für die Privatisierung der Eisenbahnen ist, dann muss das der «Dritte Weg» sein. Auch dann noch bleibt indes ein nagender Zweifel an dem offenbar von Blair und seinen Freunden empfundenen Erfordernis, alles in einen Korb zu stecken. Ist es zu schwierig, mit den unbegrenzten Möglichkeiten der Welt nach 1989 zu leben? Sehnen sich die Führer des «Dritten Weges» nach einer Gewissheit zumindest in ihren Köpfen, die sie doch der Lebensweise ihrer Wähler und Bürger gerade ausreden wollen? Sollen alle Risiken eingehen ausser denen an der Spitze?

Die vergesssene Freiheit

Viertens. Solche Fragen führen zu einer vierten und besonders schwerwiegenden kritischen Anmerkung zur aktuellen politischen Diskussion. Ich habe die meisten Veröffentlichungen zum Thema des «Dritten Weges» gelesen. Dabei ist mir in zunehmendem Masse die Tatsache aufgefallen, dass in all diesen Reden und Schriften ein Wort fast nie – und nie an zentraler Stelle – auftaucht, das Wort Freiheit. Da liest man viel über Brüderlichkeit, die in der Tat eines der zentralen Themen des «Dritten Weges» ist. Gleichheit als Ziel tritt eher zurück und wird ersetzt durch sozialen Einschluss und in jüngster Zeit durch Gerechtigkeit. (In beiden Punkten fühle ich mich dem Diskurs durchaus nahe.) Aber Freiheit? Gewiss würden die Protagonisten des «Dritten Weges» sagen, dass sie durchweg vorausgesetzt und impliziert wird. Daher hat die Freiheit denn auch einen kurzen Auftritt in der Liste der «zeitlosen» Werte, mit der das Schröder-Blair-Papier beginnt: «Fairness und soziale Gerechtigkeit, Freiheit und Chancengleichheit, Solidarität und Verantwortung für andere». Aber unter den Werten für unsere Zeit findet die Freiheit keinen Platz.

Das ist kein Zufall. Beim «Dritten Weg» geht es weder um offene Gesellschaften noch um Freiheit. In der Tat hat der «Dritte Weg» merkwürdig autoritäre Züge, und das nicht nur in seiner Anwendung. Wenn Giddens von einer «zweiten Welle der Demokratisierung» spricht, geht es ihm tatsächlich um die Dekonstruktion traditioneller demokratischer Strukturen. Parlamente sind unmodern; Volksabstimmungen und Fokusgruppen sollen ihren Platz einnehmen. Reformen des Wohlfahrtsstaates im Namen des «Dritten Weges» verlangen nicht nur Zwangssparen aller Bürger, sondern bestehen vor allem streng darauf, dass alle, einschliesslich von Körperbehinderten und alleinerziehenden Müttern, arbeiten. Wo normale Arbeitsplätze – geschweige denn erwünschte Arbeitsplätze –

nicht zur Verfügung stehen, müssen Menschen durch den Entzug von Sozialleistungen zur Arbeit gezwungen werden. Das Blair-Schröder-Dokument enthält neben anderen auch diese merkwürdige Aussage: «Der Staat sollte nicht rudern, sondern steuern.» Er sollte also nicht die nötigen Voraussetzungen liefern, sondern die Richtung bestimmen. Ein solcher Staat würde nicht mehr die Mittel bereitstellen, die Menschen brauchen, sondern statt dessen den Leuten sagen, was sie tun sollen. Dafür, was das bedeuten könnte, liefert die britische Erfahrung durchaus beunruhigende Beispiele.

Die Sache ist von erheblicher Bedeutung zu einer Zeit, zu der es ohnehin schon an autoritären Versuchungen nicht mangelt. Die Internationalisierung von Entscheidungen und von Tätigkeiten überhaupt bedeutet fast immer einen Verlust an Demokratie. Entscheidungen des NATO-Rates über Krieg und Frieden, Entscheidungen des Internationalen Währungsfonds über Russland, selbst die Gesetzgebungsakte des Ministerrates der Europäischen Union unterliegen keinen zureichenden demokratischen Kontrollen; das ist noch weniger der Fall im «privaten» Bereich weltweiter Finanztransaktionen. Am anderen Ende der Skala bedeutet Dezentralisierung selten einen Gewinn an Demokratie und Freiheit. Insbesondere auf der sub-nationalen Ebene geht es häufig eher um die Ermächtigung mehr oder minder militanter Aktivisten als um die des Volkes; was hier geschieht, ist ein Nachgeben gegenüber dem neuen Nationalismus von Führern, die ihre eigene Macht und Bedeutung über alles stellen. Auf der nationalen Ebene selbst stehen Probleme und ihre Lösungen zunehmend im Konflikt mit der liberalen Ordnung. Unter den Problemen sticht vor allem das von Recht und Ordnung hervor, und unter den Lösungen die immer weitere Ausbreitung von Agenturen und Instanzen, die sich der Kontrolle der Bürger entziehen. Das Singapur-Syndrom entspricht verbreiteten Trends, ja Präferenzen. Sollen die da oben doch machen und uns in Frieden lassen! So wird die politische Klasse zu einer Art *Nomenklatura*, die angesichts der Apathie der Mehrheit ernsthafter Kritik entzogen bleibt, und wenn die wenigen, die sich das nicht gefallen lassen, zum Schweigen gebracht werden, erhebt kaum jemand seine oder ihre Stimme.

Ich behaupte nicht, dass derlei von den Praktikern des «Dritten Weges» bewusst betrieben wird, geschweige denn dass dessen Theoretiker es fordern. Aber ich frage mich doch, ob das merkwürdige Schweigen zu dem Grundwert eines anständigen Lebens, der Freiheit – der alten, sehr alten Freiheit, wenn man will – nicht unwillkürlich die politische Episode des «Dritten Weges» zu einem weiteren Element einer gefährlichen Entwicklung machen wird. Als ich bei der Einsetzung der Kommission für Wohlstandsmehrung und sozialen Zusammenhalt darauf bestand, die Worte «in einer freien Gesellschaft» hinzuzufügen, dachte ich an den Beveridge Report (*Vollbeschäftigung in einer freien Gesellschaft*), aber auch an das Singapur-Syndrom. Heute scheint es wichtiger als noch vor ein paar Jahren, ein neues politisches Projekt mit der emphatischen Betonung der Freiheit zu beginnen, bevor wir uns den Fragen des sozialen Einschlusses und Zusammenhalts zuwenden.

14 Umbrüche und normale Zeiten: Braucht Politik Intellektuelle?

Für die Protagonisten der Revolution von 1989 war der zehnte Jahrestag ein Moment des Innehaltens, in dem das Gefühl des Triumphes und das andere der Melancholie nahe beieinander lagen. Für den Triumph gab es sichtbare Gründe, den offenbaren Sieg der Freiheit und die trotz des Tals der Tränen allerorten spürbaren Fortschritte der liberalen Ordnung. Die Melancholie wird nur denen ganz verständlich, die dabei waren und daher wissen, dass 1989 auch von durchaus extravaganten Hoffnungen getragen war, von der Erwartung einer neuen, ganz und gar anderen Welt, vom Traum der guten Gesellschaft. Am Anfang des hier abgedruckten Stückes wird das Wiener Treffen geschildert, bei dem die doppelte Empfindung handgreiflich wurde – und übrigens fast zu Handgreiflichkeiten zwischen Realpolitikern und Visionären führte.

Die Realpolitiker trugen den Sieg davon, wenn nicht in Wien, dann doch in der Realität, in der sie schliesslich operierten. Doch liess der Sieg Spuren zurück, die möglicherweise länger wirken als alle Wahlsiege der Zeit. Dabei ging es um das alte Thema der Rolle der Intellektuellen. Ich habe mich mit diesem Thema seit vielen Jahrzehnten beschäftigt, oft in der Auseinandersetzung mit Max Webers Unterscheidung von «Gesinnungsethik» und «Verantwortungsethik». In meinem Habilitationsvortrag von 1957 akzeptierte ich diese Unterscheidung noch nahezu uneingeschränkt. Später kamen mir Zweifel, nicht zuletzt angesichts meines eigenen Weges über die Grenze von Wissenschaft als Beruf und Politik als Beruf. Heute halte ich die Unterscheidung für geradezu gefährlich, weil sie zumindest unabsichtlich einer nicht vertretbaren doppelten Moral das Wort redet. Indes bleibt das Dilemma der politischen Verantwortung und Verantwortlichkeit einerseits und der intellektuellen – nicht nur der wissenschaftlichen – Suche nach Wahrheit.

Der hier vorgelegte Text ist vielleicht die eindringlichste Formulierung einer Position, die ich aus solchen Erfahrungen und Erwägungen entwickelt habe. An den unterschiedlichen Zeithorizonten und Verhaltensregeln der politischen und der intellektuellen Existenz gibt es wenig Zweifel. Beide Existenzen gleichzeitig zu praktizieren, ist in aller Regel nicht möglich. Im Normalfall können Einzelne sie allenfalls nacheinander, also in unterschiedlichen Zeiten leben. Doch gibt es Zeiten, die nicht normal sind, darunter die ganz und gar unnormalen Zeiten der Revolution. In ihnen fallen Visionen und die Gebote des Tages auf einmal zusammen. Intellektuelle und Politiker sind nicht mehr zu unterscheiden.

Solche Zeiten des Umbruchs dauern jedoch nicht. Die Frage ist, was sie uns sagen über die Rolle der Intellektuellen im Normalfall. Die hier gegebene Antwort ist: Intellektuelle sind gleichsam die Reservearmee der Freiheit, das Immunsystem der liberalen Ordnung. Das ist vielen nicht genug, und es ist doch von im Grenzfall entscheidender Bedeutung. Hat es möglicherweise in Deutschland an entscheidenden Punkten an solchen Intellektuellen gefehlt? Waren die deutschen Intellektuellen immer schon zu «verstaatlicht»? Solche Fragen klingen an, und mit ihnen die strukturelle Melancholie der intellektuellen Existenz, die in normalen Zeiten nur begrenzt Erfolgserlebnisse erlaubt.

Realpolitiker und Visionäre

Ende Juni dieses Jahres 1999 versammelte der polnische Erfinder des Wiener Instituts für die Wissenschaften vom Menschen, Krzysztof Michalski, zahlreiche Protagonisten der Revolution von 1989 zu einer Bilanz nach zehn Jahren. Es war in gewisser Weise ein Jubiläumstreffen, denn die meisten der Anwesenden hatten schon an dem dramatischen Kongress unter den gleichen Auspizien neun Jahre zuvor teilgenommen. Nun indes, 1999, sassen sie da in neuen, ein Jahrzehnt zuvor unerwartbaren Rollen. Timothy Garton Ash, der unübertroffene Chronist der Revolution, leitete mit Verständnis und Ironie die Diskussion auf dem Podium. Er erinnerte Viktor Orban, den noch immer jungen ungarischen Intellektuellen, an dessen bewegende Rede bei der Gedächtnisfeier für Imre Nagy, den Märtyrer der ungarischen Ereignisse von 1956. Aber Orban, inzwischen Ministerpräsident seines Landes, ging über die Vergangenheit rasch hinweg und verfocht statt dessen die Theorie pragmatischer Politik – wenn diese denn eine Theorie hat – als sei er Helmut Schmidt oder der ein wenig verloren neben Orban auf dem Podium sitzende österreichische Kanzler Klima. Adam Michnik, den polnischen

Feuerkopf, brachte das in Rage. Noch immer gibt er sich gerne als Anarcho-Liberaler mit offenem Hemdkragen und zerzaustem Pullover; doch hat seine Zeitung »Gazeta Wyborza« ihn inzwischen zum Medienzar und, nach dem Marktwert des börsennotierten Unternehmens zu schliessen, jedenfalls theoretisch zum Multimillionär gemacht. Das alles schien indes vergessen, als er mit gallischem Pathos die Anwesenden – darunter viele Mitstreiter der Dissidentenära – daran erinnerte, dass es ihnen seinerzeit um eine ganz andere, neue Politik gegangen sei, eine Politik aus moralischen Grundsätzen und für die gute Gesellschaft. Vaclav Havel, nun der grosse alte Mann der Dissidentengeneration, seit bald zehn Jahren Präsident seines Landes, abgeklärt und wohl auch von Krankheit geschwächt, nickte beifällig zu Michniks Brandrede und übersetzte sie in die Hoffnung der Harmonie von Politik und Ethik, die vor allem von politischen Intellektuellen, von intellektuellen Politikern gestiftet werden müsse.

Für den nicht unmittelbar Beteiligten war die Erregung, die diese Debatte hervorrief, zugleich mit Händen zu greifen und eigentümlich schwer zu fassen. Am nächsten Tag setzten Alexander Smolar und Janos Kiš und andere die politische Seelenerforschung fort. Es ging den Beteiligten um das Verständnis ihres eigenen Tuns, und um ein Rätsel. Adam Michnik formulierte es ungefähr so: Wir wollten eine neue, ganz andere Welt. Dafür haben wir unsere Freiheit und manchmal unser Leben eingesetzt. Am Ende schien es, als hätten wir gesiegt. Nun sehen wir indes, dass die Welt dieselbe geblieben ist. Es gibt keine Mutationen der menschlichen Natur. Dennoch sind wir es zufrieden. Dies ist eine bessere Welt als das Gefängnis des Nomenklatura-Kommunismus. Und doch ist es eigentlich nicht die Welt, die wir wollten... Dies ist meine Paraphrase; aber sie gibt vielleicht die Verwirrung wieder, aus der die Erregung der Wiener Diskussionen sich speiste.

Ich erinnerte mich an ein anderes Erlebnis, das den abstrakten Erwägungen ein Stück konkreter Erfahrung hinzufügt. Es war, glaube ich, 1992, als ich mich in Prag mit Jiri Dienstbier traf. Er war schon nicht mehr tschechoslowakischer, nicht einmal tschechischer Aussenminister, hatte sogar seinen Parlamentssitz in den Wahlen verloren. Der neue Premierminister Klaus hatte dem Präsidenten Havel nahegelegt, frühere Freunde, die jetzt keinerlei Amt mehr innehatten, an seinem Dienstsitz nicht länger zu empfangen. Wir gingen dennoch zu einem freundschaftlichen Mittagsmahl – es gab Eintopf und Bier – in das Schloss. Anschliessend spazierten Dienstbier und ich durch die Prager Innenstadt. Leute kamen aus den Geschäften, um seine Hände zu schütteln; überall begleitete ihn freundliches Erkennen. «Was beklagst Du Dich?» fragte ich ihn. «Die Leute mögen Dich doch offenbar.» «Mögen schon», war seine Antwort, «aber sie wählen mich nicht.» Die Leute, so meinte er, wollten jetzt mit dem Kopf andere am Ruder sehen, auch wenn ihr Herz nach wie vor den mutigen Intellektuellen des Dissidenten-Theatersaals Laterna Magica gehört. Sie wählten also Vaclav Klaus.

Vaclav Klaus ist in diesem Zusammenhang ein interessanter Fall. Er war immerhin Institutschef für Makroökonomie an der Akademie der Wissenschaften gewesen. Allerdings hatte er den berühmt gewordenen Aufruf der Intellektuellen für die Befreiung Vaclav Havels aus der Haft als einer von wenigen in der Akademie nicht unterzeichnet. Jetzt vertrat er seine neoliberale Wirtschaftspolitik als Premierminister in der Praxis, oder zumindest (wie wir heute wissen) in der lautstarken Reklame für die Praxis. In einem eindringlichen Kapitel über «Intellektuelle und Politiker» seines gerade erschienenen Buches *History of the Present* beschreibt Timothy Garton Ash sein Treffen mit dem «scharfen Wirtschaftsanalytiker» und «kühnen Politikverkäufer» Vaclav II und dann die Dreiecksdiskussion mit dem anderen Vaclav, «Vaclav I», also Havel, über Intellektuelle. Genau genommen war es keine Diskussion, sondern ein wunderbares, zugleich wunderliches Missverständnis, das sich auf dem Prager PEN-Kongress von 1994 entsponnen hatte.

Begonnen hatte das ganze mit dem Plädoyer des Präsidenten Havel für die politische Verantwortung des Intellektuellen. «Unabhängigkeit» sei das falsche Rezept, denn sie müsse politisch verteidigt werden; Engagement sei daher nötig. Havel hielt inne und gab immerhin zu: «Ich schlage nicht vor, liebe Kollegen, dass Sie alle Präsidenten Ihrer Länder werden, oder dass jeder von Ihnen daran geht, eine politische Partei zu gründen». Wohl aber ist eine «gewissermassen verschwörerische Mafia» der Intellektuellen nötig, die nicht nur schimpft und klagt, geschweige denn in esoterischer Reflexion verharrt, «sondern selbst ein klares öffentliches und politisches Faktum darstellt».

Timothy Garton Ash distanzierte sich für einmal von seinem Freund Havel und verteidigte die Unabhängigkeit der Intellektuellen. Nicht nur das, es gibt «eine notwendig konfrontative (wenn auch nicht notwendig feindselige) Beziehung zwischen dem unabhängigen Intellektuellen und dem professionellen Politiker». «The politician's job is to work in half-truths» – bei der Übersetzung kommt es auf Nuancen an: es ist das Geschäft des Politikers, mit Halbwahrheiten zu operieren, oder vielleicht nur, in einer Welt von Halbwahrheiten zu wirken. Wie auch immer, die Formulierung verletzte seine beiden Gesprächspartner gleichermassen.

Havel ist der Autor der Forderung nach dem «Leben in Wahrheit», und es half Garton Ash nicht, dass er den Unterschied vom Leben, dem ganzen Leben, und dem Operieren oder Wirken etwa in Parteien, also Teilen des Ganzen, hervorhob.

Vaclav Klaus wurde böse. Garton Ash habe «eine politische Rede» gehalten, und «es gibt nichts Schlimmeres als einen Intellektuellen, der eine politische Rede hält». Klaus selbst hielt die Formel vom «unabhängigen Intellektuellen» für passé. «Manche Intellektuellen sind in der Politik, andere nicht. Der Rat von Experten ist immer willkommen. Aber es hat keinen Sinn, noch länger von einer Sonderrolle für ‹unabhängige› Intellektuelle zu sprechen.»

Wer hat Recht von den drei Kombattanten? Zunächst könnte man versucht sein, mit dem Klassiker dieser Thematik, Karl Mannheim – dem Karl Mannheim von «Ideologie und Utopie» in den zwanziger Jahren, nicht dem späteren Zeitgeist-Analytiker –, ein bisschen Ideologiekritik zu betreiben. In gewisser Weise hat jeder der drei eine Theorie der eigenen Existenz dargeboten. Havel, der politische Intellektuelle, war nun ein intellektueller Politiker, ein Präsident indes, der über den Wassern der Tagespolitik schwebt. Klaus hingegen, der Experte mit dem Drang zur Anwendung seiner Theorien, war ganz und gar Tagespolitiker, und ein betont parteiischer dazu. Und Timothy Garton Ash konnte das ganze aus der ungefährdeten Distanz des britischen Intellektuellen beobachten. Insofern ist alles, was gesagt wurde, stimmig – nur was davon stimmt wirklich?

Timothy Garton Ash weiss wohl, dass historische Unterschiede das Prager Missverständnis erklären können. Da ich zu diesem Thema zurückkehren werde, sei wenigstens ein Satz von ihm noch zitiert: «Unter den ‹abnormalen› Bedingungen, die tatsächlich die Normalität für einen grossen Teil Mitteleuropas in den letzten zwei Jahrhunderten bildeten, waren Intellektuelle berufen, oder fühlten sich berufen, Rollen einzunehmen, die sie im Westen nicht einnahmen.» Indes blieb Garton Ash bei seiner – «westlichen» – Position auch als Havel 1998 in Oxford erneut behauptete, Intellektuelle «könnten sich politisch betätigen entweder indem sie ein Amt innehätten oder indem sie den Mächtigen einen Spiegel vorhielten». Garton Ash mag das Bild des intellektuellen Spiegels, nicht aber den ihm fremden Reiz des Amtes; er bleibt bei der Unterscheidung von Machtausübung und Machtkritik. Die Politik aus einem, Macht und Geist vereinenden Guss à la Havel bleibt ihm fremd.

Max Webers Verwirrungen

Bei solchen Erwägungen wird manchem Zuhörer der Gedanke an Max Weber gekommen sein, der denn auch von den Teilnehmern der erwähnten Debatten immer wieder zitiert wurde. Dabei ist Weber für unsere Argumentation nur hilfreich, weil seine eigenen Themen, jedenfalls in der Endlosrede von 1919 über «Politik als Beruf», so verworren und verwirrend sind. Webers Rede war, so könnte man sagen, nützlich für alle Fälle. Dem Hinterbänkler und Parteisoldaten gab sie das «starke, langsame Bohren von harten Brettern», während der zu Höherem Berufene «ein Führer und nicht nur das, sondern auch – in einem sehr schlichten Wortsinn – ein Held sein» muss. Dem rationalen Pragmatiker half er mit dem Satz, «Politik wird mit dem Kopfe gemacht, nicht mit anderen Teilen des Körpers oder der Seele»; aber auch der populistischer Gesonnene kommt nicht zu kurz, denn später heisst es, «wahrlich: Politik wird zwar mit dem Kopf, aber ganz gewiss nicht nur mit dem Kopf gemacht».

Und dann sind da jene «unaustragbar gegensätzlichen Maximen», denen Weber die Namen «Gesinnungsethik» und «Verantwortungsethik» gab. «Nicht dass Gesinnungsethik mit Verantwortungslosigkeit und Verantwortungsethik mit Gesinnungslosigkeit identisch wäre.» Immerhin! Aber es bleibt doch für Weber der tiefe Unterschied zwischen einer Ethik der reinen Prinzipien und einer Ethik der praktischen Folgen. Das ist eine schlimme These, die der Ohnmacht des Heiligen wie dem Opportunismus des Realpolitikers gleichermassen als Rechtfertigung dienen kann. Es ist eine Theorie der doppelten Moral, die den Politiker und die Politik gleichsam freispricht von allen Vergehen gegen moralische Prinzipien. Heisst das nicht, dass die Politik den Sekundärtugenden überantwortet wird, während alle inhaltliche Moral apolitisch bleibt?

Weber selbst hat sich hier hoffnungslos verheddert. Er hätte besser daran getan, die Unterscheidung vom «Leben in Wahrheit» und «Wirken in Halbwahrheit» zu antizipieren. Denn es spricht alles dafür, nur *eine* Wahrheit – und eben auch: nur *eine* Ethik – für alle anzunehmen, eine Ethik, der der Heilige und der Politiker gleichermassen unterliegt. Es mag sein, dass der Politiker mit einer gewissen, in den Umständen seines Wirkens begründeten Notwendigkeit moralische Prinzipien zu verletzen neigt; aber das gibt ihm kein Recht auf eine eigene Moral, die vor der reinen Lehre geschützt ist. Unmoral ist Unmoral und sonst nichts, auch wenn sie unter manchen Umständen aus dem Zwang der Dinge folgt. In dieser Hinsicht zumindest ist Vaclav Havels Haltung des Lebens aus einem Guss, und zwar «in Wahrheit», der Kühle von Vaclav

Klaus' «Verantwortungsethik» und der Bereitschaft von Timothy Garton Ash, die «unaustragbar gegensätzlichen Maximen» zu akzeptieren, vorzuziehen.

Weber spricht in seinem langen Vortrag nicht von Intellektuellen. Einmal kommt das Wort vor, allerdings im Hinblick auf die Juristen im Konvent der Französischen Revolution von 1789, «ohne die der spezifische Geist, der diese radikalen Intellektuellen und ihre Entwürfe beseelte, ganz undenkbar wäre». Oder meinte er etwa Intellektuelle, wenn er später von der «sterilen Aufgeregtheit» sprach, die sich fälschlich als Leidenschaft gibt, und von den «Windbeuteln», «die nicht real fühlen, was sie auf sich nehmen, sondern sich an romantischen Sensationen berauschen»? (Dass Weber eine gewisse Vorliebe für das hatte, was er «Verantwortungsethik» nannte, ist in seinem Vortrag unverkennbar und war es wohl auch schon seit seiner Freiburger Antrittsvorlesung von 1894.) Sinnvoller, sogar «wertfreier» ist es zu unterscheiden zwischen denen, die sozusagen die reine Lehre, einschliesslich der Moral, vor allem in Worten vertreten und denen, die in ihren Taten immer nur Stücke davon, halbe Wahrheiten, realisieren können. Das ist das Thema des Verhältnisses von Geist und Macht (wenn man es mit deutschem Pathos formulieren will), von Intellektuellen und Politikern.

Grenzsituationen und Normalisierung

Damit wird ein erster Versuch möglich, die Frage zu beantworten, die die ostmitteleuropäischen Diskussionspartner in Wien umtrieb. Es gibt Situationen in der Geschichte, Umbrüche, in denen normale Politik versagt. Grösseres steht auf dem Spiel, als der vertraute institutionelle Gang der Dinge bewältigen kann. Nicht einmal eine moralisch informierte, eine anständige Politik reicht mehr zu; die Entscheidungen selbst werden moralisch. Sie werden damit auch gefährlich. Es geht nicht selten um Leben und Tod. Vieles, alles sogar steht auf dem Spiel. Das sind Situationen, in denen normale Unterscheidungen mit allen anderen Normalitäten verschwinden. Intellektuelle werden Politiker und Politiker Intellektuelle. Die reine Lehre ist das einzige Rezept, das noch hilft. Sie führt aus den umbruchsreifen Spannungen einer festgefahrenen Realität, aber sie weckt auch grosse, vielleicht unerfüllbare Hoffnungen. Jedenfalls tritt eine Kategorie von Menschen auf den Plan, die sonst im öffentlichen Raum eher abwegig, linkisch, deplaciert und daher zuweilen komisch wirken. Wie soll man sie nennen? Geistmachtler? Machtgeistler?

Solche Situationen des Umbruchs sind selten, und sie dauern nicht. Das sind zwei Aussagen, die den Rest dieser Erwägungen beherrschen werden. 1989 aber war eine solche Situation. Und sie hatte auch ihre Komik, zumindest gemessen am feierlichen Ernst des Normalen. Adam Michnik ist einer der wenigen, die durch ihre Erscheinung noch heute daran erinnern. Andrej Plesu, jetzt rumänischer Aussenminister, kann häufig die Tagespolitik nicht ernst nehmen, weil die Phase der Revolutionspolitik so bitterernst war. Viktor Orban will nicht mehr erinnert werden an seine Zeit als Jungliberaler. Ich sehe noch den quirligen Aussenminister Dienstbier, wie er während einer von allem zünftigen Pomp begleiteten Mitterrand-Rede mehrfach von seinem Sitz in der ersten Reihe des Prager Kongresszentrums aufstand, um draussen eine Zigarette zu rauchen und einen Schnaps zu trinken. Damals sass Havel mit seiner ersten Frau, der unvergesslichen Olga, nächtelang in dem Fischrestaurant nahe ihrer damaligen Wohnung und diskutierte mit allen, die Lust dazu hatten.

Nur wenige haben die Normalisierung im Amt überdauert: Havel mit Mühe und nicht ohne Beschädigung, Plesu mit Humor, Orban durch die Abkehr von den Erfahrungen der grossen Momente. Viele der Handelnden der ersten Stunde der Freiheit erschienen alsbald als das, was ihnen eben diese Chance gegeben hatte, als Meister von Grenzsituationen, die aber in normalen Zeiten eher unwahrscheinliche Akteure auf der politischen Bühne werden. Jiri Dienstbier ist also der typischere Fall. In Deutschland könnte man an Jens Reich oder auch an Richard Schröder denken. Nicht nur unwahrscheinlich sind sie in normalen Zeiten, sondern in gewisser Hinsicht auch unbedeutend, obwohl sie doch in der Umbruchzeit bedeutender waren als alle anderen. Unter meinen Freunden gibt es nur einen, von dem ich sagen würde, dass er den Übergang gemeistert hat, das ist Bronislaw Geremek, der Dissident und Historiker des Mittelalters als Aussenminister und vorher schon als Ausschussvorsitzender im polnischen Sejm.

Warum dauert die seltene Einheit von Geist und Macht nicht? Und was bleibt von ihr? Das sind wichtige, schwierige Fragen. Um mit der zweiten zu beginnen, so ist immerhin zu sagen, dass die Ideen der ungewöhnlichen Zeiten des Umbruchs manchmal zu Gründungsmythen von Gemeinwesen werden. Die *Federalist Papers* sind heute noch nicht nur eine instruktive, sondern auch eine nötige Lektüre, und ihre Autoren Alexander Hamilton, John Jay und James Madison gehören in den hier beschriebenen Kreis. Ein Jahrhundert früher schon erlebte England vierzig Jahre des Umbruchs mit dem düsteren, ängstlichen Thomas Hobbes am Beginn und dem lichtvolleren, hoffnungsfrohen John Locke am Ende. Die reine Lehre der Französischen Revolution – *liberté, égalité, fraternité* – beherrscht noch heute die politische Diskussion. Es ist nicht sicher, dass Ostmitteleuropa 1989 einen vergleichbaren Gründungsmythos hervorgebracht hat. François Furet sprach ja von der Revolution ohne tragende Idee. Ich meine dennoch, dass der Moment der Verbindung von Moral und Politik bleibende Spuren hinterlässt. Wer kann das Bild des ersten nichtkommunistischen Premierministers Mazowiecki in Polen vergessen? Oder Vaclav Havels Umzug vom Fischrestaurant in den Hradschin? Übrigens – und das ist mehr als ein Nebengedanke – haben auch die schlimmen Momente vergeblicher Umbruchsversuche Spuren hinterlassen: Berlin 1953, Budapest 1956, Prag 1968.

Doch bleibt die Frage, mit der ich hier begonnen habe, und damit wohl ein Moment der strukturellen Melancholie der menschlichen Dinge: warum dauert das Beste der grossen Umbrüche nicht? In ihrem bewegenden Bericht über Peter Graf Yorck von Wartenburg, einen der jungen Verschwörer des 20. Juli 1944, schreibt Marion Gräfin Dönhoff: «Wenn man sich das grosse Grübeln und die zahlreichen moralisch-philosophischen Erwägungen und politischen Debatten vergegenwärtigt, die damals angestellt worden sind, um nicht die Welt, aber doch das eigene Volk zu verändern, dann drängt sich die Frage auf: Was eigentlich ist dann schliesslich von all dem geblieben?» Gräfin Dönhoffs schonungslose Antwort: «In der chaotischen Wirklichkeit nach 1945 nicht viel.» Wir müssen inzwischen von der Zeitgenossin daran erinnert werden: «Nie wieder ist bei uns so existentiell gelebt worden wie vor 1945, so bewusst und so lange Zeit auf dem schmalen Grat zwischen Tod und Leben. Politik war zu jener Zeit stets mit dem Einsatz der ganzen Person verbunden.» Heute, in normalen Zeiten, ist das Risiko kaum noch vorstellbar.

In einem Disput mit dem slowenischen Autor Drago Jancar sucht Adam Michnik das Rätsel zu lösen, wie der Übergang von der Umbruchzeit zur Normalzeit zu bewältigen ist. Jetzt, so sagt er, muss die Verbindung von Literatur und Politik aufgelöst werden. «Deshalb stellt sich einem jeden von uns die Frage, wie weiterleben, wie sich in der Politik engagieren und doch ein Kulturmensch bleiben.» Michnik versucht es mit etwas Optimismus. Das andere, nicht nur Normale, bleibt. Die Reise geht zwar in den Westen; «doch das wird kein Westen, wie er im Westen ist, denn wir haben einen anderen Ausgangspunkt, eine andere Biographie, auch hat unser Markt andere Gesetzmässigkeiten als der westliche». Ob sein Parteifreund, der polnische Finanzminister und

Wirtschaftsprofessor Leszek Balcerowicz dem wohl zustimmt? Auch der slowenische Gesprächspartner Jancar betont etwas anderes, vielleicht das, was ich eben strukturelle Melancholie genannt habe. «Die Welt war so lange Zeit einfach.» Das ist nun vorbei. «Jetzt ist die Zeit angebrochen, in der wir uns mit dem Chaos, den Widersprüchlichkeiten, Verirrungen und Paradoxien auseinandersetzen müssen. Das heisst: mit der Wirklichkeit.»

Es bleibt ein Schmerz, gegen den ich keine Tabletten zu verabreichen vorhabe, weil es diese nicht gibt. Und es bleibt die Normalität. Auch für sie hat Gräfin Dönhoff (die übrigens am Ende, wenn auch aus anderen Gründen, wie Max Weber eher für die Macht als für den Geist Partei nimmt) eine eindringliche Beobachtung beigesteuert. In einem Helmut Schmidt gewidmeten Artikel reflektiert sie über die Untertöne eines Gesprächs zwischen dem damaligen Bundeskanzler einerseits und Fritz Raddatz, Siegfried Lenz und Günter Grass andererseits. «Es muss wohl der antagonistische Widerspruch von Macht und Geist sein, der die Beziehung zwischen Politikern und Intellektuellen vergiftet.» Politiker, so meint sie, ärgern sich über den Intellektuellen, «der angeblich niemandem verantwortlich ist und der, wie die Politiker meinen, immer nur kritisiert, ohne je beweisen zu müssen, dass er es besser machen könnte», und Intellektuelle misstrauen Politikern, die in ihren Augen «ein anfechtbares Geschäft mit fragwürdigen Mitteln betreiben» und dabei zwar von Freiheit reden, aber am Ende ihre «Zuflucht meist bei der Autorität suchen».

Wir haben, das ist klar, die Situationen des Umbruchs verlassen und normale Zeiten erreicht. Das sind nicht mehr Vaclav Havel-Zeiten, sondern Vaclav Klaus-Zeiten, oder besser noch, Timothy Garton Ash-Zeiten. Über Intellektuelle im allgemeinen ist von Marx bis Mannheim oder auch von Bacon bis Benda so viel gesagt worden, dass dem schon seit geraumer Zeit kaum etwas Neues hinzugefügt werden konnte. Allenfalls dies mag in unserem Zusammenhang anzumerken sein, dass unter Bedingungen der Normalität – und damit meine ich der normalen Freiheit – Intellektuelle immer auch eine Art *fleet in being* für den Notfall sind. Sie sind die Reservearmee der Freiheit – oder besser vielleicht nicht Armee, was nach der *fleet in being* schon die zweite militärische Metapher wäre, – vielmehr: sie sind das Immunsystem freier Gesellschaften, aufgerufen zur Aktion, wenn Gefahr droht. Das ist eine latente, im Normalfall kaum wahrnehmbare Funktion, die gerade darum schwierige Fragen stellt.

Deutsche Intellektuelle zwischen Verstaatlichung und Unabhängigkeit

Das gilt vor allem in Deutschland. Auch im Hinblick auf die Rolle der Intellektuellen haben viele hier einen Sonderweg zu erkennen geglaubt; so erst unlängst wieder der niederländische Historiker Maarten Brands in einem Beitrag mit dem vielsagenden Titel «Die Wirte vom Gasthof ‹Zur verpassten Chance› – Deutsche Intellektuelle und das politische Defizit». Einer politischen Gesellschaft voller Brüche (so Brands) steht in Deutschland «eine zähe geistesgeschichtliche Tradition» gegenüber. Ihr Hauptmerkmal sei die Konzentration «auf das, was eigentlich hätte geschehen sollen, aber nicht geschehen ist», insofern auf verpasste Chancen. Brands neigt zum Garton Ash-Verständnis des «unabhängigen Intellektuellen» mit einer Nuance, die allerdings eher nach Vaclav Klaus – oder Helmut Schmidt – klingt: «Intellektuelle sind und bleiben letztendlich Trockenschwimmer in der Politik.» Auch als solche aber könnten sie einen Beitrag leisten, als politische Denker oder Analytiker zum Beispiel. Doch gebe es diese in Deutschland nicht, wo vielmehr eine «Mesalliance von ‹Schöngeisterei› und Machtpolitik» vorherrscht. Das sei zuletzt bei der Wiedervereinigung deutlich geworden, die deutsche Intellektuelle in einer «Sackgasse» fand. Sie mochten die Nation nicht und produzierten mit dem «Verfassungspatriotismus» keine hinlänglich tragfähige Grundlage der Zukunft. «Die unpolitische Tradition ist nun einmal zäh. Die Gebetsmühle des Denkens in absoluten Begriffen dreht sich noch immer.»

Wer wollte leugnen, dass die grossen Umbrüche des Jahrhunderts viele deutsche Intellektuelle – jedenfalls die, die im Lande blieben – in einer wenig rühmlichen Position fanden? Heidegger und Hitler, Brecht und Stalin, das sind keine Ruhmesblätter. Auch das verlegene Schweigen angesichts des Unrechts im späten Nomenklatura-Kommunismus Breschnews und Honeckers ist kein intellektuelles Ruhmesblatt. Wie kann es sein, dass so viele sich mit der halbierten Freiheit des gespaltenen Deutschland – und Europa – abgefunden hatten, ja dass sie dieser noch heute gelegentlich Tränen nachweinen? Gierek und Jaruzelski sind für manche grössere Helden als Walesa und Mazowiecki, geschweige denn Michnik und Geremek. Chruschtschow wird geschätzt, Gorbatschow angehimmelt, aber die wenigen Verteidiger von Rechtsstaat und Demokratie in Russland sind unbekannt und von den Gulag-Opfern und Dissidenten ist kaum die Rede. Eigentlich war den meisten die kumpelhafte Beziehung der «Saarländer» Lafontaine und Honecker, auch der formvollendete Empfang des DDR-Staatsratsvorsitzenden in Bonn und der informelle Intimkontakt von SED und SPD – immerhin zu Fragen der Theorie, also der Domäne der Intellektuellen – ganz recht. 1989 ist im deutschen intellektuellen Bewusstsein kein so tiefer Einschnitt wie in dem des übrigen Europa, und schon gar nicht ein Moment des Aufatmens ob des Triumphes der offenen Gesellschaft.

Warum ist das so? Brands (der von diesen Dingen übrigens nicht spricht) hat auch keine Antwort. Nur dies merkt er zu Recht an, dass deutsche Intellektuelle seit langem eine «verstaatlichte Intelligenz» gewesen sind. «Viele deutsche Intellektuelle waren im Staatsdienst und nur wenige in freien Berufen tätig.» Beamtenstatus aber verleiht nun einmal keine Unabhängigkeit, trotz der rührenden Ideologie von der geschenkten Autonomie der Universitäten, der «öffentlich-rechtlichen» Medien und anderer pensionsgesicherter intellektueller Arbeitsplätze. Dennoch scheint mir dieses düstere Bild verfehlt, zumindest was die Rolle der Intellektuellen in normalen Zeiten betrifft. Da ist Deutschland, das freie Deutschland, nach dem Kriege nicht viel anders als ältere Demokratien, und in manchem eher besser.

Was will man eigentlich mehr? Es hat mit Theodor Heuss wenigstens einen Bundespräsidenten gegeben, der alle Kriterien von Vaclav Havel ungezwungen erfüllt hat. Mehrere seiner Nachfolger haben es als ihre Aufgabe angesehen, das geistige und das politische Deutschland zusammenzuführen. Heuss war Liberaler, doch gab es löbliche Beispiele auf allen Seiten. Carlo Schmid, der Baudelaire-Sozialdemokrat, ist einer der wichtigsten Verfassungsväter Nachkriegsdeutschlands. Die ersten Kanzler, Konrad Adenauer und Ludwig Erhard, hatten mit Intellektuellen nicht viel im Sinn, aber beim Schreiben der Biographie des Verlegers und langjährigen CDU-Abgeordneten Gerd Bucerius fällt mir auf, dass dieser nicht nur beide mochte, sondern ihnen auch immer wieder mit der unabhängigen Kritik des Intellektuellen mit politischem Mandat gegenübertrat.

Es gab andere. Jene Gruppe, die ich zuweilen etwas irreführend die «protestantische Mafia» genannt habe – C.F. und Richard von Weizsäcker, Ludwig Raiser, Klaus von Bismarck, Werner Heisenberg, Georg Picht, Helmuth Becker, Hartmut von Hentig, auch der erst christdemokratische Innenminister dann sozialdemokratische Bundespräsident Gustav Heinemann – hat früh schon eine wohlerwogene, auch insoweit neue Politik der Öffnung nach aussen, vor allem nach Osten, und der Reform nach innen gefordert. Marion Dönhoff, die zu dieser Gruppe gehört, sprach nach der Veröffentlichung des Manifests von acht ihrer

Mitglieder im Jahre 1961 von den «Lobbyisten der Vernunft» – auch das eine zugleich intellektuelle und politische Rolle.

Zu den grossen geistigen Ereignissen der deutschen Nachkriegszeit gehören nach meinem Urteil das Erwachen einer immer auch politischen Literatur, symbolisch vertreten durch die Gruppe 47, und die eindrucksvolle Entwicklung der Zeitgeschichte als Forschungs- und Lehrgegenstand. Hier wird es misslich, Namen zu nennen, schon weil es so erstaunlich viele sind. Bei den Autoren sind Böll und Grass nur zwei, die das politische Klima geprägt haben. Den Historikern aus dem Umfeld Brachers, aber auch aus dem von Fischer und den vielen Jüngeren in ihrer Nachfolge, verdankt Deutschland ein gesteigertes, gegenwartsbezogenes Verständnis der Geschichte seiner gelungenen Ansätze und verpassten Chancen.

Auch näher an der Grenze zur praktischen Politik sucht man keineswegs vergebens. Willy Brandt folgte früh schon seinem Vorbild John F. Kennedy und liess Waldemar von Knoeringen einen Kreis von «wissenschaftlichen Beratern» für die Wahl von 1961 bilden. In Stuttgart und Tübingen versammelte der Ministerpräsident und spätere Bundeskanzler Kiesinger gerne Professoren zu Intensivgesprächen über Deutschlands Zukunft; einige wollte er sogar zu Staatsräten machen, bevor die Bonner Politik ihn solcher Extravaganzen entwöhnte. Die Bildungsreform der 60er Jahre war unzweifelhaft ein Ergebnis des Zusammenwirkens von Geist und Macht, an dem nicht nur die «protestantische Mafia», also Picht und Becker, sondern auch prominente Katholiken wie Hans Maier und Pater Erlinghagen, zudem weniger religiös motivierte Reformer beteiligt waren. Darüber hinaus gab und gibt es wichtige Einrichtungen der Politikforschung und Politikberatung, staatliche wie das Berliner Wissenschaftszentrum und private wie das von Kurt Biedenkopf gegründete Bonner Institut für Wirtschafts- und Gesellschaftspolitik.

Soll ich weitermachen? Vielleicht bis hin zum Schröder-Blair-Papier? Das erinnert an die wohl etwas lebendigeren, daher möglicherweise auch kurzatmigeren Diskussionen zwischen Politikern und Intellektuellen in London, an die jungen Leute vor allem, die vom Demos-Institut oder vom Foreign Policy Centre direkt in die Büros der Minister der Regierung Blair gewandert sind. (Wenn ich dabei «jung» sage, dann meine ich jung, nämlich unter 30, also nicht die 68er Generation, sondern deren Kinder.) Dies ist in Deutschland seltener, wohl auch weil die Etablierung in der intellektuellen Staatsklasse ihre Zeit braucht. Aber wie dem auch sei, an Beziehungen zwischen Geist und Macht fehlt es nicht.

Die Frage ist eher, warum in Deutschland so viel über das angebliche Missverhältnis geklagt wird.

Das führt zurück zum Kern meines Themas. Wenn es denn in Deutschland eine verpasste Chance gibt, dann die des fehlenden Gründungsmythos. Deutsche Umbrüche haben grosse Intellektuelle nicht auf den Plan gerufen, jedenfalls nicht in der Art von John Locke oder Alexander Hamilton oder dann von Vaclav Havel. Theodor Heuss? Der Nachkriegs-Heuss, der zuerst Kultusminister in Württemberg-Baden, dann aktives Mitglied des Parlamentarischen Rates, dann erster Bundespräsident war? Er vertrat indes weniger einen Gründungsmythos des Umbruchs von 1945 als Kontinuität, die Anknüpfung an das Beste in der deutschen liberalen Tradition. Oder ist eben das der Gründungsmythos der Bundesrepublik Deutschland?

Die Verlegenheit der verpassten Chance ist den Intellektuellen des Landes zumindest halb bewusst. Vielleicht beschwören sie darum immerfort Umbruchsituationen und vermuten hinter jedem Zeichen von Ausländerhass die Rückkehr des Faschismus, hinter jedem Notstands- oder Asylgesetz das Ende der Demokratie. Günter Grass tut das gerne; aber da ich selbst mich 1968 in dieses Glashaus gesetzt und in den Osterunruhen die Systemkrise behauptet habe, steht es mir nicht zu, mit Steinen der Kritik zu werfen. Die von mir immer wieder zitierten Ostmitteleuropäer wissen es besser: grosse Umbrüche redet man nicht herbei. Wenn sie kommen, dann weiss man, was sie sind. Wenn sie aber nicht kommen, sind die meisten Menschen ob der Normalität froh, und die Intellektuellen müssen sich an den Slowenen Jancar halten und sich «mit dem Chaos, den Widersprüchlichkeiten, Verirrungen und Paradoxen auseinandersetzen … Das heisst: mit der Wirklichkeit».

Im Titel meiner Bemerkungen steht eine Frage: Braucht Politik Intellektuelle? Die Antwort ist nun nicht mehr schwierig. Ja, Politik braucht Ideen, und Politik braucht Massstäbe. Beide werden von denen geliefert, die mit dem Wort umgehen. Die Lieferung kommt allerdings nicht in einer glatten Passform; sie kommt mit Haken und Ösen. Auch im Normalfall enthält sie die Ahnung des Umbruchs. Kritik und Krise sind Teil allen intellektuellen Wirkens. Und vielleicht – wer weiss? – gibt es noch etwas, das wir vom letzten grossen Umbruch lernen können. Mich jedenfalls lässt die Erfahrung der Protagonisten der Revolution von 1989 nicht los. Ist es zu resigniert, zu einfach beinahe, von der strukturellen Melancholie der menschlichen Dinge zu sprechen? Unlängst erhielt Vaclav Havel aus den Händen von Adam Michnik in Warschau den von «Gazeta Wyborza» gestifteten «Preis der Ersten Dekade», des ersten Jahrzehnts der Freiheit. Im «New York Review of Books» erschien Havels Dankrede unter dem Titel, «Paying Back the West». Der Westen, so argumentierte Havel, hat uns willkommen geheissen. Was ist unsere Gegengabe? Es muss die besondere Erfahrung sein, die wir hatten und der Westen nicht. «Damit meine ich das Verständnis dafür, dass es sich lohnt, verantwortlich und mit einem guten Gewissen zu handeln.» Einmal mehr: die Einheit von Politik und Moral. «Und wenn wir nicht überzeugend genug sind bei der Weitergabe unserer grundlegendsten Erfahrung an den Rest der Welt, dann riskieren wir, diese Erfahrung vergebens gemacht zu haben.» Da kommt nicht nur die Sorge der Gebenden, sondern auch die Pflicht der Nehmenden ins Spiel.

Jahrhundertwende

15 Der Blick zurück: Das (kurze) sozialdemokratische Jahrhundert

Jahreszahlen sind beliebige Punkte in der langen und vielfach verschlungenen Linie der Geschichte; das gilt auch für Jahrzehnte und sogar Jahrhunderte. Und doch hat es mit Jahrhundertwenden zumindest in der neueren europäischen Geschichte eine besondere Bewandtnis. Man streitet sich darüber, wann genau das neue Jahrhundert beginnt: mit dem Jahr Null oder dem Jahr Eins? Man blickt schon Jahre zuvor auf die kommende Schwelle, als müsste dort irgend etwas Unerhörtes geschehen. Zuweilen geschieht dies auch. Im Jahr 2000 war es zwar gerade nicht das erwartete Unerhörte, nämlich der Zusammenbruch aller Computer, die nicht auf das neue Jahrhundert – Jahrtausend auch – eingestellt waren. Wohl aber dürfte die ins Phantastische gesteigerte Euphorie der Börsen und der schwindelerregende Aufwärtstrend anderer ökonomischer Daten auch etwas mit den Erwartungen zu tun gehabt haben, die das neue Jahrhundert wachgerufen hatte.

Wie immer es damit stehen mag, zu einem geben schon «runde» Geburtstage, geschweige denn Jahrhundertwenden Anlass: zum nachdenklichen Blick zurück und voraus. Man hält inne, zieht Bilanz, fragt sich, was kommen wird, erwägt Gutes und Schlechtes in der Vergangenheit und der Zukunft.

Die folgende Bilanz ist vor allem ein interpretierender Rückblick auf das 20. Jahrhundert. Ich habe es das sozialdemokratische Jahrhundert genannt, weil damit die treibende Kraft zum wünschenswerten Fortschritt bezeichnet werden kann. Tatsächlich waren im 20. Jahrhundert die Schmerzen der Modernisierung mindestens so gross wie die Chancen ihrer Zivilisierung durch das sozialdemokratische Projekt. Im Faschismus prallte verspätete Modernisierung auf stehengebliebene ältere Strukturen. Der Kommunismus war der alternative und grausame Weg zur Schnell-Modernisierung in nachhinkenden Ländern. Glücklich die Länder, die diesen zerstörerischen Tendenzen eine kräftige demokratische Tradition entgegensetzen konnten – wenngleich auch ihnen die beiden Weltkriege nicht erspart blieben.

Das 20. Jahrhundert ist mit Recht auch ein kurzes Jahrhundert genannt worden. Es begann mit dem Ausbruch des Ersten Weltkrieges 1914 und endete mit der Revolution von 1989. Diese hat nicht nur dem Irrweg des Kommunismus ein schmähliches Ende bereitet, sondern auch die Erschöpfung der Kraft des sozialdemokratischen Projektes bewiesen. Mit der grossen Öffnung entfaltete sich die neue Produktivkraft, für die wir den Namen Globalisierung gefunden haben. Damit war das sozialdemokratische Werk getan, und neue Aufgaben stellten sich für Politik und Gesellschaft.

Der «Spiegel», der eine gekürzte und edierte Form dieses Beitrages veröffentlichte, überschrieb den Text «Bilanz und Hoffnung». Von den Hoffnungen der neuen Zeit ist allerdings eher im folgenden Beitrag die Rede.

Verwerfungen der Modernisierung

Dem langen 19. folgte das kurze 20. Jahrhundert. Das 19. Jahrhundert begann mit der Französischen Revolution von 1789 (wenn nicht mit der amerikanischen «Revolution» dreizehn Jahre zuvor) und endete im August 1914, als die Lichter ausgingen in ganz Europa. Das düstere 20. Jahrhundert dauerte, bis die Lichter auch im kommunistischen Europa wieder aufflackerten in der Revolution von 1989. So ähnlich hat Eric Hobsbawm dem Ablauf der Zeit einen Sinn zu geben versucht. Dieser Ablauf folgt ja nicht einem verborgenen Plan «der Geschichte», Hegels, gar Gottes, sondern wird von Menschen gestaltet und vor allem erklärt. «Geschichte hat keinen Sinn», um mit Karl Popper zu sprechen. «Wir sind es, die ihr Sinn geben können.» Das gilt *a fortiori* für jene Konstruktionen, die wir Jahrhunderte nennen. Was, wenn wir die Zufälle des gregorianischen Kalenders ignorierten und statt dessen, sagen wir, die jüdische oder die chinesische Zeitrechnung annähmen?

Täten wir das, dann würden wir sogar den leidigen Millennium-Virus los, der unsere computerbesessene Welt befällt, wenn das Jahr 00 kommt. 2000 wäre dann zum Beispiel 5760. Der Erste Weltkrieg indes, die Russische Revolution, die Machtergreifung der Nazis, der Holocaust, Stalins und Maos mörderische Tyranneien würden nicht verschwinden. Nicht alles war Mord und Totschlag in der Zeit, die das lange Leben der 1900 geborenen britischen Königinmutter umfasst, einer vielgeliebten, zugleich milden und mutigen Dame, die Wärme und Gutheit ausstrahlt. Welchen Sinn sollen, können wir also dieser Zeit geben? Es war das Jahrhundert, in dem die beiden sozialen Kinder der Aufklärung, die kapitalistisch-industrielle und die bourgeois-staatsbürgerliche Revolution sich unter Schmerzen nahezu überall durchsetzten. Es war das

Jahrhundert der vollendeten Modernisierung, also der Auflösung jener patriarchalischen Strukturen, in die die britische Königinmutter hineingeboren wurde, so dass die alte Dame nun wie ein Monument vergangener Zeiten erscheint. Es war auch das sozialdemokratische Jahrhundert, nicht weil «sozialistische Parteiführer» sein Gesicht geprägt hätten (darin hat H. P. Schwarz offenkundig Recht), sondern weil das sozialdemokratische Projekt die treibende, umstrittene, zuweilen erlahmende, am Ende aber siegreiche Kraft des kurzen Jahrhunderts war.

Modernisierung ist zuerst und vor allem Zerstörung, schöpferische Zerstörung im Sinne von Schumpeter vielleicht, aber doch eine Gegenbewegung, ein Abbau, ja Abriss. Sie löst Privilegien auf und setzt gleiche Rechte an ihre Stelle. Sie führt vom ererbten Status zum Vertrag, zur Mobilität, zur Gleichheit der Rechte und Ansprüche. Das dauert lange, und es tut weh. Selbst in den Vereinigten Staaten von Amerika – der zunehmend dominanten Macht des Jahrhunderts – war der Prozess holperig. Die Ausweitung des Wahlrechts auf alle Bürger bleibt bis heute unvollkommen. Gleichheit vor dem Gesetz wurde erst in den 1980er Jahren für Minderheiten greifbar. Dicht unter der Oberfläche demokratischer Verfahren brodelte stets die Gewalt, als militante Bürgerbewegung, aber auch als bewaffnete Gewaltausübung von oben, durch Firmen, quasistaatliche und staatliche Instanzen, wie von unten, von Einzelnen, Gruppen und Gangs, die «das Recht» in Form von Gewehren und Bomben in die eigene Hand nehmen.

Weniger adrenalingeladene europäische Länder haben den Prozess der Modernisierung stiller, auch langsamer vollzogen. Die britische Königinmutter brauchte nur während der deutschen Luftangriffe auf London um ihr Leben zu fürchten, niemals wegen der Drohung des Staatsstreichs oder gar der Revolution. Noch ihre Privilegien blieben ihr zum guten Teil bis zum Ende des Jahrhunderts erhalten. Erst der gewaltsame Tod ihrer angeheirateten Enkeltochter Diana machte weithin sichtbar, dass die Moderne auch an Grossbritannien nicht spurlos vorübergegangen war. Die Geschichte der Schweiz oder Schwedens liesse sich ähnlich als Wandel in gemässigten, demokratischen Formen schreiben.

Doch bestimmten andere, weniger idyllische Prozesse den Gang des Jahrhunderts, unter denen zwei hervorstechen. Da sind einmal die Länder, die sich zwar früh auf den Weg der Modernisierung begeben hatten, diesem aber eingefleischte Widerstände entgegensetzten, bis am Ende das vulkanische Neue das verhärtete Alte auf explosive Weise aufbrach. Das war die deutsche, in vieler Hinsicht auch die japanische Geschichte. In milderer Form kennzeichnete sie alle Länder, die in der einen oder anderen Form dem «Extremismus der Mitte» (S.M.Lipset), dem Faschismus in zahlreichen Varianten zum Opfer fielen.

Historiker haben die deutsche Geschichte des Jahrhunderts als verspielte Chance beschrieben. Es hätte ein «deutsches Jahrhundert» im guten Sinn sein können (E.Jäckel); erst nach 1945 hat Deutschland seine «zweite Chance» wahrgenommen (F.Stern). Jedenfalls sind tief vormoderne und hochmoderne Strukturen aufeinandergestossen, Kulturpessimismus und Grossindustrie, Standesdünkel und Klassenkampf, Blut und Boden und totale Mobilmachung. Die Weimarer Republik vermochte nicht, das explosive Gemisch zu entschärfen. Bauhauskultur, Berliner Tag- und Nachtleben, Brecht vertrugen sich nicht mit Hindenburg, Reichswehrträumen und einer Verfassung, an der die Artikel zu deren Suspendierung am Ende wichtiger wurden als ihr demokratischer Kern. In pathologischer Weise gelang es den Nazis, dies alles, romantische Stammessehnsucht und futuristische Massenorganisation, unter einen Helm zu bringen. Dazu waren Feinde nötig, die Demokraten, aber auch die Vertreter des alten Vorkriegsregimes, zudem die Autoren des Versailler Vertragswerkes, und in zunehmendem Masse die Juden. Der totale Staat entwickelte sich spätestens nach der täuschenden Atempause bis zu den Olympischen Spielen von 1936 in einen Staat der totalen Vernichtung durch Krieg und Unterdrückung, am Ende durch KZs und Gaskammern. Kein anderes Land hat seinen inneren Zwiespalt so mörderisch an anderen ausgelassen, wenngleich auch die Geschichte Japans Untaten kennt, die aus ähnlichen Quellen entsprangen.

Schon vor dem Aufstieg der antidemokratischen Bewegungen war ein zweiter Prozess der Verwerfungen der Modernisierung in Gang gekommen, durch die Russische Revolution von 1917. Diese hatte nichts, aber auch gar nichts mit der von Marx – und, in manchen theoretischen Schriften, Lenin – vorhergesagten antikapitalistischen «proletarischen» Revolution zu tun. Es handelte sich im Gegenteil um das moderne Gegenstück der bürgerlichen Revolution, genauer, um die verspätete, daher gewaltsame Modernisierung. Elektrizität plus Arbeiterräte (eine von Lenin viel verwendete Formulierung) traten an die Stelle der Dampfmaschine und der Bourgeoisie. Das Ende der ständischen Welt und die Durchsetzung moderner Wirtschaftsmethoden fanden nicht allmählich, sondern ruckartig und in der Zwangsjacke staatlicher Planung statt. Die Verbindung von Diktator und Partei führte spätestens unter Stalin nach 1925 zu einer auf ihre Weise zunehmend mörderischen Tyrannei. Die immer neuen «Säuberungen» der Partei, die erbarmungslose und wohl bewusst herbeigeführte Hungersnot im Gefolge der Kollektivierung, die zunehmend demoralisierende Drohung der Lager (Gulag), dann die Massenexekutionen im Gefolge des Zweiten Weltkrieges forderten Millionen Opfer. Als in den 1950er Jahren die Nomenklatura der Staatspartei sich etablierte, erbte sie ein Land von höchst unvollkommener Modernität.

Es ist ein Merkmal des Jahrhunderts geblieben, dass spät modernisierende Länder für diesen Prozess einen Preis an Freiheit zahlen. Das eine grosse demokratische Land unter den Nachzüglern, Indien, hat den Weg zum bürgerlichen Industriestaat nur tastend und unvollkommen gefunden. China ist dem russischen Modell gefolgt, einschliesslich des Opfers vieler Millionen in der Revolutionszeit, nach der Machtergreifung der Kommunisten, später wieder in der Kulturrevolution. In kleinerem, darum nicht minder grausamem Massstab haben viele Länder Asiens, Afrikas und Lateinamerikas politische Strukturen erdulden müssen, die entweder dem sowjetischen oder dem nationalsozialistischen Muster folgten.

Liberale und Sozialdemokraten

Die verspätet begonnene oder explosiv vollendete Modernisierung war die erschütternde Wirkkraft des Jahrhunderts. Sie hat den sozialen Boden des Lebens aufgewühlt und tiefe Spuren des Leidens, auch der Schuld hinterlassen. Dennoch war sie nicht das einzige Thema. Für den grösseren Teil des Jahrhunderts galt, dass die europäisch-nordamerikanische Welt den Ton angab. Daher lässt sich rechtfertigen, dass wir deren Prozesse etwas genauer betrachten. Sie hatten ein grosses Thema, ein Thema der Hoffnung: Wege zu suchen, um mehr Menschen in den Genuss der Segnungen der modernen Welt zu bringen. Das ist es, was mit dem sozialdemokratischen Jahrhundert beschrieben werden kann.

Das 19. Jahrhundert war das liberale Jahrhundert. Die treibende Kraft der vorherrschenden sozialen und politischen Auseinandersetzungen war der Wunsch, der grundsätzlichen Gleichrangigkeit aller Menschen rechtlich und politisch Ausdruck zu geben. Gleichheit vor dem Gesetz, gleiche Chancen und Rechte der Beteiligung am politischen Prozess, gleiche Voraussetzungen für alle insbesondere in der Schulbildung – das waren die Forderungen. Auch am Ende des langen 19. Jahrhunderts, also 1914, waren alle Länder der entwickelten Welt noch weit von deren Realisierung entfernt. Der grösste Schub voran erfolgte bald nach dem Ersten Weltkrieg, der selbst ein Volkskrieg gewesen war und daher vielen Privilegien ein Ende setzte. Vorher gab es immer nur Etappensiege der liberalen Reform, die allmähliche Ausweitung des Wahlrechts, die

Schulpflicht, die exemplarische Durchsetzung der Gleichheit vor dem Gesetz. Eher erinnert man sich indes an die Kämpfe selbst, die an die Gitter des britischen Unterhauses angeketteten Suffragetten, den Fall Dreyfus in Frankreich, das «Sozialistengesetz» in Bismarcks Deutschland. Doch war am Anfang des 20. Jahrhunderts der Boden bereitet.

Das war denn auch die Zeit, in der die grossen liberalen Parteien und Bewegungen nach einem letzten grossen Wahlsieg ihrem «seltsamen Tod» (G. Dangerfield) entgegengingen. Das erste Jahrzehnt des Jahrhunderts war in vielen entwickelten Ländern eine Zeit des Durcheinanders, der «neuen Unübersichtlichkeit». Sozialdemokraten erschienen auf der politischen Szene, und niemand wusste, ob sie Episode bleiben oder die Zukunft erobern würden. Nationale Themen drängten zuweilen soziale in den Hintergrund, oder verbanden sich mit diesen zu nationalsozialen Bewegungen (J. Chamberlain, F. Naumann). Der jahrzehntelang von vielen gepriesene «Manchester-Kapitalismus» geriet in Misskredit; das Verlangen nach seiner sozialen Dämpfung wurde laut. Irgend etwas, so viel war klar, würde sich verändern, aber niemand wusste so recht, was und wie.

Heute kennen wir die Antwort. Das liberale Jahrhundert war zu Ende gegangen, das sozialdemokratische Jahrhundert war geboren. Das ist recht zu verstehen. Die liberale Thematik der gleichen Bürgerrechte für alle war nicht etwa von der Tagesordnung verschwunden, gar aufgegeben; im Gegenteil, sie war nun Gemeingut geworden. Sie ging daher in die sozialdemokratische Programmatik ohne Abstriche ein. Nur war sie nicht mehr treibende Kraft. Diese fand sich vielmehr in der Forderung nach der sozialen Untermauerung der Bürgerrechte oder, wie man später sagen sollte, nach «sozialen Bürgerrechten» (T. H. Marshall). Armut und unverschuldete Not sind nicht vereinbar mit einem gerechten, fairen Gemeinwesen. Alle Bürger verdienen zu allen Zeiten einen anständigen Grundstatus. Dazu ist es nötig, die fünf «bösen Riesen» zu erschlagen: «Not, Krankheit, Elend, Arbeitslosigkeit, Unwissenheit».

Die Liste und die Metapher der bösen Riesen stammen von dem britischen Sozialreformer William Beveridge. Noch während des Zweiten Weltkrieges definierte ein unter seiner Federführung erstellter Regierungsbericht das soziale Kernthema der britischen Nachkriegspolitik. Der Staat hat durch Umverteilung und Zwangsversicherung dafür Sorge zu tragen, dass keiner den bösen Riesen zum Opfer fällt. Der Staat muss insoweit Wohlfahrtsstaat sein. Vorher schon hatte der andere grosse britische Reformer, John Maynard Keynes, der Marktwirtschaft Zügel angelegt. Auch für ihn hatte der Staat eine wichtige Rolle, nämlich die, unter Umständen durch kluges Management die Nachfrage nach Gütern zu stimulieren, um damit erlahmende Wirtschaftstätigkeit anzukurbeln und Beschäftigung zu schaffen. Beide, Beveridge und Keynes, waren ihrer Parteizugehörigkeit nach Liberale; dennoch definiert die Kombination von Wohlfahrtsstaat und Keynesscher Wirtschaftspolitik im Rahmen der liberalen Ordnung sinnfällig das sozialdemokratische Projekt.

Seine Umsetzung nahm übrigens von Land zu Land verschiedene Formen an. In den Vereinigten Staaten ist sie mit Präsident Roosevelts New Deal verknüpft. In Europa spielte einmal mehr der Krieg eine entscheidende Rolle. So wie die liberalen Reformen vor allem im Wahlrecht nach dem Ersten Weltkrieg eingeführt wurden, gab der Zweite Weltkrieg Anlass zu grossen sozialen Reformen. Dafür konnte eine sozialdemokratische Regierung verantwortlich sein; vielfach waren es indes vor allem auf dem europäischen Kontinent christdemokratische Regierungen. Bundeskanzler Adenauer und sein Wirtschaftsminister Erhard haben nicht nur die Marktwirtschaft, sondern auch die Mitbestimmung und vor allem die Rentengesetzgebung eingeführt. Als Winston Churchill 1951 nach sechs Jahren Labour-Regierung wieder an die Macht kam, erklärte er, man müsse den «sozialistischen Reformen» ihren Lauf lassen. Auf welche Weise auch immer, das sozialdemokratische Projekt wurde Gemeingut der entwickelten Staaten. Es übte zudem eine beträchtliche Anziehungskraft auf alle anderen aus, die erst jetzt begannen, den mühsamen Weg in die Moderne zu beschreiten.

Die Erste Welt und der Kalte Krieg

So täuschend ihre Genauigkeit sein mag, die Jahreszahlen prägen sich ein: 1914 der Beginn des Ersten Weltkrieges, 1917 die Russische Revolution, 1933 die NS-Machtergreifung, 1939 der Zweite Weltkrieg, darin ab 1943 der Holocaust. Die nächste Zahl indes markiert einen positiven Wendepunkt des Jahrhunderts, den ersten von zweien: 1945. Das Jahr sah die Zerschlagung des antiliberalen, antidemokratischen Imperialismus Deutschlands und Japans, insofern den Sieg der liberalen Ordnung. Für viele Länder Europas begann damit eine Zeit des Aufbaus. In den Vereinigten Staaten hatte sie schon früher angefangen. In vielen Ecken der Welt gab es Länder – Kanada, Australien und Neuseeland, einige lateinamerikanische Staaten, das bald in Israel verwandelte Palästina –, die an dem Aufbau teilhatten. Es entstand das, was später die Erste Welt genannt werden sollte, die Welt der OECD-Länder, die die 1945 gewonnene Freiheit für den ab 1948 stetig wachsenden Wohlstand nutzen konnten.

Dabei half die Vorgängerin der Organisation für Wirtschaftliche Zusammenarbeit und Entwicklung (OECD), die Organisation für Europäische Wirtschaftliche Zusammenarbeit (OEEC). Diese aber war wie der Marshall-Plan eine amerikanische Erfindung. Die Niederlage der Achsenmächte 1945 bedeutete das Ende ihrer Vormachtansprüche. Mit Japans *co-prosperity-sphere* in Asien ging Hitlers arroganter Anspruch dahin: «Denn heute gehört uns Deutschland, und morgen die ganze Welt». Doch auch mildere Hoffnungen verloren ihre Kraft. Als John Maynard Keynes 1944 in Bretton Woods das Währungssystem der Nachkriegszeit ersann und vor allem mit seinem Amerika-Kollegen Harry Dexter White aushandelte, hatte er noch einen Rest von Hoffnung, dass das Pfund Sterling Ankerwährung bleiben könnte. Als Keynes zwei Jahre später starb, wusste er schon, dass der Dollar für den Rest des Jahrhunderts diesen Platz einnehmen würde.

Auch die Vereinten Nationen, die im Schicksalsjahr 1945 aus der Taufe gehoben wurden, waren von Anfang an eine stark von den USA geprägte Organisation. Mit Grossbritannien und dem China Tschiangkaichecks kamen zwei sozusagen «abhängige Alliierte» in den Sicherheitsrat. Frankreich als weiteres ständiges Mitglied aufzunehmen, war eine freundliche Geste zum gleichen Zweck. Es blieb die Sowjetunion, die indes – so schien es – ausgepowert und ausgeblutet wie sie war, schwerlich eine besondere Rolle spielen würde.

Das änderte sich rasch. Schon 1946 schrieb Botschafter George Kennan sein «langes Telegramm» aus Moskau, in dem er Präsident Truman erklärte, dass Stalins Sowjetunion die internationalen Institutionen nur zu ihren eigenen finsteren Zwecken benutzen würde (und darum zum Beispiel kein Interesse an Währungsfonds und Weltbank habe). Zur gleichen Zeit hielt der zu Hause zwar abgewählte, aber mit Recht weltweit angesehene und angehörte britische Kriegspremier Winston Churchill zwei visionäre Reden. In Fulton in Missouri prägte er das Wort vom «Eisernen Vorhang», der jetzt in Europa niedergehe, um liberale Demokratien und kommunistische Diktaturen zu trennen. In Zürich (wie später in Strassburg) redete er den kriegsmüden Nationen Europas ins Herz, ihre «Erbfeindschaften» zu begraben und ein geeinigtes (Kontinental-)Europa zu schaffen. Stalins Sowjetunion schuf unterdessen mehr und mehr Regimes nach ihrem Muster und unter ihrer Knute. Die Vereinigten Staaten suchten daher neben der Sonderbeziehung mit Grossbritannien in einem Vereinigten Westeuropa einen Partner im Kampf gegen das neue Weltreich im Osten. Der Kalte Krieg hatte begonnen.

Die in diesen Nachkriegsjahren entstehenden Strukturen beherrschten zuerst Europa, dann die ganz Welt vierzig Jahre lang. Die Länder der entwickelten oder OECD-Welt erlebten einen beispiellosen wirtschaftlichen Aufschwung unter Bedingungen der politischen Stabilität. Zwar misslangen die frühen Ansätze zur politischen Union Europas – noch heute gibt es die Ruinen der diversen Versuche, den Europarat, die Westeuropäische Union, die Erinnerung an die Verteidigungsgemeinschaft und diverse französische Pläne –, aber in wirtschaftlicher Hinsicht arbeiteten mehr und mehr Länder in der EWG zusammen. Nicht nur die OECD, sondern auch die NATO band zudem die europäischen Länder an die Vereinigten Staaten. Für Europa wurde, zum gelegentlichen Leidwesen Frankreichs, die *pax Americana* schon wirksam, als ihr weltweiter Charakter noch nicht überall sichtbar war.

Das ging viele Jahre lang gut. Walt Rostow, der den Prozess gemessen hat, sprach von den «bemerkenswertesten zwei Jahrzehnten des Wirtschaftswachstums in der neueren Geschichte» nach 1950. Andere nannten die Nachkriegszeit sogar die *trentes glorieuses*, die dreissig glorreichen Jahre. Am Ende dieser Zeit kamen indes Störfaktoren auf, die das Bild zu trüben begannen.

Von der Unruhe zur trügerischen Ruhe: die 1960er und 1970er Jahre

Huldigen wir noch einmal der Zahlenmagie des Jahrhunderts mit ihrem vielleicht trügerischen und doch schwer widerstehlichen Charme. Noch vor den halben Weg des kurzen Jahrhunderts von 1914 bis 1989 fällt das Ende des Zweiten Weltkrieges und der Neubeginn der späten 40er Jahre. Das war das Ende des «Zweiten Dreissigjährigen Krieges» (F. Stern), in dessen Mitte die grosse Wirtschaftskrise Europa und Amerika kräftig durchgeschüttelt hatte. Etwa in die Mitte des zweiten Teils des kurzen Jahrhunderts fällt ein anderes Datum mit mannigfachen Folgen, das Jahr 1968. Es war ein Jahr verwirrender, teils verknüpfter, teils voneinander unabhängiger Ereignisse, das viele Fragen aufwarf und keine beantwortete. 1968 bedeutete etwas anderes in Berkeley, Nanterre und Berlin als in Prag, oder in Saigon, oder in Peking. Nur dies hatten die Ereignisse gemeinsam, dass sie scheinbar stabile Verhältnisse aufbrachen und hinter ihnen die Möglichkeit des ganz anderen aufblitzte.

Vom herrlichen Prager Frühling und dem schrecklichen Prager August wird noch zu reden sein. Die revoltierenden Studenten von Berkeley, Nanterre und Berlin sprachen jedenfalls zu wenig davon; sie waren mit ihren antiautoritären Spielen beschäftigt. Dass die Kulturrevolution, die sie anstrebten, mit der des gerne beschworenen Mao-Tse-Tung nichts gemeinsam hatte, entging ihnen ebenfalls. In China fand ein staatlich organisierter Terror statt, der zu den grossen Verbrechen des Jahrhunderts gehört. Im Vietnamkrieg, den die 68er mit grösserem Recht zu ihrem Thema gemacht hatten, bahnte sich mit der Tet-Offensive eine Wende an, die indes erst acht Jahre später ihr Ende fand, als der letzte amerikanische Helikopter Saigon verliess und die Stadt in Ho-Chi-Minh-Stadt umbenannt wurde.

Die Kulturrevolution der europäisch-amerikanischen Studenten war sicher keine Revolution; doch ihr Thema war die Kultur des Zusammenlebens in Gesellschaft. Die Kinder des Nachkriegswohlstandes wollten die Autorität ihrer Eltern und der überkommenen Institutionen nicht mehr akzeptieren. Sie wollten mehr Demokratie wagen. Zugleich wollten sie Konventionen abwerfen, die ihren Sinn verloren hatten, Talare zum Beispiel, aber auch die *mores* der Familie, der Beziehung zwischen den Geschlechtern und Generationen. Ernste Analytiker begannen von der «postindustriellen Gesellschaft» (D.Bell) zu sprechen, weniger ernste von der «post-materialistischen Gesellschaft» (R.Inglehart) und allmählich kam sogar die Rede von der «Postmoderne» in Mode.

Im Nachhinein fällt auf, dass die auf 1968 folgenden Veränderungen zumindest in der OECD-Welt keine eindeutige Richtung hatten und eher Verwirrung als Verbesserung hervorriefen. Allerlei Altes zerbröselte, aber das Neue blieb unklar und überaus unvollkommen. Die Universitäten vor allem Kontinentaleuropas sind nur ein Beispiel. Die rapide Auflösung überkommener Familienstrukturen dürfte weit folgenschwerer sein, denn weder Wohngemeinschaften, noch Kommunen, noch Ledige-Mütter-Haushalte, noch Homosexuellen-Ehen konnten diese ersetzen. In Deutschland gab es einen «Machtwechsel», dem aber ausser den frühen Versprechungen nicht viel folgte, abgesehen von der neuen Ostpolitik mit ihren ebenfalls undeutlichen Zielen. Sollte sie den Status quo in Europa auf friedlichem Wege stabilisieren oder überwinden?

Das sozialdemokratische Projekt blieb das Thema, aber die nach 1945 geschaffenen Rahmenbedingungen begannen zu wanken. 1969 setzte die Europäische Wirtschaftsgemeinschaft sich neue Ziele, das berühmte Triptychon von *achèvement*, *approfondissement* und *élargissement*. Das erste, die Vollendung des Gemeinsamen Marktes, geschah so unvollkommen, dass es anderthalb Jahrzehnte später noch einmal angepackt werden musste. Erst 1985 entwarf die Einheitliche Akte ein konkretes Programm zur Schaffung eines europäischen Marktes, der diesen Namen verdient.

Das zweite, die Vertiefung durch eine Währungsunion, wurde zwar begonnen, scheiterte aber kläglich, als 1971 die Währungsordnung von Bretton Woods zerbrach, weil die amerikanische Regierung die Konvertibilität des Dollars in Gold aufhob. Währungen begannen, mehr oder minder frei zu flottieren. Der Markt hielt Einzug in die keynesianische Nachkriegswelt. Viele begrüssten den Wandel, manche fürchteten seine Nebenwirkungen. Jedenfalls veränderten sich die Rahmenbedingungen der Weltordnung.

Nur das dritte europäische Ziel von 1969, die Erweiterung der inzwischen in Europäische Gemeinschaft umgetauften EWG, gelang weitgehend. (Norwegen lehnte in einer Volksabstimmung den Beitritt ab.) Später traten weitere Länder bei, so dass am Ende des Jahrhunderts 15 Länder die nun Europäische Union genannte Gemeinschaft bilden. Angestossen durch eine erneuerte deutsch-französische Allianz, die dem Nachkriegsziel der Versöhnung nun das der halbdefinierten Union hinzufügte, entwarf Kommissionspräsident Jacques Delors neue Pläne des Weges vom Gemeinsamen Markt zur Währungsunion. So wie Bundeskanzler Adenauer und Präsident de Gaulle die ersten Schritte befördert hatten, schoben nun Bundeskanzler Kohl und Präsident Mitterrand das europäische Werk voran.

Doch blieb dies alles in den 70er Jahren noch durchaus schemenhaft und von Zweifeln umlagert. Die Ölkrise von 1973 verstärkte die Zweifel an der Haltbarkeit der Weltordnung und übrigens auch die des sozialdemokratischen Projekts. Wer damals internationale Konferenzen besucht und deren Protokolle gesammelt hat, findet lauter fragende Titel: Sind moderne Staaten noch regierbar? Ist die Demokratie in der Krise? Wird die Marktwirtschaft überleben?

Das sowjetische Imperium auf der anderen Seite des Eisernen Vorhanges war von vornherein instabil. Die «industrielle Gesellschaft» kommunistischer Bauart funktionierte – trotz westlicher Konvergenzideen – nie. Die Sowjetunion blieb Entwicklungsland, und die europäischen Satellitenstaaten kamen nur mühsam vom Fleck, zumal ihre Freiheitssehnsucht immer wieder erstickt wurde. Am 17. Juni 1953 führten in Ostberlin Demonstrationen der Bauarbeiter zu einem Volksaufstand; 1956 wurde eine regelrechte Revolution in Ungarn brutal niedergeschlagen; mehrfach in den 60er Jahren testeten polnische Führer die Grenzen ihres Spielraums der Liberalisierung; die grosse Hoffnung des Prager Frühlings von 1968 zerrann unter den Panzerketten der Warschauer Pakt-Armeen; die Ruhe der 70er Jahre erwies sich in den 80er Jahren als trügerisch.

Nur in militärischer Hinsicht wurde die Sowjetunion zum ernsthaften Herausforderer der Vereinigten Staaten. Die «bipolare» Welt war auch eine Welt der Angst. Mindestens einmal, in der Kuba-Krise von 1962, geriet sie nach Zeugnis der Beteiligten ganz nahe an den Rand des nuklearen Infernos. Zugleich machte die neue Macht im Fernen Osten sich bemerkbar. China blieb nach der revolutionären Machtübernahme durch Maos Kommunisten lange Zeit mit sich selbst beschäftigt. In den 70er und 80er Jahren indes wurde es nicht nur seinerseits zur Atommacht, sondern begann auch, unter dem Einfluss von Deng Tsiao-Ping, wirtschaftlich einen Weg einzuschlagen, der aus den Begrenzungen des Kommando-Kommunismus heraus zu wachsendem Wohlstand führen konnte. Es sah so aus, als würde eine multipolare Welt entstehen, ein «Pentagon» sogar, rings um die Machtzentren Washington, Moskau, Peking, Tokio und – ja, Brüssel vielleicht, wenngleich hier schon die europäischen Verlegenheiten beginnen.

Die soziopolitische Terminologie ging einen ähnlichen Weg. Die OECD-Welt war nun die Erste Welt geworden. Die kommunistischen Länder galten als Zweite Welt. Neben beiden gab es politisch-militärisch die Bündnisfreien, ein Sammelsurium, das von Titos Jugoslawien über Nassers Ägypten zu Sukarnos Indonesien reichte. Politisch-ökonomisch meldete sich die Dritte Welt zu Wort, die Welt der Entwicklungsländer, die sich ganz gerne von der Ersten und der Zweiten Welt umwerben liessen. Als manche dabei Erfolg hatten, splitterte sich zunehmend eine Vierte Welt der ganz und gar Armen ab, denen niemand helfen wollte.

An mehr oder minder schönen Theorien für die militärisch und ökonomisch multipolare Welt fehlte es nicht. Diese sollten indes am Ende der 1980er Jahre samt und sonders auf dem Abfallhaufen der Geschichte landen. Mit ihnen ging die Bündnisfreiheit und die Drei-bis-Vier-Welten-Terminologie bachab. Europa und die Welt steuerten auf jenes Datum zu, in dem manche nicht nur das Ende des kurzen Jahrhunderts, sondern gar das Ende der Geschichte sehen wollen, das 1989, das den zweiten Wendepunkt zum Besseren in diesem Jahrhundert markiert. 1989 entstand die Eine Welt, und zugleich wurde zunehmend erkennbar, dass die *pax Americana* nicht auf Europa beschränkt, sondern global ist und es vielleicht seit 1945 schon war.

1989 und die neue Freiheit

Die Geschichte der Revolution von 1989 ist rasch erzählt. In ihrem Kernland, Russland, kamen zwei Dinge zusammen. Das eine ist von dem klugen Historiker Paul Kennedy als «Überdehnung» eines Weltreiches (*imperial overstretch*) bezeichnet worden. Das russische Reich hatte sich mehr vorgenommen als es leisten konnte. Es hatte sich übernommen, ökonomisch durch den gigantischen militärisch-industriellen Komplex, geopolitisch durch den Versuch, eigenständige alte Nationen permanent unter Kontrolle zu halten. Der andere Faktor hatte einen Namen, Michail Gorbatschow. Der letzte Generalsekretär der alten Sowjetunion hatte sein Land auf einen Weg der Öffnung ohne klare Zielsetzung geführt. *Glasnost*, ein Mass an persönlicher Freiheit, war sein Erfolgsrezept, das im eigenen Land, vor allem aber bei den unterdrückten Satelliten, auf ein breites Echo stiess. Die andere Hälfte des Programms, *perestroika*, die Schaffung neuer sozioökonomischer und politischer Strukturen, blieb demgegenüber vage. Auflösung war daher die erste und einzige Wirkung des Programms.

Noch etwas kennzeichnete Gorbatschow, nämlich eine tiefe Abneigung gegen Gewalt. Als die osteuropäischen Satelliten nacheinander den Weg in die Freiheit – den Weg «zurück nach Europa» – suchten, tat der Machthaber im Kreml nichts. Vom Runden Tisch in Polen bis zur Hinrichtung des rumänischen Diktators, von der samtenen Revolution in Prag bis zur ungarischen Transformation liess Gorbatschow alles geschehen. Sogar dem Vereinigten Deutschland als Mitglied der NATO gab er seinen Segen. Am Ende erlaubte er den Zerfall der Sowjetunion selbst. Vielleicht hat er manchmal im stillen gehofft, dass überall Reformkommunisten (was immer das heisst) das Heft in die Hand nehmen würden. Tatsächlich kamen zunächst Dissidenten und Liberale mit durchaus westlichen Ideen von Demokratie und Marktwirtschaft an die Macht.

Um das Tempo der sich ausbreitenden Veränderungen zu verstehen, ist es wichtig, die neuen Kräfte in der bislang Ersten Welt zu beschreiben. Am Ende der 70er Jahre war nicht nur der Nomenklatura-Kommunismus erstarrt, sondern in gewisser Weise auch die sozialdemokratische OECD-Welt. Der Ökonom Mancur Olson sollte 1982 sogar vermuten, dass die Stagflation, also niedriges Wachstum bei hoher Inflation, und die Rigidität der Märkte, nicht zuletzt der Arbeitsmärkte, zum dramatischen Niedergang der Industrienationen führen müsse. Nur Revolutionen oder Kriege könnten helfen, deutete er an. Das war zu pessimistisch. Als sein Buch über «Aufstieg und Niedergang der Nationen»

1982 erschien, waren Präsident Reagan und Premierministerin Thatcher schon an der Macht. Das Pendel der Wählerpräferenzen war umgeschlagen; Stagflation und Versorgung von der Wiege bis zur Bahre gerieten in neoliberales Feuer. Damit verband sich zudem ein erneuter ideologischer Kalter Krieg gegen alles, was nach Sozialismus roch, von zahmen Sozialdemokraten bis zu wilden Kommunisten. Der westliche Stimmungswandel ergriff bald auch Politiker, die sich noch Sozialisten nannten, wie den italienischen Ministerpräsidenten Craxi, auch den spanischen Premier Gonzales.

Die neoliberale Trendwende mit verteidigungspolitischer Begleitmusik zwang die Sowjetunion zu erneuten militärisch-industriellen Anstrengungen zu einem Zeitpunkt, zu dem diese schlicht nicht mehr erschwinglich waren. Sie ermutigte zudem die Dissidenten und ihre Anhänger in der kommunistischen Welt, zumal sie mit einer neuen Konsum- und Reisewelle verbunden war. Zugleich wurde jener andere Prozess immer sichtbarer, der heute in der Regel mit dem Wort Globalisierung bezeichnet wird. Die Welt wuchs zusammen: die Welten zerfielen. Die Zweite Welt des Kommunismus verschwand von der Bildfläche, aber auch die Dritte Welt verlor ihren Sinn. Nun konnten Länder der Dritten Welt wählen (wie Mario Vargas Llosa es im peruanischen Präsidentenwahlkampf formulierte), ob sie arm bleiben oder reich werden wollten. Die meisten wählten den Wohlstand.

Vielleicht begann jene merkwürdige Globalisierung, die seitdem so global geworden ist, an jenem 16. Juli 1969, an dem Neil Armstrong und Edwin Aldrin mit ihrer Apollo-Mondfähre auf dem Trabanten ankamen und in seinem Sand herumtapsten. Sie sahen die Erde, den Globus, eine leuchtende Kugel, so wie wir den Mond sehen. Dabei geschah noch etwas anderes; Aldrin sagte nämlich zu Armstrong: «Bist du dir eigentlich darüber im klaren, dass wir die einzigen Menschen sind, die nicht sehen können, was heute geschieht?» Er hatte scharfsinnig erkannt, dass das Zeitalter der virtuellen Realität angebrochen war; nur wer etwas auf dem Bildschirm sehen kann, sieht es wirklich. Die armen Mondfahrer sind nur Akteure im Film der anderen. Immerhin, die Reise zum Mond hatte allerlei technische Voraussetzungen. Auch diese gehören zur Globalisierung. Bei dieser Reise wurden manche jener Instrumente und Verfahren erprobt, die bald darauf die Informationsgesellschaft einläuten sollten. Ohne diese aber gäbe es die Realität der globalen Finanzmärkte, vielleicht überhaupt der grenzenlosen Märkte nicht. Man mag Anstoss nehmen am Wort Globalisierung, aber dass in den letzten zwei Jahrzehnten des 20. Jahrhunderts ein Sprung in neue Dimensionen der

Kommunikation, der Produktion, der Dienste, des Austausches stattgefunden hat, ist nicht zu leugnen.

Das alles kam zusammen in jenem Jahr 1989. Die Revolution von 1989 öffnete die Tore zu neuen Möglichkeiten der Freiheit, der Offenheit, der Lebenschancen. Wer es wachen Sinnes erlebt hat, möchte mit Ulrich von Hutten ausrufen: *O saeculum! O litterae! Juvet vivere!* – ausser dass es dieses Mal nicht die *litterae* waren, die neue Horizonte eröffneten, sondern Zahlen, digitale Zahlen.

Das Jahrzehnt vor 1914 war geprägt durch eine Mischung von Hoffnung, Verwirrung und Vorahnung. Das Jahrzehnt nach 1989 ist vor allem eines der Ambivalenz. Alles ist zweideutig. Risiko ist Chance und Bedrohung zugleich. Flexibilität eröffnet neue Möglichkeiten und zerstört doch alte Sicherheiten. Die weite, offene Welt erlaubt ein grosses Aufatmen, macht aber auch heimatlos. Sind wir noch im 20. Jahrhundert, oder hat das 21. schon begonnen? Auf welche Seite der Ambivalenzen wird es fallen? Gibt es gar eine Art Wiederkehr des Gleichen, einmal mehr eine täuschende Ruhe vor dem Sturm?

In mancher Hinsicht sind die Ähnlichkeiten zur Zeit vor bald hundert Jahren verblüffend. Eine lange Phase wachsenden Wohlstandes unter liberalen Vorzeichen liegt hinter uns. (So hiess es am Beginn des Jahrhunderts.) Dieses Mal sind die Vorzeichen neoliberal. Indes breitet sich zunehmend Ressentiment gegen diese Vorzeichen aus, für die der Name Manchester sinnbildlich steht. Dieses Mal heisst der symbolische Ursprungsort der Wirtschaftsideologie Chicago. Manche würden sich gerne in die Natur flüchten, jedenfalls weg von den «lästigen Symptomen des industriellen Fortschritts» (so J. S. Mill vor einem Jahrhundert). Die Kulturpessimisten tragen dieses Mal den Namen Grüne. Andere indes suchen soziale Reformen, auch eine neue Solidarität des «Kollektivismus». Dieses Mal hat Solidarität den Namen «Kommunitarismus». Sozialdemokraten haben Konjunktur. Dieses Mal sind es Neosozialdemokraten des «Dritten Weges» der «Neuen Mitte». Wenn das erste Jahrzehnt des Jahrhunderts das Vorspiel zur Tragödie des «zweiten Dreissigjährigen Krieges» war – erleben wir jetzt das Satyrspiel?

Dem unverbesserlichen Aufklärer fällt es schwer, sich damit abzufinden, dass alles schon einmal dagewesen ist. So sucht er nach zukunftsträchtigen Zeichen. Sie sind einstweilen zaghafte Signale, aber doch erkennbar. In der Welt der Arbeit hat das Jahrhundert fundamentale Veränderungen erlebt. Von unfreiwilliger Arbeit beherrscht ist vor allem das Leben jener oberen Schicht, die am Anfang des Jahrhunderts die «Musseklasse» (Th. Veblen) hiess. Es könnte sein, dass sich für viele andere eine neue Einheit von Arbeit und Leben anbahnt, die eines nicht fernen Tages sogar die Arbeitslosigkeit als Pathologie des 20. Jahrhunderts erscheinen lässt. Zu solchen Wandlungen gehört zweitens eine tiefgreifende Veränderung der Alltagskultur, der Werte und Lebensweisen. Manche mögen finden, dass zu viele liebgewordene Strukturen in diesem Wandlungsprozess zerbrochen sind. Eine Neigung zur Anomie mit all ihren Folgen für Recht und Ordnung ist vorhanden. Doch entstehen auch neue Strukturen, noch zögernd, aber möglicherweise mit einem ausgewogeneren Verhältnis von Freiheit und Bindung als zu Beginn des Jahrhunderts. Solche soziale und kulturelle Wandlungen gehen drittens Hand in Hand mit der Suche nach neuen Regeln des Zusammenlebens, einer neuen Beziehung von Gemeinde, Region, Nation und Welt.

Derlei Veränderungen sind noch undeutlich und oft zweischneidig. Eines indes ist nach 1989 die vorherrschende Realität: das Leben in offenen Gesellschaften. Nicht alle können es ertragen. Es gibt »integristische», «fundamentalistische» Anfechtungen. Doch ist der Systemkonflikt einstweilen vorbei. Damit kann Geschichte endlich aufhören, manichäische oder selbst hegelische Züge zu tragen. Statt Position, Negation und einem dritten Weg gibt es 101 Wege voran, oder 87 oder 163. In der neuen Welt haben viele Kapitalismen Platz, nicht nur der von Chicago, und viele Versionen der Demokratie, nicht nur die von Westminster. Eine Zeit für neue Versuche ist angebrochen; darunter werden gewiss auch Irrtümer sein, aber solche, die sich ohne Blutvergiessen korrigieren lassen. Das ist die grosse Hoffnung des 21. Jahrhunderts.

16 Der Blick voran: Chancen und Risiken der Globalisierung

Es ist zu früh, dem 21. Jahrhundert einen Namen zu geben. Schon der Terroranschlag des 11. September 2001 hätte alle Erfindungen in dieser Hinsicht überholt. Auch dass Kriege unter aktiver Beteiligung der grossen Demokratien früh schon zu einem Thema des neuen Jahrhunderts werden würden, ahnten die meisten nicht am 1. Januar 2000. Eines aber war schon zum Zeitpunkt der Jahrhundertwende erkennbar: dass für geraume Zeit das Phänomen der Globalisierung die Agenda der Geschichte bestimmen würde. 1989 hat nicht nur die kommunistischen Länder für Europa und die Freiheit geöffnet, sondern auch Kräften Raum gegeben, die fast mit einem

Schlag die ganze Welt erobern. Das sind zunächst wirtschaftliche, aber dann immer auch gesellschaftliche und politische Kräfte.

Der folgende Beitrag beginnt mit diesen Kräften und verfolgt dann einige seiner absehbaren Folgen für die Konflikte der Zukunft. Über weite Strecken konzentriert die Darstellung sich auf die problematischen Nebenfolgen des Prozesses. Dahinter steckt nicht eine Form der inzwischen modischen Globalisierungskritik. Mir erscheint im Gegenteil das, was wir Globalisierung nennen, als eine grosse neue Produktivkraft. Sie sprengt überkommene Strukturen, eröffnet damit neue Horizonte. Attac, *die Organisation der Globalisierungsgegner, kann keine Alternative zu Hilfe rufen und büsst dadurch jede konstruktive Kraft ein.*

Dennoch hat Attac *auch Recht. Jede neue Dynamik der Geschichte kennt zunächst eher wenige Gewinner, zugleich aber viele Verlierer. Die sozialgeschichtlichen Schauergemälde der britischen Industrialisierung im 19. Jahrhundert (*The Bleak Age*) sind unvergessen. Es ist daher richtig und wichtig, den neuen Konflikten, die die Globalisierung auslöst, Aufmerksamkeit zu widmen.*

Im nachfolgenden Beitrag dieses Bandes über «Die globale Klasse und die neue Ungleichheit» geschieht das mit theoretischer Schärfe. Hier werden die Phänomene eher beschrieben, darunter vor allem die des sozialen Ausschlusses und der Entwurzelung bis hin zur Anomie. Beide führen zu neuen, auch neuartigen Konflikten. Die Bemerkungen über den Terrorismus, geschrieben zwei Jahre vor dem 11. September 2001, mögen manchen beinahe hellseherisch erscheinen.

Der hier wiedergegebene Beitrag war das Schlusskapitel der Oxford History of the Twentieth Century. *Nach ausführlichen Darstellungen des abgelaufenen Jahrhunderts wollten die Herausgeber ein paar Extrapolationen, auch Ahnungen und Vermutungen zur Zukunft als Postskriptum anfügen. Dafür war dann der Soziologe zuständig. Der breite Fächer der Thematik, aber auch die leichte Verhaltenheit der Darstellung erklären sich aus diesem Kontext.*

Eine Definition der Globalisierung

Nun da das 20. Jahrhundert sich seinem Ende zuneigt, beherrscht eine scheinbar unwiderstehliche Kraft das Leben, die Hoffnungen und die Ängste der Menschen: die Globalisierung. Erste Anzeichen dieser Kraft haben schon das abgelaufene Jahrhundert begleitet, von der «Weltwirtschaft» bis zur «Universalkultur». Indes ist erst jetzt, da das Jahr 2000 unmittelbar bevorsteht, die menschliche Lebenswelt wahrhaft global geworden. Kaum etwas lässt sich noch verstehen ohne den Kontext der gesamten Welt. Wir müssen global denken, um einer zunehmend globalen Realität gerecht zu werden.

Vielleicht hat diese neue Erfahrung im Ernst begonnen, als die ersten Astronauten auf der sandigen Oberfläche des Mondes herumhüpften. Der Rest der Welt beobachtete ihre Pantomime mit angehaltenem Atem im Fernsehen: virtuelle Realität gemeinsam mit tatsächlicher Realität. Die Mondfahrer hatten die Erde verlassen und damit deren gesonderte Ganzheit unterstrichen. Sie hatten auch den Erdball als ganzen gesehen; jetzt haben wir Photographien, und sogar Filme, die zeigen wie er sich dreht, genau wie Kopernikus uns das erzählt hatte.

Die Entdeckung der einen Welt erwies ihre weniger erfreulichen Seiten, als die menschliche Lebensumwelt zuerst die Aufmerksamkeit von Wissenschaftlern und dann die einer wachsenden Zahl von bedrohten Erdbewohnern forderte. Die Erdkugel ist nicht nur real, wir verändern sie auch durch unser Verhalten; das tun vor allem diejenigen, die ein privilegiertes Leben in Wohlstand geniessen. Vielleicht haben die Autoren des ersten Berichts des Club of Rome über *Die Grenzen des Wachstums*, auch wenn sie in manchem Detail geirrt haben mögen, uns zuerst die Konsequenzen des menschlichen Strebens nach Beherrschung der Natur bewusst gemacht. Am Ende könnte die Erde unbewohnbar werden: zu viele Menschen; zu viel von ihnen produziertes Kohlendioxyd; überhaupt zu viele Chemikalien im Boden, in der Luft und im Wasser, sogar in den Weltmeeren. Löcher in der schützenden Ozonschicht wurden über den Polen entdeckt, so dass tödliche Strahlen eindringen können. Es gibt Anzeichen des Klimawandels; die globale Erwärmung lässt die Meere ansteigen, bis sie ganze Länder überfluten. Zugleich vernichten wir eine wachsende Zahl von Arten. Werden in absehbarer Zeit Menschen eine der Arten auf der Todesliste sein?

Das Risiko der völligen Ausrottung ist nicht nur ein Nebenprodukt des wirtschaftlichen Fortschritts für Milliarden, es ist auch ein Resultat des Zerstörungspotentials moderner Waffen, seien diese nuklear, biologisch oder chemisch. Die Atombomben von Hiroshima und Nagasaki mögen noch einigermassen begrenzte Todeswaffen gewesen sein (obwohl sie möglicherweise nie ganz erforschte globale Wirkungen hatten, so wie die thermonuklearen Tests der 1950er und 1960er Jahre), aber spätere Generationen nuklearer Waffen konnten und können grosse Teile, ja vielleicht die ganze Menschheit auslöschen. Der Kernkraftwerk-Unfall von Tschernobyl 1986 gab vielen in der Ukraine, Europa und darüber hinaus einen Vorgeschmack der Risiken.

Globalisierung ist nicht nur ein ökologischer, militärischer oder technischer Gedanke; der Begriff wird vor allem ökonomisch verwendet. Seine Basis ist die Information. Auf Grund technischer Entwicklungen, vor allem in der Elektronik, ist Information überall in der Welt gleichzeitig verfügbar. In dem Augenblick, in dem eine Nachricht – der Tod eines Staatsmanns, der Preis einer Aktie, die Entdeckung einer Droge – in einen Computer in Tokio oder San Diego oder Dublin eingegeben wird, ist sie überall abrufbar, 24 Stunden am Tag, jeden Tag des Jahres.

Der unmittelbarste wirtschaftliche Effekt der Globalisierung der Information stellte sich auf den Finanzmärkten ein. Die Tage sind vorbei, an denen die in der Londoner City Tätigen nach Hause gehen konnten, wenn die ersten Zahlen der Wall Street um drei Uhr nachmittags durchtelephoniert wurden. Heutzutage können sie überhaupt nicht mehr nach Hause gehen. Aktien und andere Wertpapiere und viele Derivate von ihnen werden zu jeder Tages- und Nachtzeit gehandelt; Gelder werden ohne Unterlass durch die virtuelle Welt der Märkte «bewegt». Andere Formen der Information sind dem Wandel gefolgt. Ein Londoner Reisebüro kann sein Computersystem samt technischem Personal in Bombay haben; eine japanische Autofirma lässt Teile ihrer Fahrzeuge in Mexiko produzieren. Der Preis vieler Güter und ihrer Teile wird nicht mehr durch Transportkosten und lokale Regeln belastet; Wettbewerb, fair oder nicht, sorgt dafür, dass alle Arten von Information zugänglich bleiben. Leute reden von Singapur und Honolulu, Santiago de Chile und Vancouver, Glasgow und Istanbul, als lägen alle diese Orte gleich nebenan, besonders wenn sie im Internet «reden», jenem globalen Computernetz, das niemandem zu gehören scheint.

Globalisierung – die gesamte Menschenwelt als unmittelbare und permanente Realität – hat viele Wirkungen, und auf die eine oder andere Weise werden diese Wirkungen die Zukunft bestimmen. Da mag es nützlich sein zu unterscheiden zwischen jenen Konsequenzen, die zumindest im Lichte der Werte der aufgeklärten Minderheit des 20. Jahrhunderts zur Sorge Anlass geben, und jenen anderen, die Hoffnung erlauben.

Die neuen Konflikte

Das 20. Jahrhundert war im wesentlichen, wenn nicht durchgängig bestimmt durch Gegensätze, die zu heissen und kalten Kriegen führten, die aber auch Quellen der Identität sein konnten – Allianzen und Gegenallianzen von Nationen, Konfrontationen von Demokratien und

Diktaturen, die Gegenüberstellung der freien Welt mit dem Reich des Bösen. Globalisierung wurde in genau dem Augenblick das beherrschende Thema, in dem solche Begriffe – und vor allem die einer Ersten und einer Zweiten Welt, der US-amerikanisch bestimmten Welt des Kapitalismus und der von der Sowjetunion bestimmten Welt des Kommunismus – ihre Kraft verloren. Mit dem Fortschritt der Globalisierung wurde sogar die Dritte Welt der Entwicklungsländer eine immer weniger relevante Kategorie. Nationalstaaten wurden neu geschaffen und zugleich geschwächt durch globale Trends. Norwegen kann das Ozonloch über dem Nordpol nicht stopfen, und selbst die mächtigen Vereinigten Staaten können die internationalen Finanzmärkte nicht kontrollieren. Wer hat dann die Macht? Und was für Zugehörigkeiten haben Menschen in der globalisierten Lebenswelt des 21. Jahrhunderts?

Manche Antworten, die in der Theorie und auch in der Realität gegeben werden, sind durchaus beunruhigend. Eine davon ist, dass der Kalte Krieg zwischen Kapitalismus und Kommunismus ersetzt werden wird und auch ersetzt werden soll durch mächtige regionale Blöcke. Asien, Europa und Amerika werden am häufigsten genannt. Zuweilen werden sie mit Organisationen identifiziert, APEC, EU, NAFTA (Akronyme blühen in dieser Zeit). Das sind allesamt Wirtschaftsallianzen, wobei man angesichts des globalen Marktplatzes auch zu dem Schluss kommen kann, dass sie wenig wirtschaftlichen Sinn haben ausser dem Schutz ihrer Mitglieder vor den übrigen. Dieser Zweck wird noch deutlicher, wenn umfassendere politische Motive ins Spiel kommen, wie im Fall der NATO und ihrer Osterweiterung. Das eurasische «Herzland» (wie Halford Mackinder Russland und Europa am Anfang des 20. Jahrhunderts beschrieben hat) schreitet einmal mehr voran, obwohl es dabei mindestens so viele Fragen aufwirft, wie es beantwortet.

Was genau ist der Antrieb für das Streben nach einer «immer engeren Union» der kleinen und mittleren Länder, die sich in der EU versammelt haben? Gegen wen müssen sie sich schützen, und welche Instrumente gedenken sie im Konzert der Blöcke zu spielen? Wo bleiben angesichts einer erweiterten NATO die an ihrem Rand Stehenden, die Ukraine etwa und manche Südosteuropäer? Was vor allem wird der Ort und die Rolle des nachsowjetischen Russland sein? Wohin gehört China in diesem Bild? Wohin Indien? Muss Südamerika die NAFTA unterstützen, was am Ende zu einer neuen Monroe-Doktrin führen könnte? Dies sind explosive Fragen in einer kaleidoskopischen Welt, in der sich neue Formen von Allianzen ohne deutliches Muster oder klaren Zweck bilden und auch wieder auflösen.

Oder liefern neue ideologische Unterschiede den Zweck? Der amerikanische Politologe Samuel Huntington hat jedenfalls viele Leser gefunden für sein Buch über den *Kampf der Kulturen* (1996). Seine These besagt, dass die grossen Weltreligionen, vor allem Christentum und Islam, die Grundlage neuer Antagonismen mit dem Potential zu politischen und sogar bewaffneten Konflikten bilden. An der Jahrhundertwende ist der Gegensatz, wenn nicht der Zusammenstoss eines weitgehend säkularisierten Christentums und eines neuerlich orthodoxen Islam klar zu erkennen. Das erstere ist stark in Europa, Nord- und Südamerika und einigen anderen Teilen der Welt, der letztere im Nahen Osten, in wichtigen Teilen West- und Südostasiens und zunehmend in Afrika. Manche gewaltsamen Zusammenstösse mit islamischen Kräften betreffen nicht nur das Christentum, sondern auch andere Religionen wie das Judentum und den Hinduismus.

Aus einer anderen Perspektive stellt dieser neue Konflikt säkularisierte und fundamentalistische Glaubensüberzeugungen gegeneinander. So gesehen ist die Modernität selbst das Thema, wobei säkularisierte religiöse Gruppen dem Kaiser geben, was des Kaisers ist, und für Gott nur das geistliche Leben vorbehalten, während Fundamentalisten «integristisch» handeln (um die französische Beschreibung zu nehmen), weil sie das Gesetz zu kennen glauben, das auf alle Sphären des Lebens Anwendung findet. Während in den säkularisierten Gesellschaften Menschen als Einzelne von der Weltwirtschaft grundsätzlich profitieren können, wollen fundamentalistische Gesellschaften ältere Formen des Zusammenhalts und der Herrschaft auch um den Preis wirtschaftlicher Nachteile bewahren.

Solche Divergenzen sind eng verwandt mit neuen politischen Unterteilungen, die den Samen zukünftiger Konflikte in sich tragen. Was wir Demokratie nennen, ist keineswegs ein unbestrittener Wert selbst bei denen, die die Wahl haben. Demokratie und Herrschaft des Rechts werden vielmehr denunziert als neoimperialistische Werte europäischer und amerikanischer Provenienz. Das «Asien, das nein sagen kann» ist eines des Autoritarismus, also der angeblich wohlwollenden Herrschaft von Eliten, die für sich moralische und politische Autorität in Anspruch nehmen und ihre Untertanen in Ruhe lassen, solange diese nicht Meinungsfreiheit und politische Teilnahme verlangen. Wie im Fall der Religion, findet auch der Konflikt zwischen Demokratie und Autoritarismus nicht nur zwischen Ländern, sondern ebenso innerhalb von ihnen statt. Die Versuchungen des Autoritarismus sind auch in Europa und Amerika beträchtlich, während viele Asiaten an Demokratie und Herrschaft des

Rechts glauben. Daher sind die neuen Kämpfe oft zugleich intra-national und international, und es bleibt eine offene Frage, wer am Ende obsiegen wird.

Sozialer Ausschluss; Konflikt ohne Kampf

Während neue Unterteilungen entstehen und neue Konfliktfronten sich bilden, beginnt eine noch tiefergehende Problematik das Alltagsleben zu prägen. Was geschieht mit denen, die von der schönen neuen Welt der Globalisierung ausgeschlossen werden? Viele empfinden, dass sie draussen vor der Tür bleiben, was oft auch der Fall ist; ihre Geschichte ist eine der Anomie – der Desintegration und des Fehlens von bindenden Normen.

Ausschluss hat einen internationalen Aspekt. Wenn am Ende des 20. Jahrhunderts der Begriff einer Dritten Welt verwendet wird, bezieht er sich häufig auf Afrika. Der vielfältige und in grossen Teilen unglückliche Kontinent hat möglicherweise schon heute weniger Einwohner als vor 20 oder 30 Jahren. Krieg und Bürgerkrieg, Hunger und Krankheit, Epidemien wie Aids haben bereits einen hohen Zoll gefordert und tun dies weiter. Afrika ist überall zum Symbol für Ausschluss geworden. Es gibt sozusagen «Afrikaner» in Asien und Lateinamerika, ja in den Städten Europas und Nordamerikas. Die globalisierte Welt hat eine Schattenseite des Elends und Todes.

Die internationale Erfahrung spiegelt sich auch hier innerhalb von Gesellschaften. In den Vereinigten Staaten haben in den 1980er Jahren Autoren wie William Julius Wilson zuerst das Phänomen einer «Unterklasse» der «wahrhaft Benachteiligten» beschrieben. Seitdem ist das Phänomen in die übrige entwickelte Welt und über ihre Grenzen hinaus gewandert. Über die Grössenordnung gibt es unterschiedliche Meinungen – 10 Prozent? 30 Prozent? –, aber es besteht Einigkeit darin, dass ein beträchtlicher Anteil der Bürger reicher Länder den Kontakt zum Arbeitsmarkt, zum politischen Gemeinwesen und zur sozialen Teilnahme überhaupt verloren haben. Sie führen ein Leben der Armut und oft des Verbrechens am Rande der Gesellschaft, und es scheint keine rechten wirtschaftlichen Anreize zu geben, um sie zu integrieren. In der globalen Wirtschaft können Unternehmen bei abnehmender Zahl der Beschäftigten wachsen. Ein neuer Kontrast bricht auf zwischen dem Wohlstand des Ganzen und dem Elend vieler Einzelner, der die ohnehin ernsten Probleme des sozialen Zusammenhalts weiter verschärft. Der Weg der Moderne *from status to contract*, von ständischer Bindung zu vertraglicher

Abmachung, von einem festen Ort für jeden innerhalb der sozialen Ordnung zur individuellen Wahlentscheidung auf dem offenen Marktplatz hat ein hohes Mass an Freiheit mit sich gebracht, aber zugleich auch beträchtliche Belastungen des Gewebes der Gesellschaft. «Zugehörigkeit» wird ein Problem, das für viele ungelöst bleibt.

Dieser Prozess hat viele und ernste Konsequenzen. Im grösseren Teil des 20. Jahrhunderts beherrschte der Kampf der Armen gegen die Reichen das Denken der Menschen und bestimmte ihr organisiertes Handeln. Das galt innerhalb von Gesellschaften als Klassenkampf, es galt aber auch international. Manche hielten das Proletariat für den Vorboten der Zukunft, die bestimmende Klasse von morgen, und lobten das internationale «Proletariat» der Dritten Welt als Quelle der wahren Werte. Mit anderen Gewissheiten ist indes auch dieses Denkmuster am Ende des Jahrhunderts zerbröckelt.

Der soziale Konflikt des 21. Jahrhunderts wird daher wesentlich anders aussehen. Er wird eine individualisierte Version der alten Kämpfe sein. Innerhalb von Ländern werden Probleme von Recht und Ordnung die Tagesordnung bestimmen. International wird der Terrorismus alle Annahmen der Sicherheit in Frage stellen. Soziale Konflikte werden also in individuelles Handeln übertragen. Sie werden nicht von grossen organisierten Gruppen ausgetragen, sondern von Aktivisten, die vielleicht grössere Gruppen repräsentieren, vielleicht auch nicht. Das bedeutet, dass die neuen Konflikte in ihrer Substanz eher moralisch als ökonomisch sein werden; es geht in ihnen um die Werte, die Gesellschaften zusammenhalten, eher als um ihren Wohlstand und dessen Verteilung. Die Probleme, die das 21. Jahrhundert von seinem Vorgänger, dem 20. Jahrhundert erbt, haben ein gemeinsames Thema. Bei vielen dieser Probleme geht es um eine Reaktion gegen die Globalisierung, die man emotional nennen muss. Verglichen mit der Familie oder dem Dorf ist die weite Welt des Globus ein einsamer Ort, in dem Menschen leicht die Orientierung verlieren. Sie suchen daher nach Orientierungshilfen und finden diese eher in kleinen Einheiten. Die neue Blüte religionsartiger Gruppierungen mit ihrem Anspruch auf die Herzen und Köpfe der Menschen ist ein eindringliches Beispiel. Totale Offenheit scheint den Wunsch nach totalem Engagement, damit nach Schliessung wachzurufen.

Der Philosoph Karl Popper nannte das «die Rückkehr zur Stammesexistenz». Am Ende des 20. Jahrhunderts greift ein neuer Regionalismus rasch um sich, und er enthält Elemente der Stammesexistenz. Menschen suchen homogene Einheiten und wenden sich daher ab von den grösseren heterogenen Nationalstaaten, die im 19. Jahrhundert gebildet wurden. Manchmal behaupten sie, dass ihr Katalonien, ihre Slowakei, ihr Wallonien sie leichter mit dem globalen Netzwerk eines neuen Zeitalters verknüpft; doch ist die Wahrscheinlichkeit gross, dass diese angeblich homogenen Regionen tatsächlich Tschetschenien oder Bosnien oder anderen von Kriegen zerrissenen Gebieten ähneln. Intoleranz nach innen und Aggressivität nach aussen sind häufig die Begleiter des Nationalismus auch in seiner regionalen Variante.

Erleben wir jetzt das Ende der Geschichte? Ein solcher Gedanke wurde zuerst von Hegel am Anfang des 19. Jahrhunderts in die Welt gesetzt und ist nun wiederholt und auf das späte 20. Jahrhundert angewendet worden. Nach dieser Theorie ist die Geschichte die Entfaltung eines grossen Prinzips durch Konflikte und Pendelschwünge, These und Antithese. Wenn solche Antagonismen aufgelöst werden in einer letzten – globalen – Synthese, wird überall «normales» Leben herrschen und es gibt keine bedeutende Geschichte mehr zu erzählen.

Nicht alle teilen ein derart Wagnerianisches Bild der Geschichte. Ohnehin werden diejenigen weniger beeindruckt sein, die glauben, dass die Geschichte keinen Sinn ausser dem hat, den Menschen ihr geben. Von aller Geschichtsphilosophie abgesehen indes haben die grossen Konflikte des 20. Jahrhunderts sich offenbar erschöpft. Ob man sie in sozialen Kategorien als Klassenkämpfe beschreibt, in ökonomischen Begriffen als Konflikte zwischen Markt und Plan, in politischen Begriffen als Auseinandersetzungen zwischen modernen und vormodernen Formen des Regierens, oder auch in internationalen Kategorien als Kriege zwischen der Ersten und der Zweiten (und vielleicht auch der Dritten) Welt, sie beschreiben die neue Realität einer globalisierten Welt nicht mehr. Das Drama der Geschichte wird im kommenden Jahrhundert mit grosser Wahrscheinlichkeit andere Themen haben.

Gewöhnliche Bürger können einer neuen Geschichte der Kämpfe, Konflikte und Kriege nicht viel Erbauliches abgewinnen. Das gilt übrigens auch für den Autor dieses Nachworts zum mörderischen 20. Jahrhundert. Überdies liefert der hier verzeichnete Katalog von Problemen mehr als genug Munition für potentielle Kriegsherren. Denn die grossen, oft gewaltsamen Konflikte der Zeit sind nicht Erdbeben, die niemand unter Kontrolle halten kann. Sie speisen sich nicht aus einer tiefen emotionalen Lava, die Menschen erfasst, ohne dass sie sich wehren können. Im Gegenteil sind sie das Ergebnis der bewussten Mobilisierung von Emotionen durch Führer – oder Verführer, wie man sie nennen sollte. Die beiden offenkundigsten Gefahren, Nationalismus und

Fundamentalismus, die zudem oft zusammen gehen, würden als Risiken für Freiheit und Sicherheit nicht existieren, wenn es nicht diejenigen gäbe, die sie zur Befriedigung ihrer eigenen Machtlust ausnutzen.

Wenn wir einmal annehmen, dass die Geschichte nicht notwendigerweise auf die schiefe Ebene gewaltsamer Antagonismen geraten muss, bietet die Globalisierung die grosse Chance eines Wettbewerbs zwischen durchaus verträglichen Alternativen. Kapitalismus und Sozialismus schlossen sich gegenseitig aus und lebten daher im Krieg miteinander. Versionen des Kapitalismus aber schliessen einander nicht aus. Die amerikanische Version des «Kapitalismus pur» kann ohne Krieg koexistieren mit den verschiedenen Varianten der sozialen Marktwirtschaft in Kontinentaleuropa und dem asiatischen Kapitalismus des sozialen Zusammenhalts und der traditionellen Werte. Die ganze Welt kann von der Tatsache profitieren, dass es keinen unversöhnlichen Gegensatz der «Systeme» mehr gibt.

Neue Chancen für Millionen

Die Globalisierung mag manchen als eine herbe und unfreundliche Kraft erscheinen, sie ist aber auch eine Quelle unerhörter Chancen für viele. Es lässt sich daher auch ein ganz anderes Szenario für das 21. Jahrhundert entwerfen, das das Potential für wachsende Lebenschancen von hunderten von Millionen Menschen in den Blick nimmt. Frühe Theorien der Wirtschaftsentwicklung haben gelegentlich angenommen, dass der Wohlstand der wenigen allmählich zu den vielen «durchsickern» würde. Das ist nicht geschehen. Die Fähigkeit der wenigen, ihre Vorteile zu schützen und andere auszuschliessen, ist gross. Doch im Zeitalter der Globalisierung breitet Entwicklung sich eher wie ein Buschfeuer aus. China mit seinen weit über eine Milliarde Menschen zeigt uns sowohl die Verwüstungen als auch die neuen Lebenschancen, die eine solche Entwicklung hervorruft, wenn sie richtig in Gang kommt. Zur Jahrhundertwende leben an die 20 Prozent der Menschheit im Elend; aber die andere Seite dieser Zahl besagt, dass 80 Prozent die ersten Schritte auf der Leiter getan haben, die zu grösserem Wohlstand führt. Die ganze Welt wird in zunehmendem Mass eine «OECD», also eine Organisation für Wirtschaftliche Zusammenarbeit und Entwicklung.

Der Wohlstand erreicht vor allem diejenigen nicht, die sich aktiv gegen diesen Prozess wehren. Mario Vargas Llosa hat es als Präsidentschaftskandidat in Peru in die harten, aber begründeten Worte gefasst, dass Länder heute selbst entscheiden können, ob sie reich sein wollen.

Sie müssen nur bereit sein, die Herausforderungen der Globalisierung anzunehmen und ein Mass an institutioneller Stabilität im Lande schaffen. Es überrascht nicht, dass viele Länder das getan haben, und dass manche der übrigen ihnen folgen wollen.

Der Weg zum Wohlstand ist immer dornig. Ein Tal der Tränen liegt vor dem Aufstieg zu wachsender Wohlfahrt und grösserem Wohlbefinden. Historiker haben dieses Tal der Tränen in oft lebhaften Farben beschrieben. Man könnte argumentieren, dass der Weg durch dieses Tal nicht so lange zu dauern braucht, wie er es in Grossbritannien, den Vereinigten Staaten und einer Folge von europäischen Ländern getan hat, als diese sich für Industrialisierung und Modernisierung entschieden hatten. Während Menschen unweigerlich ihre Wurzeln in einer traditionellen Lebensumwelt verlieren, sind neue Möglichkeiten oft wenn nicht unmittelbar, so doch in relativ kurzer Zeit verfügbar. Mit Hilfe der Informationstechnologie lässt der Weg vom Anfang der Entwicklung zu ihrer vollen Blüte sich in einer einzigen Generation beschreiten.

Die volle Entwicklung selbst eröffnet neue Chancen für Millionen. Die Erfahrung der alten Industrieländer weist den Weg. Da ist das Leben nicht mehr nur Arbeit mit wenig Zeit für andere Interessen. Die Arbeit selbst ist leichter geworden, die Arbeitszeit zudem bedeutend kürzer; das Arbeitsleben wird durch Ferien, Sabbatjahre, Perioden der Fortbildung unterbrochen. Durch die Verlängerung der Ausbildungszeiten einerseits und die beträchtlich angestiegene Phase der Ruhestandszeit andererseits entsteht für viele eine neue Gewichtung von beruflichen und anderen Tätigkeiten. Der Übergang ist, wie alle Übergänge, schmerzhaft – wie zum Beispiel in den Vereinigten Staaten, wo viele Frauen und auch Männer zwei Jobs haben müssen, um sich über Wasser zu halten. In den späten 1990er Jahren sind viele Gesellschaften nach wie vor rings um bezahlte Beschäftigung organisiert. Sowohl die Einkommen als auch die Anrechte von Menschen hängen von ihren Jobs ab. Arbeitslosigkeit ist für viele ein Fluch. Aber das könnte auch ein Phänomen des Überganges sein. Globalisierung verlangt Flexibilität; sie macht aber Flexibilität auch leichter erträglich. Wenn die Phantasie der sozialen Institutionen erst so gross wird, wie es die vieler Menschen schon ist, könnten Gesellschaften entstehen, in denen die Lebenschancen der grossen Zahl um einen weiteren grossen Schritt anwachsen.

Am Anfang des 20. Jahrhunderts schrieb der amerikanische Autor Thorstein Veblen sein Buch *Theorie der Musseklasse* und nahm dabei an, dass deren Privilegien der grossen Mehrheit der arbeitenden Klasse nie zugute kommen würden. Am Anfang des 21. Jahrhunderts sieht es fast so aus, als ob das Bild sich umkehrt. Eine kleine herrschende Klasse (wenn es eine solche denn im alten Sinn des Begriffs noch gibt) besteht darauf, sich mit einer einzigen Art von Tätigkeit viele Stunden am Tag zu beschäftigen; die Mehrheit indes ist eine flexiblere Menge geworden, die Arbeit mit Musse, Bildung und Familienleben in einem Kaleidoskop der Tätigkeit verbindet. Viele haben das, was Charles Handy «Arbeits-Portefeuilles» nennt, an Stelle der alten Berufe oder, wie Jeremy Rifkin es in seinem Buch über *Das Ende der Arbeit* formuliert, sie können sich bewegen zwischen der wohlstandschaffenden, der öffentlichen und der freiwilligen Sphäre von Tätigkeiten.

Die globalisierte Welt der kommenden Jahrzehnte bietet neue Chancen der Teilnahme. Im 19. und 20. Jahrhundert traten an die Stelle des alten Marktplatzes, auf dem aktive Bürger ihre Angelegenheiten debattierten und entschieden, Institutionen, in denen eine begrenzte Zahl von Repräsentanten – oder Aktivisten – ihre Legitimität ableiten von regelmässigen Wahlentscheidungen der Vielen, die ansonsten ziemlich passiv bleiben. Heute ist die direkte Demokratie nahezu tot, aber auch die repräsentative Demokratie wird zunehmend ersetzt durch neuartige Formen der Teilnahme. Zu diesen gehören Volksabstimmungen, aber auch Bürgerinitiativen der verschiedensten Art und natürlich der interaktive Gebrauch der neuen Medien und Informationssysteme. Da verschwimmt die Grenze zwischen Aktivisten und passiven Teilzeit- oder Gelegenheits-Bürgern. Zumindest potentiell sind wir alle aktive Bürger geworden.

Wie viele andere Institutionen tragen auch die Formen des Regierens alle Zeichen des Überganges; alte Modelle funktionieren nicht mehr, aber neue sind noch nicht etabliert. Das gilt vor allem im Hinblick auf die Frage des angemessenen politischen Raumes. Der Nationalstaat ist nach wie vor der geeignetste Rahmen, um Menschen unterschiedlicher Kulturen und Orientierungen die gemeinsamen Bürgerrechte zu garantieren. In den aufgeklärteren Teilen der Welt sind Menschen in erster Linie Bürger von Nationalstaaten. Aber die Winde der Globalisierung haben nationale Grenzen nicht unberührt gelassen. Nationalstaaten können nicht länger wirksame Regeln für die Finanzmärkte, ja für wirtschaftliche Prozesse überhaupt durchsetzen. Sie können ihre Bürger nicht daran hindern, vielerlei Informationen für ihre Zwecke zu benutzen, ob dies wünschenswert ist oder nicht. Sie können eine nachhaltige natürliche Umwelt nicht garantieren. Sie können den Frieden nicht sichern. Selbst für manche der elementaren Funktionen des Minimalstaates sind grössere politische Einheiten nötig.

Das 20. Jahrhundert mag in dieser Hinsicht als eine Zeit des Experimentierens gesehen werden. Adam Roberts hat die Neuansätze und Irrwege dieses Prozesses beschrieben und dabei die Widersprüche des Versuches deutlich gemacht, die Souveränität von Staaten mit einer übernationalen Ordnung auf der Grundlage der Herrschaft des Rechts zu vereinen. Er hat indes auch gezeigt, dass logische Unvereinbarkeit Praktikabilität nicht unbedingt ausschliesst. Für letztere ist die Gewohnheit der internationalen Zusammenarbeit ebenso wichtig wie die Charta von internationalen Organisationen. Noch ist die Kristallkugel bewölkt, was die zukünftige Weltordnung betrifft, wie auch in anderer Hinsicht. Wir können nur hoffen, dass das 21. Jahrhundert eine stärkere Kongruenz von wirklichem oder pragmatischem Handeln einerseits und institutionellen Arrangements andererseits erleben wird. Das bedeutet vor allem eine neue Verbindung des Lokalen mit dem Globalen, wobei es dazwischen angemessene, wenn auch vielleicht weniger wichtige Allianzen und Arrangements geben mag.

Spuren einer Weltbürgergesellschaft: die Werte der Aufklärung

Die Probleme und die Chancen eines Zeitalters der Globalisierung halten sich die Waage. Ob die Menschheit den Problemen erliegt oder die Chancen ergreift, wagt man nicht vorherzusagen. Dass sie etwas von beidem tun wird, ist wohl die sicherste Prognose. Auch dann aber muss eine entscheidende Aufgabe gelöst werden. In Begriffen der inneren Politik gesprochen besteht diese darin, dass wir die Quadratur des Kreises anstreben müssen, die wirtschaftlichen Chancen des globalen Marktplatzes zu nutzen, zugleich solidarische Bürgergesellschaften zu erhalten, ja vielleicht neu zu schaffen, und das alles im Rahmen liberaler politischer Institutionen zu erreichen. Wohlstand, Bürgersinn und Freiheit müssen gleichzeitig gesichert werden. In Begriffen der internationalen Politik verlangt dieselbe Aufgabe eine ähnlich schwierige Kombination, nämlich die Schaffung von Bedingungen des Wirtschaftswachstums unter Respektierung kultureller Unterschiede bei gleichzeitiger Durchsetzung von Regeln der friedlichen Zusammenarbeit für die Welt als ganze.

Die Quadratur des Kreises lässt sich nicht vollständig erreichen, aber man kann ihr nahe kommen. In der Wirtschaft ist die Beseitigung von Hindernissen für menschlichen Unternehmungsgeist kritisch. Unternehmer müssen ermutigt werden und alle an der Schaffung von Wohlstand Beteiligten müssen in der Lage sein, Flexibilität zu zeigen. Aber die andere Seite dieser Freiheit besteht aus Regeln, die Zugangschancen sichern und den Missbrauch des Marktes verhindern. Das ist die Mindestfunktion einer Sozialpolitik des Einschlusses und der Bürgerschaft. Jenseits der Politik müssen sowohl die Schaffung von Wohlstand als auch die Regeln der Fairness verankert sein in blühenden Bürgergesellschaften. Durch ihre freien Assoziationen knüpfen Menschen das Auffangnetz für die Schwachen und die Bedrohten. Überdies wird so das Zugehörigkeitsgefühl gefördert, das im Zeitalter der Globalisierung so schwer aufrecht zu halten ist. Die Deregulierung der Wirtschaft, das Neubedenken des Wohlfahrtsstaates, die Förderung des sozialen Zusammenhaltes und die Behauptung der Demokratie und der Herrschaft des Rechts sind die Hauptaufgaben vor uns.

Das internationale Äquivalent dieser Aufgaben lässt sich in ähnlichen Begriffen bezeichnen. Schon sind Spuren einer Weltbürgergesellschaft erkennbar. Die Bedeutung der Rolle von Nicht-Regierungsorganisationen (*NGOs*) kann gar nicht hoch genug veranschlagt werden. Dasselbe gilt für die wachsende Bedeutung einer internationalen Justiz. Die Verfahren gegen Kriegsverbrecher aus dem früheren Jugoslawien mögen komplex und unvollkommen sein, aber sie setzen ein Beispiel, und dasselbe gilt für die «Wahrheits-Kommissionen» oder ihr Äquivalent in Südafrika und andernorts. Von den jährlichen Treffen der öffentlichen und privaten Finanzinstitutionen unter den Auspizien des Weltwährungsfonds und der Weltbank wie auch von der «Gruppe der 30» sind wichtige Signale für neue Regeln ausgegangen. Die unlängst geschaffene Welthandelsorganisation (*WTO*) kann dabei helfen. Ernsthafte Versuche der Friedenserhaltung und ein wirksamer Umweltschutz hinken noch hinterher, aber zumindest gibt es seit Kyoto erste globale Initiativen. Dem Umweltgipfel der Vereinten Nationen 1992 folgte eine Gipfelkonferenz für Soziale Entwicklung in Kopenhagen 1995.

Es gibt also manche Ansätze, die weiterentwickelt werden können. Es gibt auch Andeutungen des Geistes, in dem die Konstruktion einer Welt der Chancen angepackt werden sollte. Am Ende des 20. Jahrhunderts ist eine grosse Debatte entbrannt über moralische Werte und ihre Rolle in der Wirtschaft, in der Politik und im Alltagsleben. Die Ethik ist keine exakte Wissenschaft; Menschen haben unterschiedliche Vorlieben; doch lassen sich möglicherweise drei Elemente eines Ansatzes für die Zukunft ausmachen.

Das erste liegt darin, dass wenige heute noch eine perfekte Welt suchen. Utopia ist eines der Opfer des 20. Jahrhunderts. Es lässt sich nicht nur nicht finden, sondern schon der Versuch, es zu schaffen, führt zur Katastrophe, zum Totalitarismus und im schlimmsten Fall zum Krieg. Wenn wir die Quadratur des Kreises zu erreichen suchen, wissen wir doch, dass das Ideal sich nicht vollkommen realisieren lässt: Es wird Rückfälle geben; es wird an Problemen nicht fehlen; Konflikte werden auch in Zukunft eine Quelle des Fortschritts sein, die es zu kanalisieren, nicht aber aufzuhalten gilt. Nur offene Gesellschaften können gute Gesellschaften sein.

Das zweite und schwierigste Element der neuen Ethik betrifft zukünftige Generationen. Die Menschheit hat eine beunruhigende Art, Probleme erst anzupacken, wenn die Uhr schon begonnen hat, zwölf zu schlagen. Sie löst Probleme, die uns schon überwältigen, nicht solche, die Experten für die Zukunft vorhersagen. Wenn indes manche der hier erwähnten Probleme uns schon überwältigen, ist es zu spät. Das gilt insbesondere für nukleare Katastrophen und für die Zerstörung der Lebensumwelt. Manche haben vom «Prinzip Verantwortung» gesprochen, das nötig ist in der «Risikogesellschaft», in der wir leben. Wir müssen vorausblicken und bedenken, was wir unseren Enkeln antun, und doch wollen wir niemandem gestatten, uns Jetzigen vorzuschreiben, was zu tun ist. Wie können wir verantwortlich handeln, ohne einen vorgeblich wohlwollenden Diktator zu suchen? Die unbeantwortbare Frage muss doch irgendwie beantwortet werden. Mehr noch, sie wird beantwortet werden, und sei es nur durch tödliches Schweigen.

Drittens gibt es die Frage der Grundhaltungen, mit denen wir an Probleme herangehen. In seiner Predigt über «die Einzigartigkeit der Wahrheit» hat Ernest Gellner sie kategorisiert als die des Relativisten, des Fundamentalisten und des Aufklärungs-Puritaners. Eine Woge des Relativismus hat die Welt erfasst, insbesondere die alte entwickelte Welt. *Anything goes*, alles ist erlaubt, sei es weil es dem Eigeninteresse derer dient, die sich nicht von anderen sagen lassen wollen, was sie nicht tun dürfen, sei es auch weil es als das logische Ende des Weges vom Liberalismus zur Libertinage erscheint. Indes wird ein solcher Relativismus uns nicht in die Lage versetzen, die Quadratur des Zirkels im Zeitalter der Globalisierung auch nur annähernd zustande zu bringen. Er wird es denen zu leicht machen, die glauben wollen, dass zwei der drei Ziele hinreichen, also Wohlstand und Zusammenhalt ohne Freiheit, Wohlstand und Freiheit ohne sozialen Zusammenhalt, Solidarität und Freiheit ohne Wohlstand.

Der Fundamentalismus – oder *intégrisme* wie er im Französischen besser noch genannt wird – ist die schlechteste aller Antworten. Sein erzwungener Zusammenhalt beraubt Menschen ihrer Grundfreiheiten und muss am Ende notwendigerweise auch wirtschaftliche Chancen beschneiden. Protektionismus, ethnische Säuberung und Diktatur sind nicht nur schlechte Rezepte für den Versuch der Quadratur des Kreises, sondern zerstören zugleich die Bürgergesellschaft und die Kraft des Marktes als Quelle der Schaffung von Wohlstand.

Es bleibt, was vielen als eine durchaus altmodische Haltung erscheinen mag. Wir leben in einem Horizont der Ungewissheit; wir können nicht mit Sicherheit wissen, was richtig und gut und gerecht ist, sondern nur versuchen, es herauszufinden; versuchen heisst irren, und unsere Institutionen müssen dafür Sorge tragen, dass Irrtümer korrigiert werden können; vor allem aber dürfen wir nie aufhören mit dem Versuch, die Qualität des Lebens von Menschen zu verbessern. Solche aufgeklärten Werte sind im 20. Jahrhundert nicht sehr gut gefahren; sie sind in gleichem Masse gepriesen und verletzt worden. Ihre durchwachsene Geschichte ist indes kein Argument gegen ihre Geltung. Wer weiss, vielleicht ergeht es den Werten der Aufklärung besser im 21. Jahrhundert.

2000

17 Die globale Klasse und die neue Ungleichheit

Für den Autor eines zumindest in der angelsächsischen Welt langlebigen Buches über Soziale Klassen und Klassenkonflikt in der industriellen Gesellschaft *musste sich angesichts der Globalisierung die Frage stellen, ob hier neue Klassenstrukturen im Entstehen sind. Die alte, klassische Theorie hat ja ihren Reiz: es gibt bestehende Verhältnisse und Gruppen, die ein Interesse daran haben, dass der Status quo sich nicht verändert – und es gibt neue Kräfte, für die die bestehenden Verhältnisse ein Hemmnis sind, und Gruppen, in deren Interesse es liegt, den Status quo zu verändern. Hat die Globalisierung so etwas geschaffen wie eine globale Klasse, die neue Kräfte vertritt und daher alte Verhältnisse verändern will?*

Der im Jahr 2000 geschriebene Text lässt die Antwort offen, was im Nachhinein schon darum sinnvoll war, weil in eben jener Zeit die Seifenblase der «neuen Ökonomie» platzte und manche vermeintliche Globalisierungsgewinnler entdeckten, dass ihre neuen Kleider eine Illusion waren. Doch ist genug von einer Klasse geblieben, die von den Möglichkeiten der Globalisierung profitiert. Auch hat sich, wie das beim Aufstieg von Klassen die Regel ist, eine neue Ungleichheit entwickelt. Es gibt also Gewinner und Verlierer einer Entwicklung, die unzweifelhaft Kräfte freigesetzt hat, die die Welt verändern.

Das hier abgedruckte Stück ist als Vortrag zuerst an der israelischen Akademie der Wissenschaften gehalten worden. Es enthält klassische soziologische Analysen, einschliesslich der Zweifel an der Nachhaltigkeit der geschilderten Entwicklung. Vielleicht ist die Y2k-Geschichte, also die der apokalyptischen Erwartungen an das Jahr 2000 – wofür Y2k eine Abkürzung ist – der Kern der Analyse. Vielleicht sind wir aber auch Zeugen des Entstehens neuer Klassenstrukturen von langfristiger Bedeutung.

Die Produktivkraft der Information

Die Revolution von 1989 war einer der grossen Momente des letzten Jahrhunderts, und wer die Freiheit vor allem liebt, wird ihn nicht vergessen. 1989 war indes nicht das Ende der Geschichte, noch auch nur der endgültige Triumph von Demokratie und Marktwirtschaft. Das Gegenteil liesse sich begründen. Die Geschichte, so lange eingekastelt in die öde Koexistenz von Systemen, die einander brauchten, um Wandel zu verhindern oder doch unter Kontrolle zu halten, begann wieder in Gang zu kommen. Damit wurden die Bedrohungen von Demokratie und Marktwirtschaft vom ideologischen Schattenboxen zur Realität. Im folgenden werde ich einige der Prozesse skizzieren, die der Kollaps des Kalten Krieges und seines Systems freigesetzt hat. Nicht dass die alte bipolare Struktur sie geschaffen hätte; sie wurden von dieser eher aufgehalten; aber nun da sie sich voll entfalten können, zeigen sie ihre eigenen Probleme. Globalisierung ist zum Etikett für diese Prozesse geworden, und im Einklang mit meinem langjährigen Ruf als Konflikttheoretiker werde ich über die neuen Spaltungen und Antagonismen reden, die die Globalisierung hervorgebracht hat.

Was wir Globalisierung nennen, ist wahrscheinlich genauer die Entstehung neuer wirtschaftlicher und sozialer Kräfte, die alle herkömmlichen Grenzen überschreiten. Sie als Produktivkräfte zu beschreiben, wäre irreführend, da es bei ihnen gerade nicht um Produktion geht. Selbst «Dienstleistungen» in jenem alten Sinn, den Colin Clark und Jean Fourastié dem Begriff gaben, sind sie nicht. (Ohnehin ist eine subtilere Begrifflichkeit seit langem überfällig für Gesellschaften, in denen mehr als 60 Prozent in «tertiären» Berufen des «Dienstleistungssektors» tätig sind.) Die neuen Kräfte der Globalisierung sind Informationskräfte. Bei ihnen geht es um eine Technologie, die relevante (und irrelevante) Informationen gleichzeitig und im Prinzip überall und für jedermann verfügbar macht. Das «im Prinzip» ist wichtig; es ist eher das französische *en principe*, das bekanntlich das Gegenteil des Gesagten bedeutet. Ich werde noch zu den Menschen und Orten zurückkehren, die dem globalen Netzwerk, der «Netzwerk-Gesellschaft» (wie Manuel Castells sie genannt hat) zugehören. Jedenfalls ist die Kraft der Informationsgesellschaft eine unleugbare Realität.

Das Gleiche gilt für die Macht derer, die sie beherrschen. Als Vorstandsmitglied einer Bank in der Londoner City habe ich im Jahr 1999 viele Stunden damit verbracht, mir die Schreckensgeschichten von IT-«Experten» über das drohende Y2k (wie sie es nannten), also den Übergang zum Jahr 2000 anzuhören. Flugzeuge würden vom Himmel fallen, aber Rettungsmannschaften können ihre Wracks nicht erreichen, weil sie eingesperrt sind hinter computer-gesteuerten Toren, die sich nicht öffnen lassen. Im harmloseren Fall würden wir alle in Fahrstühlen steckenbleiben, ohne die Notfall-Telephone benutzen zu können, während Millionen auf mysteriöse Weise von unseren Bankkonten verschwinden oder (was wahrscheinlicher ist für diejenigen, die nicht der globalen Klasse angehören) auf ihnen erscheinen würden. Um das prophezeite Armageddon zu verhindern, mussten wir nicht nur ermüdende Stunden in Sitzungen zubringen, sondern vor allem viel Geld ausgeben für hochbezahlte «Experten», weltweit viele Milliarden. Dann, als die erste Vorstandssitzung des Jahres 2000 stattfand, war Y2k von der Tagesordnung verschwunden. Unter «Sonstiges» stellte ich die Frage: «War etwa alles nur ein grosser Scherz?» Die «Experten» wurden verlegen und erzählten dem Vorstand, wie nützlich es war, die Computer auf den neuesten Stand zu bringen, den Mitarbeitern vertiefte Kenntnis der Systeme zu vermitteln, usw. In Wahrheit sind Länder wie Nordkorea ins neue Jahrhundert gekommen, ohne viel zu tun, und selbst Italien und Griechenland taten sehr viel weniger als Britannien und die USA. Die globale Klasse hat uns zu Geiseln gemacht, und je «fortgeschrittener» Länder sind, desto widerstandsloser beugten sie sich.

Die Geschichte mag irrelevant scheinen, doch ist es eine Geschichte der Macht. Neue sozialökonomische Kräfte sind ja nicht wie die Schwerkraft, die wirksam bleibt, gleichgültig ob Galilei auf den schiefen Turm von Pisa klettert, um seine Experimente vorzunehmen, oder nicht. Sozialökonomische Kräfte ziehen zudem eine Vielzahl von Menschen an, ohne die sie nicht existieren würden: Erfinder und Investoren, Benutzer und Eigentümer. Sie bewirken den Aufstieg einer Klasse, wobei der Begriff im strengen Sinn verwendet wird. Neue Kräfte schaffen Interessen, um die sich diejenigen versammeln, die aus ihrer Vertretung Nutzen ziehen können. So führt die Globalisierung zum Aufstieg der globalen Klasse.

Der neue Ton, und wer ihn angibt

Die globale Klasse ist Reisenden wohlvertraut, die viel Zeit in den Lounges internationaler Flughäfen verbringen. Man hört ihren Gesprächen mit fernen Partnern auf raffinierten Mobiltelephonen zu. «Wo bist du? In Honolulu? Du hast's gut; ich sitze in Frankfurt fest. Aber hör zu, wir können den Vertrag kriegen ...» Was immer der Vertrag ist. Die Protagonisten der globalen Klasse haben bereits ihre Porträtisten gefunden. Das gilt fast im Wortsinn für Charles Handy, der den «neuen Alchemisten» ein gewichtiges Bilderbuch mit Photos und Kurzbiographien gewidmet hat. «Wie visionäre Menschen etwas aus nichts machen», lautet der Untertitel seines Buches. Wie leicht ihr Gepäck ist, betonen auch andere. «Von dünner Luft leben» ist der Titel von Charles Leadbeaters Studie der «neuen Ökonomie» (die Tony Blair mit warmen Worten als «ausserordentlich interessant» anpries). Rosabeth Moss Kanter spricht von der «Weltklasse» der Kosmopoliten, die weniger durch Reisen als durch ihre «Geisteshaltung» gekennzeichnet sind. Sie sind «reich an immateriellen Schätzen, drei Ks, die zu Vorrang und Macht in der globalen Wirtschaft führen: *Konzepten* – den besten und neuesten Kenntnissen und Ideen; *Kompetenz* – der Fähigkeit, auf dem höchsten Niveau jedes gegebenen Ortes zu funktionieren; und *Kontakten* – den besten Beziehungen, die Zugang verschaffen zu den Ressourcen anderer Menschen und Organisationen überall auf der Welt».

Man denkt dabei an junge *computer freaks,* die angeblich nahezu ohne greifbares Vermögen innerhalb weniger Wochen Millionen «verdient» haben. In der Tat dünne Luft! Aber selbst wenn sie aus Mangel an Sauerstoff kollabieren und mit ihnen ihre suspekten Aktien an der Börse, bleibt noch immer eine Wirtschaft, die weit von vertrauten Bildern entfernt ist. Sie reicht von Banken und Versicherungsgesellschaften zu Händlern in allerlei Realien und Irrealien, zu «Amazon dot com» und Reisebüros. Die Liste hört nicht mit im engeren Sinn wirtschaftlichen Tätigkeiten auf. Zur globalen Klasse gehören Medien-Macher und sogar einige Professoren. Sie schliesst Stars in allen dafür anfälligen Lebensbereichen ein, im Sport und in der populären Musik, in der nobelpreis-verdächtigen Forschung, und nicht zuletzt dort, wo Lotteriegewinner, Bestsellerautoren, Helden der öffentlichen Meinung kraft guter oder böser Taten unerwartet zu Stars avancieren.

Wie viele Mitglieder hat die globale Klasse? Ist sie nicht am Ende eine sehr kleine Kategorie, die allenfalls ein Prozent der Bevölkerung umfasst? Bislang hat niemand die Berufsstatistik zu diesem Zweck umgerechnet. Ich würde vermuten, dass man mit jeder plausiblen Definition auf mehr als ein Prozent kommen würde. Aber darum geht es nicht. Alle neuen herrschenden Klassen waren zunächst sehr klein. Wie viele Kapitalisten gab es zur Zeit des *Kommunistischen Manifests*? Da ist zunächst der Schwarm von Helfern und Helfershelfern zu bedenken. Auch dies wäre ein interessantes Untersuchungsthema, was die neuen Millionäre mit ihrem Geld eigentlich machen. Die Antwort ist vermutlich, dass sie es vor allem für andere Menschen ausgeben. Die globale Klasse ist von einem Schwarm von Leuten umgeben, die von ihr abhängen. Sie reichen von Technikern und anderen direkten Helfern, Sekretärinnen, Sicherheitspersonal, Agenten für dies und Agenten für das, bis zu denen, die für privaten Komfort sorgen, die Crew einer Yacht im Mittelmeer, das

Personal einer Luxusvilla in Acapulco. In gewisser Weise sind sie alle Teilnehmer des neuen Spiels, und sie leben nicht nur von dünner Luft.

Dann sind diejenigen zu bedenken, die es noch nicht oder nicht ganz geschafft haben, sich indes als Teil der globalen Klasse fühlen oder doch fühlen wollen. Soweit ihre Mittel reichen, tun sie so als ob sie dazugehörten. Das ist wichtig: herrschende Klassen brauchen nicht alles direkt oder indirekt zu kontrollieren, aber sie geben den Ton an. Ihre Werte werden herrschende Werte. Ihre Neigungen bestimmen die Träume vieler. In gewisser Weise setzen sie die Massstäbe, die viele andere für sich akzeptieren. Die Fähigkeit, den Ton anzugeben, ist ein unterschätztes soziales Phänomen. Sie ist, in Moss Kanters Worten, Herrschaft auf Grund «unsichtbarer Schätze», ja fast unsichtbare Herrschaft. Das hat es immer schon gegeben. Die britischen Mittelschichten waren zahlenmässig schon ein Jahrhundert oder mehr dominant, übernahmen aber den Ton der viel kleineren Oberschicht, bis aggressive moderne Verfechter einer selbstbewussten Mittelklasse – Edward Heath, Margaret Thatcher, John Major – den Weihrauchdunst wegbliesen, der eine alte Klasse umgab, die doch die Kraft verloren hatte, den Ton anzugeben. Die globale Klasse beginnt ihre Herrschaft gerade erst, aber sie gibt gewisslich den Ton der Welt nach 1989 an.

Was für ein Ton ist das? Die «drei Ks» – Konzepte, Kompetenz, Kontakte – sind schön und gut, aber auch vage und unpolitisch. Offenkundig brauchte die globale Klasse, um sich zu etablieren, einen massiven Prozess der Deregulierung. Der alte bürokratische Staat und sein Establishment – Nomenklatura der Kommunistischen Partei hier, ENA-ausgebildete Verwaltungselite da – musste weichen. Da drängt sich die Analogie auf zu den Interessen der neuen Klasse von Kaufleuten und Handwerkern im 17. Jahrhundert, die die Bande von ständischer Macht und feudaler Abhängigkeit aufbrechen mussten. Sie begannen in einzelnen Städten, «freien Städten», von denen die neue Freiheit sich ausbreitete. «Neoliberale» Wirtschaftspolitik definiert die Interessen der globalen Klasse. Ohne sie hätte die grenzenlose Informationsgesellschaft nicht geschaffen werden können. Das Gegenstück zu den freien Städten fand sich in Reagans Amerika, Thatchers Britannien, und von dort breitete es sich aus, wobei der Prozess wie in früherer Zeit ungleichmässig blieb und manche im Hintertreffen liess.

Die politische Ökonomie des Neoliberalismus ist keineswegs alles, was über den Ton zu sagen ist, den die globale Klasse angibt. Aufsteigende neue Klassen verbreiten eine Stimmung des Optimismus und der Hoffnung. Zweideutige Begriffe, wie Flexibilität oder Risiko, werden positiv gewendet. Ulrich Becks «Risikogesellschaft» ist nicht etwa eine Bedrohung für Menschen, die ihre Lebensbedingungen aufs Spiel setzt, sondern sie eröffnet neue Chancen. Auch für Anthony Giddens ist die neue Welt eine der Chancen, der Ermutigung, selbst etwas zu tun, sogar der Befreiung von der Abhängigkeitskultur des Wohlfahrtsstaates. Das Lob des Unternehmertums ist immer eines der Initiative, der Kreativität, der Innovation.

Auch ist kurzfristiger persönlicher Gewinn keineswegs das Ein und Alles des Tons, den die globale Klasse angibt. Ihr neuer Reichtum mag zum guten Teil auf einmaligen Gewinnchancen beruhen, aber in ihrer Grundeinstellung geht es der globalen Klasse durchaus um die Ausbreitung der neuen Lebenschancen und um deren Nachhaltigkeit. Meritokratie, also die Verfügbarkeit von Chancen für alle, die sie suchen und verdienen, ist ein Teil des globalen Klassenbewusstseins. Das gilt auch für die Schaffung einer Lebenswelt, die Dauer hat. Die globale Klasse ist jung. Sie lehnt daher die tiefsitzende Neigung ab, die gegenwärtige Generation auf Kosten ihrer Kinder und Enkel zu bereichern. Wenn wir Nachhaltigkeit sagen, denken wir gemeinhin an die Umwelt, und die globale Klasse hat ein starkes Interesse an der Erhaltung und, wo nötig, Wiedergewinnung eines bewohnbaren Planeten. Sie will aber auch nachhaltige soziale Verhältnisse, also einen Wohlfahrtsstaat, der dauert; das verlangt ein erträgliches Niveau der öffentlichen Ausgaben und daher eine neue Verbindung von allgemeinen Steuern und individuellen Leistungen, von öffentlichen und privaten Verpflichtungen.

Gewinner und Verlierer: politische Prioritäten

Das ist ein durchaus attraktives Paket von Werten. Es bildet die Grundlage einer Strähne der politischen Philosophie – oder vielleicht auch nur der politischen Sprache –, die als «dritter Weg» bekannt geworden ist. Bewusst sind hier Ulrich Beck und Anthony Giddens zitiert worden. Clintons Neue Demokraten und Blairs Neue Labourpartei sind tatsächlich der perfekte Ausdruck der Interessen der globalen Klasse. Es erhöht die Attraktivität dieser Position, dass sie Parteien der Zukurzgekommenen zum Anwalt einer neuen herrschenden Gruppe gemacht hat. Das ist indes auch die Quelle tiefer Konflikte innerhalb dieser Parteien. Sozialdemokraten auf dem europäischen Kontinent haben es aus guten Gründen schwierig gefunden, dem Programm von Blair zu folgen; das Schröder-Blair-Papier über die neue Mitte und den dritten Weg hat die deutsche Sozialdemokratie fast zerrissen, bevor es still zu den Akten gelegt wurde. Französische Sozialisten werden die neue Ideologie gewiss nicht offen aufnehmen, was immer sie tatsächlich tun, solange sie an der Regierung sind. Blairs engste Freunde in Europa sind jetzt die Premierminister von Spanien und Belgien, ein Konservativer und ein Liberaler. Die Politik jener neuen Verhältnisse, die ich hier zu beschreiben suche, ist ebenso verworren und verwirrend, wie es die Politik vor einem Jahrhundert war, als alte Gruppierungen – in England Disraelis Konservative der «einen Nation» und Gladstones Reformliberale – ihre Kraft verloren, aber die entstehenden neuen Strukturen noch kein klares Muster gefunden hatten.

Zwei Themen sind im politischen Diskurs heute nahezu unbestritten. Das eine hat es mit der Ermahnung zu tun, die Präsident Clinton in seinen Wahlkämpfen an sich selbst gerichtet hat: «Es ist die Wirtschaft, Blödkopf!» Er hat das nie vergessen, und vielleicht sind in den Vereinigten Staaten und über sie hinaus Bedingungen entstanden, die die altvertrauten Freuden und Leiden der Konjunktur ebenso wie die Gefahren der Inflation fürs erste gebannt haben.

Das andere Thema ist programmatischer. Es bringt uns zum Kern der neuen Ökonomie, die ja oft als eine «Wissensökonomie» im weiteren Kontext einer Wissensgesellschaft beschrieben wird. Hier erinnert man sich an Tony Blairs Wahlkampagne, deren Erfolg auch auf seine Antwort zur Frage nach seinen drei Prioritäten zurückzuführen sein dürfte: «Bildung, Bildung, Bildung!» Niemand widersprach ihm, als er das sagte, und niemand widerspricht ihm jetzt. Allenfalls wird zuweilen die Frage gestellt, ob er denn auch getan hat, was er versprach. Doch ändert das nichts an dem verbreiteten Konsens darüber, dass es vor allem auf den Zugang zu Bildung ankommt, und dass Bildung die Tore der schönen neuen Welt der Globalisierung für alle öffnet.

Diese Haltung passt der globalen Klasse gut ins Konzept. Sie liefert für ihre Errungenschaften eine Erklärung durch messbare Leistungen an Stelle von Privilegien. Sie bezeichnet auch einen Rekrutierungsmodus. Alle aufsteigenden Klassen müssen sich über ihr Überleben als solche Gedanken machen, und wenn künftigen Generationen nicht Geld oder Status weitergegeben wird, dann sind Bildungschancen ein perfekter Kandidat. Sie klingen sogar nach Gleichheit, während sie doch tatsächlich nicht weniger differenzieren als frühere Versuche der Selbstverewigung von Klassen. Die Beobachtung lässt sich durch den Hinweis auf eine Längsschnitt-Studie von 17000 1958 geborenen Briten belegen. Dabei ist der Hinweis relevant, dass das Material in einem der Frühstücksseminare von Gordon Brown präsentiert wurde – der britische

Finanzminister ist der Intellektuelle unter den neuen Sozialdemokraten. Autoren sind zwei Mitarbeiter des Londoner Institute of Education, John Brynner und Muriel Egerton, deren Thema der «soziale Nutzen der höheren Bildung» war.

Von den 1958 Geborenen hatten fast 40 Prozent das Abitur oder weiterführende Grade erreicht. Welche wirtschaftlichen Vorteile das bringt, ist seit langem bekannt. Das Lebenseinkommen von Graduierten dieser Altersgruppe ist beträchtlich höher als das von denen ohne Sekundarschul-Abschluss, nämlich 60 Prozent höher bei Abiturienten und 130 Prozent bei Absolventen von Hochschulen. (In beiden Fällen ist der Vorteil für Frauen noch ausgeprägter.) Aber nicht nur Einkommen markieren den Unterschied. Graduierte zeigen eine drei- bis viermal grössere Wahrscheinlichkeit, Management-Berufe zu finden; sie sind zumindest relativ vor Arbeitslosigkeit geschützt; in weit höherem Masse als Nicht-Graduierte sehen sie ihren gesundheitlichen Zustand als «ausgezeichnet»; sie sind weniger den Gefahren von Unfällen oder Verbrechen ausgesetzt; sie haben weniger Bildungsprobleme mit ihren Kindern; ihre Wahlbeteiligung ist höher, und sie sind stärker in Vereinen engagiert; sie sind ausgeprägtere Gegner von rassistischen und anderen diskriminierenden Haltungen.

Das summiert sich zu einer erstaunlichen Menge von Vorteilen. Die These hier ist nicht, dass alle Abiturienten oder Hochschulabsolventen Mitglieder der aufsteigenden globalen Klasse sind, wenn man auch vermuten mag, dass ohne Bildungsvoraussetzungen die Chance des Zuganges zu dieser Klasse den meisten versperrt bleibt. Bill Gates, der sein Studium nie abschloss, ist die Ausnahme, nicht die Regel. Daher kann man die New Labour-Regierung in Grossbritannien und andere derselben Couleur verstehen, wenn sie vor allem den Zugang zur tertiären Bildung und die Ausweitung von Bildungschancen auf weitere Gruppen betonen. Zu diesem Zweck ist ein ganzes Bündel von Politiken erfunden worden einschliesslich der Bestellung von «Mentoren» für bisher Benachteiligte, der Schaffung neuer Formen von Ausbildung und Ausbildungsstätten, der verbreiteten Verfügbarkeit von Computern. Schon deutet sich der Anstieg der Zahl von 40 Prozent Abiturienten und Hochschulabsolventen auf über 50 Prozent an, und er kann durchaus weiter in Richtung auf 60 Prozent voranschreiten.

Und doch gibt es die andere Seite der Medaille, die der verbleibenden 40 Prozent wenn nicht mehr. Sie vereinigen nämlich alle Nachteile auf sich: niedrigere Einkommen, höhere Arbeitslosigkeit, einen schlechteren Gesundheitszustand, grössere Gefährdung durch Unfälle, weniger

Engagement in öffentlichen Dingen und nicht zuletzt mehr Bildungsprobleme mit ihren Kindern. Das resultierende Problem der Häufung von Benachteiligungen ist nicht nur eines der Ungleichheit; soziale Schichtung gibt es in allen Gesellschaften. Wichtiger noch ist die Tatsache, dass die von meritokratischen Strukturen gezogenen Grenzen schwer durchdringlich und für viele endgültig sind. Auswahl durch Bildung belässt viele, eine Mehrheit vielleicht, mit allen Chancen, aber eine beträchtliche Minderheit mit sehr wenigen. So entstehen zwei Welten, eine der Chancen und eine des Ausschlusses zumindest im Sinn der herrschenden Werte. Die Zeichen mehren sich, dass eben dies in einer Welt geschieht, in der die globale Klasse den Ton angibt. Die im Wolkenkratzer der Möglichkeiten Angekommenen mögen es nicht bis zur Spitze schaffen; die Spitze ist heutzutage weit weg für die Mehrheit, die realistischerweise nicht erwarten kann, in den Club der Dollar-Milliardäre zu gelangen; aber während manche Fahrstühle nur bis zum 10. Stock fahren und andere erst im 50. beginnen, gibt es doch für alle eine Fahrt nach oben. Dann aber sind da diejenigen, die nicht einmal das Erdgeschoss des Hochhauses der Möglichkeiten erreichen. Sie bleiben draussen auf der Strasse, wo sie Obdachlosen-Magazine an den Mann zu bringen versuchen oder Passanten berauben, um für ihre Drogen zu zahlen. Andere sind weniger sichtbar in den neuen Ghettos, den *favellas* der globalisierten Welt.

À propos *favellas*, in zunehmendem Masse muss die Analyse nationaler Gesellschaften auf die internationale Szene übertragen werden. Eine analoge Argumentation liesse sich entwickeln für die neue Ungleichheit zwischen Ländern, die es geschafft haben oder doch schaffen können, und anderen, für die das nicht gilt. Die afrikanische Situation kann niemanden gleichgültig lassen.

Allerdings wäre es falsch zu meinen, dass die globale Klasse gleichgültig sei gegenüber den hier angedeuteten absoluten Ungleichheiten. Diese machen ja das Leben für alle unbequem, mit teuren Sicherheitsvorkehrungen und einem verbreiteten Empfinden sozialer Entstrukturierung und moralischer Verrohung. Was also ist zu tun? Man kann versuchen, die Hoffnungen der Bildung noch weiter zu verbreiten, doch stösst das an Grenzen. Was geschieht mit den verbleibenden Bildungsarmen? An diesem Punkt ist ein weiterer Faktor in die Analyse einzuführen, bevor wir die neuen Konfliktfronten identifizieren können, das ist die Arbeit. Die globale Klasse ist nicht abzubringen vom Gedanken der Arbeit für alle. Wie im Fall der Bildung findet sie für ihre Obsession viel Unterstützung. New Labour und Old Labour sind sich ganz und gar einig über die Wünschbarkeit der Vollbeschäftigung und damit aller Massnahmen, die Arbeit für alle zu schaffen versprechen. Infolgedessen sind sie seltsam farbenblind hinsichtlich der tiefgreifenden Wandlungen im Arbeitsmarkt und seinen Strukturen.

Arbeit und soziale Kontrolle

Natürlich gibt es genug zu tun für alle; in diesem Sinn wird uns die Arbeit nie ausgehen. Es gibt sogar genug bezahlte Arbeit für alle, wenn Löhne prinzipiell sinken können und sich jemand findet, der sie zahlt. Aber warum sollten Menschen für die Arbeit anderer bezahlen? Hier treffen wir auf die erste von zwei grossen Veränderungen des Arbeitsmarktes, die die alten Arbeitsgesellschaften transformiert haben. Die globale Klasse kommt ohne die Arbeit vieler aus. Sie mag viele Helfershelfer haben, manche darunter ungelernt und niedrig entlohnt, aber ein beträchtlicher Anteil der 40 Prozent ohne weiterführende Bildung wird von den übrigen nicht gebraucht. Das ist neu. Die klassischen Kapitalisten brauchten die Arbeit, um ihre Produktivkräfte zu nutzen. Am Ende konnte John Maynard Keynes sogar die bewusste Nachfragesteuerung erfinden, um die Arbeitslosen wieder in Arbeit zu bringen und damit den Kapitalismus in Gang zu halten. Kapital und Arbeit waren schicksalhaft verknüpft, wie das Marx in krassen Farben beschrieben hat. Das Kapital mag die Macht gehabt haben, aber die Arbeit war nicht ohne Hebelwirkung. Die aufsteigende globale Klasse indes braucht nicht alle prinzipiell verfügbare Arbeit. Sie braucht Computer, aber nicht Arbeiter. (Wenn ich ein Buch über diese Klasse und die neuen Konflikte schreiben würde, wäre sein Titel «Kapital ohne Arbeit».) Die Arbeit, die für viele gefunden wird, hat daher etwas Beliebiges, fast Überflüssiges. Da ist New Labours Erfahrung mit dem sogenannten New Deal vielsagend. Das Programm sollte 100 000 jungen Leuten entweder Bildung oder Tätigkeit in freiwilligen Diensten oder Arbeitsplätze verschaffen. Das teure Programm hat wenige Jobs zu hohen Kosten geschaffen. Manche haben durch Bildung einen Ausweg aus ihrem Gefühl der Nutzlosigkeit gefunden, wenngleich viele ihre Ausbildungsgänge vorzeitig abgebrochen haben, weil sie kein Licht am Ende des Tunnels sahen. Freiwillige Tätigkeiten werden von sozial Ausgeschlossenen nicht ernst genommen. Im Gegenteil; wie wir gesehen haben, sind es die gut Ausgebildeten und Erfolgreichen, die aktiv am Leben der Bürgergesellschaft teilnehmen.

Warum dann die Sorge um Arbeit für all diejenigen, die offenbar nicht gebraucht werden? Die Arbeitsgesellschaft hat eine umständliche

Ideologie des Wertes der Arbeit entwickelt. Beschäftigung liefert nicht nur den Lebensunterhalt für Menschen, sondern ist auch der Schlüssel zu ihren Anrechten und damit dem Wohlfahrtsstaat; darüber hinaus gibt sie Menschen Selbstachtung, ja sogar Lebenssinn. Damit das geschieht, muss indes die Arbeit selbst einen gewissen Sinn haben. Zumindest muss sie denen, die sie tun, wichtig vorkommen. Das ist für viele ausserhalb der neuen Wirtschaft ein wirkliches Problem geworden. Sie wechseln ihre Jobs häufig nicht weil sie für kurze Zeit eingestellt und rasch entlassen werden, sondern weil die Jobs, die ihnen offenstehen, nicht viel bedeuten. Während die globale Klasse sich im Internet vergnügt, am Telephon hängt und damit noch ihre Bankkonten füllt, leben andere ein unbeabsichtigtes «Portefeuille-Leben» von Gelegenheitsjobs, Gelegenheitsverbrechen und Gelegenheitsvergnügungen. Die Arbeitsgesellschaft, die ausser einer kleinen Musseklasse an der Spitze und dem Lumpenproletariat am anderen Ende das ganze zusammenhält, ist zerbröselt.

Möglicherweise ist die ernsteste Folge der Verlust eines bisher noch nicht erwähnten Aspekts der Beschäftigung, nämlich der Arbeit als Instrument sozialer Kontrolle. Die Notwendigkeit zu arbeiten stellt eine der wirksamsten Methoden dar, um Menschen auf dem geraden Weg zu halten; das galt in Industriegesellschaften wie in anderen vor ihnen. Arbeit hat Zeit strukturiert ohne dass die Mächte, die hinter dem Prozess standen, immer sichtbar wurden. Man musste arbeiten, um zu leben, und arbeiten hiess, morgens in die Fabrik oder ins Büro zu gehen, abends zurückzukommen, gelegentlich Ferien zu geniessen, manchmal krank zu werden, am Ende mit einer wohlverdienten Rente in Pension zu gehen. Aus Gründen, die es zu tun haben mit dem Erfolg von Strategien zur Reduzierung von Normalarbeit, aber auch der fehlenden Verfügbarkeit von Normalarbeit für fast die Hälfte der Bevölkerung im beschäftigungsfähigen Alter, der süssen Versuchung der Abhängigkeit vom Wohlfahrtsstaat, dem Entstehen von neuen Formen der Selbständigkeit und einem allgemeinen Trend zur Auflösung von arbeitsbestimmten Hierarchien, ist soziale Kontrolle durch arbeitsstrukturierte Zeit für die meisten schwächer geworden und für viele ganz weggefallen.

Die Schwächung der sozialen Kontrolle ist möglicherweise das grösste einzelne Problem der modernen Welt. Sie ist auch ihr durchgängiges Thema. Zuerst verloren die Kirchen ihre Kraft, dann die Familie, die Gemeinde, die Nation. Überall sind Gesellschaften den Weg von ständischen zu vertraglichen Bindungen gegangen. Am Ende war der Arbeitsvertrag fast die einzige noch übrige Methode, um dem Leben von Menschen Struktur zu geben. In dem Masse, in dem das nicht mehr die

Regel, ja für die meisten nicht mehr die Lebenserfahrung ist, öffnet sich eine gefährliche Leere. Die moralischen Grundlagen der Gesellschaft lösen sich auf. Es ist kein Wunder, dass sozialer Zusammenhalt zum politischen Thema geworden ist, und mit ihm die Sprache der Solidarität und der Gemeinschaft. Wird solche Thematisierung uns helfen, die Fragen von Recht und Ordnung zu lösen, die bei vielen so hoch auf der Liste des Nötigen stehen?

Die globale Klasse hat ihre eigenen Mittel und Wege, um die persönliche Sicherheit ihrer Mitglieder zu garantieren; aber sie will auch Gesellschaften haben, die zusammenhalten. Der Kommunitarismus allein wird das nicht erreichen und auch nicht die Stärkung des freiwilligen Sektors von Nicht-Regierungsorganisationen. Eben darum ist die Arbeit für alle so ein verzweifelt wichtiges Thema geworden. Arbeit für alle ist vor allem nötig als Instrument der sozialen Kontrolle. Was aber, wenn Menschen die verfügbare Arbeit nicht wollen, weil sie wohl wissen, dass sie eigentlich nicht gebraucht werden? Dann muss man sie zur Arbeit zwingen. Sozialleistungen müssen gekürzt werden für alle, die nicht arbeiten, auch wenn sie ledige Mütter sind. Sozialbetrug muss schärfstens bekämpft werden, auch wenn seine Ausmasse durchaus bescheiden bleiben. Wenn Menschen zum Verbrechen ihre Zuflucht nehmen, kommt die Politik Tony Blairs ins Spiel: «hart im Kampf gegen Verbrechen, hart im Kampf gegen die Ursachen des Verbrechens». Das heisst in erster Linie, dass Verbrechen hart bestraft werden. Was die Ursachen angeht, so scheint Arbeit die einzige und jedenfalls die bevorzugte Antwort.

Hauptlinien des Konflikts

Man kann die Sorgen der globalen Klasse verstehen, aber das Ergebnis sind nicht nachhaltig stabile soziale Verhältnisse. Um die Argumentation zu resümieren: Eine neue Klasse ist im Entstehen, die globale Klasse. Sie reitet auf dem Erfolg einer neuen Technologie, die keine Grenzen kennt. Mit ihren vielen Begleitern gibt sie den Ton der Weltgesellschaft am Anfang des 21. Jahrhunderts an. Das ist ein Ton des Eigeninteresses an den Bedingungen der neuen Ökonomie, aber auch einer der Hoffnung und der neuen Möglichkeiten verbunden mit der Sorge um eine nachhaltige Zukunft. Die globale Klasse ist in mancher Hinsicht eine attraktive Klasse, selbst wenn viele sich abgestossen fühlen durch ihre hektische Art und die Exzesse rasch gewonnener Reichtümer.

Die globale Klasse sieht sich mit zwei Hauptlinien des Konflikts konfrontiert. Da ist einmal der sozusagen klassische Konflikt, also der Kampf der neuen Klasse mit ihrer historischen Vorgängerin. Charles Leadbeater hat die Sprache geliefert, die Tony Blair und andere seither aufgenommen haben. Die globale Klasse will «Modernisierung», das heisst eine Welt nach ihrem Bilde. Aber sie sieht sich den «Kräften des Konservatismus» gegenüber. Leadbeater spricht von unserer «höchst unterschiedlichen Fähigkeit zur Innovation», die «die fundamentale Quelle unseres Unbehagens» ist. «Wir sind wissenschaftliche und technologische Revolutionäre, aber politische und institutionelle Konservative.» Dieser Konservatismus beschränkt sich nicht auf konservative Parteien; er ist tatsächlich ausgeprägter bei traditionellen Sozialdemokraten, Old Labour. Die globale Klasse glaubt, dass dieser nostalgische Widerstand gegen die «Modernisierung» nicht dauern kann. Wie alle aufsteigenden Klassen sieht sie den Weltgeist auf ihrer Seite. Wahrscheinlich wird der Kampf zwischen alten und neuen Sozialdemokraten in verschiedenen Ländern unterschiedlich ausgehen, und das wird die Vielfalt der Formen der Globalisierung erklären, die wir schon heute beobachten.

Die andere Hauptlinie des Konflikts ist die schwierigere und beunruhigendere, die sich aus der neuen Ungleichheit ergibt. Gerechterweise muss man sagen, dass Leadbeater und andere Theoretiker der «dünnen Luft» und des «dritten Weges» die Tatsachen deutlich sehen. «Ungleichheit ist zu einem akuten, chronischen und endemischen Merkmal moderner Gesellschaften geworden.» Aber so wie «Bildung, Bildung, Bildung» das Hormon zur Stärkung der Macht der globalen Klasse ist, ist «Arbeit, Arbeit, Arbeit» ihr Mittel gegen die neue Ungleichheit, und es wird nicht funktionieren. Jedenfalls wird es dann nicht funktionieren, wenn wir jenen höchsten Wert bewahren wollen, die Freiheit.

Die globale Klasse verteidigt ihre eigene Freiheit eifersüchtig und macht vollen Gebrauch von den neuen ökonomischen und sozialen Kräften, die ihre Existenzgrundlage bilden, aber sie wendet wenig Zeit und Kraft an die traditionelle Verfassung der Freiheit. Heute wissen wir, dass die Demokratie im Sinne der repräsentativen Regierung eng mit dem verknüpft war, was John Stuart Mill «Nationalität» nannte, also dem Nationalstaat und dem unausgesprochen vorausgesetzten Vertrauen, der diesen zusammenhielt. Es gibt keinerlei Beispiele für wirksame demokratische Institutionen jenseits des Nationalstaates. Doch operiert die globale Klasse eben dort, also jenseits des Nationalstaates. Damit wird die Demokratie zum Teil der «Kräfte des Konservatismus», was zur Folge hat, dass wir mit dem Aufstieg der neuen Klasse das erleben, was

Shmuel Eisenstadt und Larry Diamond «die Lockerung vieler institutioneller und organisatorischer Grundlagen demokratisch verfasster Regimes» genannt haben.

An Stelle der Demokratie finden wir neue Formen des Autoritarismus. Zum Teil sind diese durchaus beabsichtigt. Menschen zur Arbeit zu zwingen ist, auch wenn es durch indirekte Mittel geschieht, eine autoritäre Politik. (Das Recht auf Arbeit ist ein Missbrauch der Sprache, da es nicht erzwingbar ist; das Recht, nicht zu arbeiten, ist hingegen ein liberales Prinzip.) Die gnadenlose Verfolgung aller Arten von Betrug muss fast notwendigerweise zu autoritären Massnahmen führen, und das gleiche gilt für eine Politik, die bewusst «hart im Kampf gegen Verbrechen» ist. Wichtiger noch ist indes der implizite Autoritarismus der neuen Klasse. Wenn Arbeit die soziale Kontrolle der Benachteiligten nicht mehr bewirkt, dann muss diese auf andere Weise zustande gebracht werden. Da die Benachteiligten (wie wir gesehen haben) ohnehin nicht bereit scheinen, sich in politischen oder anderen Verbänden zu betätigen, neigen sie zur Apathie, und die Apathie der vielen ist immer die andere Seite der unkontrollierten Macht der wenigen.

Hier ging es um die sozialen Grundlagen der Politik und nicht um die neue Politik selbst. Solche Zurückhaltung ergibt sich nicht nur aus Gründen der thematischen Begrenzung, sondern auch aus solchen des Inhalts. Wir können manche soziale Trends der Globalisierung erkennen, aber die politischen Strukturen der Zukunft sind noch nebelhaft und ungewiss. Das angebliche Wiederaufleben der Sozialdemokratie ist fast mit Sicherheit eine Illusion sogar im Sinne von Wahlergebnissen, ganz abgesehen von der Politik von Parteien wie New Labour. Es ist durchaus denkbar, dass programmatisch autoritäre Bewegungen der Rechten an Boden gewinnen werden. Schliesslich verbindet Jörg Haiders Freiheitliche Partei Österreichs neoliberale Wirtschaftspolitik einschliesslich strenger Haushaltsdisziplin mit unübersehbar autoritären Zügen im Hinblick auf Zuwanderung oder Recht und Ordnung.

Soll dieser düstere Schluss wirklich das letzte Wort sein? Im Kern ja; hier ging es um Analyse, nicht Programm. Aber zwei Fussnoten sind noch hinzuzufügen, die eine methodisch, die andere substanziell. Ich habe hier Denkmodelle verwendet, die man auf Marx' Theorie des sozialen Wandels zurückführen kann. Indes trennt mich manches von Marx. Vor allem ist mir seine Doktrin der historischen Notwendigkeit durchaus fremd. Ich hoffe, der Hinweis auf den Weltgeist ist so verstanden worden, wie er gemeint war, nämlich ironisch. Der Sieg der globalen Klasse ist keineswegs ausgemacht. Es ist durchaus möglich, dass diese

Klasse sich als blosse Episode erweist, eine riesige Seifenblase, die so rasch zerstiebt, wie sie entstanden ist. Die virtuelle («neue») Börse, die wir in diesen Jahren sehen, könnte zum Symbol einer virtuellen Klasse werden, die ihren virtuellen Geschäften nachgeht, bis sie allesamt eines Tages von der Realität weggeblasen werden.

Die andere Fussnote lautet, dass keine Analyse den Kampf um die Freiheit unnötig machen kann. Die Erhöhung der Lebenschancen von so vielen Menschen wie möglich im Rahmen der liberalen Ordnung bleibt Aufgabe, was immer unsere Analyse – oder blosse Beobachtung – uns über ökonomische, soziale und politische Trends sagen mag. Eisenstadt hat Recht: es ist paradox, dass die Schwächung der liberalen Ordnung stattfindet «zu eben der Zeit, zu der die ideologischen – vor allem totalitären, faschistischen oder kommunistischen – Gegner der verfassten Demokratie von der Bildfläche verschwunden sind». Die Erinnerung an diese Schrecken ist indes nicht verschwunden, und auch nicht die an den Triumph der Freiheit 1989. Wer sich erinnert, wird daher den Kampf nicht aufgeben.

18 Demokratie und Rechtsstaat

Immer wieder ist in den Stücken dieses Bandes von dem schwierigen Verhältnis von Demokratie und Marktwirtschaft die Rede. Dabei ist ein Gedanke nur nebenher zur Sprache gekommen, der beide, vor allem aber die Demokratie betrifft. Demokratie und Marktwirtschaft sind nicht einfach freischwebende Mechanismen. Sie sind eingebunden in Regeln, ohne die sie in Anomie oder den Kampf aller gegen alle abgleiten würden. Diese Regeln haben selbst eine zentrale Bedeutung für die liberale Ordnung. Sie werden als Regeln des Rechtsstaates bezeichnet, die die rule of law, *die Herrschaft des Rechts begründen.*

Die Einladung, zu gegenwärtigen und ehemaligen Richtern des Europäischen Gerichtshofes in Strassburg zu sprechen, gab mir Gelegenheit, das Thema etwas näher auszuführen. Der Strassburger Gerichtshof, der in gewisser Weise das letzte nachhaltig wirksame Überbleibsel des Europarates ist, hat mittlerweile eine bemerkenswerte Geschichte. Er kann geradezu als institutionelle Definition der Herrschaft des Rechts angesehen werden. So entwickelte ich die Kernthese mit einigem Zögern angesichts der überlegenen Kompetenz des Publikums, aber am Ende doch mit Entschiedenheit: die Herrschaft des Rechts bedarf einer eigenen Anstrengung zu ihrer Schaffung wie ihrer Aufrechterhaltung. Diese Anstrengung ist möglicherweise noch wichtiger für die liberale Ordnung als die der Schaffung demokratischer politischer Institutionen und einer funktionierenden Marktwirtschaft. Im Extremfall könnte sogar gelten: besser ein Rechtsstaat mit unvollkommener Demokratie als eine Demokratie mit unvollkommenem Rechtsstaat.

*Der Vortrag wurde auf Englisch gehalten. Damit konnte ich die mehr als terminologische Frage umgehen, ob Herrschaft des Rechts (*rule of law*) und Rechtsstaat eigentlich dasselbe sind. Häufig werden die beiden Begriffe austauschbar verwendet. Deutsche Autoren zumal verstehen unter dem Rechtsstaat die Herrschaft des Rechts. Dennoch hat die Betonung des Staates im deutschen Begriff etwas Störendes, könnte sie doch den Schluss nahelegen, dass der Staat in irgendeinem Sinne über dem Recht steht. Diesen Irrtum vermeidet der angelsächsische Begriff, der vielmehr die Frage der Rolle des Staates – bei der Erzwingung des Rechts zum Beispiel – problematisch hält. Ich habe in der deutschen Version die Ambivalenzen gelassen und die Begriffe ohne Bedeutungsunterschied verwendet: doch ziehe ich es streng genommen vor, von der Herrschaft des Rechts zu sprechen.*

«Eine Periode aussergewöhnlicher Umstände»

Am Anfang dieser Reflexionen über das Recht und seine Hüter in der liberalen Ordnung der Dinge steht ein Jahr der jüngeren Geschichte, für das selbst vorsichtige Richter die in der Europäischen Menschenrechtskonvention vorgesehene Beschreibung als «eine Periode aussergewöhnlicher Umstände» akzeptieren würden; ich meine das Jahr 1989. Als die Wandlungen in der kommunistischen Hälfte Europas stattfanden – Revolutionen in einigen Ländern, «samtene Revolutionen» oder, mit dem von Timothy Garton Ash geprägten Wort, «Refolutionen», also Mischungen von Reform und Revolution in anderen –, fanden wir in Europas glücklicherer Hälfte uns beinahe ebenso herausgefordert wie die unmittelbar Betroffenen. Die von kommunistischer Herrschaft befreiten Länder wollten ja «zurückkehren nach Europa», indem sie unsere Institutionen übernahmen, darunter vor allem die Demokratie und die Marktwirtschaft. Es war daher unsere Aufgabe, ihnen zu erklären, was solche verfassten Werte für uns bedeuten, und wie sie nach unserem Verständnis von postkommunistischen Ländern übernommen und dabei sogar angepasst werden können.

Heute, zehn Jahre später, ist der Schluss schwer abzuweisen, dass wir bei der Erfüllung dieser Aufgabe keine grossen Lorbeeren errungen haben. Was die Marktwirtschaft betrifft, haben wir eine einfache Doktrin gepredigt, in der die Stabilität des Geldwerts sowie Privatisierung, Deregulierung und andere angebotsorientierte Mechanismen die entscheidende Rolle spielten. Der Internationale Währungsfonds und andere (einschliesslich der Europäischen Kommission) formulierten einen Katalog von erforderlichen Massnahmen und machten Finanzhilfen abhängig von dessen Übernahme. Bis zu einem gewissen Grade war die Wirkung wohltuend. Der polnische Finanzminister Balcerowicz – «Balcerowicz 1» in Ministerpräsident Mazowieckis Regierung von 1990, nicht «Balcerowicz 2» in der jüngsten Koalition von Ministerpräsident Buzek – nutzte seine wirtschaftswissenschaftliche Ausbildung in Chicago, um mit grossem Erfolg den Zloty zu stabilisieren. In anderen Ländern, vor allem in Südosteuropa, wurden *currency boards* oder andere Stabilisatoren geschaffen. Was indes die Privatisierung und Deregulierung anging, so haben diese nicht selten eher zur Selbstbereicherung der wenigen, zu einer allgemeinen Stimmung der Geldgier und des Neides bei weitverbreiteter Armut, und vor allem zur Korruption und Kapitalflucht geführt, als zu einem Wirtschaftswunder. Irgendetwas fehlte und fehlt noch heute in diesen postkommunistischen Ländern, am auffälligsten in Russland.

Was die Demokratie angeht, so fand ein ähnlicher Prozess statt. Es war relativ einfach, Wahlen zu arrangieren und Verfassungen zu schreiben, die Regierungen auf Parlamente zu gründen und beide auf den an der Wahlurne ausgedrückten Willen des Volkes. Es war schon schwieriger, die gerade befreiten Wähler davon zu überzeugen, dass Parteien ein notwendiges Element in diesem Prozess sind. Waren sie nicht gerade erst befreit worden von der Parteiherrschaft, selbst wenn es sich dabei zum Unterschied von heute um eine Monopolpartei gehandelt hatte? Vor allem aber wurde bald deutlich, dass Wahlen eben nicht alle jene Wohltaten bringen, die viele erwartet hatten; sie bringen weder Waschmaschinen noch Ferien an der Costa Brava, noch nicht einmal eine blühende Literatur und lebhafte öffentliche Debatten. Im Gegenteil mussten die ersten gewählten Regierungen dem Abstieg in das wirtschaftliche Tal der Tränen vorsitzen, meist verbunden mit der Schliessung nicht nur von Stahlwerken und Schiffswerften, sondern auch von Verlagen und Theatern. Eine Stimmung der Enttäuschung breitete sich aus, die zu eher verwirrenden Reaktionen führte, zur Wahl der alten Herrscher unter neuen Parteietiketten zum Beispiel und bald zu einem massiven Rückgang der Wahlbeteiligung.

Manche dieser Entwicklungen mag man unvermeidlich nennen. Nur selten wird die Tatsache gesehen, dass Demokratie und Marktwirtschaft nicht dasselbe sind; eine blühende kapitalistische Wirtschaft schafft als solche noch keine Demokratie (siehe China), und eine lebendige Demokratie schafft als solche noch keine florierende Marktwirtschaft (siehe Indien). Überdies brauchen Veränderungen ihre Zeit. Die Erfahrung anderer posttotalitärer Länder hat gezeigt, dass es keinen geraden Weg vom Moment der Befreiung zum Wohlstand gibt. Viele Dinge verschlechtern sich, bevor sie sich bessern, und die Wahrscheinlichkeit ist gross, dass sie ihren Tiefpunkt gerade zur Zeit der zweiten Parlamentswahl erreichen. Ohne die bedrohliche internationale Szene – und die ersten zarten Zeichen des Aufschwungs – hätte es durchaus sein können, dass Konrad Adenauer die zweiten deutschen Nachkriegswahlen von 1953 nicht gewonnen hätte.

Die Notwendigkeit von Regeln

Abgesehen von solchen sozialen und ökonomischen Erfahrungen kommt einem beim Rückblick auf 1989 ein weiterer Gesichtspunkt in den Sinn. Als wir darangingen, unsere neuen Freunde in Sachen Demokratie und Marktwirtschaft zu beraten, haben wir die entscheidende Tatsache übersehen, dass beide zu ihrer Begründung Regeln brauchen, die von den wirtschaftlich und politisch Handelnden geschaffen und akzeptiert werden. Vielleicht haben wir nicht voll realisiert, was es ist, das unsere eigenen Gesellschaften und Volkswirtschaften funktionieren lässt. Sowohl die Demokratie als auch die Marktwirtschaft setzen die Herrschaft des Rechts als ihre notwendige Funktionsbedingung voraus. Während man indes Handlungen wie Wählen oder Einkaufen sehen, ja beinahe anfassen kann, sind die diesen Handlungen zugrunde liegenden Regeln unsichtbar. Es wäre nicht leicht gewesen, 1990 nach Polen oder nach Bulgarien zu gehen und zu sagen: vergesst für den Augenblick Wahlen und Privatisierung und dergleichen, und konzentriert euch auf die Herrschaft des Rechts!

Dennoch wäre genau dies nötig gewesen. In der folgenden Argumentation werde ich die Marktwirtschaft beiseite lassen, denn hier geht es um die Demokratie und den Rechtsstaat. Allerdings ist die Erinnerung an die Einsicht des grössten frühen Theoretikers des Wohlstands der Nationen, der durch Marktwirtschaften geschaffen wird, Adam Smith, von Nutzen auch für das hier erörterte Thema:

> Handel und Produktion können selten in einem Staat erblühen, der nicht eine geregelte Verwaltung des Rechts geniesst, in dem

> Menschen sich also nicht sicher fühlen im Besitz ihres Eigentums, in dem das Vertrauen in Verträge nicht durch Gesetz gestützt wird, und in dem man nicht davon ausgehen kann, dass die Autorität des Staates regelmässig eingesetzt wird zur Erzwingung der Zahlung der Schulden aller derer, die in der Lage sind zu zahlen. Kurz, Handel und Produktion können selten erblühen in einem Staat, in dem es nicht ein gewisses Mass an Vertrauen in die Rechtsgemässheit des Regierens (*justice of government*) gibt.

Was Adam Smith *justice of government* nennt, ist aber nichts anderes als die Herrschaft des Rechts.

Eine analoge Aussage liesse sich machen – und ist auch gemacht worden – für die Bedingungen, unter denen die Demokratie gedeiht. Es ist ja kein Zufall, dass Montesquieu seiner folgenreichen Fehlinterpretation der englischen Verfassungspraxis den Titel *Vom Geist der Gesetze* gab; und die Väter der amerikanischen Verfassung, die den historischen Irrtum gerne als nützliche Grundlage für ihr eigenes Unternehmen akzeptierten, wandten viel Zeit und Energie daran, den rechtlichen Rahmen der politischen Demokratie zu bedenken. Heute wissen wir wohl, dass Demokratie nicht nur ein Mechanismus zur Auswahl und Entlassung der Herrschenden ist, sondern dass dieser Mechanismus verankert sein muss in bestimmten Regeln. Einige davon, wie das Verhalten und vor allem die Finanzierung von politischen Parteien und Wahlkämpfen, sind in allen Demokratien zu einem vorrangigen Problem geworden. Andere, wie die tatsächliche Fähigkeit der Menschen, von ihren Verfassungsrechten Gebrauch zu machen, also der dornige Pfad vom *status to contract*, von Untertanen zu Bürgern, beherrschten das 19. und 20. Jahrhundert. Doch gibt es etwas noch Fundamentaleres – so fundamental wie das, was Adam Smith in wirtschaftlichen Dingen «das Vertrauen in Verträge» nennt –, das es in der Tat mit Vertrauen zu tun hat. Menschen, Bürger, müssen sich auf die Beachtung bestimmter Grundregeln durch Wähler wie Gewählte verlassen können. Steuern liefern für dieses Vertrauen in öffentlichen Dingen das eindringlichste Beispiel. Steuern müssen von Privatpersonen und Organisationen ehrlich bezahlt und dürfen nur für ordnungsgemäss beschlossene und transparente öffentliche Zwecke verwendet werden.

Dies ist offenkundig nicht die ganze Wahrheit der Herrschaft des Rechts, wenngleich es den direkten Bezug zur Demokratie sichtbar macht. Die Herrschaft des Rechts ist so wichtig, dass ich eine enge, ja eine minimalistische Definition ihres Inhalts bevorzuge. Die Europäische Menschenrechtskonvention leistet dies ziemlich gut; während Entwürfe der vorgesehenen Europäischen Grundrechtscharta den Kern der Herrschaft des Rechts in Misskredit bringen können, weil sie zu viel Peripheres hinzufügen. Soziale Rechte sind in aller Regel ein Missbrauch des Wortes Recht. Kein Richter kann Stellen für Arbeitslose schaffen, und nur deutsche Richter scheinen die Macht zu haben, Rentenansprüche zu begründen, für die doch der Steuerzahler aufkommen muss. Eine eng begrenzte Zahl von Grundrechten plus Spielregeln für die politischen Institutionen scheinen mir den inhaltlichen Kern eines gesetzmässigen Zustandes zu bilden.

Zuweilen hört man das Argument, dass die Herrschaft des Rechts ein allzu formaler Begriff ist. Ist nicht der Rechtsstaat in einen Unrechtsstaat pervertiert worden, einen Staat also, in dem unmenschliche Gesetze zur Rechtfertigung von mörderischen Untaten dienten? Ich würde jedenfalls nicht akzeptieren, dass eine hinlängliche Garantie der Herrschaft des Rechts schon dadurch entsteht, dass Regelungen in Gesetze, selbst in parlamentarisch beschlossene Gesetze gefasst werden. Die Kommission des House of Lords, deren Mitglied ich bin, das sogenannte *Delegated Powers Committee*, prüft alle Gesetzgebung für das, was wir Heinrich VIII-Klauseln nennen; das sind Ermächtigungsklauseln, die es der Exekutive erlauben, durch Verordnungen ohne parlamentarische Kontrolle Gesetze zu ergänzen, zu verändern oder gar aufzuheben. So hat König Heinrich VIII. den frühen Rechtsstaat im 16. Jahrhundert umgangen. Hitler ging 1933 noch weiter und hob durch ein allgemeines Ermächtigungsgesetz die Herrschaft des Rechts grundsätzlich auf. Der Europarat verteidigt nicht nur die Menschenrechtskonvention, sondern ist der Wächter über die Herrschaft des Rechts in den Mitgliedsstaaten. In einer früheren Inkarnation war ich 1969 an dem politischen Prozess der Suspendierung Griechenlands beteiligt, weil die Militärregierung des Landes die Herrschaft des Rechts verletzte.

Das sind Extremfälle. Sie sind deshalb nicht minder wichtig, dürfen aber nicht ablenken von der Tatsache, dass die strikte Beachtung verfassungsmässig beschlossener Gesetze selbst eine Tugend ist. Sie schafft Verlässlichkeit und Vorhersehbarkeit, wo sonst das sogenannte Gesetz des Dschungels herrschen würde. In der Tat gibt es historische Beispiele für die Herrschaft des Rechts unter Umständen, die sich nicht als demokratisch beschreiben lassen. Ein häufig und zu Recht zitiertes Beispiel ist Preussen im 18. Jahrhundert, also der König, der nahe daran war, seinen Sohn für ein Vergehen exekutieren zu lassen, auf dem für

Offiziere das Todesurteil stand. Wichtiger noch, es gab in Preussen durchweg ein Mass dessen, was auf Deutsch Rechtssicherheit heisst, also einen Zustand des Vertrauens in Recht und Gesetz, der trotz eines höchst ungleichen Wahlrechts und anderer Begrenzungen der politischen Demokratie eine Grundlage für allmähliche, wenngleich immer unvollständige Reformen schuf.

Auch der entgegengesetzte Fall existiert. Alexander Hamiltons zuweilen fast verzweifeltes Plädoyer für eine starke und angesehene dritte Gewalt des Rechts stiess auf Ohren, die zwar nicht gänzlich taub, aber doch ziemlich schwerhörig waren, zumindest während des ersten Jahrhunderts der Vereinigten Staaten von Amerika. Das galt offenkundig im Hinblick auf die Sklaverei. Die Exekutive hält das Schwert, sagte Hamilton, und die Legislative kontrolliert das Geld. «Im Gegensatz dazu hat die Judikative keine Macht über das Schwert oder das Geld, keine Entscheidungsgewalt über sei es die Stärke, sei es den Wohlstand der Gesellschaft, und kann keinerlei aktiven Teil daran nehmen. Von ihr muss man wahrhaftig sagen, dass sie weder Macht noch Willen hat, sondern nur die Urteilskraft.» Amerika ist lange eine Demokratie mit verbreiteter gesetzloser Privatmacht geblieben. In den 1930er Jahren fand ein Ausschuss des US-Senats mehr Waffen in der Hand der privaten Sicherheitskräfte der Automobilfirma Ford, als die Stadtpolizei von Chicago sie zur Verfügung hatte. Selbst Recht und Gesetz werden bis heute ebenso oft für die Erringung privater Vorteile wie für das öffentliche Wohl benutzt. Andererseits ist es im Laufe der Zeit bedeutenden Richtern und auch dem Obersten Gericht als Institution gelungen, moralische Autorität in die Herrschaft des Rechts zu verwandeln.

Liberale Ordnung und Recht

Aus alledem ergibt sich eine einfache und ernste These. Es kann eine Fassade der Demokratie ohne die Herrschaft des Rechts geben, und auch eine Hülle der Herrschaft des Rechts ohne Demokratie. Beide sind besser als das völlige Fehlen von Rechtsstaat und Demokratie. Indes verlangt die Verfassung der Freiheit, oder wie ich es vorziehe zu formulieren, die liberale Ordnung alle beide. Nur wenn die Demokratie fest verankert ist in der Herrschaft des Rechts, gewinnt sie Vertrauen und damit Schutz gegen flüchtige Enthusiasmen und zerstörerische Enttäuschungen. Nur wenn die Herrschaft des Rechts in demokratische Institutionen und Prozesse eingebunden ist, wird sie mehr als eine formale Garantie der Freiheit der Bürger.

Daher brauchen wir beide, wenn wir in einer liberalen Ordnung leben wollen; aber es gibt keinen Trick, der beide mit denselben Mitteln zustande bringt. Da aber die Herrschaft des Rechts mehr bewusste Bemühung verlangt, verdient und benötigt sie grössere Energie. In Transformationsprozessen sollte der Rechtsstaat wahrscheinlich Priorität haben, noch vor der Errichtung von demokratischen Institutionen.

Gerechterweise muss jedoch angemerkt werden, dass zwar viele von uns, die wir nach 1989 am Prozess der Schaffung einer liberalen Ordnung in den Ländern Ostmitteleuropas beteiligt waren, in der Frühphase die Verbindung unterschätzt haben mögen, dass aber heute das Erfordernis eines rechtlichen Sicherheitsnetzes weithin erkannt wird. Mehr und mehr konzentrieren sich öffentliche wie private Förderer des Wandels auf das Rechtssystem in den neuen Demokratien. Das gilt sogar für die Europäische Union, ja die internationalen Finanzinstitutionen. Nicht-Regierungsorganisationen sind auf diesem Feld besonders aktiv. Unlängst entdeckte ich zu meiner Freude bei einem Besuch in Bulgarien eine Initiative zur Reform der dritten Gewalt, die das Zentrum zum Studium der Demokratie in Zusammenarbeit mit Verbänden von Richtern und anderen Juristen wie auch mit öffentlichen Instanzen ergriffen hat. Auf der Grundlage des Gesetzes über die Institutionen der Rechtsprechung und der aus diesem folgenden Gesetzgebung befasst sich diese Initiative mit

- «der Garantie der Unabhängigkeit der Judikatur;
- der Verbesserung der Fachkenntnisse und Fertigkeiten von Richtern auf allen Ebenen;
- der grundlegenden Modernisierung der Organisation der Tätigkeit der Justiz;
- der Öffnung der Judikatur zur Gesellschaft; dazu gehört die Formulierung und Realisierung einer angemessenen Medienpolitik;
- der Einführung von Ergänzungen der herrschenden Gesetzgebung (sowohl in inhaltlicher als auch in prozeduraler Hinsicht) im Hinblick auf die Weiterentwicklung der rechtlichen Grundlegung der Reform.»

Dies ist nur ein Beispiel; andere lassen sich leicht in anderen Ländern finden.

Solche Initiativen sind höchst willkommen als Schritte zur Schaffung einer liberalen Ordnung. Selbst ihre weitgehend recht technische Qualität ist durchaus akzeptabel. Doch ist es wichtig, die fundamentalen Zwecke von Reformen zur Verankerung der Demokratie in der Herrschaft des Rechts nicht aus den Augen zu verlieren. Wie andere gebrannte Kinder der Reformen der 1960er und 1970er Jahre bin ich sehr skeptisch geworden angesichts aller Gesamtpläne der Reform, also des Versuches, alles auf einmal zu tun. Vielmehr glaube ich heute an strategische Reformen, die ein, zwei spezielle Themen aufgreifen, die breite Auswirkungen auf andere Bereiche versprechen. Angesichts der ungeheuren Aufgabe, die Herrschaft des Rechts in den neuen Demokratien real werden zu lassen, würde ich mich auf zwei Dinge konzentrieren, eines inhaltlich, das andere in gewissem Sinn prozedural. Beide sind übrigens im gerade erwähnten Bulgarien, aber auch in einer Reihe von anderen Mitgliedsstaaten des Europarates noch ungelöst.

Das inhaltliche Thema zur Förderung des öffentlichen Vertrauens in Recht und Gesetz ist die Besteuerung. Ein einfaches Steuersystem, das nicht nur von allen beachtet und akzeptiert wird, sondern dessen Akzeptanz auch allgemein sichtbar ist, kann die Verbindung herstellen zwischen der Herrschaft des Rechts und der repräsentativen Demokratie. Für viele mag dies als Griff nach dem Unmöglichen erscheinen. Vor allem die Einfachheit des Systems lässt dessen Advokaten zumeist scheitern, wie Minister Balcerowicz («Balcerowicz 2») im vergangenen Jahr entdecken musste, als er versuchte, in Polen einen einzigen, einheitlichen Steuersatz (von 22%) einzuführen. Das Steuersystem war und ist übrigens der Schlüssel zur Etablierung der Herrschaft des Rechts in den Vereinigten Staaten. Sogar Gewaltverbrecher, insbesondere Mörder aus der Szene der berüchtigten Gangs, werden oft für Steuerhinterziehung angeklagt und verurteilt und nicht für scheinbar weit schwerere Verbrechen. Wegen der Schlüsselrolle der Steuern für die Herrschaft des Rechts ist es höchst bedauerlich, dass die Steuerumgehung in vielen Ländern gesellschaftsfähig geworden ist; in manchen gilt das sogar für die Steuerhinterziehung. In der Praxis ist also die einfache Forderung nach Durchsetzung eines offenkundig fairen Steuersystems alles andere als einfach. Es ist jedoch ein Kernstück jeder liberalen Ordnung.

Das andere, eher prozedurale Thema liegt in der altvertrauten Frage der Unabhängigkeit der Richterschaft. Um noch einmal zu Alexander Hamilton zurückzukehren (wobei viele andere an seiner Stelle zitiert werden könnten): als er über die Folgen seiner Analyse der unvermeidlichen Schwäche der Richterschaft nachdachte, kam er zu dem Schluss, dass die einzige denkbare Quelle ihrer Kraft in ihrer Unabhängigkeit liegt. Unabhängigkeit ihrerseits muss (in seinen Worten) garantiert werden durch die «Dauer der Bestellung», also durch Unabsetzbarkeit, und durch «eine gesicherte finanzielle Ausstattung», also ein angemessenes Einkommen. Zumindest diejenigen, die den Ton des Rechtswesens bestimmen –

also die Richter der obersten Gerichte – sollten auf Lebenszeit oder wenigstens für lange, eindeutig festgelegte Perioden ohne Wiederbestellung ernannt werden, und andere Mächte dürfen nicht in der Lage sein, ihr Gehalt zu verändern. Im Vergleich zu diesen Regelungen ist die Frage, wer die obersten Richter ernennt, wahrscheinlich weniger entscheidend, wenngleich die meisten modernen Staaten, die die Herrschaft des Rechts akzeptieren, zumindest versuchen, den Einfluss der Exekutive oder auch des Staatsoberhauptes auf die Ernennungen so eng wie möglich zu begrenzen. Das sind vertraute Themen, vor allem im Europäischen Gerichtshof; dennoch kann es nicht oft genug gesagt werden. Ein Land, in dem die Bürger ihre Richter nicht respektieren, hat bei der Schaffung einer liberalen Ordnung versagt, denn es ist ihm nicht gelungen, einen Rechtsstaat, der diesen Namen verdient, zu errichten.

Es bleibt ein Wort über den Europarat zu sagen, der den hier erörterten Prozess auf vielfältige Weise gefördert hat. Die Kommission und der Gerichtshof für Menschenrechte sind zum Modell eines Rechtsprozesses geworden, der nur durch seine Urteilskraft – also ohne die Macht des Schwertes oder des Geldes – den Respekt der meisten Mitgliedsstaaten errungen hat. Er hat zudem ein eigenes Ethos entwickelt, das die Verpflichtung aller Träger der Institutionen zur Herrschaft des Rechts verkörpert. Durch die prüfende Kontrolle der Mitglieder des Europarats, vor allem der in jüngster Zeit hinzugekommenen, hat er einen wesentlichen Beitrag zur Verbreitung des Verständnisses für den Rechtsstaat geleistet. Es ist nicht die Aufgabe des Gerichtshofes, missionarisch tätig zu werden, zumal die Gerichte der Mitgliedsstaaten ihren eigenen Platz in Strassburg haben, aber das von Präsident Wildhaber bekundete Programm eines «permanenten Dialogs mit den obersten Gerichten der Mitgliedsstaaten» ist eine löbliche Absicht.

Was der Gerichtshof nicht tun kann, können Ministerrat und Parlamentarische Versammlung tun. Hier indes kann ich eine gewisse Sorge nicht verhehlen, dass der Ministerrat bereit zu sein scheint, neue Mitglieder aufzunehmen, bei denen jetzt schon evident ist, dass sie bald für Verletzungen der Menschenrechte unter Anklage stehen werden. Wäre es nicht besser, einen Kandidatenstatus für Länder zu schaffen, denen die europäischen Institutionen auf ihrem Weg zur Herrschaft des Rechts mit Rat und Tat zur Seite stehen? Doch bewege ich mich hier auf gefährliches politisches Gelände, während doch meine Absicht in diesen Bemerkungen allenfalls verfassungspolitisch war – nämlich jene noble liberale Ordnung zu schaffen und zu erhalten, die dort besteht, wo Demokratie und die Herrschaft des Rechts miteinander verbunden sind.

2001

19 Die Zukunft der repräsentativen Demokratie

Die Rede von der Krise der Demokratie ist eine regelmässig wiederkehrende Mode. Manchmal allerdings erweist sich die Mode als Stil, als Hinweis auf eine tiefergehende Wandlung, und im Fall der Krise der Demokratie auf eine ernste Bedrohung. Das war am Anfang der 1930er Jahre der Fall, als die grossen Versuchungen des Totalitarismus gleich von zwei Seiten her die Demokratie bedrohten. Die erste Frage, die man daher stellen muss, wenn einmal mehr von einer Krise der Demokratie gesprochen wird, ist: handelt es sich um korrekturbedürftige, aber auch korrekturfähige Erscheinungen, oder geht die Problematik tiefer und sind daher entschiedenere Aktionen nötig, um Demokratie und liberale Ordnung zu bewahren?

Zehn Jahre nach der Revolution von 1989 war die Krise der Demokratie einmal mehr en mode. *Dafür gab es Gründe, starke wenngleich bedauerliche Gründe. Im folgenden Beitrag werden einige davon erwähnt und zumindest skizzenhaft geschildert. Manche der neuen Fragen bleiben zudem noch ohne Antwort. Wie lassen sich demokratische Prinzipien anwenden auf Entscheidungen, die in Räumen fallen, für die wir keine Institutionen haben? Wie also steht es mit der Demokratie jenseits des Nationalstaates? Trotz solcher offenen Fragen ist indes der Grundton meiner Reflexionen über die Zukunft der repräsentativen Demokratie wenn nicht gerade optimistisch, so doch experimentell. Die neuen Fragen lassen sich wahrscheinlich lösen, wenn wir Phantasie und Mut daran wenden, es zu versuchen.*

Nicht nur dieser (Poppersche) Ansatz mag manchem ein wenig altmodisch scheinen, sondern eher mehr noch die (John Stuart Millsche) Verteidigung der repräsentativen Demokratie. Hinter ihr steht die Erfahrung, aber auch das Temperament eines Parlamentariers, der in den Jahrzehnten nach 1968 in vier Parlamenten gewirkt hat: dem baden-württembergischen Landtag, dem Deutschen Bundestag, dem Europäischen Parlament und dem britischen Oberhaus. Mit unterschiedlicher Begeisterung habe ich in all diesen Parlamenten das richtige Vehikel für Regierungskontrolle und für Reform durch Diskurs und Mehrheitsentscheidung gesehen. Bisher sind mir bessere Methoden des Wandels ohne Gewalt nicht bekannt geworden. Die Verteidigung des Parlamentarismus bleibt also eine lohnende Aufgabe.

Anzumerken ist noch, dass das folgende Stück ursprünglich eine Rede vor (süd-)deutschen liberalen Parlamentariern war, die von den Prämissen der Argumentation nicht erst überzeugt werden mussten. In dem langen Interview mit dem italienischen Journalisten Antonio Polito, das unter dem Titel Die Krisen der Demokratie *auf Deutsch erschienen ist, habe ich das Netz weiter geworfen, ohne zu anderen Schlüssen zu kommen.*

Geschwächte Parlamente

Seit acht Jahren bin ich im Palast von Westminster tätig, also in der «Mutter der Parlamente» – oder doch der Grossmutter, dem britischen Oberhaus. Selbst in dieser kurzen Zeit sind die Fragezeichen ob der Fähigkeit des Parlaments, seine drei Funktionen wirksam wahrzunehmen, grösser geworden (insbesondere in den vier Jahren der Blair-Regierung). Die drei Funktionen sind (1) die Stützung, vor allem aber die Kontrolle der Regierung, (2) die Gesetzgebung und (3) die Verbindung zwischen dem Souverän, den Wählern, und den politischen Institutionen.

Diese Verbindung zu erhalten gelingt dem britischen Unterhaus noch am ehesten. Das hängt – wenn diese für Liberale ketzerische Bemerkung gestattet ist – mit dem britischen Wahlrecht zusammen. Abgeordnete werden zwar als Kandidaten mit einem Parteietikett gewählt, aber nach ihrer Wahl vertreten sie alle Wähler ihres Wahlkreises. Sie sind gleichsam permanente Ombudsmänner und -frauen, und ihre wöchentlichen Sprechstunden im Wahlkreis bieten vielen Bürgern die Möglichkeit, allerlei Sorgen und Wünsche anzubringen. Zuweilen nimmt das Unterhaus sich sogenannte *constituency weeks*, Wahlkreiswochen, während das Oberhaus, das House of Lords, weiter tagt.

Das hängt mit der zweiten Aufgabe zusammen, der Gesetzgebung. Als gesetzgebende Körperschaft ist das britische Unterhaus erstaunlich schwach. In den letzten Jahren hing das mit der grossen Labour-Mehrheit – 170 Abgeordnete mehr als die Summe aller anderen – zusammen. Nach relativ kurzer Debatte wird oft schon früh die «Guillotine» heruntergelassen und abgestimmt; das Ergebnis steht nie im Zweifel, noch nicht einmal wenn (was selten vorkommt) 50 Abgeordnete der Regierungspartei mit der Opposition stimmen. Doch gibt es noch einen anderen Grund für die legislative Schwäche des Unterhauses, nämlich das Fehlen einer Tradition der Ausschussberatung. Es gibt Anfänge dafür, aber weder die Neigung noch die Zeit, diese wesentlich zu erweitern. Das hat zur Folge, dass das Oberhaus die eigentliche Legislative geworden ist: eine nicht gewählte Kammer prüft Gesetzentwürfe auf Herz und

Nieren. Die Regierung selbst bringt zahlreiche Änderungsanträge vorzugsweise im Oberhaus ein, so dass das Unterhaus am Ende nur mehr ja zu sagen braucht. Das ist amüsant für uns Mitglieder des Oberhauses, aber wohl kein Musterbeispiel für parlamentarische Demokratie, denn wir sind schliesslich auf Grund von Ämterpatronage, nicht von Volkswahl Mitglieder der Kammer.

Dann die Kontrolle der Exekutive. Sie findet statt, nicht zuletzt durch die aktuellen Fragestunden in beiden Häusern. (Sie findet übrigens schon durch die Sitzordnung statt, bei der Regierung und Oppositionsführung sich Auge in Auge gegenübersitzen mit einem kaum mehr als zwei Meter breiten Tisch dazwischen.) Sie wird aber auch schwächer. Eine von Tony Blairs ersten Taten war es, die zweimalige Fragestunde des Premierministers auf einmal pro Woche zu reduzieren. Es gibt subtilere Veränderungen. Ich sitze in einem jetzt vielbeschäftigten, aber auch vielgepriesenen Ausschuss des Oberhauses mit dem Namen *Delegated Powers Committee*, Ausschuss für abgeleitete Rechte der Exekutive. Wir überprüfen jeden Gesetzentwurf im Hinblick auf seine Ermächtigungsklauseln, die die Exekutive befähigen, «sekundäre Gesetze» auf dem Erlasswege einzuführen. Die finstere Absicht wird zunehmend häufig erkennbar, wenngleich es uns bisher gelungen ist, die Regierung nahezu ausnahmslos zum Einlenken zu bewegen.

Ich habe bewusst mit diesen beinahe parlamentstechnischen Anmerkungen begonnen, bevor ich zu den weiteren politischen Tendenzen komme. Geht man die drei Aufgaben durch, dann ist das deutsche Bild im Detail sicher anders. Auch in Deutschland aber lässt sich schwer der Schluss vermeiden, dass eine Schwächung des Parlaments in seinen klassischen Funktionen stattfindet: die Exekutive entzieht sich vielfach der Kontrolle; die Gesetzgebung wird technischer und verlangt mehr Zeit und Neigung, als gerechterweise von Abgeordneten gefordert werden kann; der Kontakt zu den Wählern wird prekär, was den Ruf «der Politik» nicht gerade steigert.

Das Resultat ist weit entfernt von den klassischen Hoffnungen der repräsentativen Demokratie, ja der liberalen Ordnung überhaupt. Statt ihrer sehen wir eine unselige Verbindung von *Wahldiktatur* und *Wählerapathie* – ein Syndrom, das man geradezu als Rezept für einen neuen Autoritarismus bezeichnen kann. Die Exekutive entzieht sich dem Volk und seinen gewählten Vertretern, und das Volk verliert das Interesse an beiden, den Abgeordneten und den Regierenden.

Neue Trends: Der «Volkswille» und die übernationalen Räume

Solche Tendenzen werden durch zwei umfassendere sozio-politische Trends noch verstärkt. Der eine Trend ist der direkte Einfluss des mehr oder minder klar definierten Volkes. Einerseits gefällt es den Regierenden, direkt zum Volk zu gehen; andererseits erleben wir neuartige, gelegentlich übermächtig scheinende Ausbrüche des Volkswillens. Zum Teil finden solche Neigungen institutionellen Ausdruck. In einer Reihe von europäischen Ländern werden Volksabstimmungen zunehmend wichtig. Grossbritannien und Italien sind zwei – aber keineswegs die einzigen – Beispiele. Wahlrechtsänderung? Volksabstimmung. Euro-Mitgliedschaft? Volksabstimmung. Es gibt Länder wie die Schweiz, in denen diese direkte Beteiligung des Wahlvolkes eine gute und systematisch gepflegte Tradition hat. In anderen, zumal grösseren Ländern aber zeigt der neue Trend eher die Verlegenheiten der Regierenden, vor allem gegenüber dem Parlament.

Der Trend ist daher nur Teil eines Bündels von Methoden, um die jeweilige Volksmeinung ohne den «Umweg» über das Parlament in Regierungsentscheidungen einzubringen. Die Rolle der Meinungsforschung ist oft genug erörtert worden. In manchen Ländern haben sogenannte Fokusgruppen eine beträchtliche Bedeutung erlangt, also ausgewählte, «repräsentative» Gruppen, denen Absichten der Regierung zur Diskussion vorgelegt werden und deren Reaktion dann von den Regierenden überaus ernst genommen wird, ernster jedenfalls als parlamentarische Debatten.

Die andere Seite desselben Trends ist der ungefragte, wenn auch nicht immer spontane Ausdruck des «Volkswillens». Die Medien sind sicher nicht spontan, vor allem dort nicht, wo sie wirtschaftlich von «Zaren» mit ausgeprägten Meinungen kontrolliert werden. Doch hat schon manche Banner-Schlagzeile Regierende zur Umkehr veranlasst. Ebenso interessant ist die neue Tendenz des situationsbezogenen Protestes. Sie ist jedenfalls in vielen Ländern neu; in Frankreich spielt sie schon länger eine grosse Rolle. Die Benzinpreisproteste des letzten Jahres liefern eindringliche Beispiele. Der italienische Ministerpräsident Amato erzählt, wie verblüfft er zunächst war, als Protestierende ihm entgegenhielten, sie verträten das Volk, und nur lachten, wenn er ihnen sagte, er sei im Gegenteil der gewählte Vertreter des Volkes.

Das Resultat solcher Tendenzen – und ich schliesse Volksabstimmungen ausdrücklich ein – ist eine sich ausbreitende Situationspolitik.

Manchmal bin ich versucht, von einer Wegwerfpolitik zu reden: politische Präferenzen werden abgelegt wie alte Bierdosen, Kameras, Staubsauger, wenn sie ihre Schuldigkeit getan haben. Sogar Wahlentscheidungen können am nächsten Tag vergessen sein. Jedenfalls fehlt das Element der Dauer und das der nachhaltigen Debatte – also zwei der Vorzüge des klassischen parlamentarischen Systems. Die Parlamentsperiode von vier oder fünf Jahren hat ja ihren guten Sinn. Durch sie wird jener Wandel ohne Gewalt möglich, der den Kern der Demokratie ausmacht. Keine zielbewusste Regierung ist zu allen Zeiten populär – und Regierungen, die immer populär sein wollen, versagen an ihren Aufgaben. Eben das geschieht in einer Zeit der Wegwerfpolitik, in der Parlamente ihre Funktion einbüssen.

Der andere grosse sozio-politische Trend, der erwähnt werden muss, ist die Auswanderung wichtiger Entscheidungen aus dem politischen Raum, für den Parlamente geschaffen wurden, also dem Nationalstaat. Wir haben noch keine Methode gefunden, um die Prinzipien der parlamentarischen Demokratie auf grössere, oft diffusere politische Räume anzuwenden. Daher gilt bislang, dass Entscheidungen, die den Rahmen des Nationalstaates verlassen, zugleich den der demokratischen Kontrolle verlassen.

Das gilt auch für Europa. Dass die ursprüngliche institutionelle Konstruktion der Römischen Verträge nicht demokratisch war, ist nachgerade bekannt. Sie bestand aus der mit dem Initiativmonopol ausgestatteten, nicht-gewählten Kommission und einer aus Regierungsvertretern bestehenden Legislative, dem Ministerrat. Die Versammlung (wie sie ursprünglich hiess) war kaum wichtiger als die Parlamentarischen Versammlungen des Europarates oder der NATO. Mittlerweile hat die in Parlament umbenannte Versammlung einige Mitentscheidungsrechte, doch sind diese so begrenzt und bescheiden, dass man allenfalls von Spurenelementen parlamentarischer Demokratie sprechen kann. Bei der so wichtigen sekundären Gesetzgebung gibt es nicht einmal diese. Nach wie vor gilt: wenn die EU um Aufnahme in die EU nachsuchte, müsste sie als unzulänglich demokratisch abgewiesen werden.

Immer wieder finden sich Euro-Idealisten, die einer stärkeren Parlamentarisierung das Wort reden. Das hört sich gut an, hat aber mit der Realität wenig zu tun. In den Bereichen des Gemeinsamen Marktes wird der Ministerrat sein Entscheidungsrecht nicht aufgeben. Jenseits des Gemeinsamen Marktes ist die Europäische Union im wesentlichen eine intergouvernementale Veranstaltung, also – wie der Name sagt – nicht parlamentarisch. Darüber hinaus stellt schon der Gedanke eines Europaparlaments unbeantwortete Fragen. Gibt es so etwas wie einen europäischen *demos*, der Demokratie begründen könnte? Oder ist der nationale politische Raum nach wie vor der einzige, für den effektive demokratische Institutionen geschaffen werden können? Für mich bleibt trotz aller Reformen die These plausibel, dass alles, was in Europa entschieden wird, demokratischer Kontrolle entzogen ist. Mehr Europa heisst immer auch weniger Demokratie.

Das gilt noch ausgeprägter für Entscheidungen, die jenseits des europäischen politischen Raumes fallen. Demonstranten haben seit Seattle die Welthandelsorganisation (WTO) aufs Korn genommen. Für den, der die WTO (und ihren Vorgänger GATT) kennt, ist das eher überraschend, denn sie dient eher protektionistischen Zwecken als der Weltherrschaft der Globalisierer. Sicher aber sind alle vom weltweiten Informationsfluss abhängigen wirtschaftlichen und sonstigen Entscheidungen den vertrauten institutionellen Kontrollen entzogen. Das gilt insbesondere für Finanztransaktionen. In diesem Bereich erleben wir eine Mischung von Anarchie und Hegemonie, die viele verwirrt und manche beunruhigt. Von Demokratie, gar parlamentarischer Demokratie kann da nicht die Rede sein.

Zur Rettung der parlamentarischen Demokratie: Fünf Thesen

Das sind flüchtige analytische Hinweise auf Bedingungen, die Zweifel an der Zukunft des Parlamentarismus wachrufen. Es sind dies jedoch nicht Zweifel am Prinzip der repräsentativen Demokratie, das vielmehr einfach, klar und plausibel bleibt. Es geht darum, Veränderung ohne Gewalt herbeizuführen, wenn das dem Willen des Volkes entspricht. Dazu sind auf Zeit gewählte Repräsentanten nötig, die innerhalb verfassungsmässiger Institutionen ihre Entscheidungen nach gründlicher Prüfung der relevanten Tatsachen und Argumente treffen. Das bedeutet immer auch ein Wechselspiel von Initiative und Kontrolle. Parlamente haben in dieser Struktur eine Schlüsselrolle. Nun wird ihnen diese erschwert durch Tendenzen wie die Popularisierung und die Internationalisierung. Was ist in dieser Lage zu tun, wenn man an den Prinzipien festhalten will?

Erstens. Wie schwer auch die hier geschilderten Tendenzen wiegen, der Nationalstaat und mit ihm die klassische parlamentarische Demokratie bleiben wichtig. Die Europäische Union verwaltet weniger als 1 Prozent des Bruttosozialprodukts, die meisten Nationalstaaten das Vierzigfache: man könnte das als Index der relativen Bedeutung nehmen.

Entscheidende Bereiche der Sozialpolitik, der Bildungspolitik, der Innen- und Rechtspolitik, der Gestaltung der öffentlichen Sphäre bleiben national. Das heisst, dass sie prinzipiell nationalen Parlamenten und ihren Entscheidungen unterliegen. Die Aufgabe hier ist die bewusste Stärkung der Parlamente. Die Gefahren von Wahldiktatur und Wählerapathie dürfen nicht einfach hingenommen werden. Die Modernisierung von Parlamenten in ihren drei Aufgaben – Regierungskontrolle, Gesetzgebung, Wählerkontakt – ist des Schweisses der Edlen, vor allem auch der politikbegleitenden Institutionen (wie der politischen Stiftungen) wert.

Zweitens. Jenseits des Nationalstaates sind die Prinzipien der repräsentativen Demokratie wichtiger als spezifische Institutionen. Eine einfache Übertragung parlamentarischer Einrichtungen reicht hier nicht. Das gilt auch für Europa. Die europäische Legislative ist der Ministerrat. Die Frage ist also, wie dieser kontrolliert werden kann. Nationale Parlamente können hier eine Rolle spielen; Dänemark und Grossbritannien liefern Beispiele. Wichtiger noch wäre die grundsätzliche Öffentlichkeit des Ministerrates, wenn und insoweit dieser als Legislative fungiert. Zur Entscheidungskontrolle sind zudem Einrichtungen wie der Rechnungshof berufen. Die Frage der rechtlichen Kontrolle (*judicial review*) europäischer Entscheidungen sollte auf der Tagesordnung der institutionellen Diskussion stehen.

Drittens. Es ist erkennbar, dass ein Element bei solchen Hinweisen zu kurz kommt; im nationalen Rahmen habe ich es Wählerkontakt genannt, also die Bindung der Repräsentanten an das Wahlvolk. Schon in Europa geraten wir hier in Schwierigkeiten. Das Europäische Parlament – man muss es leider sagen – ist kein effektives Instrument der Vermittlung zwischen der EU und den Bürgern. In der Tat hat noch niemand einen Weg gefunden, um das vielbeschworene Europa der Bürger zu schaffen, auch nicht der deutsche Aussenminister in seinen Euro-Visionen. Ich vermute, dass diese Vermittlung nur höchst indirekt geschaffen werden kann – über nationale Parlamente, über Institutionen wie den Wirtschafts- und Sozialrat, über Nicht-Regierungsorganisationen, über Öffentlichkeit mit allen modernen Mitteln, die sich dafür anbieten, und natürlich auch durch das Europaparlament und seine Mitglieder.

Viertens. Das ist und bleibt unbefriedigend. Noch unbefriedigender ist der Bürgerkontakt, wenn wir in die weitere Welt der internationalen, der «globalen» Entscheidungen blicken. Es mag sein, dass das Internet, also die grundsätzliche Verfügbarkeit von Information, an sich schon ein Element der Kontrolle darstellt. Jedenfalls erleichtert es die Entscheidungskritik durch Medien und auch durch NGOs und damit vielleicht die Schaffung von Elementen des öffentlichen Bewusstseins. Mehr aber auch nicht, es sei denn, man will die Gelegenheitsproteste à la Seattle, Prag und Washington als Ausdruck der Bürgermeinung anerkennen.

Fünftens. Im Kern bedeutet das, dass Gesetzgebung und ihre Kontrolle im internationalen Bereich nicht durch parlamentarische – und auch nicht durch im strengen Sinn repräsentative – Verfahren und Einrichtungen gewährt werden kann. Andersartige institutionelle Vorkehrungen sind nötig. Das sind zum Teil Institutionen von der Art der Rechnungshöfe; der Ausdruck *technology assessment* war eine Zeitlang in Mode für begleitende Entscheidungskontrolle. Zum Teil sind rechtliche Instanzen nötig, die von der Schlichtung über die Entwicklung des internationalen Privatrechts bis hin zum hoffentlich entstehenden Strafgerichtshof reichen. Ein Verfahren, das mir im Grundsatz plausibel scheint, das aber schwer verfassbar ist, würde Gegeneliten jene Rolle geben, die die Bürger direkt nicht spielen können. Damit meine ich Experten ohne Amt und Würden, die ihre Sachkunde zur Kontrolle der Experten in Amt und Würden verwenden. Ob Porto Alegre das für Davos geleistet hat – der Sozialgipfel für den Wirtschaftsgipfel – mag man bezweifeln. Eher schon haben dies Gruppen wie der *Club of Rome* getan. Hier ist indes noch viel institutionelle Phantasie gefragt.

Damit bin ich auch schon am Ende meiner Kunst. Ich habe wenig über die inneren Gefährdungen des Parlamentarismus gesagt, also über den schleichenden Autoritarismus, der sich nicht durch Hinweise auf Europäisierung und Globalisierung begründen lässt. Hier indes liegt die Aufgabe der Stärkung der parlamentarischen Demokratie, der ich das Wort geredet habe. Denn die Kernthese bleibt: die repräsentative, parlamentarische Demokratie wird durch mehrere Trends bedroht, aber sie hat weder ihre Kraft noch ihr Recht verloren. Es lohnt sich, sie neu zu beleben und zu stärken.

20 Von der Aktualität gemeinsamer Werte

Am Beginn des 21. Jahrhunderts findet eine auffällige Verschiebung in der öffentlichen Diskussion von Fragen der Zeit statt. Während seit 1989 vornehmlich von politischen und wirtschaftlichen Institutionen – von Demokratie und Marktwirtschaft – und allenfalls von der Bürgergesellschaft die Rede gewesen war, wächst nun das Interesse an der Thematik der Werte und ihrer sozialen Verbindlichkeit. Auf einmal ist vom Vertrauen die Rede, an dem es vor allem fehlt, auch von Moral und Ethik überhaupt. Demokratische Institutionen müssen nicht nur verfasst sein, sondern auch getragen werden vom Grundvertrauen der Menschen. Darum ist jede Form der Korruption im politischen Raum so verderblich. Auch Marktwirtschaft kann nicht nur auf dem Spiel der Eigeninteressen beruhen; sie verlangt Regeln, die ihrerseits nur Geltung haben, wenn Menschen sich auf sie verlassen können.

Eher überraschenderweise ist jetzt viel von Ethik die Rede, von einem «ethisch verantwortlichen Kapitalismus», von einer «ethischen Dimension der Aussenpolitik». Ich bin in früheren Analysen eher zurückgeschreckt vor der «weichen» Thematik der Werte und habe mich lieber auf die «härtere» Aufgabe der institutionellen Analyse konzentriert. Das folgende Stück verrät etwas von diesem Zögern. Gewiss, gemeinsame Werte sind nötig; doch würde ich sie gerne festmachen an sozial-strukturellen Faktoren. Das führt allerdings in ein anderes schwieriges Gelände, nämlich das der «Leitkulturen» und damit der tonangebenden Gruppen, der «Eliten». Mit Vorsicht zwar, aber doch mit Bestimmtheit wird die Thematik der Werte hier verbunden mit der der prägenden Führungsgruppen von Gesellschaften.

Von Werten sollte immer an Hand von Beispielen die Rede sein. Die beiden Themen des verantwortlichen Kapitalismus und der Menschenrechte in den internationalen Beziehungen haben mich seit Jahren beschäftigt; in früheren Stücken dieses Bandes tauchen beide auf. Die ethischen Probleme der Implikationen moderner Naturwissenschaften sind mir vor allem an Hand der Stammzellforschung begegnet; doch stehen sie hier nicht im Zentrum. Vielmehr habe ich eines jener Themen aufgenommen, vor dem Liberale gerne zurückschrecken, nämlich die Zuwanderung in ihren Ursachen und vor allem Folgen für Gemeinwesen in den Aufnahmeländern. Offenheit für alle, die kommen wollen, ist eine Grundtugend freier Gesellschaften – aber was ist, wenn die Zuwanderung die betroffenen Gemeinwesen in ihrer Eigenart zu zerstören droht? Sollte dies eine jener letztlich unlösbaren Antinomien sein, die uns vor besonders schwierige moralische Aufgaben stellen?

Übrigens ist anzumerken, dass die Thematik der runaway world, *der Welt ohne Halt, den alten Westen und den alten Osten gleichermassen beschäftigt. Auch in dieser Hinsicht ist die bis 1989 geteilte Welt zusammengewachsen.*

Die Suche nach Halt

So gross das Vergnügen ist, in Karlsruhe, also in der Stadt des Rechts über soziale Werte und ihre Aktualität zu sprechen, so sehr empfinde ich auch, dass das Thema mich auf glattes Eis führt. Gemeinsame Werte-überzeugungen: Sind sie nicht so etwas wie eine Leitkultur? Jedenfalls wird, auch ohne das Wort zu benutzen, von derlei zu reden sein. Das Eis ist nicht nur glatt, sondern auch dünn. Ich bewege mich unbefangener in der Welt soziopolitischer und sozialökonomischer Strukturen als in der der Werte, die uns leiten. Werte haben etwas schwer Fassbares, ja etwas Nebelhaftes an sich, und ich mag die klaren, festen Formen. Werte führen auch in höchst persönliches Gelände, das ich in der Regel eher für mich behalte.

So will ich damit beginnen, das Persönliche und die Strukturen miteinander zu verbinden. Anthony Giddens, mein Nach-Nach-Nachfolger als Direktor der London School of Economics und der Erfinder des Dritten Weges für Tony Blair und gelegentlich auch Gerhard Schröder, hat im Titel seiner BBC-Vorlesungen über Globalisierung und ihre sozialen Herausforderungen von der *runaway world* gesprochen, in der wir leben. *Runaway*: das ist das Pferd, das ungezügelt aus dem Stall galoppiert, auch die Lokomotive, die führerlos auf den Gleisen dahinrast, und der von zu Hause weggelaufene, bald verlorene Sohn. «Der Ausdruck», so Giddens, «beschreibt Empfindungen, die viele von uns haben angesichts der Erfahrung einer Zeit raschen Wandels.» Die Dinge sind ausser Rand und Band geraten.

Bei dem vergeblichen Versuch, den Begriff der *runaway world* ins Deutsche zu übersetzen, ist mir ein anderer Ausdruck eingefallen, der Ähnliches, aber noch etwas mehr bezeichnet: die haltlose Welt. Keiner hält sie auf ihrem Weg, es fehlt an effektiver Kontrolle, geschweige denn legitimer Herrschaft. Nichts gibt ihr, gibt den Menschen in ihr Halt, weder die Bande von Religion und Tradition noch auch nur gemeinsame Wertüberzeugungen. Eine Art torkelnder Beliebigkeit breitet sich aus. Man kann sie grosse Freiheit nennen, aber auch Anomie, das Fehlen von Regeln – von *nomoi* –, mit dem Emile Durkheim vor mehr als hundert Jahren einen Zustand der Desorganisation und Desorientierung beschrieben hat, der Menschen zum Selbstmord treiben kann.

Neulich bat mich eine Gruppe junger Leute, ein Nachwort zu einer Sammlung von Aufsätzen zu schreiben, in denen 20- bis 24-Jährige aus einem Dutzend Ländern, wie sie es nannten, «Zukunft denken». Ich las die Analysen und Entwürfe mit wachsender Spannung. Fast alle äusserten sich frohgemut über die Chancen, die ihnen das Leben in der modernen Gesellschaft bietet. Sie sind im Unterschied zu früheren nicht mehr festgezurrt, geographisch nicht und auch nicht in ihrer sozialen Stellung. Mobilität ist das beherrschende Thema, berufliche Flexibilität und dann Reisen, immer wieder Reisen. Fast alle verlangen aber auch nach Orientierungsmarken in dieser Welt der unbegrenzten Möglichkeiten. Manche sprechen ausdrücklich von der Beliebigkeit, die sie fürchten.

Dann kommen den jungen Autoren und Autorinnen zwei Dinge in den Sinn, mit denen sie sich gleichermassen schwer tun. Das eine ist die Familie als realer Halt in einer haltlosen Welt. Osteuropäer und Lateinamerikaner beiderlei Geschlechts sprechen ohne grosses Zögern von ihrem Wunsch, eine Familie zu gründen; Deutsche haben da erstaunliche Probleme und suchen gedrechselte Ersatzkonstrukte wie «Lebensabschnittspartnerschaften» – ein Wort, das eher durch seine 31 Buchstaben als durch seinen Sinn beachtlich ist. (Auch Anthony Giddens, wie sein deutscher Gesinnungsgenosse Ulrich Beck, liebt solche Erfindungen eines neuen Lebensstils.) Was die jungen Autoren wollen, ist indes ein sicherer Ort in einer riskanten Welt.

Das andere Thema, das fast alle jungen Zukunftsdenker ins Gespräch bringen, ist die Ethik. Sie suchen nach ethischem Halt, ohne recht zu wissen, wie und wo sie diesen finden sollen. Fast durchweg sind sie sich einig, dass wir nicht alles tun dürfen, was wir tun können. Dabei denken sie an wissenschaftlichen Fortschritt. In meiner Generation waren es die Atomphysik und ihre Folgetechnologien, die solche Fragen wachriefen. Heute ist es die Biologie, die Genetik, und vor allem die genetische Manipulation. Irre ich mich, oder geht das Gefühl der Bedrohung da noch tiefer als bei der nuklearen Gefährdung? Die Zerstörung der Welt durch die Produkte unseres Erfindertalents war noch die zum Äussersten gesteigerte Version einer vertrauten Erfahrung. Bei der genetischen Forschung und ihrer Anwendung geht es um etwas ganz Neues, um die Konstruktion und Rekonstruktion der Menschen selbst. Jüngere vor allem haben ein lebhaftes Empfinden dafür, dass die Entwicklung Grundfragen der Ethik aufwirft, und zwar solche, die zu gemeinsamen Wertüberzeugungen führen müssen, damit Ethik nicht eine Sache privater Neigungen und Abneigungen bleibt, sondern praktische Entscheidungen zur Folge hat, z.B. das Verbot des Klonens menschlicher Embryonen.

Oder auch das Nicht-Verbot. Auch hier ist das Bild der *runaway world* durchaus eindringlich; die Welt der Wissenschaft kennt kein Halten. Was wir in einem Land nicht tun, tun andere ganz fraglos. In den USA ist die moralische Schizophrenie institutionalisiert: Es gibt keine staatlichen Mittel für bestimmte Bereiche der Genforschung, aber auch keine Regeln zur Begrenzung privater Unterstützung solcher Forschung. Es läge nahe, das Thema hier weiter zu verfolgen, zumal ich Mitglied der britischen Oberhaus-Kommission zur Untersuchung der Stammzellforschung und ihrer Grenzen bin. Die Faszination des Themas liegt in der Verbindung von vier verschiedenen Interessen, die aufzudröseln mancherlei Schwierigkeiten bereitet: von politischen Interessen, geschäftlichen Interessen, wissenschaftlichen Interessen und ethischen Interessen. Könnte es sein, dass diese verwirrende Verknäuelung einer der Gründe dafür ist, dass es uns heute schwer fällt, gemeinsame Wertüberzeugungen zu entwickeln?

Statt des Themas der Humangenetik will ich indes hier ein anderes aktuelles Problem ein Stück weit verfolgen, nämlich das der Migration, also der grossen Wanderungsbewegungen von Asylanten und Wirtschaftsflüchtlingen, Ein- und Auswanderern mit oder ohne *green card*. Dabei ist die Thematik klar. Lassen Sie mich diese noch einmal in meinen Worten formulieren. Unsere Lebenschancen, um die es in modernen Gesellschaften immer geht, haben zunächst zwei Elemente: Anrechte, die uns Zugang zu Gütern und Werten verschaffen, und ein Angebot an solchen Gütern und Werten. An beiden ist in der entwickelten Welt der OECD-Länder kein Mangel. Beide aber, Anrechte und Angebot, werden sinnlos, wenn sie nicht eingebettet bleiben – oder werden – in bestimmte Bindungen. (Ich habe diese Bindungen zuweilen Ligaturen genannt.) Wahlberechtigung ist ein Anrecht und Parteien sind ein Teil des relevanten Angebots, aber wo der *demos* fehlt, die Gesellschaft der Bürger, bleiben beide leer. Das ist das Problem der Demokratie im künstlichen Raum der Europäischen Union. Eine Art Gemeinschaft der Werte ist notwendige Bedingung von Lebenschancen. In dem Masse, in dem solche Gemeinschaften dem grossen Prozess der Modernisierung zum Opfer gefallen sind, haben auch immer subtilere Rechte und ein immer vielfältigeres Angebot ihren Sinn und Zweck verloren. In der Welt, in der alles gleichgültig wird, ist Geltung selbst ein bedeutungsloses Wort. In der Einöde der Anomie werden sogar Rechte inhaltsleer. Insoweit sind Ligaturen ein unentbehrliches Element der Lebenschancen.

Das Beispiel Zuwanderung

Das ist die soziale, die strukturelle Seite meines Themas, von der ich eigentlich nicht reden wollte. Lassen Sie mich daher zurückkehren zu den Inhalten, zu dem, was gemeinsame Wertüberzeugungen am Beginn des 21. Jahrhunderts ausmachen könnte, z.B. im Bereich der Migration. Dass Menschen unter Opfern ihre Heimat verlassen, um anderswo ihr Glück zu suchen, ist nicht neu. Neu ist allenfalls das Ausmass, das solche Wanderungen angenommen haben, seit viele Grenzen wieder so offen geworden sind wie sie es zuletzt vor 1914 waren, also seit 1989. Denn vergessen wir nicht: mehr als 50 Millionen Europäer sind im 19. Jahrhundert nach Amerika ausgewandert, was als Bevölkerungsanteil heute dem Dreifachen entspricht. Auch das Elend der Wanderungen ist nicht neu. Nach Schätzungen haben noch im 19. Jahrhundert 4 Prozent – zwei Millionen! – erwachsene Auswanderer und wesentlich mehr Kinder die Reise nicht überlebt. Viele sind überdies als Quasi-Leibeigene, als *indentured labour* in die neue Heimat gekommen, weil sie ihre Arbeit auf viele Jahre hinaus verdingen mussten, um die Kosten der Reise abzuzahlen.

Daran erinnere ich nicht, um das Elend der Wanderung durch Vergleiche zu minimieren, sondern aus zwei Gründen. Es ist nützlich, bei der folgenden Überlegung die Vereinigten Staaten im Sinn zu behalten. Es ist überdies nicht unnütz, unsere eigenen Vorfahren in Erinnerung zu rufen, wenn wir die heutigen Asylanten und Wirtschaftsflüchtlinge ansehen. (Baden war ja für lange Zeit ein besonders auswanderungshungriges Land.) Die Albaner, die Hunger und Krieg satt haben; die Kurden, die weder in der Türkei noch im Irak zu ihrem Recht kommen; die Chinesen, die noch Jahrzehnte der Armut und Unterdrückung vor sich sehen, machen sich auf den Weg mit vagen Hoffnungen. Sie zahlen für die Reise einen hohen Preis. Man denkt an die Kurden auf dem unlängst an der französischen Riviera gestrandeten Schiff, oder an die Chinesen, die in der Zwischenwand eines britischen Lastwagens erstickten. Viele Wandernde sind neue Leibeigene, vor allem die philippinischen Hausangestellten, denen ihre Arbeitgeber den Pass abgenommen haben, oder die Osteuropäerinnen, deren Reise in eine bessere Welt in westlichen Bordells endet.

Migration, Wanderung, ist für die meisten keine angenehme Erfahrung. Der Verlust der Heimat ist das einzig Verlässliche daran. Ansonsten ist alles ungewiss für die Wandernden, alles ausser der scheinbar unbezähmbaren Hoffnung, dass es anderswo, in Amerika, jetzt auch in Europa, besser ist. Da kommen dann die gemeinsamen Wertüberzeugungen ins Spiel, und zwar aus drei durchaus widersprüchlichen Perspektiven. Die erste Perspektive ist die, dass Zuwanderungsländer (wie ich sie einmal nennen will) offenkundig Vorzüge haben. Im Grunde muss man froh sein, ja stolz darauf sein, in einem solchen Magnetland zu leben, das viele andere in aller Herren Länder anzieht. Amerikaner waren lange Zeit stolz darauf und sind es in bemerkenswertem Masse noch heute. Australiern ist es schwer gefallen, ihre koloniale Provinzialität abzuschütteln; aber die heutige Dynamik des Landes verdankt einer offeneren Geisteshaltung viel. Es gibt andere Beispiele. In solchen Fällen sind stets mindestens zwei Bedingungen erforderlich: ein gewisser wirtschaftlicher Wohlstand oder zumindest die Chance dazu, und jene Freiheit, die im extremen Fall eine «offene Grenze» der «unbegrenzten Möglichkeiten» kennt, die aber immer auch politische Freiheit ist. Einwanderungsländer sind durchweg freie Länder.

Das sind die europäischen Länder der Gegenwart gewiss auch; aber «offene Grenzen» im Sinne Amerikas oder Australiens haben sie nicht, so dass bei ihnen die Entscheidung bewusster ist, sich als Zuwanderungsländer zu verstehen. Ist es insofern keine naturwüchsige Freiheit, die hier herrscht, so gehört doch zu den Grundwerten unserer Ordnung die Bereitschaft, andere, die hier eine Chance suchen, hereinzulassen. Als der zu extremen Äusserungen neigende britische Politiker Enoch Powell vor vierzig Jahren voraussagte, «Ströme von Blut» würden die Themse hinunterfliessen, wenn westindische Einwanderer hereingelassen werden, empfanden viele das als einen Angriff auf Grundwerte der liberalen Ordnung. Nicht Toleranz oder selbst Rassismus steht in Frage, sondern die Freiheit selbst, wenn die Meinung sich ausbreitet, «uns geht es gut, denen geht es schlecht, warum sollen wir es ihnen erlauben, unser Wohlbefinden zu beeinträchtigen?»

Dabei spreche ich nicht nur von Asylanten im engeren Sinn, bei denen die Flucht vor Verfolgung das einzige Motiv ist, sondern ausdrücklich auch von jenen, die aus sogenannten wirtschaftlichen Gründen kommen. Dass die Grenze zwischen beiden oft schwer zu ziehen ist, bestätigt indes den Zusammenhang zwischen Zuwanderung und Freiheit.

Die erste Perspektive ist also die der Grundwerte, nach denen Menschen in einer liberalen Ordnung leben wollen, und zu denen es gehört, die Tore nicht vor denen zu verschliessen, für die die Hoffnung auf ein solches Leben nur durch Zuwanderung befriedigt werden kann. Doch ist alsbald eine zweite Perspektive hinzuzufügen, die das Bild beträchtlich kompliziert. Ein Liberaler spricht nicht gerne von ihr, aber ich habe nicht die Absicht, vor dem Glatteis meines Themas wegzulaufen. Von einem bestimmten Punkt an verändert Zuwanderung die Zielgesellschaft so sehr, dass sie einige der Qualitäten verliert, die ihren Magnetcharakter ausgemacht haben. Zuwanderung ist mehr als die Aufnahme von mehr Menschen in eine unverändert geprägte Ordnung. Der britische Ökonom

Fred Hirsch (auch er ein Zugewanderter!) hat das vor Jahren in seinem Buch über die sozialen Grenzen des Wachstums formuliert: wer ein einsames Haus am Bergsee entdeckt und sich auch so eines am gleichen See baut, sorgt dafür, dass es bald kein einsames Haus an diesem Bergsee mehr gibt. Das ist z.B. das Problem der Expansion von Universitäten, die selbstverständlich nicht dieselben bleiben, wenn statt 5 Prozent nun 30 Prozent eines Jahrganges sie besuchen. Das ist kein Argument gegen die anderen Häuser am Bergsee oder gegen die Erweiterung der Bildungschancen, verweist aber auf ein unübersehbares Problem.

Im Fall der Zuwanderung führt die Erwägung zu schwierigen Schlüssen. Die weissen Zuwanderer sind nicht wegen der Indianer nach Amerika oder wegen der Aborigines nach Australien gekommen, sie liefern aber Beispiele für die vollständige Transformation von Gesellschaften. Flucht und Vertreibung liefern ähnliche Beispiele. Die israelische Diskussion über den wünschenswerten Anteil arabischer Israelis gibt zu denken. Warum in die Ferne schweifen? In Italien gibt es mittlerweile weitgehend albanische Dörfer, Bradford im Norden Englands ist eine «asiatische» Stadt geworden. In Berlin sind die türkischen Viertel nicht mehr eigentlich als deutsch zu bezeichnen. Das alles kann durchaus erträglich sein, macht aber die Frage verständlich, ob nicht auch liberale Ordnungen an einen Punkt kommen können, an dem sie in ihren Grundwerten gefährdet werden, wenn sie weitere Zuwanderung gestatten.

Freiheit und Heimat

Ob die Antwort darauf ja oder nein lautet, hängt wahrscheinlich mit der dritten und schwierigsten Perspektive zusammen, nämlich der, inwieweit Zuwanderung zur qualitativen Veränderung von Magnetländern führt. Insbesondere ist zu fragen, was zu tun ist, wenn nicht nur der Wohlstand, sondern vor allem die Freiheit des Zuwanderungslandes in Frage gestellt wird. Es gibt schwierige Beispiele. Israel ist nach Meinung vieler in exemplarischer Weise mit der massiven russischen Zuwanderung des letzten Jahrzehnts fertig geworden. Das Gleiche galt vorher schon für die Einwanderung nordafrikanischer Juden. Die Methode war die bewusste Integration, angefangen mit dem Hebräisch-Unterricht für alle. Ohne Zweifel hat sich die kulturelle Grundstimmung Israels geändert; die deutschen Einwanderer der frühen Zeit und noch der dreißiger Jahre sehen sich jetzt als schwindende Minderheit; aber die liberale Ordnung ist nicht gefährdet. Israel ist anders, aber nicht weniger frei, jedenfalls für seine jüdischen Bürger.

England ist einen anderen Weg gegangen. (Ich sage England, denn in Schottland und Wales ist die Zuwanderung viel geringer, und in Nordirland zeigen die Kinder noch mit Fingern auf die wenigen Schwarzen.) Es ist der Weg einer höchst losen Integration. Die Sprache war hier nicht das Problem, was half; wenngleich anglo-indisch oder anglo-westindisch nicht jedem Kunden eines indischen Geschäfts oder jedem Fahrgast der Londoner U-Bahn verständlich ist. Als Aktivisten ein Moslem-Parlament gründeten und förmlich erklärten, nur dessen Entscheidungen hätten für sie Geltung, nicht die des Parlaments von Westminster, gab es keine Verfassungsklagen oder Polizeimassnahmen, sondern eher ein Achselzucken. (Heute wüsste ich nicht zu sagen, ob das «Parlament» noch existiert.) London war immer schon eine bunte Metropole; dass in ihr nicht nur 20000 Franzosen und 30000 Italiener, sondern auch ein paar hunderttausend Jamaicaner und Ugander und Pakistanis leben, fällt sozusagen gar nicht auf, obwohl die Sozialkulturen der verschiedenen Gruppen sich fundamental unterscheiden. Eine Bedrohung der liberalen Ordnung und ihrer Grundwerte sieht da kaum jemand, und dass manche es tun, gehört mit zur gleichen losen Integration und lässt sich ertragen.

Holland ist England ähnlich, Belgien vielleicht auch. Für die an festere, förmlichere Integration gewöhnten Länder des Kontinents aber stellt die Zuwanderung offenbar schwierigere Fragen. Da wird oft entweder zu viel oder zu wenig Integration gesucht. Wohlgemeinte Integrationsversuche haben hässliche Nebenwirkungen, so, wenn ein Sonderprogramm zur Schaffung von Berufsschulfähigkeit rivalisierenden Gruppen von Albanern und sogenannten «Russen» den Boden für die Bildung krimineller Banden bereitet. Andererseits werden von Staats wegen türkische Schulen eingerichtet und damit dokumentiert, dass Integration nicht so wichtig scheint. Mit meiner englisch – und zumal londonisch – beeinflussten Erfahrung sehe ich im Kopftuch kein Problem, wohl aber in der Landessprache, die nun einmal Deutsch ist. Wenn Moslems in ihrem Badezimmer Schafe schlachten, ist das für die Nachbarn misslich; wenn Zugewanderte die Schulpflicht verweigern oder, wichtiger noch, dem staatlichen Gewaltmonopol mit organisierter Privatgewalt begegnen, ist das völlig inakzeptabel. Es wäre ganz falsch, aus solchen Erwägungen allgemein gültige Schlüsse ziehen zu wollen. Bewusst habe ich auf unterschiedliche Traditionen und Methoden Wert gelegt. Immerhin liegt eine praktische Erwägung nahe. Liberale Ordnungen sind unter anderem durch ihre Offenheit für die «Mühseligen und Beladenen», die zu ihnen kommen, attraktiv. Zugleich kann die uneingeschränkte Anwendung dieser Freiheit zur Selbstzerstörung führen.

Doch eine Leitkultur?

Wie so oft, gibt es keinen abstrakt befriedigenden Ausweg aus dem Dilemma. Doch lässt sich eine für den Liberalen gerade noch akzeptable Lösung finden. Der Begriff des Asyls und des Asylanten hilft uns offenbar nicht mehr weiter. Mühsal und Last der Zuwanderer speisen sich aus vielen Quellen. Da hilft es nur, wenn ein Land sich ausdrücklich als Einwanderungsland versteht und dafür praktikable Regeln entwickelt. Diese können im günstigen Fall das Prinzip der Freiheit mit dem verständlichen Interesse der Bürger an der Erhaltung ihrer Kultur verbinden. Doch war es nicht meine Absicht, hier eine Asylpolitik zu entwerfen. Das Beispiel der Migration sollte helfen, gemeinsame Wertüberzeugungen – und ihre Problematik – zu verstehen. Ohne unnötig systematisch zu werden, will ich versuchen, diese Absicht durch ein paar vorsichtige und vorläufige Hinweise zu befriedigen.

Bisher habe ich das Wort «gemeinsam» benutzt, ohne zu fragen, wer damit gemeint ist. Zumeist war von Ländern, also von Nationalstaaten oder ihren Teilen (wie England) die Rede. Aber sollten wir nicht eigentlich von Europa sprechen? Die Frage einer gemeinsamen Asyl- und Zuwanderungspolitik steht jedenfalls weit oben auf der Tagesordnung der EU. Mit der Antwort ist es allerdings schwieriger. Da gibt es viel von dem, was man in der Handelspolitik die *beggar-thy-neighbour*-Haltung nennt. Heiliger St. Florian, verschon' mein Haus, zünd' andere an! Auf einmal sammeln sich die Riviera-Kurden in den Häfen der Kanalfähren in Calais. Spanien mit seinen Nordafrikanern interessiert sich wenig für Übergangsfristen für polnische Wanderarbeiter nach dem Beitritt des Landes zur Europäischen Union. Man wird den Verdacht nicht los, dass die EU-Mitglieder sich nur auf dem illiberalsten Nenner einigen können. Jedenfalls bleibt Europa einstweilen ein problematischer Raum für gemeinsame Wertvorstellungen, die mehr sind als Überbau für enge Interessen. Auch hier hat der Nationalstaat seine prägende Bedeutung keineswegs verloren.

Noch etwas hat das Beispiel gezeigt, das ich ins Zentrum dieser Überlegungen gestellt habe: gemeinsame Werteüberzeugungen sind nicht ein für allemal gegeben. Sie verändern sich, nicht zuletzt durch die Mischung von Kulturen. Solchen Veränderungen sollten wir dann nicht widerstehen, wenn sie gewisse Grundfreiheiten intakt lassen. Deutschland kann ohne Schaden ein Einwanderungsland werden.

Das bleibt alles indes vor den Inhalten der gemeinsamen Überzeugungen stehen. In Deutschland ist gerne vom Verfassungspatriotismus die Rede, wenn diese Inhalte zur Debatte stehen. Dolf Sternberger, Jürgen Habermas und viele andere haben diesem Begriff zu einiger Dignität verholfen. Vielleicht sollte ich sagen, das Bundesverfassungsgericht hat es getan, denn seine Interpretationen des Grundgesetzes und vor allem der in ihm verankerten Grundwerte summieren sich nach über einem halben Jahrhundert zu einem ansehnlichen Kanon handfester Leitregeln. Da hat Deutschland anderen – denen, die keine Verfassung haben, wie denen, die weniger auf ihre Verfassung geben – einiges voraus.

Dennoch habe ich mich oft gefragt, ob Verfassungspatriotismus nicht eine allzu dünne, anämische Form gemeinsamer Werteüberzeugungen ist. Es gibt ja eine neue Ethik-Diskussion bei politischen Philosophen, die durchaus weiterführt. Avishai Margalits «anständige Gesellschaft», in der niemand erniedrigt wird, gehört dazu. (Neuerdings hat Margalit den Gedanken durch seine Horkheimer-Vorlesungen zur «Ethik der Erinnerung» noch vertieft, in denen er «ethische Gemeinschaften» aus gemeinsamen Erinnerungen ableitet.) Michael Walzer hat (in *On Toleration*) das alte Thema der Toleranz und des Lebens mit Unterschieden neu aufgenommen («Toleranz», so sagt er, «macht Unterschiede möglich; Unterschiede machen Toleranz nötig»). Tony Judt befasst sich an Hand französischer Autoren mit der Tugend der Verantwortung («The Burden of Responsibility»). Vertrauen und die Grundlage des Vertrauens ist für eine Reihe von angelsächsischen Autoren zum Thema geworden.

Die Liste lässt sich ergänzen. Sie zeigt, dass nicht nur 20- bis 24-Jährige, die über die Zukunft nachdenken, Halt suchen in einer haltlosen Welt. Sie zeigt auch eine bestimmte Richtung des Denkens, eben Anstand, Menschenwürde, Fairness, Toleranz, Vertrauen, Verantwortung. Aber wer sind sie schon, die zitierten Autoren, um solche Wertvorstellungen irgendwo zu gemeinsamen zu machen? Welcher Weg führt zum Beispiel von den höchst lesbaren und nachdenklich stimmenden Büchern zu akzeptablen Entscheidungen in den brennenden Fragen der Biowissenschaften und ihrer Anwendungen, oder eben der Wanderungsbewegungen? Was macht die kulturellen Ideen bedeutender Autoren zu einer Leitkultur?

Wenn man die Hoffnung nicht teilt, dass ein unauffälliger, jedenfalls ungelenkter, ganz und gar herrschaftsfreier Diskurs wie von selbst zu allgemein akzeptierten Regeln und Werten führt, dann bleibt nur eine Antwort: irgend jemand muss den Ton angeben. Das ist in Deutschland ein schockierender Gedanke; auch in Grossbritannien, wo er noch Realität hat, mögen ihn viele nicht mehr. Ich meine natürlich nicht einen autoritären Ton, der uns anderen aufgezwungen wird, wohl aber einen, der mit Autorität gegeben wird. Das kann durch Institutionen erfolgen; die Karlsruher Gerichte kommen dem für deutsche Verhältnisse schon nahe. Die Deutsche Akademie für Sprache und Dichtung aber ist keine Académie Française. Auch ein Oxford und Cambridge gibt es nicht. Über die Staatskirche, deren Bischöfe *ex officio* im House of Lords sitzen, mag man streiten; in der Genetik-Diskussion war die Präsenz ihrer Vertreter wichtig und einer von ihnen, der Bischof von Oxford, ist jetzt sogar Vorsitzender der Oberhaus-Kommission für Stammzellforschung. Die Pariser Intellektuellen, die Londoner *think tanks* der verschiedensten politischen Richtungen haben eine solche Funktion. Sie alle führen die Diskussion über Werteüberzeugungen, und zwar auf eine Weise, die zumindest dies im öffentlichen Bewusstsein hält, dass es wichtig ist, die Suche nach solchen Werten nicht aufzugeben. Weniges ist schlimmer als die Beliebigkeit der haltlosen Welt, denn der Weg von der Anomie zur Tyrannei ist kurz.

Die Antwort auf die mir gestellte Frage ist also: ja, wir brauchen zumindest die lebhafte Bemühung um gemeinsame Werteüberzeugungen, auch im 21. Jahrhundert. Das heisst vor allem, wir brauchen diejenigen, die sich die Mühe machen, die öffentliche Diskussion um solche Werteüberzeugungen in Gang zu halten.

2002

21 Die alte und die neue Bürgergesellschaft

Die Renaissance des Begriffes der civil society *ist eine der auffälligsten Erscheinungen der Zeit nach der Revolution von 1989. Nicht nur der Begriff kam zu neuem Leben, sondern überall, in Ost und West, ja Nord und Süd, galt die* civil society *als vieler Rätsel Lösung. Sie sollte zugleich die Institutionen der Demokratie sozial verankern und den Exzessen des Marktes Grenzen setzen. Sie wurde gesehen als das rettende Dritte zwischen Markt und Staat. Aber wie kann man Bürgergesellschaften schaffen? Und was genau sind sie überhaupt?*

Das Adam Ferguson Enlightenment Lecture in Edinburgh gab mir eine willkommene Gelegenheit, den historischen Weg des Begriffs skizzenhaft nachzuzeichnen. Dabei wird ein Bedeutungswandel erkennbar. In den früh auf den Pfad der Freiheit geratenen Gesellschaften – damit auch für die Autoren der schottischen Aufklärung – war civil society *die selbstverständliche Lebenswelt, «Gesellschaft» eben, befreit von den Zwängen der traditionalen Gemeinschaft. Der Staat war nicht nur schwach, sondern wurde auch schwach gehalten. Für seine Stärkung mussten sehr gewichtige Gründe gegeben werden, wie sie die Autoren der* Federalist Papers *in ihren Aufsätzen für die Vereinigten Staaten von Amerika gaben.*

Seitdem hat sich die soziopolitische Welt verändert; auf dem europäischen Kontinent war sie in gewisser Weise immer schon anders. Für uns Heutige ist die Bürgergesellschaft Befreiung von den Allmachtsansprüchen des Staates, damit ein Programm. Wie schwierig das Programm zu verwirklichen ist, wird hier nur angedeutet. Vor allem die postkommunistischen Länder haben es nach 1989 erfahren, und sie erfahren es noch heute. Aber auch in der alten westlichen Welt zeigt die Problematik hybrider Lösungen – Mischungen von Bürgergesellschaft und Staat oder auch Wirtschaft –, dass die verfasste Freiheit bedroht bleibt und immer neu bedroht wird.

Im Deutschen kommt zu den begrifflichen und den praktischen Problemen eines der sprachlichen Formulierung. War noch für Kant der Ausdruck «bürgerliche Gesellschaft» eine problemlose Übersetzung von civil society, *so kam durch Hegel und vor allem Marx eine andere Nuance in Wörter wie «Bürger» und «bürgerlich». Zum* citoyen *gesellte sich nun der* bourgeois.

Hier liegt wohl der Hauptgrund, aus dem deutsche Autoren bei der Wiederentdeckung des Begriffs die Kunstform «Zivilgesellschaft» vorzogen. Dabei nahmen sie gerne in Kauf, dass damit auf «zivile» und zum Beispiel nicht «militärische» Verhältnisse angespielt wurde.

Ich empfinde indes die beliebt gewordene Kunstform als unannehmbaren Raub eines schönen Wortes. Der Bürger ist zunächst und vor allem das mit Rechten ausgestattete Mitglied einer Gesellschaft. Wenn Menschen nicht mehr Untertanen sind, beginnen sie in Gesellschaften freier Bürger, also in Bürgergesellschaften zu leben. Das ist daher die hier (und auch sonst von mir) bevorzugte sprachliche Form. Sie hat allerdings den Nachteil, dass der Anklang an bestimmte andere Worte – wie «Zivilisiertheit» – dabei verlorengeht. Das wird dem Leser der folgenden Übersetzung aus dem Englischen nicht entgehen und lässt sich nicht vermeiden.

Die Wiederentdeckung der Bürgergesellschaft

Die Wiederentdeckung der Bürgergesellschaft ist einer der auffälligsten Züge der Politik der Gegenwart. Seit einem Jahrhundert, wenn nicht länger, war das beherrschende Thema des politischen Denkens und Handelns der Staat und seine Fähigkeit zur rationalen Planung. Es überrascht daher nicht, dass seine Hauptverfechter auf dem europäischen Kontinent zu Hause waren. Obwohl der bedeutendste Denker der Aufklärung, Immanuel Kant, darauf bestand, dass die «bürgerliche Gesellschaft» der wahre Zweck der Geschichte ist und sogar von einer Weltbürgergesellschaft träumte, wurde er nach Meinung vieler von Hegel überwunden. Für Hegel war die bürgerliche Gesellschaft nur das negative Moment, die Antithese auf dem Marsch des Weltgeistes von seinen primitiven Anfängen zu seiner endlichen Erfüllung, die sich im Staat als Wirklichkeit der sittlichen Idee finden sollte. Marx trieb Hegels Ideen noch einen Schritt weiter, bis hin zu dem Endstadium einer kommunistischen «Assoziation», deren Vorbedingung jedoch der Selbstmord des Staates war, wenn auch nach einem letzten Triumph in der «Diktatur des Proletariats».

Es hat mich seit langem überrascht, dass derlei preussisches Denken ein so starkes Echo bei britischen politischen Theoretikern wie T. H. Green und L. T. Hobhouse gefunden hat. (Genau genommen waren die Vereinigten Staaten das einzige Land, in dem die Aufklärung und mit ihr die Bürgergesellschaft zumindest bei allen wichtigen Denkern unversehrt blieb.) Noch überraschter war ich angesichts der Entdeckung, dass manche der Protagonisten des Staates in Britannien, wie L. T. Hobhouse, nach ihrer Parteizugehörigkeit Liberale waren. Es fällt ja nicht leicht, liberale Anwandlungen in Hobhouses These zu finden, dass «die Gesellschaft eine Seele hat, die es zu retten gilt», ganz zu schweigen von seiner Behauptung: «Am Ende ist die rationale Ordnung des Verhaltens begründet in den Bedingungen der menschlichen Entwicklung und gerichtet auf die Förderung dieser Entwicklung bis zu ihrem höchsten Ziel.» Da ist keine Spur der unsichtbaren Hand mehr auszumachen!

Zwei andere Liberale, John Maynard Keynes und William Beveridge, sind zwar nicht von dieser Art, lassen sich aber dennoch zu Recht als die Verfechter des Staates in der britischen politischen Geschichte beschreiben – Keynes als Erfinder des staatlichen Wirtschaftsmanagements, und Beveridge als Missionar des Wohlfahrtsstaates. Welche Partei man indes auch ins Auge fasst, die Sprache des wohlwollenden Staates ersetzte im 20. Jahrhundert zunehmend die der Bürgergesellschaft.

Dann aber, in den 1980er Jahren, veränderte sich das Bild grundlegend. Das geschah zunächst fast unbemerkt. Der amerikanische Ökonom Mancur Olson schrieb sein Buch über den *Niedergang der Nationen* durch Stagflation und soziale Erstarrung. Er war der Überzeugung, dass eine Revolution oder sogar ein Krieg nötig sein würden, um die Besitzstände aufzubrechen, die die Staatsklasse für sich reklamiert hatte. Tatsächlich wurde in den früher kommunistischen Ländern eine Revolution nötig, die Revolution von 1989, in der die Nomenklatura weggefegt wurde und die Suche nach neuen Pfaden in die offene Gesellschaft begann. Zur gleichen Zeit indes hatten in der OECD-Welt bereits weniger dramatische Wandlungen stattgefunden. Vielleicht haben Ronald Reagan und Margaret Thatcher Prozesse eingeleitet, die nicht sehr weit weg sind von einer Revolution. Jedenfalls galt der Staat auf einmal als Feind der Freiheit; Wirtschaft und Gesellschaft mussten aus seinem Griff befreit werden. Die beiden Entdeckungen der Zeit – beides Wiederentdeckungen – waren daher die Marktwirtschaft und die Bürgergesellschaft.

Man braucht kaum an die tiefen Veränderungen zu erinnern, zu denen dieser Prozess sowohl im allgemeinen politischen Klima als auch in der jüngeren Geschichte von politischen Parteien geführt hat. Ich erinnere mich gut an die Witzeleien des Labourführers Neil Kinnock über die Gewohnheit französischer Präsidenten, vor die Fernsehkameras zu treten und ihre Landsleute mit *Citoyens et Citoyennes* anzureden. Man würde ihn auslachen, erzählte er mir, wenn er Menschen als *citizens*, als Bürger anreden würde, und ohnehin gäbe es da keine weibliche Form. Nach einem Blick ins *Oxford Dictionary* erzählte ich ihm, es gebe immerhin das «obsolete» englische Wort, *citizette*, was für ihn nur bestätigte, dass es sich bei alledem um einen Scherz handelt. Kinnocks Nachfolger John Smith hatte einen schärferen Blick für die Wandlungen, die sich unter unseren Augen vollziehen. Und Gordon Brown (der in London gerne ein Forum für das nach John Smith benannte Institut leitet) teilt die Überzeugung, dass eine der zentralen Aufgaben der heutigen Politik darin liegt, durch die Stärkung der Bürgergesellschaft ein Gegengewicht zur Staatsmacht zu schaffen. Als Finanzminister hat er viel getan, um der guten Absicht Substanz zu verleihen.

Was genau ist es, das wir dabei wiederentdecken? Allerlei Begriffe sind zu diesem Zweck in der hektischen Neusprache unserer Zeit eingeführt worden. Ich bin nach wie vor nicht überzeugt von der «Postmodernität», die zu sehr nach der Haltlosigkeit einer Welt klingt, in der «alles geht». Vielleicht gibt es Argumente für den Gedanken einer «zweiten Modernität», den manche vorgeschlagen haben. Doch geht meine Neigung eher dahin, die Neuerfindung der Aufklärung zu empfehlen, jener grossen geistigen Bewegung, die zugleich zum Prinzip von Institutionen werden konnte. (Wie aktuell sie doch ist! Der religiöse Fundamentalismus und die mit ihm verbundene Gewalt erinnert uns an die befreiende Kraft einer Haltung, die Religion und Recht trennt und Menschen ermutigt, auf eigenen Füssen zu stehen.) Die Aufklärung ist ein Produkt der zweiten Hälfte des 18. Jahrhunderts, als es nicht nur grosse Individuen wie Immanuel Kant im fernen Königsberg gab, sondern auch intellektuelle und politische Bewegungen, wie sie vertreten wurden durch die Autoren der französischen *Encyclopédie*, die Gründer der Vereinigten Staaten und unter diesen die Autoren der *Federalist Papers*, und dann jene ausserordentliche Gruppe schottischer Denker, von denen hier vor allem die Rede sein soll.

Adam Ferguson und die zivilisierte Gesellschaft

Mir gefällt die Vorstellung, wie Adam Smith morgens um acht Uhr in Glasgow eine Postkutsche nimmt und vor dem Mittagessen am nächsten Tag in Edinburgh ankommt, um dort teilzunehmen an einer langen Sitzung gastronomischer und intellektueller Freuden mit anderen Mitgliedern der Select Society wie David Hume und Alexander Carlyle und Lord Kames und seit 1756 Adam Ferguson. Arthur Herman hat diese ungewöhnliche Periode der schottischen Geschichte, in der das Land politisch abhängig und wirtschaftlich schwach war, aber geistig ein Zentrum Europas darstellte, für uns zum Leben erweckt in seiner vorzüglichen «Geschichte, wie die schottische Aufklärung die Grundidee der Modernität geschaffen» und dabei Schottland zum «Modell» gemacht hat «für alle Nationen – gegenwärtige, vergangene und zukünftige –, die durch das Feuer der Modernität gehen müssen».

Adam Ferguson war nicht das brillanteste, geschweige denn das originellste Mitglied der Gruppe, aber in gewisser Weise war er repräsentativ für sie. Seine *History of Civil Society* repräsentiert das kollektive Denken der Select Society und des Poker Club und anderer aufgeklärter Gruppen der Zeit. Sie sammelt die Gedanken vieler in einem solchen Masse, dass Ferguson zuweilen – absurderweise – des Plagiats beschuldigt wurde. Tatsächlich verkörpert er nur den Geist einer besonderen Zeit und eines besonderen Ortes. Dabei war er als Person alles andere als repräsentativ. Er kam als einziger aus einer Familie in den Highlands; er redete gerne in der alten, gälischen Sprache; er hatte eine buntscheckige Karriere in der Armee, bevor er schliesslich (mit Hilfe ausgewählter Freunde und einigem Geld) einen Lehrstuhl an der Universität bekam; und er lebte, ungewöhnlicherweise zu seiner Zeit, bis zum reifen Alter von 93 Jahren. Lord (Henry) Cockburn erinnert sich an den alten Mann: «Sein Haar war seidig und weiss; seine Augen lebhaft und hellblau; seine Wangen wie herbstliche Äpfel mit roten Sprengseln, aber frisch und gesund; seine Lippen dünn und die untere geschwungen. Sein Gang und seine ganze Art waren edel; seine Gestik langsam; sein Blick voller Würde und kontrolliertem Feuer. Er sah aus wie ein Philosoph aus Lappland.» Was immer damit gemeint sein mag!

An Essay on the History of Civil Society wurde 1765 zuerst veröffentlicht; Ferguson war 43 Jahre alt. Es ist ein langes Buch, in dem diskursive Abschnitte mit Berichten über das Geschehen in anderen Teilen der Welt abwechseln. Der Gedanke der *civil society* wird nirgends definiert oder auch nur ausführlich erörtert, ist indes dennoch zentral für die Kernthese: «Erst in der Ausübung der Angelegenheiten der *civil society* erprobt die Menschheit ihre besten Talente und findet zugleich den Gegenstand ihrer besten Empfindungen.» Mit anderen Worten, erst wenn wir uns mit anderen in der Gesellschaft zusammenfinden, können wir unsere Talente in vollem Umfang nutzen und unsere Ziele und Absichten verwirklichen.

Ferguson hat ein freundliches Bild der menschlichen Natur; kein *homo homini lupus* für ihn und kein Krieg aller gegen alle. Noch der Krieg trägt dazu bei, die Menschheit zu zivilisieren, und die Zivilisation ist der Prozess, den er beschreibt. Von einem «rohen» Zustand (so drückt er es aus) bewegen wir uns zu einem «geschliffenen» Zustand. Ferguson mag dieses Wort, das er von der Bearbeitung von Diamanten herleitet, obgleich er auch von der «kultivierten» oder «zivilisierten» Welt spricht, die wir erstreben. Für Ferguson sind das Recht und die Herrschaft des Rechtes wichtig; das Recht aber ist nicht etwas von oben Aufgedrängtes. Für ihn ist «das Recht im Wortsinn ein Vertrag, auf den die beteiligten Parteien sich geeinigt haben, und zu dem sie bei der Ausarbeitung seiner Inhalte ihre Auffassung beigesteuert haben». Das ist jedenfalls der Fall «in demokratischen Einrichtungen», in denen «Bürger, die sich im Besitz der Souveränität fühlen, nicht so leicht bereit sind wie die Bewohner anderer Staaten, ihre Rechte durch geschriebene Gesetze erklären und sichern zu lassen. Sie vertrauen vielmehr ihrer persönlichen Kraft, der Unterstützung durch eine Partei und dem guten Sinn der Öffentlichkeit.»

Derselbe Gedanke lässt sich anders auch so fassen, dass man sagt, sie vertrauen der Bürgergesellschaft. Für Ferguson – in der Tat, für die Welt, für die er schreibt – ist die Bürgergesellschaft schlicht die Gesellschaft selbstbewusster, aufgeklärter und zivilisierter Bürger. Sie ist keineswegs ohne Struktur. Es gibt wichtige Konventionen. Es gibt auch organisierte Gruppierungen; Ferguson spricht gerne von «Parteien». Wie James Madison in seinen Beiträgen zum *Federalist* meint er damit nicht nur politische Parteien, sondern alle Gruppierungen im öffentlichen Raum, von denen es viele gibt, und die ein schützendes Netz gegen Despotismus und sogar gegen den Missbrauch durch Mehrheiten bilden.

Das ist nicht ganz leicht zu verstehen und dennoch entscheidend sowohl für das Verständnis des Begriffs der Bürgergesellschaft als auch für die Kernthese dieses Stückes. Für Ferguson und andere Autoren der Aufklärung ist die Bürgergesellschaft einfach die soziale Welt, in der wir leben, wenn wir eine bestimmte Stufe der Zivilisation erreicht haben. Sie ist das Netzwerk von Familie und Gemeinde, Kirche und Partei, von Vereinen und ephemeren Verbänden, das uns hält und unserem Leben Substanz und Bedeutung gibt. Wir verhalten uns nicht immer mit der bürgerlichen Zivilisiertheit, die eine solche Gesellschaft erfordert; die Herrschaft des Rechts ist nötig und mit ihr das, was John Locke *civil government* nennt, also der Bürgerstaat. Aber im Kern existiert die Bürgergesellschaft vor dem Staat. Der Staat ist erst noch zu konstruieren. Der ganze Sinn der *Federalist Papers* ist ja, dass dies ein schwieriger Prozess ist, der zudem immer das Risiko der Bedrohung unserer durch die Bürgergesellschaft in natürlicher Weise geschützten Freiheiten enthält.

Staatsmacht und Bürgerfreiheiten

Vergleichende Historiographie ist hier nicht mein Thema, doch muss bemerkt werden, dass das bisher skizzierte Bild nie eine korrekte Beschreibung der meisten kontinental-europäischen Länder war, jedenfalls nie in der Moderne. Hier war vielmehr der Staat auf die eine oder andere Weise – meistens durch aristokratische Herrschaft – seit langem gegenwärtig, und oft allgegenwärtig. Zu erkämpfen war die Bürgergesellschaft. Was immer solche Vergleiche uns für die Vergangenheit sagen, mittlerweile gilt dasselbe für Britannien und bis zu einem gewissen Grade sogar für die Vereinigten Staaten. Das Gebäude des Staates steht heute fest und stark, während die Freiheiten der Bürgergesellschaft eingesperrt sind in dem, was Max Weber «das eherne Gehäuse der modernen Bürokratie» genannt hat. Nötig ist daher die Befreiung von staatlicher Bürokratie durch die Rekonstruktion der Bürgergesellschaft. Am Beginn des 21. Jahrhunderts – ja, im Grunde schon seit zwei Jahrzehnten – liegt die Aufgabe nicht darin, der Realität der Bürgergesellschaft eine vernünftige staatliche Ordnung anzufügen, sondern eine starke Bürgergesellschaft zu schaffen, die die Krakenarme des Staates durchschneidet.

Das heisst unter anderem, dass die Bürgergesellschaft nicht mehr so «natürlich», so selbstverständlich gegeben ist, wie sie es für Ferguson und seine Zeitgenossen war. Heute muss die Bürgergesellschaft neu definiert werden. Sie besteht aus der Vielzahl von Assoziationen, in denen unser tägliches Leben sich abspielt, wobei «Assoziation» impliziert, dass es sich um freiwillige und autonome Verbindungen handelt. Ihre formalste Version liegt in dem, was jetzt meist als «dritter Sektor» beschrieben wird, also in «freiwilligen Organisationen», auch «philanthropischen» oder «karitativen» Verbänden, wie sie neben den beiden stärker formalisierten Sektoren der Regierung oder des Staates, und der Unternehmen oder der Wirtschaft existieren. Doch ist zu betonen, dass dies nur die formale Spitze des Eisbergs bürgerlicher Vereine und Verbände ist, zu denen Blasorchester und Fussballklubs, Kirchenchöre und Taubenzüchter, Briefmarkensammler und hunderte, ja tausende oft rein lokaler Organisationen und Assoziationen zählen.

Mir macht ein Ausdruck wie «dritter Sektor» Schwierigkeiten. Beim Staat geht es immer um Regeln und die dazugehörenden Strukturen; die Wirtschaft, wenn sie eine Marktwirtschaft ist, wird durch jene Regeln eingebunden, die wir dann Markt nennen; aber die Bürgergesellschaft ist, zumindest in meiner idealen Welt, ein schöpferisches Chaos. Adam

Ferguson hätte etwas zu sagen über die Konventionen, die nötig sind, um sicherzustellen, dass das Chaos schöpferisch bleibt und nicht zerstörerisch wird. Die Zulassungs- und Steuerbehörden hätten zudem etwas zu sagen über die Verantwortlichkeiten der Chaosspieler. Entscheidend bleibt jedoch, dass die Bürgergesellschaft im Kern von niemandem organisiert wird.

Das ist dennoch offenkundig nur ein Teil der Wahrheit. Es gibt daher Anlass zurückzukehren zu der zugrunde liegenden sozio-politischen Analyse. Der Aufstieg des Staates im 20. Jahrhundert (der in vielen Ländern schon früher begonnen hat) war kein historischer Zufall. Die Bürgergesellschaft war nicht mehr kräftig genug, um mit den Nöten der Menschen fertig zu werden. An mutigen Versuchen zu ihrer Anpassung fehlte es nicht. Freiwillige Versicherungen auf Gegenseitigkeit wurden geschaffen, Genossenschaften und vielerlei philanthropische Einrichtungen. Aber die Erfordernisse moderner industrialisierter Gesellschaften überstiegen die Fähigkeit freiwilliger Instanzen, zivilisierte Lebensbedingungen für alle zu erhalten. Ein Mass an Umverteilung wurde nötig; öffentliche Dienste waren zu schaffen; Ausbeutung musste eingedämmt werden – wenige haben die Umstände, die zu stärkerer Staatstätigkeit führten, eindringlicher beschrieben als William Beveridge von seinen frühen Schriften über die Arbeitslosigkeit bis zu den allerletzten über Philanthropie. Manche würden sagen, dass es nötig war, private Privilegien durch die Mobilisierung öffentlicher Macht zu begrenzen.

Heute steht eine andere Aufgabe im Mittelpunkt; sie liegt darin, die neuen Privilegien zu begrenzen, die aus unkontrollierbarer öffentlicher Macht erwachsen. Damit meine ich nicht in erster Linie die Korruption, obwohl diese in vielen Ländern ein reales Problem darstellt. Ich meine vor allem bürokratische Macht, also den Staatsapparat, der ohne jede Böswilligkeit von Einzelnen Anrechte und Ausschlüsse schafft, die unsere Aufmerksamkeit verdienen. Manche suchen die Antwort darin, die Rolle des Staates radikal zu reduzieren und es dem Markt zu überlassen, das Nötige zu tun. Es mag Bereiche geben, in denen dieser Rat einen gewissen Sinn hat. Aber wenn man akzeptiert, dass es ein öffentliches Interesse an gewissen Diensten einschliesslich einem Mass an Umverteilung zu ihrer Finanzierung gibt, und wenn man zugleich die Macht der Bürokratien reduzieren will, dann müssen neue Wege gefunden werden. Sie haben es mit einer neuen Beziehung des Staates sowohl zur Marktwirtschaft als auch zur Bürgergesellschaft zu tun. Solche neuartigen Verbindungen sind mittlerweile zum Kern einer Politik geworden, die sozial und liberal zugleich sein will.

Der Liberale und die hybriden Lösungen

Als unverfälschter Liberaler habe ich es nicht leicht gefunden, mich mit dieser neuen Version der Bürgergesellschaft abzufinden. Sie bringt Hybride hervor, die weder leicht zu verstehen noch notwendigerweise sehr effektiv sind. Dazu gehören öffentlich-private Partnerschaften, die in manchen Fällen die Stelle der Privatisierung übernommen haben. Der Gedanke, dass die Regierung Ziele vorgibt, aber private Unternehmen unter Vertrag nimmt, um diese zu erreichen, ist sicherlich attraktiv, und es gibt Beispiele von der Müllabfuhr bis zur Stromversorgung, die gut funktionieren. Es gibt andere Beispiele, wie das Bahnnetz, die offenkundig weniger gut funktionieren, und ob das Prinzip sich auf das öffentliche Gesundheitswesen anwenden lässt, ist noch eine offene Frage.

Näher an meinem Thema ist jedoch eine andere hybride Lösung des Verhältnisses von Staat und Bürgergesellschaft im engeren Sinn, das ist der «dritte Sektor». Das britische New Deal zur Bekämpfung der Jugendarbeitslosigkeit liefert ein Beispiel. Die meisten Programme zur Regeneration von Städten beruhen auf einer Verbindung von öffentlicher Zielbestimmung und Aktivitäten des freiwilligen Sektors. Sogar der staatliche britische Nationale Gesundheitsdienst würde zusammenbrechen ohne seine 800 000 freiwilligen Helfer. Während Schottland einen mutigen Versuch gemacht hat, öffentliche Pflegedienste für bedürftige ältere Menschen anzubieten, muss man vermuten, dass solche Versprechungen sich nur halten lassen, wenn freiwillige Dienste und karitative Finanzierung zusätzlich verfügbar sind.

Die neuen Aufgaben für Tätigkeiten und Organisationen der Bürgergesellschaft haben jetzt zu einer weiteren hybriden Lösung geführt, nämlich der engeren Verbindung von karitativen und wirtschaftlichen Tätigkeiten. Auf lange Sicht angelegte gemeinnützige Verbände können nicht nur von ungewissen Zuwendungen leben. Sie haben daher begonnen, sich auch kommerziell zu betätigen. Das reicht von Einzelhandelsgeschäften bis zu Versicherungsgesellschaften. Manche Verbände vor allem im Wohnungssektor, aber auch bei der Regeneration von Städten haben Anleihen aufgelegt, um ihre Arbeit zu finanzieren. Eine völlig neue Sprache hat sich herausgebildet, die die Bürgergesellschaft mit dem «zweiten Sektor» der Wirtschaft zu verbinden sucht: Sozialinvestitionen, Sozialunternehmer, Sozialkapital.

Was ich damit sagen will, ist, dass wir nach einem Jahrhundert, in dem wir uns auf den Staat verlassen haben, jetzt die Bürgergesellschaft wiederentdecken, ja sie in vieler Hinsicht zu rekonstruieren suchen. Aber diese Bürgergesellschaft ist nicht die natürliche Lebenswelt von Menschen, die in Gesellschaft mit anderen eine zivilisierte Existenz führen. Sie ist nicht einfach die «geschliffene» soziale Welt von Bürgern. Sie ist vielmehr der bewusste Versuch, entfremdete bürokratische Mechanismen zu ersetzen, indem ein breites Spektrum von organisierten und doch freiwilligen Aktivitäten mobilisiert wird, um das mehr oder minder deutlich bestimmte öffentliche Wohl zu garantieren. Adam Ferguson und seine Freunde hätten diese Art von Bürgergesellschaft sicher nicht anerkannt. Ich selbst bin ein zögerlicher Konvertit zu dieser neuen Welt, der deren Anerkennung von zwei Bedingungen abhängig machen muss.

Die erste Bedingung ist, dass die Trennung der drei Bereiche – des Staates, des Marktes und der Bürgergesellschaft – nicht gänzlich aufgegeben werden darf. Hybride Lösungen haben ihren Ort, aber die den drei Bereichen zugrunde liegenden Prinzipien haben auch jedes sein eigenes Recht. Im Staat geht es um das öffentliche Wohl und um Dienst. Der Markt ist der Ort des Austausches von Interessen, die zumeist materiellen Gewinn anstreben. Bei der Bürgergesellschaft selbst noch im engen Sinn des «dritten» oder «freiwilligen Sektors» geht es um Altruismus und die freie Assoziation von Bürgern. Die drei getrennt zu halten, oder besser noch, als Getrennte in einem Verhältnis lebendiger Wechselbeziehung, ist für mich eine Definition der liberalen Ordnung. Ein Land, in dem der Staat alles schluckt, ist gewiss nicht frei; eines, in dem das Marktprinzip alle menschliche Tätigkeit beherrscht, ist nicht fair; und eines, in dem es nur die Bürgergesellschaft gibt, dürfte für viele ein bisschen zu anarchisch sein. Indes kann ein bisschen Anarchie nichts schaden; sie ist vielmehr die Würze der liberalen Ordnung. Schon aus diesem Grund lohnt es sich, Vereine und andere freiwillige Tätigkeiten zu verteidigen, die nicht in hybride Arrangements mit Wirtschaftsunternehmen oder staatlichen Einrichtungen eingebunden sind, sondern den Gedanken jenes schöpferischen Chaos am Leben halten, das die Bürgergesellschaft ausmacht.

Dies führt zu der zweiten Bedingung, die ich der neuen Bürgergesellschaft als bewusster Konstruktion auf den Weg geben muss. Der Schlüssel zur Bürgergesellschaft ist nicht ein bestimmendes Organisationsprinzip, sondern freiwillige menschliche Tätigkeit. Adam Ferguson widmet zwei Abschnitte des ersten Teils seiner *History of Civil Society* dem Thema des Glücks. Das ist seine Version der Definition der Zwecke des Fortschritts – ein Thema, mit dem sich die Autoren der Aufklärung leichter taten, als wir es können nach der Erfindung und Anwendung tödlicher Mittel der Selbstzerstörung. «Es hat daher den Anschein», sagt

Ferguson, «dass das Glück der Menschen darin liegt, ihre sozialen Einrichtungen zur bestimmenden Quelle ihrer Tätigkeiten zu machen; sich aufzustellen als Mitglieder einer Gemeinschaft, für deren allgemeines Wohl ihre Herzen glühen können mit Freude und Eifer.» Ein wünschenswerter Stand der Dinge ist also einer, in dem Menschen aktive Mitglieder der Bürgergesellschaft, damit wahre Bürger sind. Ob solche Tätigkeit uns glücklich macht, mag in einem skeptischeren Zeitalter offen bleiben. Doch kann kein Zweifel daran bestehen, dass aktive Bürgerschaft ein unentbehrliches Element der liberalen Ordnung ist.

Es bleibt zu resümieren, dass Bürgergesellschaft und Freiheit untrennbar verknüpft sind; aber wir können nicht mehr davon ausgehen, dass die Bürgergesellschaft durch den natürlichen Fortschritt der Zivilisation gegeben ist. Wir müssen sie verteidigen und entwickeln, wenn wir sowohl dem bürokratischen Gehäuse der Hörigkeit als auch den Gefahren des Marktfundamentalismus entkommen wollen.

22 Alltags-Europa, Sonntags-Europa: Wer schliesst die Kluft?

Zu Beginn des neuen Jahrhunderts ist die europäische Integration zu einem der grossen Themen der Politik geworden. Drei Entwicklungen haben dazu beigetragen. Die erste ist die Komplettierung der Währungsunion durch die Einführung des gemeinsamen Geldes, des Euro. Die zweite ist die Erweiterung der Europäischen Union von 15 auf 25 Mitglieder, dabei vor allem der Beitritt der früher kommunistischen Länder des östlichen und südöstlichen Mitteleuropa. Die dritte Entwicklung ist die Diskussion eines Verfassungsvertrages, der den Rahmen für die künftige Union abgeben soll.

Das grosse Programm hat indes auch beträchtliche Schwächen der Europäischen Union enthüllt. Die Währungsunion hat ein neues Kerneuropa – «Euroland» – geschaffen, dem nur elf der ab 2004 25 Mitglieder der EU angehören. Sie hat zudem den von manchen erwarteten Automatismus zur Wirtschaftsunion nicht ausgelöst. Die Erweiterung hat schon vor ihrem Vollzug neue Spaltungen in Europa sichtbar gemacht, auch Spuren des Unterschiedes zwischen dem «alten» und dem «neuen» Europa (in der Formulierung des US-Verteidigungsministers Rumsfeld). Der Verfassungsvertrag ist im ersten Anlauf gescheitert. Die Machtansprüche der Mitglieder und vor allem die relative Rolle der «Grossen» und der «Kleinen» lassen sich nur schwer austarieren.

Wichtiger noch ist die Tatsache, dass keine der Entwicklungen, die die politische Klasse beschäftigen, bei der Bevölkerung der europäischen Länder auf ein breites Echo stösst. Die Währungsunion ist in den beteiligten Ländern eher unbeliebt. Sie wird nicht nur mit einem unpopulären Verlust an nationaler Souveränität, sondern vor allem mit steigenden Verbraucherpreisen assoziiert. Die Erweiterung der EU ruft bei manchen Altmitgliedern Ängste wach, konkrete Ängste vor dem Verlust von Zuschüssen aus dem EU-Haushalt, abstraktere Ängste vor einer massenhaften Zuwanderung und überhaupt einer unerwünschten Konkurrenz aus den neuen Mitgliedsstaaten. Der Verfassungsvertrag, der doch die Bürger den europäischen Institutionen näher bringen sollte, hat eben das im ersten Anlauf nicht geschafft.

Hinter alledem steht ein Grundproblem des Prozesses der europäischen Einigung. Es gibt sozusagen zwei europäische Diskurse. Der eine ist der der Sonntagsreden über die neue Kraft in der Weltpolitik und die europäische Identität. Man hat sich an die schönen Reden gewöhnt; inzwischen aber spüren viele, dass der andere, der alltägliche Europa-Diskurs weit entfernt ist vom Sonntags-Europa. Bei diesem anderen Diskurs geht es um Agrarpreise, um Mittel aus den Brüsseler Töpfen und um die Komplettierung des Binnenmarktes durch oft läppisch scheinende Detailmassnahmen. Meine These ist es – zugespitzt formuliert –, dass das organisierte Europa zerfallen wird, wenn es nicht gelingt, diese Kluft zu schliessen.

Der folgende Text macht diese These fest durch die Konzentration auf drei Namen: Walter Hallstein, Valéry Giscard d'Estaing und Jacques Delors. Er lässt keinen Zweifel an meiner Überzeugung, dass nur der von Delors im Fall des Binnenmarktes beschrittene Weg zu wirklichen europäischen Fortschritten führen kann. Da spricht der skeptische Europäer, der auch sonst in diesem Bande zu Wort kommt, der aber immer Europäer bleibt und daher Fortschritte der Zusammenarbeit will.

Europäische Realitäten

Die Europäische Union hat viele kleine und auch nicht ganz so kleine Probleme zu bewältigen, aber ein grosses Problem hängt über ihr als Schwert des Damokles, weil sich an ihm entscheidet, ob die Union ein dauerhaftes Leben haben wird oder doch noch ihre Kraft verliert: Wer schliesst die Kluft zwischen den grossen Sonntagsreden über Europas Zukunft und den kleinlichen Realitäten des europäischen Alltags?

Allen, die je in europäischen Institutionen tätig waren, ist der Widerspruch wohl bewusst. Am meisten gilt das für die Abgeordneten des Europäischen Parlaments. Um gewählt zu werden, haben sie zu den

Bürgern von Krieg und Frieden gesprochen, und von der Notwendigkeit, ein Gegengewicht zu anderen Supermächten – heutzutage zu der einen grossen Supermacht – zu schaffen. Sind sie aber gewählt, dann bringen sie viel Zeit zum Beispiel mit der Harmonisierung der Richtlinien für den Lärm von Baumaschinen zu, und von Weltpolitik ist kaum noch die Rede.

Besonders drastisch wird die Kluft jeweils neuen Beitrittskandidaten bewusst. Die jetzt beitretenden postkommunistischen Länder haben lange davon geträumt, nach Europa zurückzukehren. Darunter verstanden sie den Weg in eine Gemeinschaft der Werte, mit der sie sich seit langem verbunden fühlten. In den Beitrittsverhandlungen aber begegneten ihnen ganz andere Erfahrungen. Die Altmitglieder zwangen sie dort, allerlei teure Vorschriften zu akzeptieren. Am Ende der Verhandlungen ging ein grosses Gefeilsche um Geld los. Dieses Mal war das so «erfolgreich», dass die neuen – und armen – Mitglieder sich als Nettozahler wiederfanden und sich nur durch haushaltstechnische Verrenkungen in eine «Plus-minus-null»-Position bringen konnten. Die Verlegenheit der führenden Politiker der Kandidatenländer, die dies alles erlebten und dann ihren Wählern die EU schmackhaft machen mussten, war mit Händen zu greifen.

In den alten Mitgliedsländern der EU hat man sich an derlei längst gewöhnt. Zwar hören viele nur mit halbem Ohr zu, wenn wieder ein Regierungschef oder Aussenminister seine Vision des zukünftigen Europa in leuchtenden Farben ausmalt; aber bis zu einem gewissen Grade haben die meisten dieses Denken hinlänglich verinnerlicht, um nicht zu sagen: Moment mal, Herr Präsident/Minister, wie verträgt sich das mit der Subvention des Tabakanbaus aus Steuermitteln? Ein überlegenes Desinteresse am wirklichen Europa verbindet sich mühelos mit dem Wiederkäuen der Visionen.

Nun gilt es, einen Irrtum zu vermeiden: Das wirkliche Europa ist mit den Beispielen des Lärms von Baumaschinen und der Subvention des Tabakanbaus nur sehr unzulänglich beschrieben. Es ist tatsächlich in wichtigen Zügen ein Binnenmarkt geworden, und ein solcher Binnenmarkt ist keineswegs gering zu schätzen. Er stellt einen enormen Fortschritt an Mobilität gegenüber der Situation von 1945, 1957, ja 1969 dar. Zur Zeit des Kriegsendes, der Gründung der EWG und noch der wichtigen Gipfelkonferenz von Den Haag im Dezember 1969 war Europa fragmentiert und eine Art Hindernis-Parcours für alle, die Menschen, Güter, Dienstleistungen oder Geld von einem Teil zum anderen bringen wollten. In einer Serie von mutigen Grundsatzentscheidungen und mühevollen Detailinitiativen sind die Hindernisse abgebaut worden. Es entstand zuerst ein Gemeinsamer Markt, dann ein Europäischer Binnenmarkt.

Auch ist dies keineswegs alles. Zusätzlich zum Binnenmarkt hat sich in einer Reihe von wichtigen Politikbereichen eine Gewohnheit der Zusammenarbeit entwickelt, die heute nur noch von wenigen in Frage gestellt wird. Das gilt in manchen Bereichen der inneren Politik, insbesondere bei Fragen der Zuwanderung und der Bekämpfung der Kriminalität. Es gilt auch in Fragen der Aussen- und Sicherheitspolitik. Jenseits dieser Kernbereiche sind regelmässige Treffen von Ministern und Beamten selbstverständlich geworden.

Doch sollte die Gewohnheit der Zusammenarbeit nicht überschätzt werden. Intergouvernementale Kooperation ist schön und gut, schafft aber keine Supermacht. Die Wahrheit ist, dass es eine gemeinsame Aussen- und Sicherheitspolitik der EU nicht gibt und auch, soweit man sehen kann, nicht geben wird. Die Frage der Sitze im UN-Sicherheitsrat sagt alles: ein einziger Sitz für Europa mit Vetorecht muss ausgeschlossen werden. Die Irak-Politik ist im Übrigen nur das jüngste Beispiel dafür, dass die europäischen Länder, wenn es ernst wird, ihre eigenen nationalen Interessen in den Vordergrund stellen. Der Falklandkrieg, Frankreichs Afrika-Engagement, ja die deutsche Wiedervereinigung waren nur besonders sichtbare Beispiele des gleichen Phänomens.

Auch eine andere Tatsache darf nicht vergessen werden. Für ihre Ausgaben hat die EU eine Obergrenze von 1,24 Prozent ihres Bruttosozialprodukts gesetzt. Diese Grenze wird nicht erreicht und soll nach dem Willen der wichtigen Mitgliedsstaaten auf absehbare Zeit auch nicht erreicht werden. In den Staaten selbst aber sind die Regierungen für 40 Prozent oder mehr ihres BSP verantwortlich. Es wäre vielleicht übertrieben zu sagen, dass die Einzelstaaten daher vierzigmal so wichtig sind wie die EU; aber die Grössenordnung des Unterschiedes darf doch nicht vergessen werden.

An solchen Tatsachen sollte man die grossen Worte messen, die manchen so leicht über die Lippen kommen, wenn sie von der Zukunft Europas reden. In seinem Entwurf für einen europäischen Verfassungsvertrag hat Giscard d'Estaing dem Denken in grossen Worten neue Nahrung gegeben, als er alternative Namen für das Gebilde vorschlug: «Europäische Gemeinschaft», «Europäische Union», «Vereinigte Staaten von Europa», «Vereintes Europa». Von alledem kann heute gar nicht die Rede sein – und sollte auch nicht die Rede sein, wenn europäische Politiker nicht ihre Wähler, und am Ende sich selbst, irreführen wollen.

Die Kluft zwischen Europas Realität und den Visionen ist enorm, und die brennende europäische Frage ist: Wer schliesst diese Kluft? Wird sie nämlich nicht geschlossen, dann wird die Seifenblase der Visionen eines Tages platzen und durch ihren schönen Schein werden auch die Realitäten Europas gefährdet.

Die Personalisierung – wer schliesst die Kluft? – ist durchaus beabsichtigt. Von drei Personen soll im Folgenden die Rede sein, deren jede einen nachdenkenswerten Beitrag zur Schliessung der Kluft geleistet hat: Walter Hallstein, Valéry Giscard d'Estaing und Jacques Delors.

Walter Hallstein

Der erste Präsident der Europäischen Wirtschaftsgemeinschaft, Walter Hallstein, war sich der Kluft zwischen Anspruch und Realität Europas wohl bewusst. Indes beunruhigte ihn diese nicht sonderlich. Er hatte nämlich seine eigene Theorie, wie diese Kluft geschlossen werden könnte, ja fast gezwungenermassen geschlossen werden würde. Geradezu liebevoll brachte er hier den Begriff einer «nie versagenden Sachlogik» ins Spiel, die er für den «letzten Faktor der europäischen Einigung» hielt. Die «Sachlogik» ist «eine anonyme Kraft», auch wenn sie «nur durch menschlichen Willen» wirkt. Die Kraft, «die dem Werk innewohnt», lässt sich auf die simple Formel bringen: «Wer A sagt, muss auch B sagen.»

In dem Abschnitt seines grossen Werkes *Die Europäische Gemeinschaft* über «Die Sachlogik» legt Hallstein dar, was er meint. Der Gemeinsame Markt ist der erste Schritt. (Hallstein wusste natürlich, dass er es tatsächlich nicht war, sondern dass vor ihm Projekte der politischen Union und der Verteidigungsgemeinschaft gescheitert sind.) Wo aber marktwirtschaftliche Regeln nicht gelten, sondern staatliche Politiken ins Spiel kommen, «bleibt nichts anderes übrig, als diese Politiken unter eine gemeinschaftliche Disziplin zu nehmen». Das ist der Grund für «etwas so fundamental Neues, etwas so Umstürzendes wie eine gemeinsame europäische Agrarpolitik». Diese wiederum verlangt nicht nur Marktordnungen, sondern gemeinschaftliche Preise. Dabei ist die Rechnungseinheit nur ein erster Schritt; am Ende wird die Währungsunion zwingend. Ihr folgt die Steuerpolitik, die Haushaltspolitik, die Wirtschaftspolitik. Alsbald wird deutlich, «dass die psychologische Kettenreaktion der Integration nicht an den Grenzen der Wirtschafts- und Sozialpolitik Halt macht». Aussen- und Verteidigungspolitik müssen folgen, denn «alle Politik ist eine Einheit».

Die in der Theorie eindrucksvolle Konzeption hat in der Praxis zwei folgenschwere Schwächen. Die eine liegt darin, dass die «Sachlogik» eben doch zuweilen, und zwar gar nicht so selten, versagt. In der Politik sagen viele A, ohne dann B zu sagen, und zum E und U kommen sie nie. Die andere Schwäche ist, dass in der Welt der «Sachlogik» Demokratie sozusagen entbehrlich wird. Die Volksabstimmungen zu von Regierungen in Maastricht oder Nizza ausgehandelten Verträgen kommen da nicht vor. Beide Schwächen haben einen gemeinsamen Kern: die zugrunde liegende Konzeption ist nicht politisch. Ihr fehlt der Blick auf die Legitimation durch die Wahlbürger. Um aber den Aspirationen ihrer Verfechter gerecht zu werden, muss die Europäische Union politischer werden, nämlich konkreter entscheidungsbezogen und zugleich demokratischer.

An Beispielen für das, was Not tut, fehlt es nicht. Wenn es je einen Schritt im europäischen Integrationsprozess gab, der eine «Sachlogik» in Gang setzte, dann war es die Einführung des Euro in zwölf Ländern der EU. Nicht nur – so konnte man annehmen – würde der Euro bald zur generellen Europa-Währung werden, sondern er würde auch zwingend zur Koordination und am Ende Integration der nationalen Wirtschaftspolitiken führen. An beidem sind indes auch Zweifel möglich. Nach der Erweiterung werden nur noch die Hälfte der EU-Mitglieder zu Euroland gehören. Das britische Euro-Referendum stösst auch aus auf dem Kontinent unterschätzten guten Gründen auf Widerstand bei Parteien und Wählern. Und was die gemeinsame Wirtschaftspolitik betrifft, so stehen ihr beträchtliche Hindernisse in nationalen Traditionen und Interessen im Wege. Zuweilen stellt sich die Frage, ob die gemeinsame Währung nicht eher der Schlussstein des Binnenmarktes als der Beginn einer neuen Phase wirtschaftlicher Integration ist.

Die «Sachlogik» funktioniert also nicht. Es gibt sie nur in der Theorie; die Realität hat ihre eigene Logik. Es müssen andere als Hallsteins Wege gefunden werden, um die Kluft zu schliessen.

Valéry Giscard d'Estaing

Der gegenwärtig aktuellste Weg, um Europa von seiner bescheidenen Realität der grossen Vision näherzubringen, ist der eines europäischen Verfassungsvertrages. Die Methode ist nicht gerade von Präsident Giscard d'Estaing erfunden worden, aber er hat sie sich zu eigen gemacht und sie durch die Beratungen des Konvents hin mit grosser Entschiedenheit vertreten. Der Grundgedanke dieses Ansatzes lautet – zumindest im

Rahmen der hier entwickelten Argumentation –, dass durch die Schaffung institutioneller Verankerungen des politischen Handelns garantiert werden kann, dass Europa den Weg zur erstrebten Union findet.

Hier soll keine Begriffsklauberei betrieben werden. Was genau ist eine Verfassung? Dass sich darüber die Gelehrten streiten, ist für uns andere fast schon tröstlich. Die einen sind der Meinung, «dass der Verfassungsbegriff, über die Grenzen des traditionellen Staatsrechts hinaus, geeignet sein könnte, über öffentliche Organisationen etwas auszusagen» (D. Schefold). Die anderen beharren auf dem Unterschied zwischen «Vertrag» und «Verfassung» (D. Grimm). Verträge werden zwischen Staaten geschlossen, während Verfassungen auf den Souverän verweisen. Ob es diesen – andere sprechen von dem *demos* – im Fall Europas tatsächlich gibt, kann jedoch bezweifelt werden. Die Europäische Union ist (laut Grimm) «eine effektive politische Assoziation ohne die Qualität eines Staates».

Der Unterschied ist wichtig, und er wird in misslicher Weise vermischt, wenn man von einem «Europäischen Verfassungsvertrag» spricht. Tatsächlich handelt es sich dabei um einen Vertrag, auch wenn dieser vornehmlich Spielregeln des Zusammenwirkens etabliert. Jedenfalls werden auf diese Weise zwei Kernfragen nicht beantwortet, die doch beantwortet werden müssen, wenn es gelingen soll, die Kluft zwischen Anspruch und Wirklichkeit Europas mit institutionellen Mitteln zu schliessen: Gibt es identifizierbare und anerkannte *finalités politiques*, also politische Zielsetzungen (wie die «immer engere Union») der europäischen Konstruktion? Worum geht es bei dieser Konstruktion?

Die Antwort auf diese Fragen lässt sich nicht aus der europäischen Realität ableiten. Vielleicht gibt es auch keine einfache, richtige Antwort darauf. Meine Antwort jedenfalls – die in Brüssel nicht viele Freunde hat – ist, dass wir das alles nicht so genau wissen. Es gibt jedenfalls keine identifizierbaren und anerkannten *finalités politiques* in Europa, auch wenn manche davon überzeugt sind zu wissen, wie diese aussehen sollen. Wir finden uns in einem Prozess mit ungewissem Ende, der zu Vereinigten Staaten von Europa führen kann, aber auch zur Renationalisierung, ja Fragmentierung politischer Räume. In welche Richtung wir tatsächlich gehen, ist eine Sache spezifischer politischer Entscheidungen – über die Haltung zum Irak, über den Stabilitätspakt, über Asylanten und Zuwanderer – und nicht allgemeiner Regeln. Ein Verfassungstext hilft bei solchen Entscheidungen nicht, weil er den falschen Eindruck erweckt, dass schon erreicht sei, was doch einstweilen blosse Absicht bleibt, und zudem Absicht von einigen, nicht von allen. Europa ist in seinem gegenwärtigen Zustand ein Prozess, nicht ein Ziel, und sogar ein Prozess ohne bestimmtes und definiertes Ziel. Es ist daher – wie der polnische Premierminister Miller es formulierte – ein Thema für die Biologie, nicht die Geologie. Es braucht die Anerkennung von Entwicklungsbedingungen, nicht die Fixierung vorhandener Strukturen in einer Verfassung.

Wenn dies zu negativ klingt, mag es helfen, ein paar Formulierungen des Schweizer Professors Francis Cheneval zu erwähnen. Cheneval spricht vom «Paradox» der Europäischen Union, die weder eine Föderation noch eine Konföderation ist und deren Verfassungsordnung, wenn es sie denn gibt, «nicht in einem Volk verankert ist und auch keines konstituiert». Europa «stellt einen offenen konstitutionellen Prozess dar». Dies ist für Cheneval keineswegs eine Schwäche; es ist im Gegenteil ein höchst origineller Stand der Dinge, denn es «entspricht der kosmopolitischen Leitidee der politischen Gemeinschaft von Nationalstaaten». Der Gedanke verweist auf Kant. Er besagt, dass wir handeln sollten, als ob Kooperation in Europa in dem Masse richtig sei, in dem sie sich anwenden lässt auf die weiteren Räume einer kosmopolitischen Weltgemeinschaft.

Der Gedanke hat den Vorteil, dass er einen Massstab liefert, der sowohl moralische als auch konstitutionelle Qualitäten hat. Das ist natürlich keine Beschreibung der wirklichen Europäischen Union, die im Gegenteil einige der schlimmsten protektionistischen Züge von Nationalstaaten trägt. Doch das steht auf einem anderen Blatt. Die Frage hier ist: wohin geht die Union? Und würde ein Verfassungstext ihr auf ihrem Weg helfen?

Das sind Fragen ohne klare Antworten. Statt der Antworten begegnen uns vielmehr neue Fragen. Zum Beispiel ist es gar nicht mehr ganz leicht zu begründen, warum wir eigentlich eine immer engere Union in Europa haben sollten. In der Frühzeit der Europäischen Wirtschaftsgemeinschaft ergab sich die Antwort aus dem Kalten Krieg. Es gab das Prinzip der «russischen Puppe»: deutsch-französische Freundschaft innerhalb der Europäischen Gemeinschaft innerhalb der NATO innerhalb des Westens. Dann war da das Element der Kontrolle der deutschen Entwicklung. Aber heute? Die verbreitete Vorstellung, dass Europa in der Lage sein muss, einen Widerpart zu den Vereinigten Staaten von Amerika zu liefern, scheint mir ebenso abwegig wie der Wunsch, mit Hilfe der Verfassung ein europäisches Sozialmodell festzuschreiben. In beiden Fällen werden die kosmopolitischen Ansprüche geleugnet, ja verletzt, die doch die Verfassung der Freiheit unter allen Umständen stellt. Trotz all der Sonntagsreden mit ihren Visionen gibt es im Grunde keine plausible Antwort auf die Frage, warum wir eine immer engere Union haben müssen.

Eine zweite Anzahl von Beobachtungen könnte mit der europäischen Wirklichkeit beginnen. Europa existiert, so wird gesagt, und es hat eine Identität, die in Form einer Verfassung Ausdruck finden muss. Auch hier ist zunächst zu fragen, ob dies denn stimmt. Ein Aspekt der europäischen Realität, den wir zu Recht preisen und verteidigen, ist die Demokratie. Indes wie kommt es dann, dass wir die zutiefst undemokratischen Institutionen der Europäischen Union tolerieren? Der Papst sähe gerne Europas christliche Wurzeln in der europäischen Verfassung verankert. Aber wie steht es dann mit den vielen Millionen Europäern, die sich in dieser Tradition nicht wiederfinden? Und dann: gibt es überhaupt ein europäisches *demos*, ein Staatsvolk, das eine demokratische Union trägt? Hier stellt sich eine selten erörterte, aber wichtige Frage. Es wird häufig gesagt und allgemein anerkannt, dass Europa stark ist wegen der Vielfalt seiner Kulturen. Manches spricht für diese These. Aber ist Europas Vielfalt wirklich vereinbar mit dem Ziel einer immer engeren Union? Haben wir uns nicht vielleicht auf einen Prozess eingelassen, in dessen Verlauf wir unsere grössten Werte durch überzogene Einheitswünsche zerstören?

Das sind heikle, zum Teil auch schwierige und vor allem wichtige Fragen. Sie werden nicht durch einen Konvent beantwortet und auch nicht durch den Text eines Verfassungsvertrages. Zugleich aber müssen sie beantwortet werden, wenn wir die Kluft zwischen Vision und Realität in Europa schliessen wollen.

Jacques Delors

Es steht also zu vermuten, dass weder die Hallstein-Route noch die Giscard-Route uns wesentlich hilft, wenn es darum geht, die Kluft zwischen dem Sonntags-Europa und dem Alltags-Europa zu schliessen. Beide treffen das Problem nicht. Was aber ist dann der Weg? Hier habe ich einen dritten Namen in die Diskussion geworfen, nämlich den von Jacques Delors.

Delors steht für den letzten grossen Schritt voran im Prozess der europäischen Einigung. Er hat als Präsident der Kommission das Ziel des Binnenmarktes konkretisiert und dann die Einzelentscheidungen auf den Weg gebracht, die zur Realisierung des Ziels nötig sind. Das war ein durchaus politischer Vorgang; in der Tat liegt Delors' Stärke darin, dass er sich nicht lange bei Visionen aufhält, sondern sogleich daran geht, den Weg von A nach B zu kartieren und dann auch zu beschreiten.

Jacques Delors hat auch das seine dazu beigetragen, die Währungsunion der zunächst zwölf europäischen Länder zu fördern. Sie ist ein noch durchaus unvollkommener Prozess. Der Stabilitätspakt, der zu ihr gehört, ist vom Präsidenten der Kommission «stupide» genannt worden; er bedarf gewiss der Korrektur. Auch sonst wäre es einmal mehr falsch, sich auf die Sachlogik zu verlassen, wenn es um die wirtschaftspolitische Verankerung der Währungsunion geht. Hier ist ein neuer Delors vonnöten, der mit politischem Sinn die nötigen Schritte beim Namen nennt und sie dann zu tun beginnt.

Die Schliessung der Kluft, von der hier die Rede war, wird also nicht automatisch kommen. Sie ist auch keine Frage mehr oder minder hochtrabender Verfahrensregeln. Sie verlangt entschiedenes und praktisches politisches Handeln im Geiste Jacques Delors. Dieses Handeln kann nur erfolgreich sein, wenn es gemeinsame Interessen der beteiligten Länder vertritt. Es wird sich für lange Zeit, vielleicht für immer in dem konstitutionellen Zwielicht vollziehen, das Francis Cheneval so eindringlich beschrieben hat. Dabei darf allerdings die andere, die kantische Seite der Argumentation von Cheneval nicht ausser Acht geraten. Es geht nicht darum, Visionen nachzulaufen. Es geht aber darum, bei allem europäischen Handeln immer im Sinn zu behalten, dass es ein Vorgriff auf mögliche weltweite Regeln ist. Wenn schon eine leitende Idee für Europa nötig ist, dann die «Idee zu einer allgemeinen Geschichte in weltbürgerlicher Absicht».

2003

23 Über Populismus: Acht Anmerkungen

Eines der auffälligsten Phänomene der politischen Landschaft zu Beginn des 21. Jahrhunderts hat bisher nur einen Verlegenheitsnamen: Populismus. Dabei handelt es sich um einen Virus, der Demokratien befällt, und zwar nicht nur solche, die noch ungefestigt sind, sondern gerade auch alte, geradezu klassische Demokratien. Der Schweizer Unternehmer Blocher hat eine Traditionspartei (sie hiess einmal «Bürger-, Bauern- und Gewerbebund»!) in ein populistisches Instrument verwandelt, mit dessen Hilfe er am Ende in den Schweizer Bundesrat getragen wurde. In den Niederlanden hat die Fortuyn-Partei das etablierte Wechselspiel von Sozialdemokraten und Christdemokraten aus dem Gleichgewicht gebracht. In der alten Hansestadt Hamburg hat die Partei des Amtsrichters Schill eine kurze Wahlperiode der Bürgerschaft gründlich durcheinandergewirbelt. An weiteren Beispielen fehlt es nicht.

Zum Hintergrund des Populismus gehört also zunächst die Schwächung der «alten» Parteien. Sie ist möglicherweise die zentrale Veränderung in den Strukturen demokratischer Politik. Die Erneuerung so geschwächter Parteien ist überall nur sehr bedingt gelungen. Auch «New Labour» in Blairs Britannien wird am Ende als Episode registriert werden, ganz zu schweigen von der unter dem Namen «Ulivo», «Ölbaum» neu versammelten italienischen Linken. Auf der Rechten ist das Bild nicht anders. Es bleibt eine grosse Lücke, in die exzentrische Gestalten scheinbar ohne grosse Mühe eindringen können. Sie gewinnen gewissermassen aus dem Stand 20 Prozent oder mehr der Wählerstimmen.

Das ist allerdings oft ein Augenblickserfolg. Noch ist es in den alten westlichen Demokratien keiner populistischen Gruppe gelungen, sich dauerhaft zu etablieren. (Ist Silvio Berlusconis Forza Italia *eine Ausnahme?) Insofern verweisen populistische Gruppen mehr auf einen Mangel als auf dessen Behebung. Sie dokumentieren eine politische Landschaft im Umbruch zu einstweilen noch unbekannten Strukturen.*

Das folgende fast aphoristische Stück war ein Beitrag zur Diskussion des Themas in Österreich, angeregt durch den Führer der österreichischen Sozialdemokraten Gusenbauer. Es wird hier aufgenommen, weil es einen wichtigen Aspekt der wiederentdeckten Geschichte in den anderthalb Jahrzehnten nach 1989 dokumentiert. Dass es sich um kaum mehr als ein Prolegomenon handelt, liegt auf der Hand. Zugleich ergänzen die acht Anmerkungen indes frühere Stücke in diesem Band zum Thema der neuen Gefährdungen der Demokratie.

Populisten links, Populisten rechts

Wer «Populismus» sagt, begibt sich auf ein schwieriges Gelände des Verständnisses der Krise der Demokratie. Die folgenden acht Anmerkungen können nicht mehr tun, als dieses Gelände abzustecken und ein paar vorsichtige Richtungshinweise für den Weg zur Erhaltung der liberalen Ordnung zu geben.

Erstens. Die Schwierigkeit beginnt schon mit dem Begriff Populismus. Er besagt, dass der Rekurs auf das Volk nicht in Ordnung ist. Jedenfalls ist Populismus ein abwertender Begriff. Aber ist nicht das Volk der Souverän, der daher die Demokratie legitimiert? Der Verdacht ist nicht von der Hand zu weisen: des einen Populismus ist des anderen Demokratie, und umgekehrt.

Wir sind ganz einverstanden, wenn ein Politiker sagt, er werde eine grosse Frage – den Irakkrieg, die Einführung des Euro – mit den Leuten diskutieren. Er habe daher eine Reihe von Versammlungen organisiert, in denen er seine Auffassung erklären und zur Diskussion stellen wolle. Noch heute wird daran erinnert, wie der britische Premierminister Gladstone seine Wähler mit stundenlangen Referaten über Unrecht traktierte, das im fernen Bulgarien begangen wurde, um eine britische Intervention zu begründen. Das war gut, es war Demokratie pur. Oder war da doch ein Schuss Populismus im Spiel?

Wir sind nämlich nicht einverstanden, wenn einer mit allen Mitteln der Rhetorik eine grosse Menge zu stürmischen Reaktionen bewegt. Es muss nicht gleich Goebbels' «rhetorische» Frage sein: «Wollt Ihr den totalen Krieg?» Schon eine einseitige Darstellung von Gewaltverbrechen etwa genügt. Bald entsteht eine Stimmung, die zu Pogromen führen kann. Das «Volk» wird aufgeputscht. Wir sprechen dann von Demagogie, und die Demagogie hat ein grosses Register von Methoden.

Die Grenze zwischen beiden, Demokratie und Populismus, Wahlkampfdebatte und Demagogie, Diskussion und Verführung ist nicht immer leicht zu ziehen. Es ist daher Vorsicht am Platze bei der Verwendung der Begriffe. Der Populismus-Vorwurf kann selbst populistisch sein, ein demagogischer Ersatz für Argumente.

Zweitens. Populismus wird rasch auch zum «Rechtspopulismus». In der Tat verbinden die meisten den Begriff mit immer neu aufschäumenden Organisationen der politischen Rechten. Man denkt an Haider und LePen und Schill und vielleicht Möllemann. Doch ist auch hier Vorsicht am Platze, schon weil einige der erfolgreichsten Populisten sich so ohne weiteres nicht einordnen lassen. Der ermordete Pim Fortuyn in Holland war sicher nicht einfach ein «Rechter».

Der Grund, warum Populismus und politische Rechte oft in einen Topf geworfen werden, liegt wohl darin, dass die Themen, an denen demagogischer Populismus aufschäumt, oft klassische Themen der Rechten sind. Heute gilt das vor allem für zwei Themen: Recht und Ordnung, und die ganze Problematik der Asylanten und Zuwanderer und ihrer Behandlung in demokratischen Staaten.

Beide Themen enthalten eine Lehre, die zur Erklärung der Erfolge von Populisten beiträgt: erst die Berührungsangst von Liberalen und Linken hat sie explosiv gemacht. Weil also Liberale und Linke die Themen zu vermeiden suchen, können Skrupellosere aus ihnen Kapital schlagen. So ist «Recht und Ordnung» selbst zu einem politisch rechten Begriff geworden, und es ist der Eindruck entstanden, die Liberalen und Linken würden Unrecht und Unordnung tatenlos hinnehmen.

Diese Tatsache enthält schon die Antwort. Es war eine der Stärken von New Labour, dass zumindest der Versuch gemacht wurde, das heikle Thema der Rechten zu entreissen. *Tough on crime, tough on the causes of crime* war ein guter Slogan: natürlich müssen Rechtsbrüche geahndet werden, aber ebenso wichtig ist es, deren Ursachen in Armut und sozialem Ausschluss zu bekämpfen. Auch im Fall der Zuwanderung gibt es jetzt ähnliche Tendenzen. Es ist legitim zu unterscheiden zwischen Asylanten aus Simbabwe und aus Südafrika. Die einen entfliehen einem mörderischen, die anderen einem konstitutionellen Regime. Es ist auch nötig, die Frage zu stellen, wie viel Zuwanderung Gemeinden ertragen können, ohne eben jene Qualitäten zu verlieren, die sie für Zuwanderer attraktiv gemacht haben.

Es ist also nicht nötig, die heikle Tagesordnung der öffentlichen Debatte denen zu überlassen, die daraus demagogisches Kapital schlagen wollen. Zugleich bleibt unleugbar, dass es befriedigende liberale und linke Antworten auf Fragen wie Recht und Ordnung oder Zuwanderung nur bedingt gibt. New Labour zeigt, dass es in der Praxis leichter ist, hart gegen Kriminelle vorzugehen, als die Ursachen der Kriminalität zu bekämpfen. Hier ist ein Mass an Klarheit und Unversuchbarkeit von den Handelnden verlangt, das nur wenige aufbringen.

Drittens. Dabei hilft möglicherweise die Tatsache, dass Populisten offenbar zum Regieren unfähig sind. Der Vorteil, den sie gegenüber Demokraten im Wahlkampf haben, wird bald verspielt, wenn ihr Erfolg sie auf Ministersessel bringt. An Beispielen fehlt es gerade in jüngerer Zeit nicht: Die Bossi-Liga in Italien, die österreichische FPÖ, die niederländische Fortuyn-Partei, der Richter Schill in Hamburg – sie alle haben schlicht versagt, als sie herausgefordert waren, ihre Worte in Taten umzusetzen.

Das ist zum Teil eine Frage der Persönlichkeiten. Rechtspopulistische Führer sind oft schillernde Gestalten, die schon darum in «normalen» Parteien nicht weit kommen. Sie sind Randfiguren mit einer schrägen Attraktivität. Auch weil sie so anders sind, werden sie gewählt.

Zudem schaffen solche Populisten keine tragfähige Organisation um sich herum. Ihre Parteien sind lose gefügte Gebilde, voll von anderen ambitionierten Randfiguren, ohne programmatischen Kern und ohne organisatorische Disziplin. An ihnen zeigt sich in gewisser Weise, wofür politische Parteien am Ende doch gut sind.

Vor allem aber zeigt sich bei der Regierungsbeteiligung von Populisten, dass ihr Appeal gar nicht auf Aktion gerichtet ist. Populistische Gruppen sind Protestgruppen. Das klingt indes harmloser, als es ist. Es kann immer sein, dass solche Führer und Gruppierungen so viele zur Zustimmung verführen, dass sie nicht nur Koalitionspartner, sondern selbst Alleinregierende werden. Dann wird nicht etwa ein Programm der Reform umgesetzt; dann wird vielmehr Macht als solche zementiert. Im vergleichsweise harmlosen Fall gibt es dann eine Regierung Berlusconi, die ihre Macht benutzt, um das Rechtssystem zum eigenen Vorteil auszuhebeln. Im extremeren Fall kommt ein Ermächtigungsgesetz mit allen Folgen. Insoweit ist die Regierungsunfähigkeit der Populisten selbst eine Gefahr.

Viertens. Nicht alle Themen für populistisches Handeln sind normalerweise auf der Rechten angesiedelt. Angesichts dessen, was meist mit Globalisierung beschrieben wird, gibt es auch so etwas wie Linkspopulismus. Oskar Lafontaine in der deutschen SPD liefert ein Beispiel dafür, einschliesslich der Tatsache übrigens, dass er zum Regieren ausserhalb seines Sozialhilfe-Ländchens an der Saar offenbar nicht imstande war. Die Wiederkehr betont antikapitalistischer Linksparteien in den skandinavischen Ländern und in den Niederlanden gehört in dasselbe Kapitel.

Auch hier wieder gilt, dass die Traditionsparteien ein Thema nicht, oder zumindest nicht in der richtigen Weise auf die Tagesordnung der politischen Debatte gesetzt haben. Sie haben die neoliberale Antwort auf die Herausforderungen globaler Märkte missverstanden als Förderung eines Kapitalismus ohne Regeln und Grenzen. Sie haben auch vergessen, dass man zwar Freiheit vor Gleichheit stellen, aber dabei nicht vergessen darf, dass alle Bürger auf dem gleichen Boden der Grundrechte der Teilnahme stehen müssen. Märkte sind immer Regelwerke. Nie darf es einigen erlaubt sein, die Grundchancen anderer zu beschneiden; Privilegien und Marktkonkurrenz sind unvereinbar.

Plädoyer für Komplexität

Fünftens. Populismus ist einfach, Demokratie ist komplex: das ist am Ende vielleicht das wichtigste Unterscheidungsmerkmal zwischen den beiden Formen des Bezuges auf das Volk. Man muss es noch genauer sagen. Populismus beruht auf dem bewussten Versuch der Vereinfachung von Problemen. Darin liegt sein Reiz und sein Erfolgsrezept. Das Verbrechen nimmt überhand? Wir müssen härter durchgreifen. Es kommen zu viele Asylanten ins Land? Man muss ihnen den Zugang versperren. Der globale Kapitalismus macht uns arm? Man muss seinen Protagonisten die Flügel stutzen. So einfach ist das.

Aber es ist eben nicht so einfach. Wenn Populisten regieren, merken sie das. Dann stehen sie ratlos vor der Komplexität. Sie treffen noch ein paar symbolische Entscheidungen – eine Verstärkung der Polizei, ein Gefängnis für illegale Zuwanderer, eine Rede in Porto Alegre und nicht Davos –, aber damit hat es sich dann auch. Das Gestrüpp der Probleme bleibt, ein Dickicht ohne Schneisen, eine Aufgabe für härtere Figuren als die Demagogen.

Mit Komplexität leben zu lernen – das ist vielleicht die grösste Aufgabe demokratischer politischer Bildung. In reifen Demokratien wissen die Wähler, dass nicht alle Blütenträume der Politiker reifen können. Sie hören mit einer angemessenen Portion Skepsis, dass die Regierung bis September die Zahl der Asylanten halbieren und bis zum nächsten Frühjahr die Strassenverbrechen um 20 Prozent reduzieren will. Sie sind davon überzeugt, dass die Armut in der Dritten Welt eine Ursache von Konflikten bildet und wissen doch, dass diese nicht in einer Wahlperiode beseitigt werden kann. Das Leben ist nun einmal kompliziert, und Schritte in die richtige Richtung sind oft das einzige, was wir ernsthaft erhoffen können.

Für nicht-populistische Politiker bedeutet das eine selbst komplexe Aufgabe. Sie müssen die grossen Vereinfachungen vermeiden und doch die Komplexität der Dinge verständlich machen. Das genau war ja der

Witz von Gladstones Reden über das ferne Bulgarien. Das ist es übrigens auch, was Präsident Bush und Premierminister Blair in der langen Diskussionsphase vor dem Irakkrieg unter Schmerzen gelernt haben. Komplizierte Zusammenhänge verständlich zu erklären ist eine Hauptaufgabe demokratischer politischer Führer.

Sechstens. Wirft man vor diesem Hintergrund den Blick auf Institutionen, so kommt einem zunächst das Instrument des Referendums in den Sinn. Gemeint sind hier vor allem Volksabstimmungen mit verbindlicher Wirkung. Sie sind, so könnte man meinen, ein mögliches Instrument der Demokratie gegen den Populismus. Oder sind sie doch eher das Gegenteil, also ein populistisches Instrument gegen die Demokratie?

Auch dieses Thema – so ist die Welt! – ist komplex und verbietet einfache Antworten. Man denkt dabei zum Beispiel an den Sonderfall der Schweiz. Sie ist ein Sonderfall vor allem insofern, als sie nicht nur eine Referendumsdemokratie ist, sondern auch eine Tradition der öffentlichen Debatte im Vorfeld von Volksabstimmungen kennt, die ihresgleichen nicht hat. Ein gehöriger Prozentsatz der Wähler, vielleicht 20 Prozent, nimmt an diesen Debatten in der einen oder anderen Form teil. Das schliesst populistische Parolen – gegenwärtig die des SVP-Politikers Blocher – nicht aus, begrenzt aber deren Wirkung. Dennoch muss man bezweifeln, dass die Entscheidung, nicht dem Europäischen Wirtschaftsraum, also der milden vertraglichen Bindung an die EU, beizutreten, in irgendeiner Form sachlich begründet war. Könnte es sein, dass das Instrument der Volksabstimmung ungeeignet war für diese Entscheidung?

Solche Fragen stellen sich verschärft in grösseren Ländern ohne ähnliche Traditionen. Wenn in Grossbritannien über den Beitritt zum Euro abgestimmt wird, dann geht es um alles Mögliche – um die Popularität der Regierung, um vermeintliche Herrschaftsansprüche der Deutschen, um Anhänglichkeit an nationale Traditionen usw. usw. –, aber sicher nicht primär um die spezifischen Auswirkungen der Währungsunion. In der Tat entsteht eine Situation, die geradezu eine Einladung an Populisten darstellt.

Wahrscheinlich ist es nötig, eine politische Theorie des Referendums zu entwickeln, die dieses Instrument auf wenige Themen grundsätzlich allgemeiner Interessen beschränkt. Der häufigen, ja regelmässigen Forderung nach nationalen Volksabstimmungen in grossen Ländern haftet jedenfalls der Duft des Populismus eher als der der Demokratie an.

Siebtens. Diese Anmerkungen zu Populismus und Demokratie blieben diffus, wenn nicht endlich von einer Institution die Rede wäre, die den eigentlichen Schutzschild der Demokratie gegen den Populismus darstellt, vom Parlament. Der Populismus ist ja im Kern antiparlamentarisch, auch wenn er sich der Parlamentswahlen bedient, um an die Hebel der Macht zu kommen. Der Erfolg populistischer Bewegungen ist daher immer auch ein Zeugnis für die Schwäche von Parlamenten. Die parlamentarische, also repräsentative Demokratie ist das Mittel, um ein vorherrschendes Meinungsklima in konkrete und realistische Entscheidungen zu übersetzen. Wo das wirksam geschieht, bleibt für die grossen Vereinfacher kein Platz. Sie bleiben, was sie rechtens sind, nämlich grosse Vereinfacher, die am Sonntagmorgen an der Speakers' Corner im Hyde Park ihre Tiraden von sich geben.

Das Parlament liefert im Prinzip dreierlei: einen Ort für die detaillierte Debatte von Themen, einen Ort für die Übersetzung der Debatte in Entscheidungen, und vor allem einen Ort, an dem dies nicht nur schnappschussartig, sondern über längere Zeit hin geschieht. Das Parlament übersetzt Augenblicksstimmungen in dauerhafte Entscheidungen. Das ist an sich schon eine antipopulistische Funktion. Insofern steht das Parlament kraft Definition auf der Seite der Demokratie.

Nun sind das selbst sehr einfache Bemerkungen. Parlamente haben diese Aufgaben immer schon nur bedingt und oft unvollständig wahrgenommen. Zuweilen erliegen sie auch ihrerseits populistischen Versuchungen; selbst das britische Oberhaus hat daran mitgewirkt, Antiterrorgesetze innerhalb weniger Tage durchzupeitschen. Indes hat heute die Schwächung von Parlamenten ein viel ernsteres Ausmass angenommen. Überall hat die Exekutive Wege gefunden, um lästige Verzögerungen und Behinderungen ihrer Handlungsfreiheit durch Parlamente zu verhindern. Generell ist das verbunden mit dem direkten Appell an «das Volk», meist in Gestalt von Fernsehzuschauern und überhaupt Konsumenten. Der schleichende Autoritarismus moderner Demokratien ist selbst eine populismus-fördernde Tendenz.

Das ist ein grosses und wichtiges Thema, über das ein eigener Traktat nötig ist. So viel indes muss hier gesagt werden: den Prozess der Aushöhlung parlamentarisch-demokratischer Formen aufzuhalten und nach Kräften umzukehren, ist eines der grossen Desiderate einer Politik der Freiheit heute.

Achtens. Parlamente existieren in Nationalstaaten und in ihren Teilen wie Ländern und Kommunen. Indes sind die Räume, in denen politische Entscheidungen heute getroffen werden, diffuser geworden. Aus gutem Grund ist zunehmend von *governance* statt von *government* die Rede. Wir werden regiert, ohne dass man mit dem Finger auf Regierungen zeigen könnte, die das bewerkstelligen. Die Diffusion der Macht reicht zudem vom Globalen bis zum Lokalen.

Das bedeutet, dass vielerorts institutionelle Lücken entstanden sind, Räume, für die wir keine demokratischen Einrichtungen haben. Das sind Orte, an denen der Bazillus des Populismus gedeiht. Vor allem aber gibt es eine grosse generelle Lücke zwischen Bürgern und Mächtigen. Das ist nicht nur eine Lücke des Vertrauens und der Teilnahme, sondern schon eine Lücke der Information, der Kenntnis. Diese Lücke lädt zu Verschwörungstheorien aller Art ein, mit denen Populisten immer schon gerne gespielt haben. Sie lädt zu Patentrezepten ein, die zum Werkzeugkasten von Populisten gehören. Sie ist insofern eine grosse und wie es scheint nachhaltige Gefahr für die Freiheit. Es geht nicht nur um ein Demokratiedefizit, das sich auch aufheben liesse, es geht um eine Demokratielücke, die zu füllen das Material noch fehlt. An Aufgaben für Demokraten fehlt es also nicht.

24 Europa und der Westen: Alte und neue Identitäten

In den ersten Jahren des 21. Jahrhunderts beherrschte ein neues Thema zunehmend die Tagesordnung der internationalen, aber auch der nationalen Politik, das Thema der Weltordnung. Das klingt abstrakt, doch hat dieses Thema einen Namen, der in aller Welt Emotionen weckt, nämlich den Amerikas, genauer der Vereinigten Staaten von Amerika. Was lange schon Realität war, wurde nach dem Ende des Kalten Krieges weithin sichtbar: die Vereinigten Staaten sind nun die einzige Supermacht. Zumindest in den Begriffen der «harten», also militärischen Macht kann niemand den USA das Wasser reichen. Aber auch die «weiche» Macht Amerikas ist nicht zu unterschätzen. Die vorherrschenden, «neoliberalen» wirtschaftspolitischen Vorstellungen haben in den USA ihren Ursprung und ihr Modell. Die amerikanische Gesellschaft behält ihre Anziehungskraft für Menschen in vielen Teilen der Welt.

Mehr noch, zumal seit dem Amtsantritt des amerikanischen Präsidenten George W. Bush zeigt Amerika seine Macht deutlich. Vor allem Europa wird damit auf den Prüfstein gestellt – und zerfällt dabei in wenigstens zwei unvereinbare Lager. Die einen, geführt von Frankreich und Deutschland als «Kerneuropa», wollen den USA einen europäischen Pol gegenüberstellen, wobei Frankreich diese Absicht geopolitisch akzentuiert, während Deutschland mehr am europäischen Sozialmodell gelegen ist. Die anderen, an der

Spitze Grossbritannien, aber auch Spanien und Polen und andere Länder der «Peripherie», suchen ebenfalls stärkere europäische Kooperation, sehen diese aber als den zweiten Pfeiler einer fortwirkenden westlichen Allianz mit den Vereinigten Staaten von Amerika.

Der Irakkrieg vom Frühjahr 2003 machte solche Differenzen weltweit sichtbar. Während Frankreich, und in seinem Schlepptau Deutschland, eine UN-Resolution zur Legitimierung der amerikanischen Intervention verhinderte, beteiligten sich Grossbritannien und in bescheidenerem Masse auch Spanien und Polen an der militärischen Intervention im Rahmen einer «Koalition der Willigen». Vor allem distanzierten sie sich in dem berühmt gewordenen «Brief der Acht» von einer Europa-Konzeption, die die europäische Zusammenarbeit als Gegengewicht, wenn nicht sogar als Gegner der USA sah. Überall in Europa waren die Völker gespalten in ihren Präferenzen; dennoch spiegelten die Regierungen Unterschiede in mehr als Nuancen zwischen «Westlern» und «Europäern». Hic Rhodus, hic salta *war das Gebot der Zeit. Man musste sich entscheiden, und meine Entscheidung für die westliche Position war eindeutig.*

Das folgende Stück beleuchtet den gedanklichen Hintergrund meiner Position, auch deren biographische Begründung. Es handelt sich dabei um einen in London, aber unter den Auspizien deutscher Institutionen gehaltenen Vortrag. Der Anlass der vom Deutschen Historischen Institut London veranstalteten ersten Bucerius-Vorlesung verbot eine explizit politische Argumentation, wenngleich für den aufmerksamen Leser meine Haltung deutlich genug wird. Indes mag es nützlich sein – und der Abrundung dieses Bandes dienen –, wenn ich diese Haltung ausdrücklich noch einmal formuliere.

Die Bucerius-Vorlesung wurde am 21. Mai 2003 gehalten. Der militärische Teil des Irakkrieges war also vorbei. Indes hatte ich im Vorfeld dieses Krieges in mehreren Interventionen im House of Lords die Position des britischen Premierministers Blair unterstützt. Das geschah am deutlichsten in der Irak-Debatte vom 26. Februar 2003 (Hansard 296-7). «In meinem Verständnis ist Krieg niemals moralisch gerechtfertigt», sagte ich dort. «Indes gibt es Zeiten, in denen es nötig ist, das moralisch Zweifelhafte im Interesse der Strukturen zu tun, die es erlauben, dass unsere Werte obsiegen.» Dabei müssen klare Gründe gegeben werden. Saddam Hussein in seine Schranken zu weisen, ist nicht mit Akten des Terrorismus begründbar, noch nicht einmal mit der möglichen Existenz von Massenvernichtungswaffen in seiner Hand. «Es ist vielmehr die grundlegende Natur seines Regimes, die mich dazu führt, die Notwendigkeit der Eindämmung durch Intervention zu akzeptieren.» Da bleiben viele wichtige Detailfragen zu klären. «Was immer getan wird, muss motiviert sein durch den Wunsch, eine Welt der Regeln zu schaffen, die für alle Menschen gelten können.» Am Ende aber «entscheide ich mich eindeutig für die Unterstützung der Position, die der Premierminister konsequent und mutig eingenommen hat».

Die erfolgreiche Militäraktion im Irak war keineswegs das Ende der öffentlichen Diskussion des Themas. Auf der hier interessierenden Ebene nahm im Juni 2003 Jürgen Habermas (unterstützt durch Jacques Derrida und in einer Parallelaktion mit anderen kontinentaleuropäischen Philosophen) die Frage der «Erneuerung Europas» im Kontrast zu den USA auf. Er zeichnete das Bild eines «Kerneuropa», das sich um die «weichen» Werte Europas schart und im Geist der Anti-Kriegsdemonstrationen vom 15. Februar 2003 einen zweiten Pol in der Welt bildet. Rousseau statt Hobbes – so könnte man diese Position mit einer Anspielung auf Robert Kagans Buch Macht und Ohnmacht *bezeichnen.*

Die Diskussion wogte hin und her, vor allem in Deutschland. Meiner Meinung nach verfehlte sie jedoch entscheidende Punkte. Einer davon ist, dass der Westen differenzierter, komplexer geworden ist, als er es in Zeiten des Kalten Krieges, also vor 1989, war, dass aber sein Kern, nämlich die angewandte Aufklärung, unverändert kräftig und wichtig geblieben ist. Westen und angewandte Aufklärung bedeutet jedoch notwendigerweise Gemeinsamkeit der USA und Europas (und anderer Länder). Jede Spaltung des Westens schwächt die Werte der Aufklärung.

Ein anderer Punkt, den die Habermas-Diskussion verfehlte, führt zurück zu Rousseau und Kant. Autoren, die Europa gegen Amerika setzen wollen, haben oft eine eigentümlich idyllische Vorstellung dessen, wofür Europa steht. Für sie ist Europa Arkadien, und Amerika eine Hobbessche Welt des Krieges aller gegen alle. Sie hätten mehr Kant lesen sollen.

> *Immanuel Kant war aus anderem, härterem Holz geschnitzt als der Genfer Träumer von Arkadien. Kant wusste nicht nur, dass es Macht gibt, sondern dankte der Natur «für die Unvertragsamkeit, für die missgünstig wetteifernde Eitelkeit, für die nicht zu befriedigende Begierde zum Haben oder auch zum Herrschen». Nur durch die «ungesellige Geselligkeit» der Menschen, also durch Vielfalt und Zwiespalt, durch «Antagonism», können Menschen der arkadischen Idylle entkommen, in der «bei vollkommener Eintracht, Genügsamkeit und Wechselliebe alle Talente auf ewig in ihren Keimen verborgen bleiben.»*
> *Wir sind Kantianer. Wie Kant wollen wir eine allgemein das Recht verwaltende bürgerliche – und am Ende weltbürgerliche –*

> *Gesellschaft, die für immer unvollkommen und konfliktreich, aber vor allem offen ist. Zu ihr kann ein erneuertes Europa einen grossen Beitrag leisten, wie ihn Amerika schon seit mehr als 200 Jahren immer wieder leistet.*

Das ist ein Zitat aus einem Aufsatz, den Timothy Garton Ash und ich nach ausgiebiger Diskussion gemeinsam verfasst und in der Süddeutschen Zeitung *(am 5./6.7.2003) veröffentlicht haben. Dieser Artikel betont ausdrücklich die Errungenschaften des Prozesses der europäischen Einigung: die Vereinigung des ab 1. Mai 2004 erweiterten Europa; die Durchsetzung der «Kopenhagen-Kriterien» für Demokratie, Rechtsstaat und Marktwirtschaft; die beständige Suche nach einer Verbindung von Wirtschaftsfreiheit und sozialer Solidarität.*

> *Solche Ansätze führen noch einmal zu Kant. Es ist die «weltbürgerliche Absicht», so zu handeln, dass unser Tun als Prinzip einer allgemein das Recht verwaltenden Weltbürgergesellschaft gedacht werden kann. Der Weg zu dem Ziel mag weit, ja das Ziel mag in seiner Fülle unerreichbar sein, aber es leitet das, was wir tun und was wir nicht tun. Nicht jede heute verfochtene Version der Europäischen Union und nicht jede Regierung in Washington ist solchen Maximen gefolgt. Sie beschreiben indes das Europa und das Amerika, das wir wollen, und damit die gemeinsamen Zwecke beider.*

Europa als Vorgriff auf eine Weltordnung, die gemeinsam mit den Vereinigten Staaten von Amerika zu schaffen ist – das ist keine einfache, möglicherweise einstweilen auch keine mehrheitsfähige Position, aber doch eine, die mehr Zukunft haben könnte als der eher krampfhafte Versuch, eine Art von «Vereinigten Staaten von Europa» zu schaffen. Doch ist das nur die Konkretisierung einer Position, um die es durchweg in diesem Band ging. Sie ist mit dem Begriff der angewandten Aufklärung ganz gut beschrieben. Der folgende Beitrag gibt dem Begriff Gehalt und Bedeutung.

Deutsche Wege zum Westen

Das Hauptthema dieses Stückes ist ein Begriff, der Westen. Er führt uns tief in die Geschichte Europas und Amerikas; er ist zudem höchst aktuell in der Welt nach «9/11», das heisst nach den Terrorattacken vom 11. September 2001 auf amerikanische Orte von grosser symbolischer Bedeutung, die die Verwundbarkeit der Macht, sogar der Supermacht, der ganzen Welt deutlich gemacht haben. Robert Kagan sieht «9/11» in seinem beachtlichen Essay über *Macht und Ohnmacht* als einen Wendepunkt für den Westen. «Jetzt, da die Bedrohung direkt auf amerikanischen Boden gekommen ist, den von Amerikas Alliierten überspringend, wurde das einzigartige Leiden und die Verwundbarkeit Amerikas zum vordringlichen Thema, nicht ‹der Westen›.» Zugleich «fand auch Europa nach dem Kalten Krieg, dass das Thema nicht mehr ‹der Westen› ist. Für Europäer wurde ‹Europa› das Thema.»

Das sind kühne Behauptungen, und während sie ein Stück Wahrheit enthalten, werde ich argumentieren, dass sie im Kern irrig sind. Weder der Gedanke «Amerikas» noch der «Europas» hat einen rechten Sinn ohne den umfassenderen Begriff «des Westens». Ich jedenfalls bleibe ein Mensch des Westens, bevor ich Europäer bin, und während manche meiner amerikanischen Freunde zuerst Amerikaner sein mögen, kann doch keine Definition dieser Identität übersehen, dass die Werte, die ihr zugrunde liegen, westlich sind.

Dies sind sehr persönliche Aussagen, und ich entschuldige mich nicht dafür, dass die folgenden Bemerkungen auf meiner eigenen intellektuellen und politischen Reise zum Westen und damit zur Verfassung der Freiheit beruhen. Anzumerken ist im übrigen, dass die Vorlesung, die dem folgenden Stück zugrunde liegt, im Namen des deutschen Juristen, Verlegers und Politikers Gerd Bucerius gehalten wurde. Ich habe seine Biographie geschrieben, weil mich die exemplarischen Qualitäten des Lebens dieses Mannes, den ich über viele Jahre kannte, interessierten. Bucerius war nie ein unpolitischer Deutscher, aber erst 1945, am Ende des Krieges, kam der damals knapp 40 Jahre alte Rechtsanwalt zu seiner Rolle als öffentliche Person. Dem von Nazi-Verbindungen unbefleckten Juristen – er war mit einer Jüdin verheiratet, der er zur Emigration verhalf und zu der er gegen alle Zumutungen hielt, was eine Karriere jenseits der Anwaltskanzlei seines Vaters ausschloss – gaben die britischen Besatzungsbehörden die «Lizenz» zur Herausgabe der später führenden liberalen Wochenzeitung *Die Zeit*. Zugleich engagierte er sich aktiv beim Wiederaufbau der Demokratie in Deutschland, zuerst als Senator in der Hamburger Stadtregierung, dann ab 1948 als Mitglied des Vorparlaments, des Wirtschaftsrates, und ab 1949 für zwölf Jahre als Mitglied des Deutschen Bundestages.

Bucerius war alles andere als ein Stammeskrieger in seinen politischen Zugehörigkeiten. Nach 1945 ging er auf die Suche nach der seinen Auffassungen am ehesten gemässen politischen Partei, und als er der CDU beitrat, war das eine eher unwahrscheinliche Entscheidung sowohl für ihn, den bürgerlichen Liberalen, als auch für jemanden, der in der durchaus weltlichen, republikanischen Stadt Hamburg lebte. Seine Gründe spiegelten eine sehr persönliche Wahl; sie entsprangen im Grunde seinen westlichen Werten. Er verglich den sozialistischen Nationalismus des ersten Nachkriegsführers der Sozialdemokraten, Kurt Schumacher, mit den Auffassungen von Konrad Adenauer. «Ein nationaler Mann?» fragte er sich über Adenauer. «Nein. Das unterschied ihn von Schumacher. Und es ist präzise warum ich ihm mein Vertrauen geben wollte.»

Bucerius unterstützte Adenauer entschieden während seiner frühen Regierungsjahre, insbesondere auch zur Zeit der berüchtigten Stalin-Note vom Mai 1952, die Verhandlungen über die deutsche Wiedervereinigung anzubieten schien, um damit einer deutschen Mitgliedschaft in der NATO zuvorzukommen. Dies war, wie Bucerius später bemerkte, die Chance für eine endgültige Übereinkunft mit «dem Westen», die das Misstrauen in ein Deutschland, das es lieber «mit dem Osten versucht», zerstreuen würde. Natürlich unterstützte Bucerius den Schuman-Plan, der zur Gründung der Europäischen Gemeinschaft für Kohle und Stahl führte. Weniger typisch für Adenauers Helfer war, dass er zugleich Ludwig Erhard und die Prinzipien der Marktwirtschaft mit Wort und Tat unterstützte. So wurde der Abgeordnete Bucerius zum Inbegriff des Neuen Deutschland mit seinem Liberalismus im Inneren und seinem internationalen Engagement zugleich in europäischer und transatlantischer Zusammenarbeit, also der Europäischen Wirtschaftsgemeinschaft und NATO.

Mein Vater, der lebenslange Sozialdemokrat, war zu jener Zeit ein eher kritisches Mitglied seiner Partei geworden. Auch er hatte die liberalisierende Wirtschaftspolitik von Erhard im Wirtschaftsrat unterstützt und später seine Partei öffentlich dafür angegriffen, dass sie mit ihrem Bundestags-Votum gegen die Anfänge der Europäischen Gemeinschaft eine historische Chance verpasst habe. Für die nächste Generation – für meine, denn ich studierte in jenen frühen Jahren der Bundesrepublik Philosophie und Klassische Philologie – wurde die Position, die mein Vater und Bucerius einnahmen, zu einer fast unbestrittenen Selbstverständlichkeit. Dies war die Zeit, in der sich die entstehenden Bündnisse zu einer Art «russischer Puppe» entwickelten: man öffnet die NATO und findet darin die europäische Einigung; man öffnet die Europäische Gemeinschaft und entdeckt die deutsch-französische Freundschaft; alles aber steckt in der grossen Aussenhaut, dem Westen. Die verschiedenen Puppen mögen nicht perfekt ineinander gepasst haben, aber doch gut genug, um eine Identität mit dem Gesicht der Freiheit zu stiften.

Allerdings war dies auch eine Identität, die sich gegen eine andere definierte, die uns damals nahezu gleich mächtig schien, gegen den Osten. Für den jungen Deutschen hatte die westliche Identität indes noch eine tiefere Bedeutung. Die 1950er Jahre waren eine Zeit, in der viele von uns die Frage stellten: wie konnte der schreckliche Irrweg des Nazismus in einem modernen, dem Anschein nach zivilisierten Land geschehen? 1957 traf ich zuerst Fritz Stern, den in Deutschland geborenen amerikanischen Historiker, der zum lebenslangen Freund werden sollte. Seinerzeit ergänzte er seine vorzügliche Dissertation über *Kulturpessimismus als politische Gefahr* um einen bewegenden und scharfsinnigen Essay unter dem Titel «Die politischen Konsequenzen des unpolitischen Deutschen». Dessen zentrale These ist es, dass man, um Deutschlands Wege zu verstehen, nicht auf exzentrische Minderheitsmeinungen starren solle, die es überall gibt, sondern den Hauptstrom des Denkens und zumal die vorherrschenden Einstellungen zur Modernität ins Auge fassen müsse. Dann entdecke man nämlich einen deutschen Idealismus – Stern nennt ihn «Vulgäridealismus» –, dessen bestimmendes Motiv das «Ressentiment gegen den Westen» war.

Kernstück dieser Haltung war die Neigung, der Kultur einen höheren Wert zu geben als der Politik. Wie sagten doch Goethe und Schiller in einer ihrer gemeinsamen Xenien? «Zur Nation Euch zu bilden, Ihr hofft es, Deutsche, vergebens. Bildet – Ihr könnt es – desto freier zu Menschen Euch aus.» Der Mensch gegen den Bürger – das ist Teil jenes Idealismus, der (um Fritz Stern noch einmal zu zitieren) «tatsächlich die Sprache lieferte, mit der der unpolitische Deutsche die Massengesellschaft, Demokratie, Liberalismus, Modernität, ja all die sogenannten Importe aus dem Westen entwertete». Seit dem Beginn des Ersten Weltkrieges wurde der Ton solcher Abgrenzungen militanter. Im Namen des idealistischen und nationalistischen Philosophen Fichte argumentierten Intellektuelle, «dass die deutschen Ideale von Kultur und Persönlichkeit viel erhabener sind als die selbstischen, ordinären Ideale und Institutionen des Westens».

Dies ist nicht der Ort, um die ausgedehnte Debatte über Deutschlands historischen Sonderweg, zu der ich in meinem Buch über *Gesellschaft und Demokratie in Deutschland* 1965 meinen eigenen Beitrag beigesteuert habe, zu verfolgen. Wie Stern, ja unter Bezug auf ihn, stellte ich den anglo-amerikanischen dem deutschen Weg zur Modernität gegenüber. Dabei schält sich so etwas wie eine Definition des Westens heraus; Stern gibt sie fast nebenher: «die rechtlich garantierte Freiheit der Person, d.h. ihr Schutz vor jeder Form der öffentlichen Willkür, ihre Befreiung von wirtschaftlichen und sozialen Benachteiligungen, und ihre geistige Freiheit, also das Recht, abweichende Überzeugungen zu haben, sie mit anderen auszutauschen und öffentlich zu vertreten», dazu natürlich «der Grundstein der freien Gesellschaft – das Recht zur Selbstregierung, mit anderen Worten die Schaffung eines repräsentativen und parlamentarischen Systems».

Die angewandte Aufklärung

An diesem Punkt ist ein Wort am Platze über Amerika, womit Tocquevilles Amerika gemeint ist, die Vereinigten Staaten. In den späten 1950er und frühen 1960er Jahren habe ich längere Zeit in Amerika verbracht, zwei Jahre, wenn man alle Besuche zusammenrechnet. Das Ergebnis war, wie immer, ein Buch, dem ich den Titel gab, *Die angewandte Aufklärung*. 1963 zuerst veröffentlicht ist es keineswegs ein Lobgesang auf die amerikanische Lebensweise, nicht einmal auf die amerikanische Demokratie. Die Erinnerung an die Eisenhower-Jahre war noch frisch, und mit ihr die an die Risiken eines Autoritarismus, den die «Neo-Cons» unserer Tage keineswegs als erste in die Geschichte des liberalen Amerika eingebracht haben. Trotz solcher Abirrungen schien es damals, und gilt nach meiner Meinung auch heute noch, dass Amerika in mancher Hinsicht die reinste Form des Westens vertritt. Wie die Vereinigten Staaten von Amerika ist auch der Westen eine Schöpfung des 18. Jahrhunderts. Sie sind die grossen Kinder der Aufklärung, und nirgends wurde die Aufklärung weniger behindert durch geistige Sperren und überkommene Privilegien als in den dreizehn Kolonien Englands jenseits des Atlantik.

Aufklärung bedeutet den Glauben an die Fähigkeit der Menschen, ihre Vernunft zu gebrauchen. Sie ist, in Immanuel Kants Worten, der Abschied von selbstverschuldeten, also von Menschen geschaffenen Hindernissen auf dem Weg zur Entfaltung und Mündigkeit. Sie ist das Akzeptieren von Ungewissheit und damit der Notwendigkeit des Fortschritts durch Versuch und Irrtum. Vielleicht neigten Europäer immer eher zum Irrtum, während man sich bei Amerikanern darauf verlassen konnte, dass sie nie aufhören würden, Neues zu versuchen. In Houdons Galerie der Porträtbüsten grosser Gestalten der Aufklärung – Diderot, Rousseau, Voltaire – hat die von Benjamin Franklin einen besonderen und charakteristischen Ort. Der Mann, der sowohl die Unabhängigkeitserklärung als auch den Blitzableiter erfand, vertritt die Machbarkeit als jene Version der Aufklärung, die vor allem Amerika kennzeichnet. Während Europäer sich den Kopf zerbrechen und zögern und die Komplexität aller Dinge beschwören, haben sich Amerikaner schon daran gemacht, etwas zu tun, was in gewisser Weise alle für nötig halten. Das Ergebnis mag zuweilen ein Durcheinander sein, aber es ist nie die achselzuckende Bereitschaft, das Unerträgliche sich selbst zu überlassen.

Das ist es, was ich mit der angewandten Aufklärung zum Unterschied von ihrer – *sit venia verbo* – akademischeren Variante meine. Es gibt also Unterschiede zwischen der europäischen Tradition und ihrem amerikanischen Ableger. Die Grundwerte indes bleiben dieselben, und sie sind französisch und englisch und schottisch und auch deutsch in ihrem Ursprung und zugleich amerikanisch in ihren realen Ausprägungen. Sie sind, in Karl Poppers Worten, die Werte der offenen Gesellschaft. Sie sind die Institutionen der Demokratie und der Marktwirtschaft. Sie sind die selbstbewussten Assoziationen einer Bürgergesellschaft, die durch ihre innere Kraft die Macht des Staates begrenzt. Sie sind die Herrschaft des Rechts, das auf Zustimmung, nicht auf Offenbarung beruht. Sie sind die grosse Hoffnung – und in Kants Sinn der moralische Imperativ – einer kosmopolitischen Gesellschaft, in der alle Menschen Bürger der einen Welt sind.

Mitteleuropa, Mars und Venus

All dies ist der Westen, wie ich ihn gelernt habe zu verstehen. Was aber ist Europa? In den frühen Jahren nach dem Zweiten Weltkrieg, von der Bildung des Europarates über die gescheiterten Pläne einer politischen Union bis zum Schuman-Plan und der Europäischen Wirtschaftsgemeinschaft, war die Antwort klar und einfach. Man könnte sie schonender formulieren, aber im Kern ging es um den Versuch, Deutschlands historische Irrwege zu beenden durch die Einbindung in eine Union des Friedens und der gemeinsamen Interessen, die zugleich fest eingebettet bleibt in die Allianz des Westens. Der Prozess hatte Nebenwirkungen, darunter manche durchaus wünschenswerte. Die «Gewohnheit der Zusammenarbeit», die Andrew Shonfield in seinen Reith Lectures über Europa 1973 pries, ist nicht geringzuschätzen. Während der organisierte Westen, vor allem die NATO, von Zeit zu Zeit Mitglieder duldete, von denen man schwerlich sagen konnte, dass sie westliche Werte vertreten, ist die Geschichte der Europäischen Union in dieser Hinsicht ohne Fehl, wenn ein strenger Test auch noch aussteht.

Nichts von alledem verringerte indes die Attraktivität des Westens in seiner transatlantischen Komplexität; auch zerstörte es niemals endgültig die «russische Puppe» der politischen Institutionen. Tatsächlich akzeptierte Europa innerhalb dieser Institutionen bereitwillig Amerikas militärische Hegemonie, auch wenn Europäer sich zuweilen über Marschflugkörper und dergleichen erregten. Insbesondere die Deutschen wussten, dass Berlin nur so lange sicher war, wie Amerikaner bereit blieben, es zu verteidigen. Als die Ostpolitik eingeleitet wurde, machte Willy Brandt als Bundeskanzler jede Anstrengung, um die Unterstützung der Vereinigten Staaten nicht zu verlieren. In der innenpolitischen Diskussion wurden alle die unsanft zurückgewiesen, die mit dem Gedanken einer Rückkehr zu Deutschlands «östlicher Berufung» spielten und versuchten, der neuen Politik des «Wandels durch Annäherung» einen antiwestlichen Drall zu geben.

Dann kam 1989. Trotz «9/11» und ein, zwei anderer Schlüsselereignisse wie 1968, sehe ich die Revolution in Europa, die dem Kommunismus ein Ende setzte, als die zweite grosse Wasserscheide in meinem Leben nach der ersten des Endes des Nazismus 1945. 1989 hatte zudem eine grosse Bewandtnis für die in diesen Überlegungen aufgeworfenen Fragen. Niemand hat das klarer ausgedrückt als der unübertroffene Chronist dieser Ereignisse, Timothy Garton Ash. «Gibt es Mitteleuropa?» fragte er in einem seiner erinnernswerten Stücke. Es liegt gewiss nicht mehr dort, wo deutsche Nationalisten wie Friedrich Naumann einmal *Mitteleuropa* ansiedelten, also im Herzen Deutschlands. Auch das vereinte Deutschland ist ein Teil des Westens geblieben; es ist das grosse Verdienst von Bundeskanzler Kohl, dass er in den entscheidenden Gesprächen mit Gorbatschow darauf bestand, dass diese Bindung sowohl institutionell als auch im Hinblick auf die zugrunde liegenden Werte festgezurrt wurde. Eine Zeitlang beschrieben Polen ihr Land gerne als Mitteleuropa, um so die Grenze zu einem Osteuropa zu ziehen, dem sie nicht angehören wollten. (Polen hatte ja schon lange dieser Haltung symbolischen Ausdruck gegeben, als es die Osteuropäische Zeitzone verliess und die Mitteleuropäische Zeit übernahm, mit zwei Stunden Distanz zur benachbarten Sowjetunion.) Seitdem hat Mitteleuropa sich noch weiter nach Osten bewegt, und zwar so sehr, dass Timothy Garton Ash, als er zwanzig Jahre nach dem ersten ein zweites Stück unter dem Titel «Wo ist Mitteleuropa jetzt?» schrieb, die Idee fast nicht mehr greifbar und jedenfalls ohne geopolitische Realität fand. Polen, das Schlüsselland der postkommunistischen Welt, ist entschieden zum Westen geworden, mit dem zuweilen verwirrenden, jedoch höchst wünschenswerten Ergebnis, dass Deutschland die östliche Option nun vollends verloren hat. Wenn Deutsche heute nach Osten blicken, dann finden sie dort Länder, die eher westlicher sind als sie selbst. Die Erweiterung der Europäischen Union wird also die Gewichte Europas in keiner Weise zu einer weniger westlichen Stellung verlagern; in gewisser Weise gilt sogar das Gegenteil, wie der «Brief der Acht» zum Thema Amerika und Irak gezeigt hat. Europa war immer schon westlich, aber das neue Europa derer, die der Europäischen Union erst spät beigetreten sind, zeigt sich bewusster westlich, als jene es sind, die von Anfang an dabei waren.

Zugleich hat die Revolution von 1989 für den Westen eine paradoxe Wirkung gehabt. Indem sie die Kraft seiner Werte unter Beweis stellte, hat sie seine institutionelle Realität geschwächt. Francis Fukuyamas *Ende der Geschichte* ist in mehr als einer Hinsicht abwegig. Der Kalte Krieg hat die Geschichte eher aufgehalten, die erst nach seinem Ende mit dem Prozess der Globalisierung wieder begann. Als der Ost-West-Konflikt bald nach 1989 endete, fiel der alte Osten fast so plötzlich in sich zusammen wie später Saddam Husseins Regime im Irak. Sogar Russland schloss sich dem Westen an und liess damit nicht nur den Sowjetkommunismus und seine zaristischen Vorgänger hinter sich, sondern auch Solschenizyns Romantik der slawischen Seele. Damit gab es keinen Gegner mehr für die NATO, die sich daher prompt bis zur Unkenntlichkeit ausweitete. Weichere Institutionen wie der Europarat taten dasselbe. Die «russische Puppe» wurde ein eher hohles Spielzeug. Nachdem die Figur der NATO ihr fast verlorenging und die deutsch-französische Freundschaft zu bröckeln begann, wackelte die Europäische Union eher unsicher in der Schale des Westens herum. Wohin soll das alles führen? Was vor allem bedeuten die neuen Umstände, wenn man auch weiterhin an die Werte des Westens glaubt, an die Freiheit und an die Institutionen, die aus einer aufgeklärten Weltsicht folgen?

Zwei zeitgenössische Autoren haben konstruktive oder zumindest erhellende Antworten auf diese Frage gegeben, Robert Kagan und Timothy Garton Ash. (Auch ein paar andere haben ihr Scherflein zu der Debatte beigetragen, darunter vor allem einige Professoren der Philosophie in Frankreich und Italien und Deutschland; nicht allen von ihnen ist es dabei gelungen, sich vor dem unfreiwilligen Humor des Absurden zu schützen.) Merkwürdigerweise hat Kagan die meistzitierte Formulierung seines Essays über *Macht und Ohnmacht* aus der deutschen Ausgabe getilgt: «Amerikaner sind vom Mars, und Europäer sind von der Venus.» Seine Kernthese bleibt indes, dass der Westen jetzt aufgespalten ist in die, die den Luxus des Lebens im Schatten der Macht geniessen, die Europäer, und andererseits die, die wissen, dass Werte zu ihrer Verteidigung zuweilen der Macht bedürfen, und zwar auch an entfernten Orten, über die wir wenig wissen, die Amerikaner. Kagans Plädoyer für «ein gewisses

Mass an gemeinsamem Verständnis» verblasst vor Schlussfolgerungen wie dieser: «Die Vereinigten Staaten müssen manchmal nach den Regeln einer Hobbesschen Welt spielen, auch wenn sie damit Europas postmoderne Normen verletzen.» Garton Ash beschwört Amerika anzuerkennen, dass es nach wie vor gemeinsame Interessen mit Europa gibt, und dass Europa durchaus fähig ist, zu deren aktiver Vertretung beizutragen. Sein Projekt ist ein stärker vereintes Europa, das gemeinsam mit den Vereinigten Staaten die grossen Themen der gegenwärtigen Welt anpackt, angefangen mit einer dauerhaften Lösung für den Nahen Osten.

Alle konstruktiven Ideen, insbesondere die von Timothy Garton Ash, sind willkommen, aber die Hindernisse auf dem Weg zu ihrer Realisierung sind doch gewaltig. Zum Teil sind sie zu hoch für die Kräfte von Europäern oder, so scheint es, sogar von Amerikanern. Frieden und Wohlstand im Nahen Osten – und das heisst in erster Linie in Israel und Palästina – sind ein erstrebenswertes Ziel; wenn es erreicht würde, hätte das weitreichende nützliche Folgen, doch ist eine realistische Wegkarte, die zu dem Ziel führen könnte, noch nicht gefunden. Zum Teil geht es indes um Hindernisse, die wir selbst errichtet haben, ja die mindestens so sehr in unseren Köpfen wie in den Umständen um uns existieren. Europa (denn das meine ich, wenn ich «wir» sage) muss neu bedenken, was sein Sinn und Zweck ist, wenn es seiner Berufung als Kraft zur Förderung einer kosmopolitischen Ordnung der Freiheit gerecht werden soll.

Harte Macht, weiche Macht

Damit nehme ich die Schlussfolgerung vorweg, zu der diese Analyse führt. Sie hat es mit der Identität des neuen Europa zu tun, womit ich das ganze Europa in seiner neuen Gestalt nach 1989 und nach «9/11» meine. Seit einiger Zeit schon ist es schwierig geworden, die Frage der *finalités Européennes* zu beantworten. Das ist die Sprache des Europäischen Konvents, und auch dessen Mitglieder haben es nicht leicht gefunden, ihr einen Inhalt zu geben. Warum Europa? Warum insbesondere soll es eine immer engere Union der demokratischen Länder Europas geben? Die Antworten der Nachkriegszeit, Deutschland einzubinden und den Frieden zu erhalten, sind durch historische Entwicklungen überholt worden. Die wirtschaftlichen Ziele der Förderung und Erhaltung des Wachstums durch einen gemeinsamen und am Ende einheitlichen Binnenmarkt sind zumindest prinzipiell erreicht. Während vieles zu tun bleibt, gibt es doch in dieser Hinsicht keine fundamental neuen Ziele, die zu definieren wären. Jacques Delors – vielleicht der bedeutendste Föderator Europas seit den Christdemokraten der Nachkriegszeit Konrad Adenauer, Alcide de Gasperi und Robert Schuman – hat erreicht, was er wollte.

Das resultierende Vakuum an Zielsetzung ist nun in zunehmendem Masse gefüllt worden durch die überraschende und nach meinem Urteil unselige Entdeckung eines neuen Feindes in Form der Vereinigten Staaten von Amerika. Immer mehr europäische Politiker und Bürger wollen Europa wenn nicht gegen die Vereinigten Staaten, dann doch mit der Absicht bauen, Europa in die Lage zu versetzen, sein eigenes Gewicht in die Waagschale zu werfen, um die Hegemonialmacht Amerikas aufzuwiegen. Sogar der Euro wird von manchen als Gegengewicht zum Dollar gesehen. Viel wird hergemacht von der angeblichen Notwendigkeit, das «europäische Sozialmodell» zu schützen und zu entwickeln gegen die Eingriffe einer neoliberalen Politik, die von Ökonomen in Chicago erfunden wurde und im «Konsens von Washington» Gestalt gewonnen hat. In jüngster Zeit hat die populäre und doch unscharfe Suche nach einer gemeinsamen europäischen Aussen- und Verteidigungspolitik manche dazu verleitet, von einer multipolaren Welt zu träumen, in der Europa eine unabhängige Rolle als einer der Machtpole spielt. Selbst die Entdeckung während der Irak-Episode, dass die Interessen der Europäer weit auseinanderklaffen, hat solche Hoffnungen nicht entmutigt, zumal manche dem Glauben anhängen, dass die Spaltung Europas ein bewusstes Ziel der amerikanischen Politik war.

Nach meiner Überzeugung wird ein Europa, das sich als Gegengewicht zu den Vereinigten Staaten versteht, nicht zustande kommen, und wichtiger noch, es sollte auch nicht zustande kommen. Zunächst einmal ist ein solches Europa einfach nicht realistisch. Zumindest was die «harte Macht» betrifft, gibt es keinerlei Anzeichen dafür, dass Europa es Amerika an Stärke gleichtun will. Selbst wenn die Militärbudgets der europäischen Länder massiv erhöht würden (was unwahrscheinlich ist), wäre das Ergebnis bescheiden gemessen an der Stärke des amerikanischen Militärapparates. Überdies würde ein sogenannter Aussenminister für Europa noch nicht bedeuten, dass es wirklich eine gemeinsame Aussenpolitik gibt. Frankreich und das Vereinigte Königreich werden ihr Veto in den Vereinten Nationen nicht aufgeben; und bevor alle Europäer sich über eine gemeinsame Politik einig geworden sind, werden jene Mitglieder, die Sonderinteressen vertreten, die notwendigen Entscheidungen einseitig getroffen haben. Britannien und die Falklandinseln, Frankreich und das frankophone Afrika, in der Tat Deutschland und seine Vereinigung sind nur einige der auffälligsten Beispiele.

Wichtiger ist indes, dass es nicht nur nicht wünschenswert wäre, sondern den Interessen der Europäer widerspräche, den Westen in der internationalen Politik zu spalten. Es mag durchaus und wird wahrscheinlich immer Unterschiede zwischen westlichen Ländern in der Wahl der Methoden der Politik geben. Kagan mag sogar Recht haben, dass manche dieser Unterschiede auf Europas vergleichsweise schwacher Position in Fragen der harten Macht beruhen. Diese wird Europäer dazu ermutigen, stärker auf «wirtschaftlicher und weicher Macht» zu bestehen, auf «internationalem Recht und internationalen Institutionen», überhaupt auf «übereinstimmend beschlossenen internationalen Verhaltensregeln». Aber nichts von alledem kann ablenken von dem gemeinsamen Interesse an der Verteidigung der liberalen Ordnung gegen alle Aggressoren, und mehr noch, an der Verbreitung ihrer Prinzipien in der übrigen Welt. Je zersplitterter der Westen ist, desto verwundbarer wird er, und wenn er sich selbst spaltet, dann hat er den Kern seiner Kraft aufgegeben.

Seit Joseph Nye die Unterscheidung von «harter» und «weicher Macht» eingeführt hat, haben nicht nur amerikanische Kritiker wie Kagan, sondern auch Europäer selbst gerne von Europas «weicher» Stärke gesprochen. Manche haben sich so in den Gedanken verliebt, dass sie einen «Niedergang der amerikanischen Macht» angesichts von Europas «weicher Macht» vorhersehen zu können meinen. Man muss sich nicht nur fragen, was genau das bedeuten soll, sondern vor allem, inwieweit es stimmt. Wirtschaftliche Macht ist oft nicht mehr als eine statistische Fiktion. Bruttosozialprodukte werden für Länder zusammenaddiert, während doch die Macht bei Unternehmen liegt, die, wenn sie überhaupt eine Nationalität haben, am ehesten zumindest zum Teil amerikanisch sind. Zudem ist Amerikas Magnetismus in der Welt unvermindert. Selbst potentielle Terroristen würden sich möglicherweise auf ein Leben in den Vereinigten Staaten an Stelle ihrer Selbstmordkarriere einlassen, wenn sie ein Einwanderungsvisum bekämen; jedenfalls träumt wahrscheinlich der grössere Teil der Menschheit zuweilen davon, Amerikaner zu sein. Der Grund ist die Verlockung der angewandten Aufklärung, der liberalen Ordnung, die die Initiative des Einzelnen in einem Klima offener Chancen ermutigt.

Die liberale Ordnung

Wenn wir zu Europas *finalités* zurückkehren, bringt uns das zum Westen und zu dem, was Timothy Garton Ash die «liberale Ordnung» nennt. In Europa geht es nicht um irgendeine vage Vorstellung von Einigung. Europa würde vielmehr seine mit Recht gepriesene Vielfalt zerstören, wenn es die Herstellung einer immer engeren Union zu weit triebe. In Europa geht es darum, westliche Werte und mit ihnen die Verfassung der Freiheit innerhalb seiner eigenen, glücklicherweise immer weiter gezogenen Grenzen aufrechtzuerhalten und überdies solche Werte in anderen Teilen der Welt zu unterstützen. Die sogenannten «Kopenhagen-Kriterien», die einige der institutionellen Voraussetzungen der liberalen Ordnung detaillieren, waren eine hilfreiche Vorgabe für die Beitrittskandidaten zur Europäischen Union und zeigten Europa von seiner besten Seite. Mit den nötigen Anpassungen an andere kulturelle Traditionen sind die Prinzipien, die diesen Kriterien zugrunde liegen, überall anwendbar. Die Herrschaft des Rechts (zum Beispiel) muss eine Herrschaft des weltlichen Rechts sein, das vom Volk gesetzt und verändert, nicht von den Hohepriestern irgendeines Glaubens als Offenbarung verkündet wird. Der kulturelle Relativismus, der heutzutage um sich greift, ist ein Zeichen des geschwächten Vertrauens in die Werte der liberalen Ordnung.

Dies ist einer von vielen Gründen, warum es wichtig ist, daran zu erinnern, dass die Werte, um die es geht, mehr als europäisch sind. Sie sind westlich und verbinden damit Europa, die Vereinigten Staaten und wichtige Länder in anderen Teilen der Welt. In gewisser Weise ist die OECD, die Organisation für Wirtschaftliche Zusammenarbeit und Entwicklung, zur plausibelsten institutionellen Vertretung der in Frage stehenden Werte zumindest in ihrem eigenen begrenzten Aufgabenbereich geworden. Die OECD schliesst Japan und Australien ebenso ein wie Kanada und lateinamerikanische Länder. Wäre es vielleicht sinnvoll, eine OPCD, eine Organisation für Politische Zusammenarbeit und Entwicklung zu schaffen, um bei der Ausbreitung und dem Schutz der Verfassung der Freiheit überall in der Welt mitzuhelfen?

Die zugrunde liegende These dieser Erwägungen bringt mich zur Aufklärung, und insbesondere zu Immanuel Kant zurück. Kagan mokiert sich über «die Kantische Welt des ewigen Friedens». Hätte er mehr als den Titel von Kants kleiner Schrift «Zum ewigen Frieden» zur Kenntnis genommen, dann wäre ihm klar geworden, dass Kant alles andere als ein Advokat von Arkadien ist. Im Gegenteil macht Kant selbst sich in seiner anderen kleinen Schrift, der «Idee zu einer allgemeinen Geschichte in weltbürgerlicher Absicht», lustig über die, die von einem Arkadien träumen, in dem ihre Existenz keinen grösseren Wert hat als die ihrer Schafe. Konflikt, oder in Kants Wort «Antagonismus», ist angesichts der «ungeselligen Geselligkeit» der Menschen in allen Gesellschaften gegeben, ja mehr, er ist eine Quelle des Fortschritts. Am entfernten Ende des Prozesses könnte solcher Fortschritt zu einer internationalen Ordnung der lebendigen Konkurrenz und des Konflikts unter Regeln des Rechts führen. Bis dahin haben wir allerdings einen weiten Weg zurückzulegen; vielleicht erreichen wir das Ziel nie. In der Zwischenzeit müssen wir indes so handeln, dass die Maximen unseres Handelns sich denken lassen als die Prinzipien einer kosmopolitischen Ordnung. Nichts, das wir tun, darf den Weg zu diesem Ziel versperren oder auch nur erschweren; alles, was wir tun, muss den Weg zu einer gesetzlichen und liberalen Ordnung im eigenen Land und in der Welt insgesamt ebnen.

Darum geht es nach meiner Auffassung beim institutionellen Europa. Die Europäische Union (oder was immer der Name sein mag) bezieht ihre Kraft und ihren Sinn daraus, ein Schritt in die richtige Richtung zu sein. Wie die Vereinigten Staaten und daher mit den Vereinigten Staaten weist sie den Weg zu einer weiteren, am Ende allgemeinen Akzeptanz bestimmter Werte. Wenn man das Wort westlich nicht mag, kann man sie ebenso gut als die der liberalen Ordnung beschreiben, wenngleich sie ihren Weg als die Werte des Westens begonnen haben. Rechtfertigen sie Interventionen in anderen Teilen der Welt, wo solche Werte systematisch missachtet werden? Ich glaube ja, obwohl wir auch hier Regeln setzen müssen, die unser Handeln leiten und begrenzen. Jedenfalls ist die Zeit gekommen, die Werte einer solchen Ordnung aufs Neue zu behaupten. Vielleicht brauchen wir einen Neuen Westen als Rahmen für die engagierte Verfolgung gemeinsamer Projekte des Friedens und Wohlstandes in Freiheit. Indes, ob alt oder neu, für die aufgeklärte Welt bleibt die liberale Ordnung des Westens Quelle der Identität.

Anmerkungen

1 Müssen Revolutionen scheitern?

Der Text beruht auf der George Orwell-Vorlesung, die ich am 15. November 1990 am Birkbeck College der Universität London hielt. Er ist (auf Englisch) in meinem Aufsatzband *After 1989. Morals, Revolution and Civil Society* (Macmillan: London 1997) abgedruckt. Die Bezüge auf Timothy Garton Ash finden sich sämtlich in seinem Band: *Ein Jahrhundert wird abgewählt* (Hanser: München 1990). Mehrfach zitiert wird Crane Brinton: *The Anatomy of Revolution* (Vintage: New York 1957).

2 Die offene Gesellschaft und ihre Ängste

Dieser Vortrag wurde auf dem 25. Deutschen Soziologentag gehalten, der vom 9.–12. Oktober 1990 in Frankfurt am Main stattfand. Er ist im Band der «Verhandlungen» unter dem Titel *Die Modernisierung moderner Gesellschaften* (Campus: Frankfurt/New York 1991) abgedruckt. Eine von mir angefertigte englische Version erschien in *After 1989* (s. Anm. zu 1). Manche Bezüge gelten dem 16. Deutschen Soziologentag, der vom 8.–10. April 1968 ebenfalls in Frankfurt stattfand und dessen «Verhandlungen» unter dem Titel *Spätkapitalismus oder Industriegesellschaft?* (Enke: Stuttgart 1969) erschienen. Mein im Frühjahr 1990 geschriebenes Buch *Betrachtungen über die Revolution in Europa* (DVA: Stuttgart 1990) hat bis hin zu den Burke-Zitaten viele Spuren in dem Text hinterlassen.

3 Mündige Bürger auf der Suche nach Halt

Der Toynbee-Preis wurde mir am 27. Oktober 1990 in Oxford verliehen, «in recognition of his major contribution to the social sciences, his outstanding scholarship and his exemplary work in public affairs». Die Dankrede hielt ich am St. Antony's College; unter dem Titel «Citizens in Search of Meaning» wurde sie in dem Band *After 1989* (s. Anm. zu 1) veröffentlicht. Zwei der zitierten Werke erscheinen immer wieder in diesem Band: Immanuel Kants Essay «Idee zu einer allgemeinen Geschichte in weltbürgerlicher Absicht» und Karl Poppers *Offene Gesellschaft und ihre Feinde* (oft in eigener Übersetzung nach dem englischen Original zitiert). Erwähnenswert sind zudem T. H. Marshall: *Citizenship and Social Class* (Cambridge University Press: Cambridge 1950); sowie Jeanne Kirkpatricks Artikel «Dictatorships and Double Standards» in der Zeitschrift *Commentary* (November 1979).

4 Moral, Institutionen und Bürgergesellschaft

Der Senator Giovanni Agnelli-Preis wurde mir am 30. März 1992 verliehen. Die auf Englisch verfasste, auf italienisch (in der Turiner Oper) gehaltene Dankrede erschien zuerst auf Italienisch in einem Privatdruck der Agnelli-Stiftung: *Moralità, istituzioni e società civile.* Das englische Original ist unter dem Titel «Morality, Institutions and Civil Society» in dem Band *After 1989* (s. Anm. zu 1) enthalten. Zitiert wird (neben vielfach veröffentlichten klassischen Autoren) Eliza Marian Butler: *The Tyranny of Greece Over Germany* (2. Aufl., Boston 1958). Vaclav Havel's «On Home» erschien im *New York Review of Books* (1992). Die zitierten Werke meiner beiden Vorgänger als Agnelli-Preisträger sind Amartya Sen: *Ökonomie für den Menschen* (dtv: München 2002) und Isaiah Berlin: «Two Concepts of Liberty» in seinen *Four Essays on Liberty* (Oxford University Press: Oxford 1969). Für die Max Weber-Debatte wie auch für die Thesen meines *Homo Sociologicus* findet sich mehr in meinem Buch *Der moderne soziale Konflikt* (DVA: Stuttgart 1992).

5 Die gute Gesellschaft

Vorlesung an der London School of Economics zur Erinnerung an das «1949 Seminar», gehalten am 19. November 1992. Erschien als Privatdruck unter dem Titel *The Good Society*, abgedruckt in *After 1989* (s. Anm. zu 1). Die wichtigsten zitierten Werke sind (in der Reihenfolge ihrer Erwähnung): Joachim Fest: *Der zerstörte Traum* (Siedler: Berlin 1991). H. G. Wells: *The New Machiavelli* (1911, viele Neuauflagen). C. A. R. Crosland: *The Future of Socialism* (1956, viele Neuauflagen). Walter Lippmann: *The Good Society* (Allen & Unwin: London 1944), S. 105, 214, 363-5. Graham Wallas: *The Great Society* (1914). Vaclav Havel: *Sommermeditationen* (Rowohlt: Berlin 1992). John Maynard Keynes: «Economic Possibilities for Our Grandchildren» (1930). Ministry of Communication and Information: *Singapore 1985* (National Printers: Singapore 1985). David Donnison with Paul Soto: *The Good City* (Heinemann: London 1980). Robert N. Bellah, Richard Madsen, William M. Sullivan, Ann Swidler, Steven M. Tipton: *The Good Society* (Knopf: New York 1991), S. 6–7, 278-9, 286. Yeager Hudson and Creighton Peden: *Philosophical Essays on the Idea of a Good Society* (Edwin Mellen Press: Lewiston 1988). Ernest Gellner: *The Uniqueness of Truth* (Cambridge University Printing Service: 1992).

6 Über die Verflechtungen von Ökonomie und Politik

Eröffnungsvortrag des International Economic History Congress im Teatro della Scala in Mailand am 12. September 1994 unter dem Titel «Who Makes History? On the Entanglements of Economics and Politics». Abgedruckt in *After 1989* (s. Anm. zu 1). Wichtige Zitate von Shimon S. Peres: *The New Middle East* (Holt: New York 1993). Für Vaclav Klaus s. Timothy Garton Ash: *History of the Present* (London 1999), insbes. S. 151 f., S. 167 f. Partha Dasgupta: *Destitution and Well-Being* (Clarendon Press: Cambridge 1993). Rupert Murdoch: im «Spiegel-Gespräch» (25/1998)

7 Die Quadratur des Kreises: Wirtschaftlicher Wohlstand, sozialer Zusammenhalt und politische Freiheit

Dieser Essay wurde zuerst als Discussion Paper (DP 58) des United Nations Research Institute for Social Development (UNRISD) im März 1995 unter dem Titel *Economic Opportunity, Civil Society and Political Liberty* veröffentlicht. Es handelte sich um einen Beitrag zu der Konferenz über «Rethinking Social Development». Eine autorisierte italienische Version erschien zuerst 1995, dann ab 1997 mit einem Anhang unter dem Titel *Quadrare il cerchio. Benessere economico, coesione sociale e libertà politica* (Laterza: Rom-Bari). Eine deutsche Übersetzung von Waltraud Kolb erschien unter dem Titel «Die Quadratur des Kreises – Freiheit, Solidarität und Wohlstand» in dem von F. Jaeger und W Stier herausgegebenen Band *Neue Konturen einer liberalen Wirtschaftspolitik* (Rüegger: Zürich 1998). Diese Version wurde abgedruckt in der Zeitschrift *Aussenwirtschaft*, 53. Jg., Heft 3. Der hier vorgelegte Text ist von mir übersetzt, vielmehr übertragen, d.h. leicht korrigiert und ergänzt. Die Thematik wird weiterentwickelt in dem *Report on Wealth Creation and Social Cohesion* (London 1995) der von mir geleiteten Kommission zu dem Thema.

8 Über Deutschland: eine persönliche Perspektive

Dieser Beitrag ist der leicht veränderte Text einer Rede, die am 25. Februar 1996 im Nationaltheater in Weimar gehalten wurde. Die Veröffentlichung als Broschüre erfolgte in der Reihe «Weimarer Reden über Deutschland» unter den Auspizien der Stadt Weimar und der Bertelsmann Buch AG. Eine englische Version ist unter dem Titel «Democracy in Germany: an Anglo-German Perspective» in *After 1989* (s. Anm. zu 1) enthalten. Mehrere Bezüge gelten meinem Buch: *Gesellschaft und Demokratie in Deutschland* (Piper: München 1965). Das erwähnte Buch des malaysischen Premierministers Mahathir trägt den Tirel *The Asia That Can Say No.* Für die Verweise auf die «Quadratur des Kreises» s. vor allem Kap.7 in diesem Band.

9 Von Europa nach EUropa

«From Europe to EUrope: A Story of Hope, Trial and Error» war die 15. Paul-Henri Spaak-Vorlesung am Center for International Affairs der Harvard University am 2. Oktober 1996. Die englische Version wurde als Broschüre veröffentlicht. Timothy Garton Ashs «bemerkenswerte Artikel im *New York Review of Books*» sind in dem in der Anm. zu 1 erwähnten Band enthalten. Meine Schrift *Why Europe Matters: A Personal View* wurde vom Centre for European Reform (London 1996) veröffentlicht. Die Reith Lectures von Andrew Shonfield sind unter dem Titel *Europe – Journey to an Unknown Destination* (Alan Lane: London 1973) erschienen.

10 Revolution und Reform, oder Etwas ist mehr als Alles

Als Broschüre veröffentlicht mit dem Hinweis: «Vortrag, gehalten im Grossen Saal des Casino Bern am 1. Oktober 1998, auf Einladung der Burgergemeinde Bern, im Rahmen der diesjährigen Gedenkfeiern (1798 – 1848 – 1998)». Über die Geschichte des im Text erwähnten Hannah Arendt-Preises informiert mein Buch: *Universities After Communism* (Edition Körber-Stiftung: Hamburg 2000).

11 Drei Probleme der offenen Gesellschaft

Karl Popper-Vorlesung, gehalten an der London School of Economics am 1. Dezember 1998, unter dem Titel «Three Problems of the Open Society». Die «Autobiographie» bezieht sich auf das von Paul Arthur Schilpp herausgegebene, zweibändige Werk *The Philosophy of Karl Popper* (Open Court: LaSalle Ill. 1974). S. auch Brian Magee: *Popper* (Fontana/Collins: London 1973). Zum Gellner-Problem s. vor allem Ernest Gellner: *Conditions of Liberty: Civil Society and Its Rivals* (Hamish Hamilton: London 1994) sowie den in der Anm. zu 5 erwähnten Gellner-Text. Zum Kolakowski-Problem s. Leszek Kolakowski: «Die Selbstgefährdung offener Gesellschaften», in L. Bossle und G. Radnitzky (Hg.): *Selbstgefährdung der offenen Gesellschaft* (Naumann: Würzburg 1982). Zitiert werden auch Mancur Olson: *Aufstieg und Niedergang der Nationen* (Mohr/Siebeck: Tübingen 1984); George Soros: *The Crisis of Global Capitalism – Open Society Endangered* (Public Affairs: New York 1998).

12 Vernunft, Freiheit und Partei: ein liberales Dilemma

Der hier abgedruckte Text ist eine leicht ent-aktualisierte Version meiner Rede aus Anlass der Verleihung des Garrigues Walker-Preises («Reason, Freedom and Party: a Liberal Dilemma») in Madrid am 2. Oktober 1998. Der Preis wird von der Salvador de Madariaga-Stiftung für Verdienste um den Liberalismus und Europa verliehen. Die Madariaga-Zitate und Hinweise beruhen auf den Memoiren von Salvador de Madariaga: *Morgen ohne Mittag* (Ullstein/Propyläen: Frankfurt-Berlin 1972). Das Zitat von Isaiah Berlin stammt aus seinem Essay über Chaim Weizmann, der in dem Band *Personal Impressions* (Hogarth: London 1980) abgedruckt ist. Zu den «Neosozialdemokraten» s. Kap. 13 in diesem Band.

13 New Labour und die alte Freiheit: Zur Kritik des Dritten Weges

Vom Anlass für diesen Vortrag, dem vom Institute for Human Sciences in Wien am 25. Juni 1999 veranstalteten Symposion «Ten Years After», ist im Text mehrfach die Rede. Der Titel des Vortrages war «New Labour and Old Liberty: Four Comments on the Third Way». Ein Auszug erschien unter dem Titel «The Third Way and Liberty» in *Foreign Affairs*, Bd. 78, Nr. 5. Das sogenannte Blair-Schröder Papier *Europa – The Third Way – Die neue Mitte* wurde im Juni 1999 gleichzeitig von der SPD in Berlin und der Labour Party in London veröffentlicht. Im übrigen wird zitiert: Anthony Giddens: *Jenseits von Links und Rechts* (Suhrkamp: Frankfurt 1997). Ulrich Beck: *Die Risikogesellschaft* (Suhrkamp: Frankfurt 1986).

14 Umbrüche und normale Zeiten: Braucht Politik Intellektuelle?

Festvortrag beim Theodor-Heuss-Haus Symposion in Stuttgart am 9. September 1999. Veröffentlicht in Gangolf Hübinger, Thomas Hertfelder (Hg.): *Kritik und Mandat* (DVA: Stuttgart 2000). Zitiert wurden, in dieser Reihenfolge: Timothy Garton Ash: *History of the Present* (Allen Lane/Penguin: London 1999). Max Weber: *Politik als Beruf* (mit einem Nachwort von mir in der Ausgabe bei Philip Reclam: Stuttgart 1992). Marion Gräfin Dönhoff: *Gestalten unserer Zeit. Politische Porträts* (DVA: Stuttgart 1990). Drago Jancar, Adam Michnik: *Im Disput*, hg. von Niko Jez (Wieser: Klagenfurt-Salzburg 1992). Maarten Brands: «Die Wirte vom Gasthof ‹Zur verpassten Chance›», in *Grenzüberschreitungen, oder der Vermittler Bedrich Loewenstein* (Praha-Brno 1999), S. 68, 77. Vaclav Havel: «Paying Back the West», *New York Review of Books* XLVI/14 (23.9.1999).

15 Der Blick zurück: Das (kurze) sozialdemokratische Jahrhundert

Veröffentlicht unter dem Titel «Bilanz und Hoffnung» in *Der Spiegel* 45/1998. Abgedruckt in *Spiegel des Jahrhunderts*, hg. v. Dieter Wild (Hoffmann und Campe: Hamburg 1999).

16 Der Blick voran: Chancen und Risiken der Globalisierung

Unter dem Titel «Towards the Twenty-First Century» war dies das Schlusskapitel des von Michael Howard und Wm. Roger Louis herausgegebenen Sammelbandes *The Oxford History of the Twentieth Century* (Oxford Unversity Press: Oxford 1998).

17 Die globale Klasse und die neue Ungleichheit

Vortrag an der Israeli Academy of Sciences and Humanities am 12. März 2000. Eine deutsche Fassung in der Zeitschrift *Merkur*, 54. Jg., Heft 11 (November 2000). Zitiert werden in dieser Reihenfolge: Manuel Castells: *The Rise of the Network Society* (Oxford 1996). Charles Handy: *The New Alchemists* (London 1999). Charles Leadbeater: *Living on Thin Air* (London 1999). Rosabeth Moss Kanter: *World Class* (New York-London 1995), S. 23. Für Ulrich Beck und Anthony Giddens s. Anm. zu 13. Anthony Giddens und Will Hutton (Hg.): *On the Edge. Living With Global Capitalism* (London 2000). Zwei als Manuskript veröffentlichte Aufsätze vom Institute of Education in London, (1) Muriel Egerton und John Brynner, «The Social Benefits of Higher Education» und (2) Gareth Williams, «Economic Benefits of Higher Education». John Stuart Mill: *Representative*

Government, Ch.XVI. S.N. Eisenstadt: *Paradoxes of Democracy* (Washington-Baltimore 1999). Das Zitat von Justice Brandeis stammt aus dem Urteil von Whitney v. California, 274 US, 357 (1927).

18 Demokratie und Rechtsstaat

Grundlage dieses Textes war ein Vortrag vor ehemaligen und gegenwärtigen Richtern des Europäischen Gerichtshofes für Menschenrechte in Strassburg am 8. Juni 2000. Allzu direkte Hinweise auf den festlichen Anlass – die Ehrung früherer Präsidenten des Gerichtshofes – habe ich gestrichen.

Das Adam Smith-Zitat stammt aus seiner *Wealth of Nations*, Buch 5, Kap. 3. Alexander Hamilton hat sich in den *Federalist Papers* vielfach zur «dritten Gewalt» geäussert; zentral ist (und hier zitiert wird) Federalist No. 78. Das bulgarische Beispiel betrifft das Center for the Study of Democracy in Sofia.

19 Die Zukunft der repräsentativen Demokratie

Vortrag auf der Veranstaltung der Friedrich Naumann-Stiftung zum Thema «Stirbt der Parlamentarismus?» am 10. Februar 2001 im Schloss Mainz. Veröffentlicht als Broschüre der Theodor-Heuss-Akademie (Gummersbach: März 2001). Der hier abgedruckte Text ist um die aktuellen Bezüge gekürzt.

20 Von der Aktualität gemeinsamer Werte

Karlsruher Vortrag an der Akademie für Zahnärztliche Fortbildung am 27. März 2001 unter dem Titel: «Gemeinsame Werteüberzeugungen – auch 2001 noch nötig?». Veröffentlicht als Broschüre von der Akademie. Zitiert werden (in dieser Reihenfolge): Anthony Giddens: *A Runaway World* (BBC Publications: London 2001). Avishai Margalit: *The Decent Society* (Harvard University Press: Cambridge 1976). Michael Walzer: *On Toleration* (Yale University Press: New Haven-London 1997).

21 Die alte und die neue Bürgergesellschaft

John Smith Lecture im Rahmen des Adam Ferguson Enlightenment-Symposions an der Universität von Edinburgh am 25. Februar 2002: «Adam Ferguson: How Civil Will Future Society Be?». Die Ferguson-Zitate sämtlich aus der ersten Ausgabe (1765) des *Essay on the History of Civil Society*. Zahlreiche Bezüge und Zitate aus Arthur Herman: *The Scottish Enlightenment* (Fourth Estate: London 2002); zu Ferguson S. 187ff. Im übrigen werden zitiert: L.T. Hobhouse: *Morals in Evolution* (London 1906); S. 609, 631. Mancur Olson, s. Anm. zu 11.

22 Alltags-Europa, Sonntags-Europa: Wer schliesst die Kluft?

Beitrag zu dem Band der Alfred Herrhausen-Gesellschaft für internationalen Dialog: *Europa leidenschaftlich gesucht* (Piper: München-Zürich 2003). Teile meiner Dankrede aus Anlass der Verleihung des Walter Hallstein-Preises in Frankfurt 2002 wurden verwendet. Zitate aus Walter Hallstein: *Die europäische Gemeinschaft* (Econ: Düsseldorf-Wien 1973). Der Hinweis auf Francis Cheneval bezieht sich auf seinen Artikel in der Neuen Zürcher Zeitung vom 9. November 2002, «Welches Vorbild für die Europäische Union? Ein kosmopolitischer Blick auf Europa».

23 Über Populismus: Acht Anmerkungen

Unter dem Titel «Acht Anmerkungen zum Populismus» veröffentlicht in der Zeitschrift *Transit. Europäische Revue*, Heft 25 (Frühjahr 2003). In derselben Nummer auch andere Beiträge zum Thema.

24 Europa und der Westen: Alte und neue Identitäten

Vortrag am 21. Mai 2003 in London unter den Auspizien des German Historical Institute in London und der ZEIT-Stiftung Ebelin und Gerd Bucerius: «Europe and the West: Old and New Identities». Veröffentlicht im *Bulletin* des German Historical Institute London Vol. XXV, No. 2 (November 2003). Bezüge (in dieser Reihenfolge) auf: Robert Kagan: *Paradise and Power* (Atlantic Books: London 2003). Meine Bucerius-Biographie: *Liberal und unabhängig. Gerd Bucerius und seine Zeit* (Beck: München 2000). Fritz Stern: «The Political Consequences of the Unpolitical German», in *History* 3 (Meridian Books: New York 1960). Meine *Gesellschaft und Demokratie in Deutschland* (Piper: München 1965) und *Die angewandte Aufklärung* (Piper: München 1963): Andrew Shonfield: *Europe – Journey to an Unknown Destination* (s. Anm. zu 9). Timothy Garton Ash: s. Anm. zu 6. Francis Fukuyama: *The End of History* (Free Press: New York 1992). Joseph Nye: «Soft Power», in *Foreign Policy* no. 80 (Herbst 1990)

Personenregister

Adenauer, Konrad 31, 133, 136, 138, 148, 151, 216, 226, 230, 268, 326, 333
Adorno, Theodor W. 31
Agnelli, Giovanni 55–57, 69, 338
Albert, Michel 112
Aldrin, Edwin 233
Allen, Roy 89
Amato, Giuliano 278
Arendt, Hannah 168, 340
Aristoteles 39, 46, 56, 74
Armstrong, Neil 233
Aron, Raymond 44, 189–191
Arrow, Kenneth Joseph 127
Ashdown, Paddy 103
Augustus 56
Aznar, José María 199, 201

Bacon, Francis 214
Balcerowicz, Leszek 35, 92, 95, 99, 158, 214, 267, 273
Barre, Raymond 156f.
Bebel, August 193
Bech, Josef 148
Beck, Ulrich 201, 256, 285, 341
Becker, Helmuth 216f.
Bell, Daniel 229
Bellah, Robert 84f., 338
Bence, György 13
Benda, Ernst 214
Bentham, Jeremy 57
Berlin, Irving 191
Berlin, Isaiah 44, 55, 57, 69, 85, 184, 191, 338, 340
Berlusconi, Silvio 123, 314, 317
Beveridge, William 32, 72, 89, 188f., 193f., 196, 205, 225f., 296, 301
Biedenkopf, Kurt 217
Bismarck, Klaus von 216
Bismarck, Otto von 32, 225
Blair, Tony 104, 159, 178, 193, 197–204, 217, 254, 257, 262 f., 276 f., 284, 314, 319, 322, 341
Blocher, Christoph 314, 319
Bobbio, Noberto 189
Böll, Heinrich 217
Bossi, Umberto 317
Bossle, Lothar 340
Bowley, Arthur 89
Boyle, Edward 176
Bracher, Karl Dietrich 217
Brandeis, Justice 342
Brands, Maarten 215 f., 341
Brandt, Willy 133f., 138, 148, 151, 153, 217, 330
Brecht, Bertolt 162, 215, 223
Breschnew, Leonid Iljitsch 16, 24, 32, 215
Brinton, Crane 18, 94, 99, 337
Brittan, Samuel 104, 137
Brown, Gordon 257, 297
Brynner, John 258, 341f.
Brzezinski, Zbigniew 52
Bucerius, Ebelin 343
Bucerius, Gerd 216, 322, 325f., 343
Burke, Edmund 15, 41, 52, 54, 337
Bush, George Herbert Walker 178
Bush, George Walker 319, 321
Butler, Eliza Marian 57, 338
Buzek, Jerzy 267

Carlyle, Alexander 297
Carter, Jimmy (James Earl) 52
Castells, Manuel 252, 341
Catull 56

Cavallo, Domingo F. 159
Ceaucescu, Nicolae 18, 25
Chamberlain, Joseph 225
Cheneval, Francis 311, 313, 343
Chruschtschow, Nikita Sergejewitsch 215
Churchill, Winston 148, 150, 153 f., 160, 191, 226 f.
Cicero 56
Clark, Colin 252
Clinton, Bill (William Jefferson) 178, 193, 202, 257
Cockburn, Henry 298
Collier, Paul 96
Collor de Mello, Fernando 79
Craxi, Bettino 233
Crosland, Charles Anthony Raven 338

D'Angelosante 156
Dangerfield, George 225
Dasgupta, Partha 94, 127, 339
Dahrendorf, Gustav 61, 326
Delors, Jacques 145, 230, 305, 308, 312 f., 332 f.
Deng Tsiao-Ping 231
Derrida, Jacques 323
Desai, Meghnad 127
Dewey, John 84
Diamond, Larry 264
Diana, Prinzessin von Wales 222
Diderot, Denis 328
Dienstbier, Jiri 13, 207, 212
Disraeli, Benjamin 257
Dönhoff, Marion Gräfin 213 f., 216, 341
Donnison, David 82 f., 338
Dreyfus, Alfred 225
Durkheim, Emile 56, 58, 62, 121, 284
Dutschke, Rudi 134

Egerton, Muriel 258, 341
Einstein, Albert 178
Eisenhower, Dwight D. 328
Eisenstadt, Shmuel 264 f., 342
Engels, Friedrich 22
Erasmus von Rotterdam 188, 191
Erhard, Ludwig 133, 138 f., 143, 151, 216, 226, 326
Erlinghagen, Karl 217

Ferguson, Adam 56, 294, 297–301, 203 f., 342
Fest, Joachim 71, 338
Fichte, Johann Gottlieb 327
Field, Frank 129
Fischer 217
Fortuyn, Pim 314, 316 f.
Fourastié, Jean 252
Franklin, Benjamin 328
Fukuyama, Francis 37, 331, 343
Furet, François 213

Garrigues-Walker, Joaquin 188 f., 196, 340
Garton Ash, Timothy 14 f., 17, 20, 35, 152, 206, 208 f., 211, 214 f., 266, 324, 330–332, 335, 337, 339, 341
Gasperi, Alcide de 148, 333
Gates, Bill 258
Gaulle, Charles de 149, 230
Gellner, Ernest 85 f., 177, 179–182, 249, 338, 340
Geremek, Bronislaw 13, 66, 212, 215
Giddens, Anthony 193, 198, 200 f., 203, 256, 284 f., 341, 432
Gierek, Edward 215
Giscard d'Estaing, Valéry 189, 305, 307–309, 312
Giuliani, Rudy 162, 169
Gladstone, William Ewart 150, 257, 315, 319
Goebbels, Joseph 315
Göncz, Arpad 152
Goethe, Johann Wolfgang von 141, 327
Gonzales, Felipe 137, 233

Gorbatschow, Michail 15, 25, 35, 88, 215, 232, 330
Gramsci, Antonio 193
Grass, Günter 53, 214, 217f.
Gray, John 92
Green, T.H. 295
Grey, Edward 57
Grimm, Dieter 310
Grosland, Anthony 73
Grotewohl, Otto 60
Gusenbauer, Alfred 314

Habermas, Jürgen 21, 41, 53f., 62, 85, 183, 292, 323
Haider, Jörg 264, 316
Hallstein, Walter 153, 157, 305, 308f., 312, 342f.
Hamilton, Alexander 212, 218, 271, 273, 342
Handy, Charles 246, 253, 341
Hankiss, Ellemer 13
Havel, Olga 212
Havel, Vaclav 20, 25, 44, 66f., 71, 74–76, 80, 82f., 85, 152, 197, 207–210, 212–214, 216, 218f., 338, 341
Hayek, Friedrich von 33, 37, 89, 91f., 164, 176, 192
Heath, Edward 255
Hegel, Georg Wilhelm Friedrich 12, 59, 141, 176, 179, 202, 221, 243, 294f.
Heidegger, Martin 215
Heinemann, Gustav 216
Heisenberg, Werner 216
Hentig, Hartmut von 216
Heraklit 109
Herman, Arthur 297f.
Herrhausen, Alfred 342
Heuss, Theodor 216, 218, 341f.
Hewins, William 89
Hindenburg, Paul von 223
Hirsch, Fred 289
Hirschmann, Albert 120
Hitler, Adolf 60, 79, 146, 149, 155, 182, 215, 227
Hobbes, Thomas 63, 213, 323, 332
Hobhouse, Lonard Trelawny 183, 295f.
Hobsbawm, Eric 221
Honecker, Erich 215
Horaz 56
Horkheimer, Max 31, 292
Houdon, Jean Antoine 328
Howard, Michael 341
Hudson, Yeager 85, 338
Hume, David 57, 297
Huntington, Samuel 27, 133, 240
Hussein I., König von Jordanien 95
Hussein, Saddam 322, 331
Hutten, Ulrich von 15, 234
Hutton, Will 341

Inglehart, Ronald 229
Ishihara, Shintaro 122

Jäckel, Eberhard 223
Jaeger, F. 339
Jahanbaloo, Ramin 69
Jančar, Drago 213f., 218, 341
Jarab, Josef 13
Jaruzelski, Wojciech 15, 215
Jaurès, Jean (Auguste Marie Joseph) 193
Jay, John 212
Jefferson Thomas 187
Jež, Niko 341
Jospin, Lionel 199
Judt, Tony 292
Justinian 56

Kagan, Robert 323, 325, 331f., 334f., 343
Kames, Henry Home, Lord 297
Kant, Immanuel 42, 47f., 56, 59, 78, 141, 173, 182, 187, 294f., 297, 311, 313, 323f., 328f., 335f., 337
Kennedy, John Fitzgerald 105, 217
Kennedy, Paul 232
Kennan, George 227

Keynes, John Maynard 32, 57, 77–79, 93, 137, 188 f., 193 f., 196, 225–227, 260, 296, 338
Kiesinger, Kurt Georg 133, 138, 151, 217
Kinnock, Neil 296 f.
Kirkpatrick, Jeane 51 f., 337
Kis, Gabor 66
Kiš, Janos 207
Klaus, Vaclav 92, 207–211, 214 f., 339
Klima, Viktor 206
Knoeringen, Waldemar von 217
Kohl, Helmut 91, 136, 138, 151, 157, 177, 230, 330
Kohnstamm, Max 149
Kolakowski, Leszek 177 f., 182–185, 340
Kolb, Waltraud 339
Kopernikus, Nikolaus 237
Kreisky, Bruno 177
Kuron, Jacek 35

Lafontaine, Oskar 215, 317
Laski, Harold 89, 176
Le Pen, Jean Marie 316
Leadbeater, Charles 254, 263, 341
Lee Kwan Yew 122
Lenin, Wladimir Iljitsch Uljanow, genannt 23, 88, 223
Lenz, Siegfried 214
Lerroux, Alejandro 190, 194
Lippmann Walter 73 f., 76–79, 81–84, 184, 338
Lipset, Seymor Martin 223
Locke, John 57, 63 f., 85, 213, 218, 299
Loewenstein, Bedrich 341
Louis, William Roger 341
Luns, Joseph 149

Mackinder, Halford 239
Madariaga, Salvador de 190 f., 194, 196, 340
Madison, James 27, 65, 212, 299
Madsen, Richard 338
Magee, Brian 177, 340
Mahathir, Mohammed 122, 339
Maier, Hans 217
Major, John 178, 255
Malagodi, Giovanni 189
Malinowski, Bronislaw 89 f.
Malraux, André 190
Mandela, Nelson 91, 95, 142
Mannheim, Karl 72, 209, 214
Mansholt, Sicco 155 f.
Mao-Tse-Tung 221, 229, 231
Margalit, Avishai 292, 342
Marshall, Alfred 93
Marshall, George 96, 153, 227
Marshall, Thomas H. 48, 225, 337
Martino, Antonio 91
Marx, Karl 21 f., 24, 88, 98, 158, 179, 214, 223, 260, 264, 294 f.
Mazowiecki, Tadeusz 17, 35, 213, 215, 267
Michalski, Krzysztof 13, 206
Michnik, Adam 13, 39, 197, 206 f., 212 f., 215, 218, 341
Mill, John Stuart 57, 77, 234, 263, 275, 342
Miller, Leszek 310
Mitterrand, François 212, 230
Möllemann, Jürgen W. 316
Monnet, Jean 149, 153 f.
Monroe, James 239
Montesquieu, Charles-Louis de Secondat, Baron de la Brède et de 269
Mosley, Oswald 170
Moss Kanter, Rosabeth 254 f., 341
Murdoch, Rupert 100, 339
Mussolini, Benito 60

Nagy, Imre 206
Nakasone, Jasuhiro 46
Nasser, Gamal Abd el 231
Naumann, Friedrich 225, 330, 342

Newton, Isaac 178
Niebuhr, Reinhold 85
Nye, Joseph 334, 343

Olson, Mancur 186 f., 232, 296, 340
Orban, Viktor 197, 206, 212
Orwell, George 19 f., 22, 337

Papen, Franz von 60
Peden, Creighten 85, 338
Peres, Shimon S. 90 f., 94 f., 339
Picht, Georg 216 f.
Pipinelis, Panayotis 138
Platon 176, 179
Plessner, Helmuth 60–62
Plesu, Andrei 13, 212
Polito, Antonio 276
Popov, Georgij M. 35
Popper, Karl 12, 28, 30, 32, 42 f., 47 f., 57, 71, 73 f., 83, 86, 127, 170 f., 174–186, 191, 221, 242, 275, 329, 337, 340
Postan, Michael 89
Powell, Enoch 288
Power, Eileen 89
Proust, Marcel 60

Raddatz, Fritz 214
Radnitzky, Gerard 340
Raiser, Ludwig 216
Reagan, Ronald W. 52, 79, 178, 187, 193, 233, 255, 296
Reich, Jens 212
Reich, Robert 117
Riesman, David 61
Rifkin, Jeremy 246
Robbins, Lionel 89, 176
Roberts, Adam 247
Roosevelt, Franklin Delano 105, 226
Rostow, Walt Whitman 228
Rousseau, Jean-Jacques 21, 54, 59, 85, 323, 328
Rumsfeld, Donald 304

Sachs, Jeffrey 92
Samuelson, Paul Anthony 127
Santer, Jacques 149
Scheel, Walter 134
Schefold, Dian 310
Schill, Ronald 314, 316 f.
Schiller, Friedrich 327
Schilpp, Paul Arthur 176, 340
Schmid, Carlo 216
Schmidt, Helmut 80, 136, 138, 148, 151, 177, 206, 214 f.
Schröder, Gerhard 197, 198–200, 202–204, 217, 341
Schröder, Richard 212
Schumacher, Fritz 104
Schumacher, Kurt 326
Schuman, Robert 148 f., 326, 329, 333
Schumpeter, Joseph 93, 113, 178, 186, 222
Schwarz, H. P. 222
Sen, Amartya 55, 57, 68 f., 93, 127, 338
Shakespeare, William 42
Shonfield, Andrew 159 f., 329, 340, 343
Siedler, Wolf Jobst 151
Sik, Ota 197
Smith, Adam 33, 56 f., 268 f., 297, 342
Smith, John 297
Smolar, Alexander 207
Soares Mario 189
Solschenizyn, Aleksander 39, 41, 331
Soros, George 175–177, 184, 340
Soto, Paul 338
Spaak, Paul-Henri 145, 148, 339
Speer, Albert 180
Spierenburg, Dirk 149
Spinelli, Altiero 155
Stalin, Josef Wissarionowitsch Dschugaschwili, genannt 60, 147, 155, 182, 221, 223, 227, 326

Stern, Fritz 223, 228, 327f., 343
Sternberger, Dolf 292
Stier, Winfried 339
Suarez, Adolfo 188
Sukarno, Achmed 231
Sullivan, William M. 338
Swidler, Ann 338

Tawney, Richard Henry 89, 98
Thatcher, Margaret 53, 63, 79, 85, 99, 104, 123, 177f., 187, 193, 233, 255, 296
Thorn, Gaston 149
Tipton, Steven M. 338
Titmuss, Richard 72
Tito, Jossip (Broz) 197, 231
Tocqueville, Alexis de 41f., 52, 67, 116, 328
Toynbee, Arnold J. 43 f., 337
Trilling, Lionel 19
Truman, Harry S. 227
Tschiangkaicheck 227
Turner, Adair 104

Vargas Llosa, Mario 233, 244
Veblen, Thorstein 98, 107, 234, 245
Veil, Simone 189
Virgil 56
Voltaire 328

Walesa, Lech 17, 26, 35, 152
Wallas, Graham 74, 76, 83f., 184, 338
Walzer, Michael 292, 342
Webb, Beatrice 72f.
Webb, Sidney 72f.
Weber, Max 41, 51, 59 f., 79 f., 93, 98, 102, 124, 142, 182, 205, 210 f., 214, 300, 338
Weizmann, Chaim 191f., 340
Weizsäcker, Carl Friedrich von 216
Weizsäcker, Richard von 216
Wells, Herbert George 72f., 80, 338
Werner, Pierre 148, 157
White, Harry Dexter 227
Wild, Dieter 341
Wildhaber, Luzius 274
Williams, Gareth 342
Winch, Peter 176
Windelband, Wilhelm 43
Wilson, William Julius 117, 241
Wilson, Woodrow 44

Yorck von Wartenburg, Peter Graf 213
Young, Michael 186

Zhelev, Zheliu 13, 152
Zincone, Giovanna 68